本书获得国家社会科学基金项目"双循环新格局下新型城镇化高质量发展的动力机制及路径研究"（22BSH019）、黑龙江省哲学社会科学项目"双循环格局下黑龙江省新型城镇化高质量建设研究"（21JYC239）资助。

张小锋 ◎著

税务稽查
理论与实践

Theory and Practice of
TAX INSPECTION

中国财经出版传媒集团

经济科学出版社

Economic Science Press

前　言

随着我国社会经济不断发展，社会法治环境、税收征管模式、税务稽查执法等方面均发生了新的变化，新时代下的税务稽查工作面临新形势、新任务、新挑战。尤其是近年来各税种的相继立法，以及《关于进一步深化税收征管改革的意见》《税务稽查案件办理程序规定》《全国税务稽查规范（1.2版）》等法律法规和规章的出台或修订，对税务稽查执法提出了一系列新的具体要求。笔者吸收了税务稽查理论与实践研究的最新成果，并结合近年来的授课内容及其研究，撰写了这本《税务稽查理论与实践》。

本书注重税务稽查体系的科学性、理论的学术性和内容的实践性，旨在阐述和分析税务稽查的基础知识和基本理论，探究其基础理论和实践操作的相关内容及其改革方向与问题。全书分为上、下篇共10章，上篇为税务稽查理论，包括税务稽查概述、税务稽查权责、税务稽查方法、税务稽查环节和税务稽查救济；下篇为税务稽查实践，包括增值税税务稽查、消费税税务稽查、企业所得税税务稽查、个人所得税税务稽查和其他税种税务稽查。

本书所引用的税务稽查法律法规、制度截至2022年9月末，具体以实际运行时的最新规定为准。

在编写过程中，哈尔滨商业大学财政与公共管理学院王曙光教授参与了第一章的撰写、蔡德发教授参与了第二章的撰写，财政学硕士研究生李赫添参与了第七章第一节的撰写和资料收集、文字校对工作，哈尔滨商业大学财政与公共管理学院张小锋副教授撰写其余章节并负责全书总纂。此外，本书还参考了很多专家、学者的著作，并已尽可能详尽地在参考文献中列出，在此对这些作者一并表示感谢！

　　本书可作为高等院校财政学、税收学等专业本硕学生教学之用，也可供财税工作者及相关单位的研究人员参考。

　　由于作者水平所限，书中难免存在不足之处，敬请读者批评指正。

张小锋

2022 年 10 月

目录

Contents

下篇　税务稽查实践 >>>

上 篇
税务稽查理论

· · ·

　　税务稽查理论篇主要包括税务稽查概述、税务稽查权责、税务稽查方法、税务稽查环节和税务稽查救济共五章内容。税务稽查概述包括税务稽查的基本概念、职能与作用、依据与证据；税务稽查权责包括税务稽查的风险、要求和权责；税务稽查方法包括税务稽查的基本方法、会计凭证的审查分析、会计账簿的审查分析和涉税报表的审查分析；税务稽查环节包括税务稽查的选案、检查、审理和执行四个环节，即税务稽查的基本法定程序；税务稽查救济包括税务行政复议、税务行政诉讼和税务行政赔偿。

第一章

税务稽查概述

税务稽查概述主要阐述和分析税务稽查的基本概念、职能与作用、依据与证据三个问题。基本概念包括税务稽查的概念、特点和种类；职能与作用中的职能包括监控、审查、惩戒、教育和收入五大职能，作用包括贯彻执行税收政策法令、促进企业改善经营管理、检验税收征收管理质量和提高征管的质量与效率等；依据与证据中的依据包括依据的概念、特点和种类，证据包括证据的概念、特征、分类和收集等。

第一节　税务稽查的基本概念

一、税务稽查的概念

税务稽查是指稽查局依法对纳税人、扣缴义务人和其他涉税当事人履行纳税义务、扣缴义务情况及涉税事项进行检查处理，以及围绕检查处理开展其他相关工作的一种行政执法行为。它是国家保证税收任务完成的必要手段，也是稽查局的主要职责。

税务稽查的基本内涵主要包括以下六个方面。

（一）税务稽查的主体

税务稽查的主体特定。税务稽查的主体是指实施税务稽查行为的当事人，《税务稽查案件办理程序规定》（以下简称《办理程序规定》）第四条明确规定"税务稽查由稽查局依法实施"，即稽查局是税务稽查的主体。

2018 年由于我国国税和地税进行了合并，合并前后的税务稽查架构差别明显。合并前，税务稽查的基本架构主要表现为一级稽查体制和与之相对应的二级、三级稽查体制两种。一级稽查体制是指将一定范围内的各级税务稽查机构合并统一、集中执法的一种稽查运行模式；二级、三级稽查体制是指市、县级税务机关设立稽查局，同时下属城区又设检查分局、股、所等。合并后，税务稽查的基本架构发生了全新的变化，且全国统一，如图 1-1 所示。

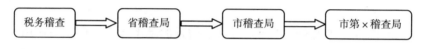

图 1-1　国地税合并后税务稽查的基本架构

合并后，直辖市、副省级城市、计划单列市、地级市所设税务稽查局，负责全辖区内举报案件的受理与大案、要案检查，同时分设第一稽查局、第二稽查局、第三稽查局等，负责对应分管辖区的税务稽查工作，市稽查局对其他区域稽查局有业务管理职能。

（二）税务稽查的依据

税务稽查的依据法定。税务稽查的依据是税务稽查所遵循的法律规范，即国家的税收政策法令和财务会计制度，包括各种税收政策、法律、法规和规章及国家财政部门制定的企事业单位财务管理、会计制度。但如果会计制度与税法规定不一致的，应以税法为准绳。

在税务稽查依据中，有些是国家颁布的税收政策、法律、法规和规章，如《中华人民共和国税收征收管理法》（以下简称《税收征管法》）及其实施细则，这是税务稽查的法律依据。有些是专门关于税务稽查的规定，如《办理程序规定》《重大税务案件审理办法》等，这些是税务稽查的直接依据。《办理程序规定》第二条明确规定"稽查局办理税务稽查案件适用本规定"。《办理程序规定》是保障税收法律、行政法规的贯彻实施，规范税务稽查案件办理程序，强化监督制约机制，保护纳税人、扣缴义务人和其他涉税当事人合法权益的重要依据。国家其他的税收法律、法规和规章既是纳税人、扣缴义务人和其他涉税当事人履行其义务必须遵守的行为准则，也是税务机关实施税务稽查的重要依据。如国家的财务会计制度，包括企业财务通则和企业会计准则等。它们虽然主要用来规范企业财务会计活动，但也是税务稽查的重要依据之一。

（三）税务稽查的对象

税务稽查的对象明确。税务稽查的对象是指被稽查的单位和个人，即纳税人、扣缴义务人和其他涉税当事人。

纳税人是指税法规定的直接负有纳税义务的单位和个人。在我国税法中，每一种税都有特定的纳税人。任何单位和个人只要发生税法列举的应税范围，就应负有纳税的义务。纳税人不仅要及时履行其纳税义务，还必须自觉接受稽查局依法进行的税务稽查。

扣缴义务人是指税法规定的直接负有代扣代缴、代收代缴税款义务的单位和个人，包括代扣代缴人和代收代缴人。扣缴义务人发生税法规定的代扣代缴、代收代缴义务就必须自觉履行，并接受稽查局对其履行扣缴义务情况所进行的税务稽查。

其他涉税当事人是指税务稽查执法过程中直接与稽查对象的涉税事项有关联的其他单位和个人。在税务稽查过程中，稽查局要求其他涉税当事人配合的，其应当配合。

（四）税务稽查的客体

税务稽查的客体清晰。税务稽查的客体是指税务稽查具体指向的标的，即纳税人、扣缴义务人和其他涉税当事人履行纳税义务、扣缴义务及税法规定的其他义务的情况。

具体内容包括三个方面：一是纳税义务履行情况。其是指纳税人发生税法列举的应税行为而产生的向国家缴纳税款的义务情况，纳税义务包括实体性义务和程序性义务两类。实体性义务是指纳税人按税法规定计算其应纳税额并缴纳税款的义务；程序性义务是指纳税人遵守税收基本行为规范方面的义务，包括办理税务登记、按规定使用账簿、按期进行纳税申报、依法接受税务检查、按时报送财务会计处理办法和财务会计报表，以及按规定印制、使用、保存发票等。二是扣缴义务履行情况。其是指扣缴义务人代扣代缴、代收代缴税款情况。三是税法规定的其他义务情况。其是指税收法律法规规定的接受和配合税务检查等义务。

（五）税务稽查的内容

税务稽查的内容完整。税务稽查执法的主要内容是检查和处理，具体包括选案、检查、审理和执行四个环节。《办理程序规定》第五条明确规定"稽查局办理税务稽查案件时，实行选案、检查、审理、执行分工制约原则"。

（六）税务稽查的实质

税务稽查的实质科学。税务稽查的实质是指税务稽查工作的根本属性，即稽查局实施税务稽查的行政执法行为。税收是国家强制性取得财政收入的主要手段，税务机关肩负着税务行政执法的主要任务。当前，在我国社会主义市场经济条件下，税收法制还不够健全，纳税人依法纳税的意识还比较淡薄，税收征管工作中偷税与反偷税、骗税与反骗税、避税与反避税的斗争还将长期存在。这就要求加大税务稽查执法的力度，建立科学严密的监督控制机制，以维护正常的税收秩序。

目前，我国建立了"以纳税申报和优化服务为基础，以大数据为依托，集中征收，重点稽查，强化管理"的税收征管模式。在这一征管模式下，税务稽查具有举足轻重的地位，一方面，纳税人、扣缴义务人申报的质量要依靠税务稽查来审查和检测；另一方面，对纳税人、扣缴义务人不申报或偷逃税等违法行为，要通过税务稽查去揭露和查处。因此，税务稽查是税收行政执法活动的重要组成部分。

税务稽查不同于税务检查，两者的主要区别表现为：一是执法主体不同。税务稽查的主体是省级以下税务局的稽查局；税务检查的主体是各级税务机关、税务分局和税务所。二是执法对象不同。税务稽查的对象是涉嫌偷、逃、骗、抗税的纳税人、扣缴义务人和其他涉税当事人；税务检查的对象可以是所有纳税人、扣缴义务人和其他涉税当事人。三是执法目的不同。税务稽查的目的是查处税收违法案件；税务检查的目的是为了加强征收管理，维护正常税收秩序，防患于未然。四是执法案源不同。税务稽查的案件来源主要是计算机系统筛选、稽查计划筛选或随机抽样选择的案件，以及根据公民举报、部门转办、上级交办、情报交换的资料确定的案件；税务检查的案件来源主要是在税收征管各环节确定的案件。

二、税务稽查的特点

税务稽查与会计检查、审计监督等监督形式，都属于经济监督的范畴，并主要采用查账方法去发现问题。但是，由于所处的地位不同，税务稽查又具有其自身的特点。

（一）稽查主体的差异性

一般来说，会计检查是对会计核算本身真实性、准确性等方面的自我监督，其主体是行政、企事业单位本身及其主管部门。审计监督是国家授权或委托人委托，以第三方身份对行政及企事业单位的经济活动进行监督检查，其主体是国家审计机关、内部审计机构和社会审计组织。而税务稽查是国家赋予稽查局的一种监督权力，其主体是稽查局，税务机关在税收分配、纳税监督过程中处于支配和决定地位。

（二）稽查目的的特定性

会计检查主要是审查会计科目使用和账目记录，考核其经济业务活动在账面反映是否真实、准确、完整，查找节耗降本和堵塞漏洞的办法，切实加强财务管理，提高经济效益。审计监督是对财政财务收支及其有关经济活动的真实性、公允性、合法性、合理性和有效性进行审查，解除或确定受审单位的责任，以此来达到预期的目的。而税务稽查主要是稽查纳税人、扣缴义务人和其他涉税当事人是否依法纳税、扣税和税款及时足额入库，以及贯彻执行国家税收政策法令的情况，以确保财政收入的实现。

（三）稽查范围的广泛性

会计检查的范围从整体上看，是实行会计核算的行政及企事业单位；

对一个单位而言，其范围包括财政财务收支的会计记录，即账表、账账、账证、账实等资料。审计监督的检查范围虽包括行政、企事业单位，但主要侧重财政拨款单位和国有企事业单位。税务稽查的范围，就稽查对象而言，既包括有纳税行为的行政、企事业单位，也包括个体工商户、小商小贩及个人；就稽查内容来说，既包括纳税单位的经济活动，也包括其他应税行为及纳税事项，其稽查的范围和内容较为广泛。

（四）稽查时间的经常性

会计检查、审计监督和税务稽查等监督形式，在时间上分为定期检查和不定期检查两类，但反映期限却不尽相同。通常会计检查是不定期的，可随时随地进行。审计监督对行政、事业单位是定期进行的，一般为半年或一年；对企业性单位的检查往往是不定期的。而税务稽查既有对纳税单位按月、按季（或半年）、按年的定期检查，又有不定期的随时稽查，可以说，税务稽查是稽查局重要的、经常的工作内容。尤其在目前，税务稽查的经常性、普遍性更为明显。

（五）稽查结论的权威性

会计检查、审计监督和税务稽查，从各自的目的和要求出发所作的检查结论，虽有相同之处，但在某些方面是有差异的，且法律效力又有所不同。会计检查通常是按财务会计制度的规定要求进行，其结论通常作为本单位内部会计核算中的差错予以纠正。审计监督的结论注重于合规性、合法性方面，可要求被查单位的某些财政财务收支或经济活动予以停止或更正执行。而税务稽查结论是以报告形式根据被查单位违法情形依法作出补税、罚款或提请司法机关追究刑事责任等决定，具有法律的强制力，要求被查单位必须认真执行；若被查单位有异议或不服时，必须先按结论的内容执行后再依法进行复议或诉讼。

三、税务稽查的种类

按照税务稽查对象的来源、稽查内容的范围和稽查目的的不同，税务稽查可以分为日常稽查、专项稽查和专案稽查。

（一）日常稽查

税务日常稽查是根据计算机或人工筛选的结果，确定稽查对象而进行的全面的、综合性的稽查。它作为一种有计划的、全面的、综合的稽查，有利于增强稽查工作的计划性，检验和提高税收征管工作水平；有利于全面掌握纳税人、扣缴义务人履行其义务的真实情况，加强对国家税收政策法令执行情况的监督。但日常稽查所需的人力、物力较多，在一定时期内，由于税务稽查的人力、物力和财力总是有限的，所以不可能要求对每一个纳税人或扣缴义务人都进行日常稽查。税务日常稽查主要具有以下特点。

（1）来源的计划性。日常稽查是有计划地检查管辖范围内的纳税人、扣缴义务人，其对象的来源是根据计算机或人工筛选产生的，不是举报、转办或案中案发现的，所以税务日常稽查具有很强的计划性。

（2）范围的全面性。日常稽查内容的范围包括了纳税人、扣缴义务人的各种应税行为（即税种查全）、所有业务环节（即环节查到）、全部错漏问题（即问题查清），既要有广度又要有深度，稽查的内容全面、透彻。

（3）时间的常规性。日常稽查是对纳税人、扣缴义务人所进行的例行稽查，通常每隔一定时间组织一次，因而它带有明显的常规性特点。

（4）方式的预告性。日常稽查一般采取预告方式，税务稽查机关要事先通知被查纳税人、扣缴义务人派几人稽查、在何时稽查、稽查什么内容等。

（二）专项稽查

税务专项稽查是针对特定行业或某类纳税人、扣缴义务人或其某个（些）方面进行的重点稽查。如对发票稽查、增值税专用发票稽查、出口退税稽查、个人所得税稽查和地方税稽查等。它可以在一定的时间内，集中有限的人力、物力，解决一定范围内存在的带有普遍性的问题，收效快、反响大。但专项稽查内容的面不宽，被查对象的其他问题有可能在专项稽查中疏漏，而影响税务稽查工作的质量。税务专项稽查主要具有以下特点。

（1）对象的指定性。专项稽查对象是根据特定目的挑选的，通常由各级税务机关布置或安排。如上级税务机关发现某税种、某些行业存在较多问题时，布置下级税务机关稽查局开展专项稽查；本级税务机关稽查局发现本地区存在某些普遍性的问题时，安排有关人员进行专项稽查。

（2）内容的针对性。专项稽查内容有所侧重，即以某一特定行业或某类纳税人、扣缴义务人或其某一方面为重点稽查内容。这些内容往往是这一行业、该类纳税人、扣缴义务人普遍存在的问题或存在的较为严重的问题。

（3）时间的特定性。专项稽查的时间和被稽查的所属时间是特定的，通常表现为某年某月某日至某月某日对某类纳税人、扣缴义务人某一时间内的某类问题进行稽查。

（三）专案稽查

税务专案稽查是对举报、转办、交办和稽查中发现的案件等以立案的形式检查处理。它往往用于对重大涉税案件的稽查，由于稽查的目的性较强，又掌握了一定的线索，因而可以很快查证问题，落实定案。但专案稽查一般需要有关部门予以配合。税务专案稽查主要具有以下特点。

（1）来源的特殊性。专案稽查对象的来源是较为特殊的，即由公民举报、其他部门转办、上级交办、国际情报交换，以及日常稽查和专项稽查中发现的案件。

（2）内容的明晰性。专案稽查的内容主要围绕举报、转办、交办等所提示或指明的线索展开，这些内容查清了，一般来说稽查工作即可结束。

（3）程序的法定性。专案稽查是通过法定程序立案而进行的稽查，由举报、转办、交办等形成的稽查对象，经初步判明符合立案查处标准的，必须按法定程序办理立案手续方能进行稽查。

第二节　税务稽查的职能与作用

一、税务稽查的职能

税务稽查的职能是指税务稽查执法活动所固有的功能或税务稽查应当承担的职责和任务，是稽查局在稽查工作中具有的特定职权和相应责任。

它必须以反映税收职能为基本前提，充分体现依法治税的主导思想，达到规范征纳双方行为，强化税收征收管理，保障国家财政收入的目的。

（一）监控职能

税务稽查的监控职能是指为贯彻税收法令而监测并控制纳税人、扣缴义务人和其他涉税当事人履行纳税义务、扣缴义务情况和其他涉税事项的功能。它是税务稽查的基本职能，通过税务稽查的监控活动，监控稽查对象是否全面、准确、及时履行法定义务情况，可以掌握纳税人、扣缴义务人的经济活动和财务管理、会计核算情况，以形成及时、可靠的经济信息，为国家有效地调控经济活动及完善税收政策法令提供信息；同时，可以约束纳税人、扣缴义务人和其他涉税当事人的纳税（或扣缴）行为和经济活动，提高其纳税遵从度，以保证国家及时、有效地组织税收收入。

（二）审查职能

税务稽查的审查职能是指为保证税收收入而审核和查证纳税人、扣缴义务人和其他涉税当事人有无税收违法行为的功能。它是税务稽查的重要环节。税务稽查的基本任务是依法查处税收违法行为，保障税收收入，维护税收秩序，促进依法纳税。纳税人、扣缴义务人和其他涉税当事人在其经济利益的驱动下，会自觉或不自觉地进行偷逃税等违法行为，而这种违法行为一般是在税务稽查工作中发现的。通过审查纳税人、扣缴义务人和其他涉税当事人的会计核算和纳税资料来查证有无税收违法事项，使违法行为得以纠正，以保证国家税款的及时、足额入库。

（三）惩戒职能

税务稽查的惩戒职能是指税务机关对税务稽查中发现有偷逃税等违法行为的纳税人、扣缴义务人和其他涉税当事人进行惩罚和警戒的功能，起到惩罚以示警诫的作用。它是税务稽查的法定职能，是税收强制性和税务机关依法处罚的体现。通过税务稽查对纳税人、扣缴义务人和其他涉税当事人的偷逃税等违法行为，就其违法的事实、证据、资料及所依据的税收政策法令的真实性、准确性进行认真的审理与处罚，以维护正常的经济活动和税收秩序。经税务稽查查处的案件，轻则补税、加收滞纳金，稍重的处以罚款，构成犯罪的移送司法机关追究刑事责任。

（四）教育职能

税务稽查的教育职能是指税务机关对有税收违法行为的纳税人、扣缴义务人和其他涉税当事人进行指导和批评的功能。它是税务稽查的辅助职能，具有教导启发纳税人、扣缴义务人和其他涉税当事人的功能，使其遵守税收法律、法规，引导纳税遵从。通过正面税收宣传来教育和帮助被查对象提高纳税意识是重要手段之一，而通过查处偷逃税等税收违法行为则是对当事人和其他被查对象的反面教育；同时结合行使查处职能使被查对象直接体验到违法制裁的后果，教育的效果会更好，从而增强纳税人依法纳税的自觉性，达到提高纳税人的纳税意识、规范纳税秩序的目的。

（五）收入职能

税务稽查的收入职能是指稽查局通过稽查执法活动所起到的增加税收收入作用的功能。税务稽查的收入职能由税收的财政职能所决定，是惩处税收违法行为及实现稽查"以查促管"结果的体现，通过税务稽查查补税款、加收滞纳金以及处以罚款，形成国家税收收入，从而增加国家财政收入。稽查局通过查处偷逃骗税等案件，不但能直接查补大量税款，更重要的是在于"处理一个、教育一批、治理一片"，从而堵塞了税收漏洞，减少了税款流失。稽查局要加大查补收入的力度，同时要加强征管信息的反馈，将税务稽查中发现的征管问题及时反馈给征管部门。

二、税务稽查的内容

税务稽查内容与税务稽查客体是相互联系的两个概念，前者是后者的具体化，解决具体查什么。税务稽查涵盖以下基本内容。

（一）稽查纳税人、扣缴义务人执行国家税收政策和法律制度的情况

国家税收政策和法律制度是根据党的路线、方针和政策以及国家对税

务工作的具体要求制定的，具有法律的效力，纳税人、扣缴义务人必须遵照执行。作为一种税务行政执法行为，税务稽查必须首先审查纳税人、扣缴义务人执行国家税收政策和法律制度的情况，如是否履行纳税或扣缴义务，有无偷税、逃税、欠税和挪用税款等违法行为，以严肃税收法纪、堵塞漏洞、纠正错误、补征税款、限期入库。

（二）稽查纳税人、扣缴义务人遵守财务会计制度和财经纪律的情况

财务会计制度和财经纪律是纳税人、扣缴义务人财务收支活动的准则，纳税人、扣缴义务人必须严格遵守。稽查时，要考核纳税人、扣缴义务人执行财务会计制度和财经纪律的情况，如各种业务收入的核算与申报是否真实，各种成本费用的列支、转销和申报是否正确，收取或支付价款、费用是否合理，经营性收支与投资性收支的划分是否科学等。

（三）稽查纳税人、扣缴义务人进行生产经营管理和经济核算的情况

进行税务稽查时必须检查纳税人、扣缴义务人的生产经营管理和经济核算情况，包括了解企业的生产经营、财务管理等制度是否建立与健全，存在哪些主要问题和薄弱环节；生产、经营和管理部门是否建立健全，权责利是否明确；经营目标是否确定，供产销是否衔接；会计和统计等核算是否及时，信息报告是否准确等。通过稽查揭露矛盾，提出措施，帮助改善经营管理，加强经济核算，促进生产的发展和经济效益的提高。

三、税务稽查的作用

在社会主义市场经济条件下开展税务稽查工作，对保证国家财政收入、促进企业改善经营管理和提高税收征管水平等方面都有着积极的作用。主要表现在以下几个方面。

（一）贯彻执行税收政策法令，严肃财经纪律，保证国家财政收入

税收政策法令是国家根本利益的体现，财经纪律是对财经活动的行为

约束，两者都是为保证财政收入服务的。但有些纳税单位和个人，法治观念淡薄，弄虚作假，采取不正当的手段（如瞒报收入、挤占成本、转移资产等）逃避税收负担，偷税、逃税、骗税或拖欠国家税款、甚至抗税，严重地损害了国家和人民的根本利益。而税务稽查的过程就是强化税收征管、落实税收法令、维护财经纪律的过程，通过税务稽查可以认真贯彻执行税收政策法令，揭露和惩治违反税法的偷逃税等不法行为，纠正截留利税、挪用税款等违反财经纪律的问题，从而做到严肃财经法纪，更好地保证国家的财政收入。

（二）促进企业改善经营管理，提高经济效益，增强依法纳税观念

企业的增收必须以发展生产为前提，以加强经济核算和提高经济效益为中心。实践上只抓生产而忽视经济核算，只重经营而轻视财务管理，只看收入而忽略经济效益，就会造成企业增产不增收、不增利的后果。通过税务稽查，一方面，可以帮助企业总结生产经营中的成功经验，并对其存在的问题及薄弱环节提出解决和改进的办法，促进企业改善经营管理，加强经济核算，不断提高经济效益，使国家增收、企业增利；另一方面，对查出的偷逃税等违法行为进行依法处理，帮助企业认识税收违法行为的后果及其危害性，以增强其税收法治观念，提高其依法纳税的自觉性和积极性。

（三）检验税收征收管理质量，完善内部机制，提高税收管理水平

税务稽查是税收工作的一个重要环节，它既是对税收征管工作的深入和制约，又是对税收征管质量的检验和考核。因为从税务稽查中所发现的偷逃税等问题，除纳税人的主观原因外，有些则是由于征管制度不健全和税务人员工作中的疏忽或差错造成的。如税务登记、纳税申报和税款征收等制度不健全，税收宣传不够深入；税务人员业务不熟悉，税法精神没吃透，解释税法有偏差；征管人员工作失职，执行税法不严肃，"以税谋私"等。通过税务稽查，可以暴露征管工作存在的问题和薄弱环节，从而认真总结经验与教训，弄清是非，有针对性地制定解决问题的措施和办法，进一步完善税务机关的内部管理机制，更好地贯彻执行国家税收政策法令，

不断提高税收管理工作的水平。

（四）提高征管的质量与效率，防止税款流失，有效促进纳税遵从

我国现代税收体系总体体现为"四位一体"模式，即"纳税服务＋税款征收＋税务稽查＋法律救济"，其中前三者是税收征管的三大环节，而税务稽查作为税收征管的最后一道环节，承担着偷税、逃避追缴欠税、骗税、抗税等案件的查处。因此，税务稽查的效率在很大程度上决定着税收征管的质量。同时，税务稽查是有效提高被查对象纳税遵从的重要手段，税务机关正是通过有效的税务稽查来查处税收违法行为，达到强化纳税人的税收法律责任意识，增加违法成本的目的，迫使纳税人选择"守法"而放弃"违法"。税务稽查在引导纳税遵从方面具有不可替代的重要作用，是实现纳税人从"他律"向"自律"转变的"催化剂"。

第三节　税务稽查的依据与证据

一、税务稽查的依据

（一）税务稽查依据的概念

税务稽查依据是指稽查局及其稽查人员在税务稽查过程中判定纳税人、扣缴义务人和其他涉税当事人是否履行纳税义务、扣缴义务、其他涉税事项及有无税收违法行为的法律根据。具体包括《税收征管法》、《中华人民共和国税收征收管理法实施细则》（以下简称《税收征管法实施细则》）、《税收违法行为检举管理办法》、《办理程序规定》、《重大税务案件审理办法》、《全国税务稽查规范（1.2版)》（国家税务总局编）等法律、法规和规章。

（二）税务稽查依据的特点

税务稽查依据主要具有以下特点。

（1）权威性。税务稽查所依据的都是国家颁布的有关税收的法律、法规和规章，它们具有普遍的约束力，并以国家的强制力来保证其实施。税务稽查以国家税收法律、法规和规章为依据，既是贯彻国家税收法律、法规和规章的客观要求，又是提高稽查工作的有效性、公正性和权威性的重要保证。

（2）层次性。税收法律、法规和规章因其适用范围、效力和制定单位管辖区域的不同，具有不同的层次。其顺序为：全国人大及其常委会和国务院颁布的，国务院财政、税务主管部门颁布的，地方各级人民政府颁布的等。在税务稽查中，如遇不同层次的规定相抵触时，应以高层次的规定为准。

（3）相关性。税务稽查的依据是与评判纳税人、扣缴义务人和其他涉税当事人履行纳税义务、扣缴义务和其他涉税事项的情况，以及与处理纳税人、扣缴义务人涉税违法行为相关联的。在税务稽查中，注意稽查依据的相关性，可以提高评判的客观性和处理的正确性。

（4）时效性。从时间上看，法律法规有时效限制。税务机关无论是评判纳税人或扣缴义务人履行纳税或扣缴义务的情况，还是处理各种涉税违法行为，都必须以现行的税收法律、法规和规章作为依据。如果属于递延问题，稽查时也要注意有关法律、法规和规章是否具有追溯力。

（5）地域性。从空间上看，税务稽查的依据，特别是较低层次的税收法律、法规和规章，其适用范围都有一定的地域限制。因为这些较低层次的税收法律、法规和规章是各地区根据自己的实际情况和特点制定的。

（三）税务稽查依据的种类

一般而言，税务稽查的依据是国家颁布的各种税收政策、法律、法规和规章及财务会计制度。具体包括以下三个方面。

（1）评判性依据。指税务机关在税务稽查中判定纳税人、扣缴义务人和其他涉税当事人是否履行纳税义务、扣缴义务和其他涉税事项情况的法律依据。在税务稽查工作中，税务机关对其查明的事实进行评价和判断，认定纳税人或扣缴义务人是否及时、足额履行了义务，必须要有一个客观的标准，这个标准就是税收法律、行政法规、规章和财务会计制度等。

（2）程序性依据。指税务机关对纳税人、扣缴义务人和其他涉税当事人履行纳税义务、扣缴义务和其他涉税事项进行税务稽查行为的法律依据。税务机关对纳税人、扣缴义务人和其他涉税当事人进行税务稽查必须依法进行，如稽查局稽查权的授予与限定、稽查对象的确定、稽查程序的安排等都必须由税收程序法予以规定。作为税务稽查程序性依据的法律、法规和规章，主要有《税收征管法》和《办理程序规定》等。

（3）处理性依据。指稽查局在税务稽查中对有税收违法行为的纳税人或扣缴义务人进行惩处的法律依据。税务稽查的重要任务就是要对稽查发现的各种涉税违法行为进行处理，以保证税收政策法令的贯彻执行。对涉税违法行为应如何定性、怎样处理，税务机关必须以《税收征管法》等法律制度为依据提出具体意见。

应当强调的是，现阶段我国税收法律、法规、规章与财务会计准则之间存在着相互依存、相互制约的关系，财务会计准则是税务稽查的重要依据。但应注意的是：当财务会计准则同国家有关税收的规定相抵触时，必须依照国家有关税收规定计算纳税。

二、税务稽查的证据

（一）税务稽查证据的概念

税务稽查证据是指稽查局在稽查过程中依法采用各种方法获得的，用以证实纳税人、扣缴义务人和其他涉税当事人履行纳税义务、扣缴义务和其他义务情况的事实和资料。从一定意义上说，获得足够的且有证明力的税务稽查证据，既可以查明纳税人、扣缴义务人和其他涉税当事人履行其义务有无问题，又是考核、评价税务稽查工作质量的关键。税务人员在稽查中，根据法定程序采取询问、调取账簿资料和实地稽查等手段，客观上都是在收集有关证据。当有关证据积累到了一定的数量，达到了一定质量要求以后，就可以据此对纳税人、扣缴义务人和其他涉税当事人履行其义务的情况作出恰当的评判，对涉税违法行为提出正确的处理意见。因此，稽查人员必须认真地收集和取得各种真实、可靠、充分的证据，以保证税务稽查结论的准确性和报告的权威性。

（二）税务稽查证据的特征

（1）客观性。税务稽查证据必须以客观真实为基础，它必须是纳税人、扣缴义务人和其他涉税当事人履行其义务的真实反映，不是臆断、猜测、估计、虚构的主观产物。此外，客观性还要求其来源必须可靠，凡属纳税人、扣缴义务人和其他涉税当事人的涉外事项，要尽可能从独立的外单位取得证据；凡属两个或两个以上当事人从事的事项，应尽可能向有关各方收取证据。

（2）相关性。税务稽查的证据必须与应证事项之间有一定的逻辑关系。纳税人、扣缴义务人和其他涉税当事人的有关事实和资料，之所以能成为税务稽查的证据，是因为它们与纳税人、扣缴义务人和其他涉税当事人履行其相关义务有直接或间接关系。它们或是其涉税经济活动本身，或是反映其履行义务的情况，具有很强的针对性和目的性。对与纳税人、扣缴义务人和其他涉税当事人缴纳税款无关的事实和资料，不能成为税务稽查的证据。

（3）合法性。税务稽查证据的合法性主要指税务稽查人员收集证据的程序合法。如税务稽查人员调查取证时，需要索取与案件有关的资料原件的，必须用统一的换票证换取发票原件或用收据提取有关资料；税务稽查人员在取证过程中，不得对当事人和证人引供、诱供和逼供等。如果获取事实和资料的程序不合法，即使这些事实和资料是客观的、相关的，也不能用来作为税务稽查的证据。

税务稽查证据的上述三个特征必须同时具备。因为事实和资料的客观性仅仅为其成为稽查证据提供了可能性，成为稽查证据的必要条件则是事实和资料的相关性及获取这些事实和资料的合法性。

（三）税务稽查证据的分类

不同的证据具有不同的证明力。对税务稽查证据进行分类，可以帮助稽查人员收集更合理、更有效、更具证明力的证据。按不同的标准，税务稽查证据可作以下分类。

1. 以表现形态为标准的分类

以表现形态为标准，税务稽查证据可分为实物证据、书面证据和口头证据。

（1）实物证据。即指用物品的外形、特征、质量等说明案件待证事实的一部分或全部的证据。如现金、银行存款、固定资产和非法印制、买卖、伪造、变造的发票、完税凭证及其作案的工具等。主要用以查明实物存在的实在性和数量、计价的正确性。

（2）书面证据。即指以文字、符号、图画等所表达和记载的内容、含义来证明案件待证事实的证据，是税务稽查证据的主要形态。常见的有身份证件、营业执照、经营合同、购销合同、借款合同、会计凭证、原始凭证、会计报表、银行对账单、纳税申报表和完税凭证等。

（3）口头证据。即指由有关知情人对事项所作陈述的证据。如当事人自述材料、询问笔录、申辩笔录、证言材料和视听资料等。口头证据须如实记录，并经本人签字。一般而言，实物证据最具有证明力，书面证据有待进一步证实，而口头证据本身并不足以证明事情的真相，但可以作为辅助性证据，提供一些重要的线索，有助于收集其他更为可靠的证据。

2. 以相关程度为标准的分类

以相关程度为标准，税务稽查证据可分为直接证据、间接证据和分析证据。

（1）直接证据。即指对事项具有直接证明力的事实和资料。如通过对银行存款、现金、材料、货物实地盘点所取得的盘存单、对账单等。主要是通过直接接触纳税人、扣缴义务人和其他涉税当事人的经济活动本身的现象或事实而取得。

（2）间接证据。又称"旁证"，即指对事项只起间接证明作用的事实和资料。如被查单位的负责人、会计、职工等人员所做的口头说明、答复等。

（3）分析证据。即指根据事项研究分析所取得的证据。如通过对纳税人会计报表和纳税申报表的横向和纵向对比分析所得到的差异性结果。

间接证据和分析证据需与其他证据结合起来，经过研究、判断、核实，才能证明应证事项的真相。一般而言，直接证据比间接证据和分析证据的证明力强。但在实际工作中，只有直接证据就能证明应证事项真相的情况并不多见，往往还需要一系列的间接证据和分析证据，才能帮助稽查人员形成科学的判断和作出正确的处理。

3. 以来源渠道为标准的分类

以来源渠道为标准，税务稽查证据可分为亲历证据、内部证据和外部证据。

（1）亲历证据。即指稽查人员对被查单位进行税务稽查时亲自取得的有关事实和资料。如实物、数据和行为等。

（2）内部证据。即指从被稽查纳税人、扣缴义务人、其他涉税当事人及其所属单位内部取得的有关事实和资料。由于应税行为是与纳税人、扣缴义务人自身和其他涉税当事人的经济活动相伴随的，所以内部证据是税务稽查证据的主体。

（3）外部证据。即指从被稽查纳税人、扣缴义务人之外的单位或个人取得的有关事实和资料。外部证据是内部证据的补充，利用外部证据有利于稽查人员进一步对有关的内部证据加以确认。

一般而言，亲历证据最可信赖、更具证明力，内部证据取证比较方便，外部证据可信度虽较高但耗费人力、财力、物力较大。

（四）税务稽查证据的收集

税务稽查人员应当坚持客观公正、实事求是和严肃认真的工作精神来收集稽查证据，保证税务稽查证据的质量，以达到客观性、针对性、权威性和有效性的要求。在税务稽查工作中，税务稽查意见、结论和报告必须以具有充分证明力的税务稽查证据为基础。因此，收集税务稽查证据的方法就显得极为重要，其方法主要包括以下几种。

（1）被查单位和外单位提供的税务稽查证据。根据《税收征管法》等法律规定，稽查人员有权向被查单位和有关单位要求提供所需的资料，如被查单位的纳税申报表、会计报表、账簿、凭证、会计记录、银行对账单、代管代存凭证资料和账务处理办法等。

（2）审查会计资料等取得的税务稽查证据。税务稽查人员可通过专门的方式方法，或通过审查会计报表、账簿、凭证发现问题和差错时取得的证据。稽查时，可影印、复印或依法调换有关单据所取得的证据资料。

（3）现场观察、盘存时取得的税务稽查证据。税务稽查人员需要掌握纳税人、扣缴义务人各项资产、材料、货物的实际数量和质量时，可深入仓库、车间和施工场地，对其丢失、损坏、霉变等情况进行现场稽查，并通过盘点验证取得证据。

（4）调查、询问过程中取得的税务稽查证据。税务稽查人员在稽查过程中发现某些被查事项有问题或疑问时，可向当事人或有关人员（或单位）进行调查询问，取得口头陈述的记录和出具的书面证明材料、函询资料等证据。

（5）查阅历史资料取得的税务稽查证据。一般是证实过去某一时期的经济活动，或证实被查事项的历史演变情况。如审查房产税、土地增值税时，就需查阅构建房屋、取得土地使用权支付金额的原始单据及房地产开发成本费用的原始凭据等资料。

（6）分析计算取得的税务稽查证据。这是在税务稽查中使用较多的取得证据的一种方法。如税务稽查人员根据被查单位提供的数据，利用规定的指标或计算公式，通过分析、综合和计算将其结果作为纳税人、扣缴义务人履行其义务，查实有无偷逃税等违法行为的稽查证据。此外，利用调节法计算出来的查账日的材料、货物等的库存资料，也属此种取证渠道。

本章小结

本章主要阐述和研究了税务稽查的基本概念、职能与作用、依据与证据。基本概念分别从税务稽查的概念、特点和种类研究，概念包括税务稽查的主体、依据、对象、客体、内容和实质；特点包括稽查主体的差异性、稽查目的的特定性、稽查范围的广泛性、稽查时间的经常性和稽查结论的权威性；种类包括日常稽查、专项稽查和专案稽查。税务稽查的职能包括监控职能、审查职能、惩戒职能、教育职能和收入职能。税务稽查的作用包括贯彻执行税收政策法令、促进企业改善经营管理、检验税收征收管理质量、提高征管的质量与效率等。税务稽查依据包括稽查依据的概念、特点和种类；税务稽查证据包括稽查证据的概念、特征、分类和收集等。

第二章

税务稽查权责

税务稽查权责主要阐述和分析税务稽查的风险、要求和权责三个问题。风险包括风险的概念、类型和防范。要求包括树立正确指导思想、掌握过硬业务技能、坚持依法稽查原则、强化税务稽查协作、提倡廉政务实作风和坚持群众路线方法。权责分为税务稽查主体的权责和对象的权责，其中主体的权力包括稽查权、调查权、处置权；主体的责任包括依法稽查、制约稽查、回避稽查、保密稽查、纪律稽查。

第一节　税务稽查的风险

一、税务稽查风险的概念

风险是指遭受损失、伤害、不利或毁灭的可能性。风险无时不在、无时不有。稽查局在依法对纳税人、扣缴义务人和其他涉税当事人履行纳税义务、扣缴义务情况及涉税事项进行税务检查和处理的过程中，同样存在着风险。

税务稽查风险是指稽查人员在执行税务稽查业务中面临的风险。包括稽查人员判断失误的风险，以及被稽查对象和环境因素造成的稽查人员受到损失或不利影响的可能性。例如：稽查人员的玩忽职守或徇私舞弊，未查出被稽查对象重大税收违法行为而应承担相应的法律责任；被稽查对象存在或不存在税收违法行为，其纳税申报表存在或不存在错报漏报，而稽查人员进行稽查后发表了不恰当的税务稽查意见，即存在违法行为而没有被查出；不存在违法行为，经稽查后而误报有违法行为。

二、税务稽查风险的类型

（一）行政行为风险

行政行为风险是指稽查人员在稽查中违反有关程序法律制度所产生的风险。如稽查人员在查处税收违法案件时，未按规定进行回避的，未按规定为纳税人、扣缴义务人、检举人、其他涉税当事人保密的，违反法定的行政处罚程序的，等等。

（二）行政责任风险

行政责任风险是指稽查人员在稽查中因玩忽职守或徇私舞弊所产生的风险。包括造成税款严重流失或违反廉政建设等规定而被追究责任。如《税收征管法》第八十一条规定：税务人员利用职务上的便利，收受或索取纳税人、扣缴义务人财物或谋取其他不正当利益，构成犯罪的，依法追究刑事责任；尚不构成犯罪的，依法给予行政处分。

（三）行政决定风险

行政决定风险是指税务稽查机关作出的稽查处理意见失当所产生的风险。如稽查局作出的税务稽查意见失当造成行政复议决定撤销、变更，或确认该具体行政行为违法，或行政诉讼败诉。

三、税务稽查风险的防范

（一）加强内部建设

加强内部建设是防范稽查风险的基础，主要包括以下几个方面。

（1）加强稽查风险制度建设。上级稽查部门可组织有关专家研究制定防范和控制稽查风险的制度体系，特别是稽查方案的制订、案件证据收集、稽查工作底稿编制、稽查报告编制和案件复核等统一、规范的制度，以指导稽查工作实务，这是防范税务稽查风险的根本性举措。

（2）提升计算机应用的能力。稽查机关应加强税务稽查软件的开发研究，提升计算机稽查的应用能力；应针对不同行业、不同会计系统，设计有针对性的计算机稽查程序；充分利用大数据、金税三期以及正在研发的金税四期获取税务稽查工作所需的信息资料，使稽查人员能对计算机系统进行一般性检查，降低稽查风险。

（3）实施稽查案件复查制度。稽查机关应按照《税务稽查案件复查暂行办法》的规定，统一复查口径、审理标准和处罚尺度，对复查案件的事实、证据、程序、内容和执行，以及有无违反稽查工作纪律等进行复查，对复查发现的问题及时纠正，并按规定对直接责任人追究相关责任。

（4）加强税收法律法规宣传。税务部门要强化税收宣传，普及税收法律知识，营造良好的税收环境；强化税务稽查整顿和规范市场经济秩序的作用，使纳税人做到依法诚信纳税，形成政府支持、部门协作、企业配合的良好税收执法环境，减少和排除外部环境对税务稽查工作的干扰。

（二）规范稽查过程

规范稽查过程是防范稽查风险的关键，主要包括以下几个方面。

（1）加强查前调查。稽查人员在稽查进点之前应对被查单位的业务、财务情况进行全面的了解，收集与稽查有关的法律、法规、政策和规章，以及银行账户、会计报表和其他有关会计资料、稽查档案资料等，同时可以结合被查单位的实际情况确定稽查的内容和重点。

（2）规范稽查方式。在目前广泛采用账项基础检查法的条件下，对业务简单、凭证不多的企业实行全面检查；对业务量较大的企业需采用抽样统计方法的，应明确稽查重点和抽样风险，确定样本数量，把税务稽查风险控制在可接受程度。对涉及处罚的具体事项，应进行全面检查。

（3）规范稽查取证。税务稽查风险很大程度上是证据风险。稽查人员在稽查取证过程中要符合法定程序、统一证据类型和取证程度，同时加强与公、检、法等部门的配合与协作。证据收集要全面、客观，取证要在法律法规授权之下进行，取证的主体、时间、程序、方式和形式都必须合法。

（4）规范稽查文书。税务稽查过程中涉及的文书较多，都应以规范化的要求进行编制，避免随意性，特别是取证材料及稽查工作底稿，更应当针对不同的行业，注意格式的统一、用语的准确等。对于稽查过程的描述，也要有规范统一的标准。

（5）规范案件审理。这是规避税务稽查风险的有效举措。对税务人员提交的税务稽查报告，除由审理人员进行初审外，应由审理小组集体审理，采取少数服从多数的原则形成审理报告，对达到大要案审理标准的，应报大要案审理委员会审定，以提高案件处理的准确性、公正性和公平性。

（6）规范稽查案卷。稽查人员的检查过程应完整地在案卷中反映，这是避免风险的一个有效举措。稽查案卷应全面完整地反映稽查各环节的全部过程，特别应详细记录检查人员的整个检查过程，如对被查对象的内部控制测试和稽查方案等。

（三）提高职业素质

提高职业素质是防范稽查风险的保证，主要包括以下两个方面。

（1）增强防范风险意识。主要体现在：一是税务稽查人员应牢固树立风险和责任意识，自觉培养防范风险的意识和行为，提高自我保护的能力；二是稽查部门在稽查中应切实维护纳税人的权利，宣传和注重纳税人的申请回避权、请求保密权、陈述申辩权和听证权等权利，使税务稽查中的争议得到客观公正的解决。

（2）提高稽查人员素质。税务稽查人员的素质影响着稽查质量的好坏和稽查风险的程度。主要表现在：一是加强稽查人员党风廉政和机关效能建设的学习和教育，深化干部人事制度改革，制定并落实干部轮岗制度，有效规避风险，防止和减少失职、渎职行为；二是税务部门要积极开展稽查人员的税收知识、财会知识、法律知识和稽查技能的培训，努力培养一支既精通财税和法律知识，又有较高稽查技能的复合型专业人才。

第二节　税务稽查的要求

税务稽查的要求是根据税务稽查任务对执行税务稽查工作的人员提出的，因而应首先明确税务稽查的任务。税务稽查任务是税务稽查职能的具体化，税务稽查的基本任务是依据国家税收法律、法规，查处税收违法行为，保障税收收入，维护税收秩序，促进依法纳税，保证税法的实施。税务稽查人员应努力提高政治思想水平和专业技能素质，用好国家所赋予的税收权力，认真做好税务稽查工作。其要求主要包括以下几个方面。

一、树立正确指导思想

税务稽查工作的指导思想是正确贯彻国家税收政策法令，在组织财政收入的同时积极帮助企业提高经济效益。明确税务稽查的指导思想，有利于稽查人员采用正确的工作方法观察客观事物、研究和处理问题，否则观察事物就会有条条框框，处理问题就会主观片面，从而使税务稽查工作偏离正确的方向。

税务稽查中所发现的问题是稽查工作取得的成绩，同时也暴露了平时征管工作中存在的问题。那种片面追求查补税数额，认为查补数额越多成绩越大，以及不切实际层层分配查补税款任务的做法是错误的。其危害一是容易造成征管人员忽视平时对纳税人的监督管理，使应缴的税款不能及时组织入库；二是片面追求查补税数额，可能会在执行税收政策法令上出现偏差；三是为完成查补任务数额，可能造成"鸡蛋里挑骨头"或查补"协议税、关系税"等问题；四是易引起征纳双方关系紧张，以致形成税企的不正常关系，给税收征管工作带来困难。因此，对纳税人的征管工作应提倡"入手于管、辅助于查、立足于促、落实于征"，以摆正税务稽查在税收工作中的位置。

二、掌握过硬业务技能

要做好税务稽查工作，不仅要求税务稽查人员有较高的政治思想水平，而且还必须具备一身过硬的业务技能，主要包括以下几点。

（一）熟悉和正确运用各项财税政策法令

因为这些政策法令是进行税务稽查的依据，只有熟悉才能运用自如，才能判定纳税人存在何种错误、偷逃了多少税款，应给予行政制裁还是追究刑事责任，恰当适宜地处理各种税收违法行为。

（二）熟悉和掌握财务会计基础业务知识

税务稽查涉及各行各业的企事业单位，其会计核算和账务处理不尽相同，税务稽查人员不仅要看懂而且还要从中发现问题，因此掌握和熟悉全面系统的财会业务知识是税务稽查人员的基本功。

（三）力求做到"三会、四熟、五掌握"

"三会"是指会看纳税申报表和会计报表、会看会计账簿和会计凭证、会计算应纳税额；"四熟"是指熟悉各层次的税收法律制度、熟悉企业的会计处理办法、熟悉企业的生产经营状况、熟悉企业的纳税和扣缴税款情况；"五掌握"是指掌握纳税人的生产销售情况、掌握成本核算和利润分配情况、掌握税源大小及其变化情况、掌握资金来源与运用情况、掌握各期应纳或扣缴税款及其变化情况。

（四）熟练掌握其他相关业务技能和本领

例如，应具备会计电算化业务知识及其操作技术，语言、社交、文字写作等能力，以及各种税务稽查方法和技巧等相关业务技能。

实践证明，税务稽查人员所具备的业务技能越熟、水平越高，其稽查工作的质量和效果也就越高、越好。

三、坚持依法稽查原则

《办理程序规定》第三条规定"办理税务稽查案件应当以事实为根据，以法律为准绳，坚持公平、公正、公开、效率的原则"，第五条规定"稽查局办理税务稽查案件时，实行选案、检查、审理、执行分工制约原则"。这是税务稽查工作的基本原则，也是依法治税原则在税务稽查中的重要体现。在实际税务稽查工作中，应遵循以下原则。

（一）以事实为根据、以法律为准绳

以事实为根据、以法律为准绳的原则就是在税务稽查的实际工作中坚持实事求是，按照法律、法规和规章办事。税务稽查中的"实际"就是指纳税人、扣缴义务人和其他涉税当事人履行纳税义务、代扣代缴义务、代收代缴义务和其他涉税事项的实际情况。税务稽查工作都应从这个"实际"情况出发，实事求是地处理问题。在实施税务稽查时，必须查明事实真相，做到事实清楚、证据充分、数据准确、资料齐全。

（二）坚持公平、公正、公开、效率

坚持公平、公正、公开、效率的原则就是在税务稽查的实际工作中公开透明，处理公道，不偏不倚，讲究实效，经得起历史和时间的检验。公平即不偏不倚，稽查局对案件的处理不可太轻，也不能太重；公正即公平正直，稽查机关对稽查案件的处理公道，不徇私枉法；公开即完全透明，税务机关对税务稽查程序公开透明；效率即快查快结，及时作出处理，涉税案件的处理在遵循公平、公正、公开原则的基础上，还要尽快作出处理。

（三）实行稽查"四环节"分工制约

《税收征管法实施细则》第八十五条规定"税务机关应当制定合理的税务稽查工作规程，负责选案、检查、审理、执行的人员的职责应当明确，并相互分离、相互制约，规范选案程序和检查行为"。实行税务稽查选案、检查、审理和执行"四环节"的分工、配合、制约，其中分工是税

务稽查的有效途径，配合是税务稽查的基本要求，制约是税务稽查的基本保障。选案环节是选择和确定税务稽查对象，是税务稽查的基础和重要环节；检查环节和审理环节都是税务稽查工作的核心和关键环节，执行环节则是税务稽查工作不可或缺的重要环节。

（四）有法必依、执法必严、违法必究

税务稽查所依据的"法"必须是现行的、统一的税收法令，任何地方、部门不得下达与税法相抵触的文件和指示；执法必严要求税务稽查的各项工作、各个环节要符合法定的程序，执行税法必须严肃、认真，切实按照法律规范的内容和实质办事；违法必究要求对一切违法行为都要严格依法进行惩处，做到定性准确、处理恰当、补罚分明，决不能"以补代罚、以罚代刑"，该追究刑事责任的一定要移送司法机关处理，但也要防止处罚的过激行为，遵循"过罚相当"原则，不该收的分文不收、多收的应当退回，更不能"以罚代补、以刑代罚"。

四、强化税务稽查协作

税务稽查协作主要有外部协作和内部协作两大类，其中外部协作包括税务机关与工商、海关、银行、政府有关管理部门、行业协会组织、各类会计师和税务师协会的协作等；内部协作包括税务局与稽查局、税务局与税务局、稽查局与稽查局、税务系统跨省、市、地区之间的协作等。其中稽查局与稽查局之间在税务信息和税务稽查中的协作，应较之于其他单位的协调配合更直接、更密切、更方便、更有效。

税务稽查协作的内容主要包括：一是定期交换数据，主要是税务系统内部定期交换纳税人的户籍数据、货运发票数据、城市维护建设税税基的"两税"数据，以及税务局之间的税收收入数据；二是协调进行税务检查，主要是税务局之间在制订年度税务检查计划时，应协商确定联系检查的重点，在办理重大案件时要及时通报对方或实行联合检查，在接到举报案件时要互通信息以确保及时查处等；三是共同加强国际税务事项管理，主要包括对外国企业驻华代表机构的纳税人身份认定、税基核定的协调，税收

凭证管理的协调，以及审计调查跨国交易避税行为时涉及税务局之间分管税种的协调与沟通等。

税务系统内部的协作是政府整合行政资源、提高行政效率的内在要求，也是转变职能、实现高效管理的重要途径。税务稽查中加强税务系统内部之间的协作，有利于加强税收征管、税务稽查，拓展服务渠道，统一服务平台，降低征纳成本，减轻纳税人负担，优化纳税服务，切实提高税务机关的监管能力与水平，树立并不断改善税务部门形象，打击偷、逃、骗、抗、欠税等违法行为。

五、提倡廉政务实作风

廉政务实是建立在正确思想指导和科学工作态度基础上的工作作风。"廉政"是党的优良传统，是每个国家公务员的基本道德要求；"务实"是从实际出发、实事求是作风的体现，也是各级税务机关查处税收违法行为所必须遵循的一项重要原则。

税务稽查是税务人员代表国家履行税收行政执法的一项严肃任务，税务人员要严格执行税收工作"十五不准"的规定，坚持从实际出发，用"一分为二"的观点来审查分析纳税单位的客观经济活动和纳税行为，实事求是地对待企业纳税的成绩和问题。对被查单位的纳税成绩要以事实为依据，不吹嘘、不做假；揭露纳税问题要有真凭实据，不扩大、不缩小，同时要认真地分析主客观因素，分清是制度混乱还是责任过失，是核算差错还是有意逃税，是一惯经常的行为还是偶尔发生的问题；调查取证时，要查明事实真相，做到事实清楚、证据充分、数据准确、资料齐全；对复杂的问题，要做深入细致地调查，反复查证、多方核实，取得确实可靠的数据，防止出现差错；对定案的资料要认真听取纳税人的意见，对有异议的，必须反复查证落实，依法据实结案。

六、坚持群众路线方法

"深入实际、走群众路线"是我们党的一贯作风，也是做好税务稽查工作的根本保证。要稽查企业全面的生产经营活动，从成堆的会计资料中去查证落实纳税问题，是较为困难和费时的，且有些问题单从账面上稽查是很难发现的，也难以把问题的真相查清查透。因此，税务稽查人员还应深入生产、经营、管理的现场及职工群众中观察和了解，开展调查研究。重点是深入企业的生产、供销、设备、基建、车间、仓库、门市部和驻外机构等部门，广泛了解各种与纳税有关的事项，并查证落实有关问题。

在税务稽查工作中，要注意工作的方式方法，善于听取和查证有关方面的意见和资料，善于有联系地观察、分析问题，通过取证去粗存精、去伪存真，切忌主观片面，也不能就账查账。实践也证明，许多偷逃税等违法行为是通过账外稽查和群众反映或举报来发现的。

第三节　税务稽查的权责

税法是指国家制定的用于调整国家与纳税人之间征纳活动的权利与义务关系的总称。其中征税主体即国家，税务机关代表国家行使征税权力，省级以下税务局的稽查局作为税务稽查的主体，是税务机关的一个重要部门；纳税主体即纳税人，也是税务稽查的主要对象。在税务稽查过程中，其权责的划分一般是以稽查局行使稽查权和税务稽查对象履行责任为主，且两者之间的权责是互为前提的。

一、税务稽查主体的权责

（一）税务稽查主体的权力

税务稽查主体的权力是指税务机关在税务稽查活动中所依法享有的权力。它表明税务机关能进行哪些税务稽查，稽查范围有多大，可以要求纳税人履行哪些义务等。因此，税务稽查主体的权力是稽查机关实施税务稽查行为，监督纳税人、扣缴义务人和其他涉税当事人履行纳税义务、扣缴义务情况及涉税事项，查处偷逃税等违法行为的重要保证。根据《税收征管法》《税收征管法实施细则》《办理程序规定》等法律制度，从大的方面看，税务稽查主体的权力主要包括稽查权、调查权和处置权。

1. 稽查权

稽查权是指税务机关对纳税人、扣缴义务人和其他涉税当事人履行纳税义务、扣缴义务和其他涉税事项的情况进行检查的权力，包括查账权、场地检查权、责成提供资料权和邮路检查权。

（1）查账权。即指税务机关对纳税人、扣缴义务人和其他涉税当事人的会计账簿、凭证、报表等有关资料进行检查的权力。《税收征管法》第五十四条第（一）项规定，税务机关有权检查纳税人的账簿、记账凭证、报表和有关资料，检查扣缴义务人代扣代缴、代收代缴税款的账簿、记账凭证和有关资料。税务机关在行使查账权时，可以在纳税人、扣缴义务人和其他涉税当事人的业务场所进行；必要时，经县以上税务局（分局）局长批准，也可将其以前年度的会计资料调回税务机关检查。有特殊情况的，经设区的市、自治州以上税务局局长批准，税务机关可以将其当年的会计资料调回检查。纳税人、扣缴义务人和其他涉税当事人是否真正履行其义务，最主要是看其账簿、凭证、报表等会计核算及其纳税资料是否真实、准确、可靠，因此查账权是税务机关稽查权最基本的内容。

（2）场地检查权。即指税务机关对纳税人和扣缴义务人的生产经营场所或货物存放地进行检查的权力。《税收征管法》第五十四条第（二）项规定，税务机关有权到纳税人的生产、经营场所和货物存放地检查纳税人应纳税的商品、货物或其他财产，检查扣缴义务人与代扣代缴、代收代缴税款有关的经营情况。通过场地检查，可以发现账务检查中难以发现的账外证据资料和有关线索，是查账权的延续和补充，可以扩大稽查实施的效果，通常用于对无照经营和小规模纳税人进行稽查。其稽查的主要内容包括：审查商品、货物或其他财产，看其与账证等会计资料中所列的账目是否相符，有无账外经营等；审查会计资料档案的设置和保存情况，尤其是原始凭证的保存情况；审查纳税人和扣缴义务人有无隐瞒、隐藏的账证等资料，查处重大偷税行为。

（3）责成提供资料权。即指税务机关指定或要求纳税人、扣缴义务人和其他涉税当事人提供与纳税或扣缴税款等有关资料的权力。《税收征管法》第五十七条规定，税务机关依法进行税务检查时，有权向有关单位和个人调查纳税人、扣缴义务人和其他当事人与纳税或代扣代缴、代收代缴税款有关的情况，有关单位和个人有义务向税务机关如实提供有关资料及证明材料。税务机关在税务稽查过程中通常会要求纳税人、扣缴义务人和其他涉税当事人提供有关资料，如安置下岗人员、残疾人员证明，有关合同、章程、协议书及银行账号证明等，以便核实有关纳税问题。该种稽查权的规定，使税务稽查工作有了明确的法律依据。责成提供的资料必须是纳税人、扣缴义务人和其他涉税当事人与纳税或代扣代缴、代收代缴税款有关的文件、证明和其他有关资料，在收取这些资料时必须开列清单，并在规定时限内归还。这一权力在实际工作中往往是结合查账权、场地稽查权等权力行使的。

（4）邮路检查权。即指税务机关派人员到车站、码头、机场等交通要道和邮政企业及其分支机构对纳税人托运、邮寄应纳税商品、货物或其他财产的有关单据、凭证和有关资料进行检查的权力。《税收征管法》第五十四条第（五）项规定，税务机关有权到车站、码头、机场、邮政企业及其分支机构检查纳税人托运、邮寄应纳税商品、货物或其他财产的有关单据、凭证和有关资料。交通要道和邮政企业及其分支机构是商品流通和交易比较集中的地方，但流动性大、不易控管，偷逃税问题较为严重，所以税务机关一般在交通要道和邮政企业设有税务检查站，进行经常性的稽查，以堵塞税款流失的漏洞。邮路检查的对象是纳税人、扣缴义务人和其他涉税当事人托运、邮寄应纳税商品、货物或其他财产的有关单据、凭证和有关资料，而不是商品、货物等本身，即税务机关一般不得开箱、开包检查。

2. 调查权

调查权是指税务机关对纳税人、扣缴义务人和其他涉税当事人履行纳税义务、扣缴义务和其他涉税事项的情况进行调查的权力，包括询问权、检查存款账户权、调查取证权和纠正权。

（1）询问权。即指税务机关在税务稽查中为调查纳税或扣缴税款问题和有关情况向纳税人、扣缴义务人和其他涉税当事人进行查询、打听、发问的权力。《税收征管法》第五十四条第（四）项规定，税务机关有权询问纳税人、扣缴义务人与纳税或代扣代缴、代收代缴税款有关的问题和情况。询问当事人一般可在被查单位或在其住所进行，在必要时也可以通知纳税人、扣缴义务人和其他涉税当事人到税务机关来接受询问。询问前，应向纳税人、扣缴义务人和其他涉税当事人告知其应提供真实情况和有意提供假情况的法律责任；询问中，必须做好记录，并交由被询问人进行核对，如有记录差错可以补充或改正；笔录经核对无误后，双方当事人应签名盖章。行使该种权力可以从多方面来验证事项的真伪，以掌握大量的账外情况，从而有利于对税务稽查中发现的问题作出全面、客观处理。

（2）检查存款账户权。即指税务机关对纳税人、扣缴义务人和其他涉税当事人在银行及其他金融机构的存款账户进行检查的权力。《税收征管法》第五十四条第（六）项规定，经县以上税务局（分局）局长批准，凭全国统一格式的检查存款账户许可证明，税务机关有权查询从事生产、经营的纳税人、扣缴义务人在银行或其他金融机构的存款账户。税务机关在调查税收违法案件时，经设区的市、自治州以上税务局（分局）局长批准，可以查询案件涉嫌人员的储蓄存款。税务机关查询所获得的资料，不得用于税收以外的用途。税务机关行使该项权力时，必须严格依法执行。其基本条件：一是要经县以上税务局（分局）局长批准；二是要持有全国统一格式的检查存款账户许可证明，并设专人负责进行稽查；三是稽查纳税人和扣缴义务人的储蓄存款须经银行市、县支行或市分行的区办事处核对，指定所属储蓄所提供资料。对纳税人、扣缴义务人和其他涉税当事人的银行账户进行稽查，是税务机关实行暂停支付存款或通知银行及其他金融机构扣缴税款入库的基本前提，是税务机关一种重要的执法权。

（3）调查取证权。即指税务机关在税务稽查实施时调取证据资料的权力。《税收征管法》第五十四条第（三）项规定，税务机关有权责成纳税人、扣缴义务人提供与纳税或代扣代缴、代收代缴税款有关的文件、证明材料和有关资料；第五十八条规定，税务机关调查税务违法案件时，对与案件有关的情况和资料，可以记录、录音、录像、照相和复制。记录即笔录，是指通过书写手段把听到的或看到的有关情况写下来；录音是指通过机械、光学或电磁等方法把听到的情况记录下来；录像、照相是指借助于摄像器材把有关资料记录下来；复制是指仿照原件或通过复印、翻印、拷贝、拷盘等取得有关情况和资料。这种调查取证权的规定，使得税务机关在调查税务违法案件取证时有了法律依据，也使税务机关的调查取证同社会调查活动区别开来。

（4）纠正权。即指税务机关在税务稽查中发现纳税人、扣缴义务人和其他涉税当事人的税务登记等内容与实际情况不符时责令其纠正的权力。如《税收征管法》第十六条规定，从事生产、经营的纳税人，税务登记内容发生变化的，自工商行政管理机关办理变更登记之日起三十日内或者在向工商行政管理机关申请办理注销登记之前，持有关证件向税务机关申报办理变更或注销税务登记。对纳税人的生产经营活动及其纳税事项在税务机关进行登记备案，其目的就是保证税源的真实性和准确性，以便于对纳税人、扣缴义务人和其他涉税当事人进行控制与稽查。通过对纳税人、扣缴义务人和其他涉税当事人税务登记等信息的稽查，可以较为全面、清楚地了解其生产经营等方面的客观真实性，尤其应注意登记事项的变化。如纳税人改变经营方式、经营范围及在生产经营过程中发生改组、转业、分设或合并以及新设机构等，是否办理了变更登记或重新登记，有无漏登漏管的纳税人、扣缴义务人和其他涉税当事人；按照其实际予以纠正、补缴税款，并根据有关税收法令进行处理。

3. 处置权

处置权是指税务机关对纳税人、扣缴义务人和其他涉税当事人履行纳税义务、扣缴义务和其他涉税事项的情况进行处置的权力，包括税收保全措施权、税收强制执行措施权、处理处罚权和其他权力。

（1）税收保全措施权。即指税务机关对可能由于纳税人的行为或某种客观原因，致使以后税款的征收不能保证或难以保证的，采取限制纳税人处理或转移商品、货物或其他财产措施的权力。《税收征管法》第三十八条规定，税务机关在限期内发现纳税人有明显的转移、隐匿其应纳税的商品、货物以及其他财产或应纳税的收入的迹象的，税务机关可以责成纳税人提供纳税担保。如果纳税人不能提供纳税担保，经县以上税务局（分局）局长批准，税务机关可以采取税收保全措施。税收保全措施包括：一是书面通知纳税人开户银行或其他金融机构冻结纳税人的金额相当于应纳税款的存款；二是扣押、查封纳税人的价值相当于应纳税款的商品、货物或其他财产。纳税人在规定的限期内缴纳税款的，税务机关必须立即解除税收保全措施；限期期满仍未缴纳税款的，经县以上税务局（分局）局长批准，税务机关可以书面通知纳税人开户银行或其他金融机构从其冻结的存款中扣缴税款，或依法拍卖或变卖所扣押、查封的商品、货物或其他财产，以拍卖或变卖所得抵缴税款。但个人及其所抚养家属维持生活必需的住房和用品，不在税收保全措施的范围之内。另外，采取税收保全措施时，稽查局必须按照法律法规规定的程序和要求组织实施。

（2）税收强制执行措施权。即指税务机关为防范税款流失，保证纳税人、扣缴义务人、其他涉税当事人和纳税担保人履行其义务而采取强制执行措施的权力。《税收征管法》第四十条规定，从事生产、经营的纳税人、扣缴义务人未按照规定的期限缴纳或解缴税款，纳税担保人未按照规定的期限缴纳所担保的税款，由税务机关责令限期缴纳，逾期仍未缴纳的，经县以上税务局（分局）局长批准，税务机关可以采取强制执行措施。强制执行措施包括：一是书面通知其开户银行或其他金融机构从其存款中扣缴税款；二是扣押、查封、依法拍卖或变卖其价值相当于应纳税款的商品、货物或其他财产，以拍卖或变卖所得抵缴税款。税务机关采取强制执行措施时，对前款所列纳税人、扣缴义务人、纳税担保人未缴纳的滞纳金同时强制执行，但个人及其所抚养家属维持生活必需的住房和用品，不在强制执行措施的范围之内。另外，采取税收强制执行措施时，稽查局必须按照法律法规规定的程序及要求组织实施。

（3）处理处罚权。即指税务机关对纳税人、扣缴义务人和其他涉税当事人履行纳税义务、扣缴义务和其他涉税事项的情况进行调查后，依据法律、法规或规章，加以处置或惩罚，使得违法违章者受到经济或其他损失的权力。《税收征管法》第五章法律责任中对此有诸多规定，主要包括：一是追补应缴税款，对因偷税、逃税未缴或少缴的税款或骗取的退税款，应在规定的期限内如数补缴和追征；二是数额或倍数罚款，如纳税人和扣缴义务人编造虚假计税依据可处 5 万元以下罚款，对偷税、逃税或抗税、骗税处以其未缴、少缴数额 50% 至 5 倍或 1～5 倍的罚款；三是没收非法所得和非法财物，如违反发票管理办法或非法提供银行账号、发票、证明导致其他单位或个人偷税、骗税的，没收其非法所得；四是加收滞纳金，纳税人未按照规定期限缴纳税款的，扣缴义务人未按照规定期限解缴税款的，税务机关除责令限期缴纳外，从滞纳税款之日起，按日加收滞纳税款万分之五的滞纳金；五是移送司法机关追究刑事责任，对偷税、逃税、抗税、骗税行为构成犯罪的，税务机关应依法提交司法机关追究刑事责任。

（4）其他权力。税务机关除了具有以上处置权外，还具有阻止出境权、代位权和撤销权等其他权力。《税收征管法》第四十四条规定，欠缴税款的纳税人或他的法定代表人需要出境的，应当在出境前向税务机关结清应纳税款、滞纳金或提供担保。未结清税款、滞纳金，又不提供担保的，税务机关可以通知出境管理机关阻止其出境。第五十条规定，欠缴税款的纳税人因怠于行使到期债权，或放弃到期债权，或无偿转让财产，或以明显不合理的低价转让财产而受让人知道该情形，对国家税收造成损害的，税务机关可以依照《合同法》第七十三条、第七十四条的规定行使代位权、撤销权。税务机关依照规定行使代位权、撤销权的，不免除欠缴税款的纳税人尚未履行的纳税义务和应承担的法律责任。

（二）税务稽查主体的责任

实施税务稽查是一种税务机关单方面的执法行为，会直接影响到纳税人、扣缴义务人和其他涉税当事人的权益，并产生一定的法律后果。因此，税务稽查的实施主体也必须有相应的法律责任、限制或义务。限制税务机关的各项稽查权力，能有效地防止税务机关及其稽查人员滥用职权，以便更好地贯彻国家的税收政策法令，维护纳税人、扣缴义务人和其他涉税当事人的合法权益。税务稽查主体的责任主要包括依法稽查、制约稽查、回避稽查、保密稽查和纪律稽查。

1. 依法稽查

依法稽查是税务稽查主体责任中最为重要的责任，即指税务稽查实施的法律限制，主要体现在以下两个方面：一是依据税收法律法规规定稽查。税务稽查实施行为是基于税务稽查的各项权力而发生的。因此，税务稽查实施的范围和内容，必须经过税收法律法规的特别规定。在实施税务稽查的过程中，必须在税收法律体系的职权范围内进行。我国的税收法律体系表现为实体法法律体系和程序法法律体系，实体法法律体系即为18个税种的法律，程序法法律体系主要是指《税收征管法》及其实施细则、《办理程序规定》等。如《税收征管法》第五十九条规定，税务机关派出的人员进行税务检查时，应当出示税务检查证和税务检查通知书，未出示的，被检查人有权拒绝检查。《办理程序规定》第十五条规定，检查前，稽查局应当告知被查对象检查时间、需要准备的资料等，但预先通知有碍检查的除外。检查应当由两名以上具有执法资格的检查人员共同实施，并向被查对象出示税务检查证件、出示或送达税务检查通知书，告知其权利和义务。二是依据其他法律法规规定稽查。税务稽查实施过程中还要受到其他法律法规的限制，如《行政处罚法》《行政复议法》《行政诉讼法》《国家赔偿法》《担保法》《拍卖法》《刑法》等。《行政处罚法》第四十四条规定，行政机关在作出行政处罚决定之前，应当告知当事人拟作出的行政处罚内容及事实、理由、依据，并告知当事人依法享有的陈述、申辩、要求听证等权利。

2. 制约稽查

税务机关在实施各项稽查权力时，应当履行权力的制约性。如实施查账权时，若有必要调回纳税人和扣缴义务人的有关资料进行稽查，则要求必须在依法批准后，可调回以前会计年度的资料，且要开付清单，并在3个月内予以归还。有特殊情况的，经设区的市、自治州以上税务局局长批准，税务机关可以将纳税人、扣缴义务人当年的账簿、记账凭证、报表和其他有关资料调回检查，但必须在30日内退还；实施场地检查权时，对纳税人的生活住宅和放在生产经营场所或货物存放地的个人生活用品，不能直接行使该项权力，但可以提请司法机关协助查处；实施责成提供资料权和询问权时，不能要求当事人提供或询问与纳税、扣缴税款无关的情况，也不得对其引供、诱供和逼供；实施邮路检查权时，不能检查纳税人托运、邮寄的应纳税商品、货物或其他财产，而只能稽查其有关单据、凭证和资料；实施检查存款账户权时，未经批准、未持有特殊稽查许可证明及未指定的银行机构，均不得检查任何纳税人和扣缴义务人的存款账户；实施调查取证权时，只限于税务违法案件调查取证时采用，不能用于税务行政复议、诉讼和税务刑事案件；实施纠正权时，只能按纳税人的实际情况依法定的方法来核定补缴税款，而不能随意定额或采取税务强制处罚等措施；实施税收保全措施权时，个人及其所抚养家属维持生活必需的住房和用品，不在税收保全措施的范围之内；实施税收强制执行措施权时，个人及其所抚养家属维持生活必需的住房和用品，不在强制执行措施的范围之内。

3. 回避稽查

回避稽查是指稽查局查处某一案件的稽查人员，与被查对象有近亲关系的、有利害关系的以及有其他关系可能影响公正执法的，应当回避。《税收征管法》第十二条规定，税务人员征收税款和查处税收违法案件，与纳税人、扣缴义务人或税收违法案件有利害关系的，应当回避；第八十五条规定，税务人员在征收税款或查处税收违法案件时，未按规定进行回避的，对直接负责的主管人员和其他直接责任人员，依法给予行政处分。《税收征管法实施细则》第八条规定，税务人员在核定应纳税额、调整税收定额、进行税务检查、实施税务行政处罚、办理税务行政复议时，与纳税人、扣缴义务人或其法定代表人、直接责任人有夫妻、直系血亲、三代以内旁系血亲、近姻亲、可能影响公正执法的其他利害等关系之一的，应当回避。《办理程序规定》第八条规定，被查对象申请税务稽查人员回避或税务稽查人员自行申请回避的，由稽查局局长依法决定是否回避。稽查局局长发现税务稽查人员具有规定回避情形的，应要求回避。稽查局局长的回避，由税务局局长依法审查决定。税务稽查回避流程如图2-1所示。

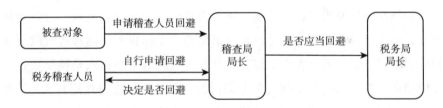

图2-1 税务稽查回避流程

被查对象可以书面或口头提出税务稽查人员回避要求，口头提出的，稽查人员应当及时记录。涉及听证的，听证申请人收到《听证通知书》后，提出回避申请的或听证主持人自行提出申请的，经稽查局局长审批同意后重新指定听证主持人，并制作《回避审查决定书》告知听证申请人。如稽查局局长认为无须回避的，按期实施听证。对驳回申请回避的决定，听证申请人可以申请复核一次。

4. 保密稽查

保密稽查是指税务稽查人员实施稽查后，除有偷逃税等违法行为事实以外，有责任对被稽查人的情况和资料保守秘密的责任。一是对检举人的保密，《税收征管法》第十三条规定，任何单位和个人都有权检举违反税收法律、行政法规的行为，收到检举的机关和负责查处的机关应当为检举人保密，税务机关应当按照规定对检举人给予奖励。二是对稽查对象的保密，《税收征管法》第八条规定，税务机关应当依法为纳税人、扣缴义务人的情况保密；第八十七条规定，未按照本法规定为纳税人、扣缴义务人、检举人保密的，对直接负责的主管人员和其他直接责任人员，由所在单位或有关单位依法给予行政处分。《办理程序规定》第九条规定，税务稽查人员对实施税务稽查过程中知悉的国家秘密、商业秘密或个人隐私、个人信息，应当依法予以保密，但纳税人、扣缴义务人和其他涉税当事人的税收违法行为不属于保密范围。稽查人员不得将从税务稽查中取得的生产、经营情况以及其他需要保密的内容泄露给与案件查处无关的税务人员和税务机关以外的其他单位和个人，以保证稽查对象的合法权益不受侵害。

5. 纪律稽查

纪律稽查是指在实施税务稽查时，税务稽查人员应当遵守工作纪律，恪守职业道德。纪律稽查要求稽查人员不得有下列行为：一是违反法定程序、超越权限行使职权；二是利用职权为自己或他人牟取利益；三是玩忽职守，不履行法定义务；四是泄露国家秘密、工作秘密，向被查对象通风报信、泄露案情；五是弄虚作假，故意夸大或隐瞒案情；六是接受被查对象的请客送礼等影响公正执行公务的行为；七是其他违法违纪行为。《办理程序规定》第十条规定，税务稽查人员在执法办案中滥用职权、玩忽职守、徇私舞弊的，依照有关规定严肃处理；涉嫌犯罪的，依法移送司法机关处理。第十一条规定，税务稽查案件办理应当通过文字、音像等形式，对案件办理的启动、调查取证、审核、决定、送达、执行等进行全过程记录。

二、税务稽查对象的权责

税务稽查对象是指税务稽查工作所涉及的除税务机关以外的一切有关单位和个人，具体包括纳税人、扣缴义务人和其他涉税当事人，可分为被稽查人和协助稽查人两类。前者是指税务稽查行为的利害关系人，即纳税人和扣缴义务人；后者是指与被稽查人有一定关系或联系或对查处税收违法行为负有一定责任的其他涉税当事人，如车站、码头、机场、邮政企业及其分支机构，银行及其他分支机构（如保险公司、信托投资公司、信用合作社等），以及税务稽查中涉及的有关部门和单位（如公安、审判、法律监督和工商管理部门等）。在税务稽查工作中，稽查对象以承担协助稽查责任为主，以行使权力为辅。

（一）税务稽查对象的权利

根据《税收征管法》及其实施细则等的有关规定，在税务稽查工作中相对人的权利主要是拒绝税务机关不依法进行的税务稽查等。具体权利主要包括：有权拒绝未出示税务检查证和税务检查通知书的税务人员和税务机关的检查；有权拒绝税务机关超出法定范围或违反法定程序的检查；维护其合法权益的权利，如纳税人将生产经营场所和货物存放地与生活住宅合用的，可以拒绝税务机关对其住宅的检查；有权向税务机关了解国家税收法律、行政法规的规定以及与纳税程序有关的情况；有权要求税务机关为纳税人、扣缴义务人的情况保密；依法享有申请减税、免税、退税的权利；对税务机关所作出的决定，享有陈述权、申辩权；依法享有申请行政复议、提起行政诉讼、请求国家赔偿等权利；有权控告和检举税务机关、税务人员的违法违纪行为等。

（二）税务稽查对象的责任

1. 被稽查人的责任

《税收征管法》第五十六条规定，纳税人、扣缴义务人必须接受税务机关依法进行的税务检查，如实反映情况，提供有关资料，不得拒绝、隐瞒。第五十七条规定，税务机关依法进行税务检查时，有权向有关单位和个人调查纳税人、扣缴义务人和其他当事人与纳税或代扣代缴、代收代缴税款有关的情况，有关单位和个人有义务向税务机关如实提供有关资料及证明材料。因此，纳税人和扣缴义务人在税务稽查中的责任包括：必须接受税务机关依法进行的税务稽查，如实反映情况，提供有关资料，不得拒绝、隐瞒。其中："接受稽查"必须是税务机关依法进行的稽查，"依法"

是指税务机关的稽查必须在法律规定的权限范围内及程序合法；"如实反映"就是对生产经营活动及其记录按实际发生的情形反映，要客观、准确；"提供有关资料"是指当税务机关在税务稽查中要求提供有关资料时，纳税人和扣缴义务人应按要求尽其可能地提交有关资料给税务机关。

2. 协助稽查人的责任

《税收征管法》第十七条规定，税务机关依法查询从事生产、经营的纳税人开立账户的情况时，有关银行和其他金融机构应当予以协助。司法、银行、工商行政管理等部门在税务稽查中的责任主要包括以下几个方面。

（1）对税务稽查工作要支持、协助。公安等司法机关对需要予以配合的案件应协助查处，如对纳税人住宅的搜查，要积极提供条件予以协助；若有暴力抗税、拒绝稽查的，要及时查处。

（2）向税务机关如实反映情况。有关部门和单位常常掌握着纳税人、扣缴义务人和其他涉税当事人的重要情况，这些情况是在税务稽查中特别需要审核和掌握的。因而当税务机关需要这些情况时，有关部门和单位必须如实反映，如市场监督管理部门要如实反映纳税人登记的情况等。

（3）提供有关资料和证明材料。如银行和其他金融机构要依法提供纳税人或扣缴义务人的存款账户资料，交通部门和邮政企业要提供纳税人或扣缴义务人托运、邮寄的商品、货物或其他财产的有关资料等。

本章小结

本章主要阐述和研究了税务稽查的风险、要求、权责。税务稽查风险包括行政行为风险、行政责任风险和行政决定风险，防范风险包括加强内部建设、规范稽查过程、提高职业素质。税务稽查的要求包括树立正确指导思想、掌握过硬业务技能、坚持依法稽查原则、强化税务稽查协作、提倡廉政务实作风、坚持群众路线方法。税务稽查的权责分为税务稽查主体的权责和对象的权责，税务稽查主体的权力包括稽查权、调查权、处置权；税务稽查主体的责任包括依法稽查、制约稽查、回避稽查、保密稽查、纪律稽查；税务稽查对象的权利包括要求保密、申请减免税等；税务稽查对象的责任包括被稽查人的责任和协助稽查人的责任。

第三章

税务稽查方法

税务稽查方法主要阐述和分析税务稽查的基本方法、会计凭证的审查分析、会计账簿的审查分析和涉税报表的审查分析四个问题。税务稽查的基本方法包括查账方法和调账方法；会计凭证的审查分析包括原始凭证、发票、记账凭证的审查；会计账簿的审查分析包括会计账簿的基础审查、重点审查和具体审查；涉税报表的审查分析包括纳税申报表、资产负债表、利润表和现金流量表的审查分析。

第一节 税务稽查的基本方法

一、税务稽查的查账方法

由于不同时期税务稽查的目的、对象和内容有所差异，加之各纳税人、扣缴义务人和其他涉税当事人的会计准则和财务管理水平也存在一定的差别，因而税务稽查的方法也有所不同。这里仅就税务稽查工作常用的基本方法进行阐述，实际工作中各种方法可根据具体情况相互配合、灵活运用。

（一）审阅法

审阅法是指对会计记录和其他有关资料进行阅读和审核的稽查方法。

阅读的目的在于了解纳税人、扣缴义务人等的会计记录所反映的经济业务内容，审核的目的在于审查这些经济业务的真实性、准确性和合法性。审阅法按其审阅的先后顺序不同，可分为顺查法与逆查法；按其审阅的范围不同，可分为全查法与抽查法。

1. 顺查法与逆查法

顺查法是指根据会计核算的程序，从审查会计凭证开始，由凭证到账簿进而到报表的一种查账方法。运用该方法时，应着重注意审查各种证账表有无遗漏、差错的项目和数字，以及它们之间的统一性、有序性和连续性。这种方法的优点是通过每笔经济活动内容了解会计核算的准确性，操作简单，稽查范围和内容较为全面，而易于深入发现问题；但缺点是工作量大，发现问题比较分散而难以捕捉重点。因此，顺查法一般运用于规模小、会计事项较少，以及会计核算严重混乱和涉嫌有偷逃税行为的纳税人、扣缴义务人和其他涉税当事人。

逆查法是指按照会计核算的相反程序，先从审查会计报表开始，再依次审查会计账簿、记账凭证和原始凭证的一种查账方法。运用该方法时，应注意表账证项目数字增减变化的异常、可疑或特殊情况，尤其对有关权益和费用的特殊账项（如应付账款、应收账款和管理费用等）要着重予以审查。这种方法的优点是稽查目标比较明确，工作量较小，易于发现问题，查账时间一般比顺查法短；但缺点是稽查范围和内容不全，若判断失误就可能遗漏问题。因此，逆查法一般适用于年终增值税结算和所得税汇算清缴等的稽查，或适用于会计核算水平较高及被查业务较集中的纳税人、扣缴义务人的稽查。

在实际工作中，顺查法与逆查法通常是相互配合运用的，不宜单独使用。例如，审查会计凭证中，发现某笔销售收入额未按规定记录在有关收入账户，而是记录在某一过渡性账户（如应收账款等），则可根据该账户的其他发生额，用逆查法来审阅有关会计凭证可以集中发现问题；又如，用逆查法在审查某项成本费用账户时，发现某期的发生额有异常或可疑之处，则可适用顺查法重点对这一时期与该项成本费用相关的会计凭证和账簿记录进行稽查，以弄清问题的全貌。

2. 全查法与抽查法

全查法又称"详查法"，是指对被查期内所有的会计凭证、账簿和报表进行全面、系统、细致稽查的一种方法。就经济内容而言，凡是与税收有关的经济业务都要进行稽查；就会计核算时间而言，凡属被查会计期间发生的经济业务事项都要进行全查；就会计核算提供的资料而言，既查会计账证又查库存实物和往来债权债务，既查流动资产又查固定资产和无形资产。对重点经济事项由内到外、由外到内，注意稽查的广度和深度。这种方法的优点是稽查的内容较全面、细致，可从多方面进行相互分析、考证和发现问题，稽查的结论较为可靠，但工作量大、费时费力。因此，全查法一般只适用于经济业务比较简单、会计制度不健全和财务管理较为混乱的纳税人、扣缴义务人及立案稽查的税收违法案件。

抽查法是指对被查期内的会计凭证、账簿和报表等资料有选择、有重点地进行稽查的一种方法。它是税务稽查工作中经常采用的方法。为提高稽查的效率，一般要考虑和判断抽取样本项目的代表性，以及在总体中的重要性及与总体的数量关系，经全面分析和多方比较后来确定样本。实际工作中对于盘存类账户的抽查，可从结算期末的资料入手，以会计记录中存在矛盾（如盘盈盘亏等）的月份为重点；对在不同时期升降变化较大的项目，如成本、费用等应以偏高月份为稽查期，而销售收入、利润税金等则以偏低月份为稽查重点。抽查项目发现问题后，应扩大抽查范围或转为全查法，以便及早发现和解决主要的问题。这种方法的优点是省时、省力，但若抽查的项目判断错误，会有疏漏或可能漏掉主要问题。因此，抽查法一般适用于经济业务量大、会计制度健全及核算水平较高的纳税人、扣缴义务人。

（二）核对法

核对法是指利用会计资料之间的相互关系，对会计资料的真实性、准确性、合法性方面进行对照和复核的稽查方法。它在税务稽查实际工作中运用最为广泛。核对法按其内容、侧重点的不同，可分为账户法、验证法、复算法、查对法和电算法等。

1. 账户法

账户法又称"中心账户辐射稽查法"，是指以确定的某一账户为中心并按其对应关系及其规律性与有关账户资料进行核对的一种方法。它是稽查偷逃税问题的有效手段，也是目前税务机关经常采用的重要方法。其特点是以某一账户为中心直接在账面上稽查，以便分析可疑账目及纳税的问题。

例如，以库存商品账户为中心，其贷方记录为销售出库的商品成本，其对方账户应是主营业务成本账户，但如果对应账户为银行存款或应收账款、应付账款、原材料、在建工程等账户，则对应关系分别依次反映的经济内容应为：取得产品销售收入不记收入账；收入挂在收入结算账户；用收入直接偿还冲抵应付款项；以商品换回原材料；将自产产品直接结转工程成本。所有这些都未记在主营业务收入账户，而偷逃了有关的流转税和所得税。由此可见，利用账户法查核会计科目对应关系，既能判断发现存在的问题，又简单易行，便于掌握。

2. 验证法

验证法又称"账实核对法"，是指根据会计账面记录来检验和证实库存实物的品种、数量、价格是否相符的一种方法。通过账簿与实物的核对来查验纳税人的材料、商品等实物进仓入库、发出领用、对外销售、委托加工、以物易物和其他用途的真实情况，从而进一步查证有无偷逃税的问题。因为企业的固定资产、低值易耗品账实不符，会影响提取折旧额或摊销费用计算的准确性；库存材料或在产品账实不符，关系到生产成本计算的真实性；产成品或库存商品账实不符，则有可能是隐匿销售收入或进行账外经营活动，以致影响其应纳税额计算的准确性。

3. 复算法

复算法又称"验算法"，是指依据税收法令和财会制度对纳税人、扣缴义务人的经营成果及应纳税额进行重新计算和复核的一种方法。通常有两种情形：一是根据财会制度规定和纳税人采用的材料（商品）计价、产品成本计算方法等，复算成本和利润的准确性；二是根据税法规定的应纳税额计算公式，在核定计税依据和税率的基础上，计算应纳税额或代扣、代收代缴税额，并与纳税人、扣缴义务人所计算的数额相核对。其中第二种情形，在实际税务稽查工作中运用较多。

4. 查对法

查对法是指利用会计资料客观存在的相互联系，通过审查和对比来发现纳税问题的一种方法。常用的查对法主要有以下几种形式。

（1）证证查对。即对记账凭证及其所附原始凭证，以及被查单位内部互有关联的凭证的金额和有关内容进行查对，如发现不一致，应查明原因。

（2）账证查对。即将账簿的有关记录与记账凭证、原始凭证进行查对，看有无漏项和数字颠倒等差错。

（3）账账查对。即将总账账户与其相应的二级账户、明细账户和日记账记录进行查对，将存货明细账户与实物保管责任人的仓库账、商品台账进行查对，看其是否相符。

（4）账表查对。即将总账及其明细账的有关发生额与利润表进行查对，将总账期末金额与资产负债表进行查对，查明报表的指标数据是否真实、准确。

（5）表表查对。即将会计报表之间有联系的指标互相进行查对，看其是否一致。

运用查对法可了解纳税人是否真实地反映了生产经营活动尤其是会计核算情况，有无错漏账项、违反财经纪律等问题。查对法不仅适用于会计制度不健全、财务管理混乱的纳税人的稽查，而且对会计核算水平较高的纳税人也是有成效的。

5. 电算法

电算法即"电算化会计核对法"，是指对采用电子计算机核算的会计资料进行对照和复核的一种方法。常用的电算法主要有以下几种形式。

（1）绕过电子计算机核对法。即对输入前的原始数据进行运算处理，与电子计算机输出的结果相对比进行的审查。这种方法一般是在税务稽查人员不熟悉电子计算机操作时采用。

（2）通过电子计算机核对法。即在对会计信息系统进行查证时，不仅要审查其数据的输入和输出，而且还要稽查其内部工作情况及其处理过程。这种方法一般适用于经济业务比较复杂，输出信息与输入的原始数据核对困难，以及利用电子计算机舞弊的情况。

（三）调查法

调查法是指根据群众举报或有关人员反映的情况，以及平时掌握的线索，有针对性地对会计账外有关情况进行查看和证实的方法。在税务稽查工作中，账面资料或群众举报的问题，有时似是而非或缺乏客观的定案依据，需要深入调查来加以证实，以便作出正确的稽查结论。调查法在实际工作中主要有观察法、查询法、鉴证法和外调法。

1. 观察法

观察法是指通过深入到纳税人生产经营场所、车间、仓库、工地等现场进行实地查看和了解，以便从中发现问题的一种方法。例如，对某饮食业户的营业情况进行实地观察，可根据其营业时间、顾客多少、经营档次等来推算其申报营业额的真实程度；又如，通过对加工企业生产流程的观察，可以了解企业实际的生产能力，掌握产成品、副产品、在产品的基本情况，以帮助审核成本数据的真实性等。这种方法虽不是直接查账，但通过观察，往往可以发现会计账证中无法查出的重大问题。因此，该方法也是税务稽查实践中常用的方法之一。

2. 查询法

查询法是指向与经济活动有关的知情人员询问或了解情况，取得必要旁证材料来证实问题的一种方法。例如，向供销人员了解原材料的供应渠道和销售货物的结算方式，可以判断发票等原始凭证的真伪及其账务处理的真实性；又如，向仓库保管责任人查询存货的管理控制手续、流量情况和盘点清查制度，可以判断存货核算有无差错。采用该方法要注意查询的方式，使被查询人消除顾虑，提供客观真实情况。同时查询中要作好记录，必要时由当事人、证人写出书面证明。通过查询法，税务稽查人员能够获得许多账外的"活"情况，有利于验证问题的真伪。

3. 鉴证法

鉴证法是指配备或聘请有关专门人员运用专业技术对经济活动和有关资料、实物等进行鉴别和证明的一种方法。主要用于查明被查事项的性能、质量、价值和责任，以及经济活动的合法性、合理性和有效性。例如，对新产品成本的核算、更新改造和基本建设项目投资额的确定，以及"以物抵税"物资的拍卖等情况，其稽查的技术性高、难度较大，要配备或聘请有关部门或专业技术人员鉴别核定。运用该方法所获得的结果，一般较为准确、客观、真实，可为税务稽查工作提供可靠的证据。

4. 外调法

外调法是指对有怀疑的会计账项通过函调或派员外调等方式来查证落实问题的一种方法。外调函件应写明调查目的、事项、内容、复函时间等，同时把发函日期、内容、对方单位及收到复函等情况记入查账底稿；派员外调一般是在同城单位有关账项、发票的核对或异地的专案调查时采用，所派外调人员要熟悉案情，并在事前做好充分准备；外调材料必须印章齐全，内容具体。外调法一般能查实一些疑难或重大问题，但比较费时费力。

（四）分析法

分析法是指运用数理统计和逻辑思维，对纳税人、扣缴义务人的会计资料进行客观分析和判断的方法。该方法只能揭露事物内部的矛盾，不能作为查账定案的依据，因而还应结合核对法和调查法等其他查账方法来证实。在实际工作运用中，分析法分为比较分析法、推理分析法、控制分析法和运用计算机技术分析法等。

1. 比较分析法

比较分析法又称"对比法"，是指对企业账面资料的实际完成数与计划指标、历史资料或同类企业的相关资料进行动态或静态对比分析的一种方法。运用比较分析法可研究分析会计数据增减变化是否合理、合乎规律，从不合理中发现疑点或线索，为进一步查证问题提供线索。按指标形态的不同，比较分析法可分为绝对数比较法、相对数比较法和相关数比较法。

（1）绝对数比较法。即直接以同一指标的绝对数进行对比分析。如本期产品销售收入额、期间相对不变费用额、产品单位成本额，与同一指标的本期计划数或历史同期数进行对比。

（2）相对数比较法。即计算出同一指标中的相关数值再进行对比分析。如单位产品生产成本结构比例、产品销售成本率、产品销售利润率、期间费用率、经营利润率和税收负担率等指标的本期实际完成数值，与本期计划数值、上期实际数值、历史同期实际数值或同类企业实际数值进行对比。

（3）相关数比较法。即计算出若干相互关联的不同指标进行的对比分析。如产品销售收入增长率与产品销售利润增长率的联系对比，材料价格平均变动指数与单位产品中材料成本变动比率的对比等。用同向或反向比例变动的数值进行分析比较，以查明可能违背客观经济规律的因素。

运用比较分析法时，应注意指标的可比性及对比口径的一致性，以提高其结论的可用性和客观性。

2. 推理分析法

推理分析法简称"推理法"，是指运用逻辑推理，依据相关事物的内在联系和相互依存关系，将企业的会计资料、实物及已掌握的其他资料进行综合推理和分析判断的一种方法。推理分析法运用得当，常常可以发现一些账面所不能反映的问题。由于社会经济活动往往都有内在的必然联系，尤其企业会计是一个完整、严密的核算体系，证与账、账与账、账与实物之间有密切的联系，因此在税务稽查中不能单纯地就账查账，而应广开思路，通过综合分析和推理判断，才能揭露矛盾，发现问题。

例如，货币资金的加速周转，必然会同时引起生产或销售产品数量的相应增加，最后体现为经营利润的实现，但若只是反映往来款项的增减变动，而未体现生产或销售成果的增加，则有可能存在账外经营或账外往来的情况，需要作为重点进行稽查，并弄清问题的实质。又如，有些外商投资企业尽管在我国生产经营多年却年年"亏损"，但投资却逐年增加、生产经营规模不断扩大，这显然违背其投资的动机和目的，通过推理分析可能存在转让定价方面的问题，应将查账重点放在企业的进口材料成本和外销出口产品价格方面，注意有无向外转移利润等情况。运用该方法不能局限于账面上的资料，还应结合利用财务指标、实物量变动和有关生产经营的原始记录进行分析。

3. 控制分析法

控制分析法又称"控制计算法""逻辑审查法"，是指利用可靠的或科学测定的数据，来验证纳税人、扣缴义务人账面记录和申报资料是否准确的一种方法。一般运用于对企业的投入与产出、耗用与补偿的控制分析，即以定额耗料测定实际耗料、以耗料推算产量、以产量核实销量等。

例如，稽查材料成本时，可根据单位产品耗料定额来测定分析实际材料成本的真实性；稽查生产数量时，可按其材料利用率（如出酒率、出糖率等）计算出应生产的产品数量控制数，并与账面入库的产品数量核对，若差距较大时应注意审查有无账外销售而不入账的生产数量。又如，根据商业企业的商品进价和平均批量差率或批零差率，结合审查购进商品情况，推算出应实现主营业务收入控制数。

由于每个企业设备状况、生产能力、使用材料的规格质量和自然因素各有差异，因此采用控制分析法时应注意做好调查研究，同时结合平时掌握和积累的资料，从实际出发、科学地利用现有资料。另外，该方法是以一定的数据来逻辑测定另一数据的可靠性和合理性，难以完全符合实际，其结果不能直接作为定案的依据，还需采用其他方法进一步取得实证或旁证资料方可定案处理。

4. 运用计算机技术分析法

税务稽查人员应充分运用计算机将资料库内的资料进行分类比较，建立各行业历年的相关资料，如产品销售利润率、销售成本率、销售费用率、投资利润率等。

这里资料库的内容应包括企业历年的销售、成本、费用、利润以及企业与关联企业之间的业务往来等详细资料。税务稽查人员应运用计算机将辖区内企业的上述各项指标计算分类，并结合各类指标的税务控制参数建立数学分析模型，确定监督检查重点及相应的检查方法。

（五）盘存法

盘存法又称"盘点法"，是指通过对实有货币资金、存货和其他物资等的盘点和清查，与账面记录进行比较，进而发现问题的方法。采用盘存法工作量大，一般可在企业季末、年末财产清查时一并进行；若确有必要，也可以突击进行盘点。在实际中，盘存法又分为实物盘存法和价值盘存法。

1. 实物盘存法

实物盘存法是指对流动资产的实物数量进行盘点的一种方法。一般采取现场抽查方式，抽查的重点主要有以下各类实物：贵重、储存积压过多、过去发生过短缺或处理盘盈盘亏较大的，易发生霉变或损益的；耗用量大、用途较多及收付较为频繁的；计量标准易混淆并已发现差错的；外借、外存和待结算的；已经发现账卡不符或有其他线索必须查核的。

对采用永续盘存制核算存货、生产管理制度健全的企业，可利用其实物盘存表与会计账面实物数量核对或抽样盘点核对；对采用实地盘存制核算存货、生产管理较为松散的企业，应深入现场对存货实物量进行实地盘点，确定账实差额和数量并查明原因。账实差额的数量计算公式如下：

账实差额＝（抽查时库存数＋被查期末至抽查时发出数－被查期末至抽查时购入数）－被查期末账面库存数

2. 价值盘存法

价值盘存法是指对货币资金或流动资产价值量进行盘点的一种方法。在盘点货币资金时，若发现未达账项调整后的企业存款账户余额与开户银行对账单的期末余额不符，或以白条充抵库存现金的结存数，应注意审查其有无收入不入账或账外经营等。对商品流通企业在盘点计算用售价核算库存商品价值量时，可直接用实际盘点的价值量与账存价值量核对，审查有无漏报主营业务收入，或将实存商品售价金额换算为进价成本，另结合商品进销差价账户的贷方余额，审查结转主营业务成本是否准确。其计算公式为：

$$实盘商品进价金额 = \frac{实盘商品售价金额}{1 + 平均批零差价率}$$

$$账存商品进价金额 = 账存商品售价金额 - 商品进销差价余额$$

在税务稽查实际工作中，实物盘存法和价值盘存法是结合运用的。根据税务稽查的要求，往往既需计算实物盘存量又应计算出价值盘存量，而有些价值盘存量需要先计算实物量。

以上所述的税务稽查方法，各有其特点和利弊，且相互联系。因此，在实际稽查工作中，可以将几种方法有选择地结合起来灵活运用，用其所长，避其所短，以提高稽查工作的效率和质量。

二、税务稽查的调账方法

（一）调账的重要意义

会计账务调整简称"调账"，是指税务稽查工作结束后，被查单位依据税务稽查报告和处理决定的内容，按照财务会计准则和税收法律、法规的要求，对税务稽查已确认有差错的会计账务处理进行调整和更正的活动。

在税务稽查中查出来的大量错税问题，多数情况是由于账务处理错误造成的，一般反映在会计账簿和凭证等核算资料中，并在查补纠正过程中必然涉及到收入、成本、费用、利润和税金的调整问题。如果稽查后仅仅是追缴税款，不将纳税人错漏的账项纠正调整，使错误延续下去，随着时间的推移势必会导致新的错误，明补暗退或重复征税的现象必然发生，账面资料数据与征收金额不相衔接，因此调整账务实质上是税务稽查工作的继续，是查后必须进行的一项工作。不督促纳税人及时正确地调账，就不能真实反映其财务状况和经营成果，不能防止错误重复发生，也就没有实现稽查目的。

【例3-1】某企业为增值税一般纳税人，兼营免税产品A，无法准确划分不得抵扣的进项税额。经税务稽查发现：5月销售A产品一批，未作进项税额转出的账务处理，按规定方法核实不得抵扣的进项税额13 000元，企业接到补税通知，通过银行补缴了增值税13 000元。记账为：

借：应交税费——未交增值税　　　　　　　　　　　13 000

　　贷：银行存款　　　　　　　　　　　　　　　　　　13 000

从上述记账不难看出，企业只作了银行补缴增值税的单腿式会计分录，而未按经济活动属性作相应的进项税额转出处理，其结果造成补缴的增值税只在"应交税费——应交增值税（已交税金）"账户借方反映，而应转未转的进项税额将随同当期借、贷双方账目余额的结转可能变为下期的留抵进项税额，使其所补税额在下期计算缴纳增值税时如数退还。因此，本例除作补缴税款的账务处理外，还应对其查出的问题进行调账。

借：主营业务成本——免税产品　　　　　　　　　　13 000

　　贷：应交税费——增值税检查调整　　　　　　　　　13 000

同时，补作：

借：应交税费——增值税检查调整　　　　　　　　　13 000

　　贷：应交税费——未交增值税　　　　　　　　　　　13 000

（二）调账的基本要求

对错漏账项的调整，不论采取何种方法都应遵守一定的基本原则，以保证调账的科学性、严肃性和正确性。总体来说，调整账务要能反映原错漏账项的来龙去脉，调账要正确、分明、严格地体现国家税收政策，有利于加强企业财务管理。调账应具备以下基本要求。

（1）与税收、会计准则相符。企业各项成本费用的列支及收入的实现，都应按照税收法律、财务会计准则进行核算，只有按照有关法律、制度要求进行调整，才能纠正错误的核算，反映企业的真实财务状况，确保税收政策法令贯彻执行。

（2）与会计核算原理相符合。会计核算是一个严密的、科学的方法体系，运用会计科目、编制会计分录都要具有规则，不仅日常的核算要按照其基本原则进行，而且在纠正错账、作出新的会计处理时，也必须符合会计核算原理。只有这样，才能使各账户之间的勾稽关系得到正确反映，保持上下期之间的连续性和完整性，才能保证调账的科学性和正确性。

（3）与实际相符，方便实用。正确、依法调账既要起到纠正错账的作用，又要从实际出发，尽可能去繁从简，讲求实效。错账的时间、性质不同，是否需要调账，以及调账的具体方法及繁简程度也不尽相同，是直接调账还是需计算分摊后调账，是只作一笔分录还是需要作几笔分录，都要依具体情况而定，保证调账的真实性和合理性。

（三）调账的基本方法

在税务稽查中查证错账及查补退税，必须运用一定的方法进行调整。调账的基本方法是分录调整法，即通过编制调账分录来调整错账。按调账内容的不同，分为红字冲销法、补充登记法和综合调账法，其中综合调账法是最常用的方法。

1. 红字冲销法

红字冲销法又称"红字更正法"，是指对账务处理错误的账目先用红字编制一套相同分录予以冲销，然后再用蓝字编制一套正确分录的一种调账方法。它适用于会计科目用错，或会计科目虽未错但实际记账金额大于应记金额的错误账项。

【例3-2】某企业将自制产品发放给本单位职工，成本价格为8万元、出厂价10万元，适用税率为13%。其账务处理为：

借：应付职工薪酬　　　　　　　　　　　　　80 000
　　贷：库存商品　　　　　　　　　　　　　　　　　80 000

分析和调账：该账务处理是错用了两个不存在对应关系的账户而发生的漏记销售收入，逃避了销售税金、所得税等税额，故应按税法及财会制度规定进行调账，并补记少记的金额。按红字冲销法分两步予以更正：

（1）用红字冲销原错误分录：

借：应付职工薪酬　　　　　　　　　　　　　80 000

　　贷：库存商品　　　　　　　　　　　　　　　　　80 000

（2）用蓝字编制一套正确的会计分录：

借：应付职工薪酬　　　　　　　　　　　　　100 000
　　贷：主营业务收入　　　　　　　　　　　　　88 495.58
　　　　应交税费——应交增值税（销项税额）　11 504.42
　　　　（100 000÷1.13×13%）

借：主营业务成本　　　　　　　　　　　　　80 000
　　贷：库存商品　　　　　　　　　　　　　　　　　80 000

2. 补充登记法

补充登记法是指对遗漏经济事项或少记金额的错账，按会计核算程序用蓝字编制一套补充遗漏事项和少记金额的分录的一种调账方法。该方法主要适用于漏记或错记所涉及的会计科目没有错误而实际记账金额小于应记金额的情况。

【例3-3】某企业随货购进不单独计价的麻袋1 000条，腾空后仍作包装物使用，但未估价入账（估价5 000元）。

分析和调账：根据有关规定，随货购进不单独计价的包装物腾空后未估价入账，属于遗漏经济事项，应按包装物的新旧程度估价补充登记。用补充登记法作账务处理如下：

借：包装物及低值易耗品——麻袋　　　　　　5 000
　　贷：营业外收入　　　　　　　　　　　　　　　　5 000

3. 综合调账法

综合调账法是指红字冲销法和补充登记法相结合的一种调账方法。在实际工作中，错账虽多种多样，但主要是错用了会计科目，包括应使用的科目未使用和使用了不该使用的科目。运用综合调账法是分别采用蓝字金额进行补充登记和红字登记予以冲销，以构成一套新的分录。应说明的是：该方法调整后的分录不一定保证有借必有贷，但分录必须平衡。

【例3－4】某企业有行政管理人员20人，每人每月工资20 000元；医务所有8名医护人员，每人每月工资8 000元。两项支出均列入管理费用账户。其账务处理如下：

借：管理费用　　　　　　　　　　　　　　　　　　28 000

　　贷：应付职工薪酬　　　　　　　　　　　　　　　　28 000

分析和调账：该账务处理的错误在于处理医护人员工资时错用了管理费用账户。根据规定，行政管理人员的工资可在管理费用中开支，而医护人员的工资应由职工福利费开支。运用综合调账法，可以将医护人员的工资金额记入应付职工薪酬账户，并按此金额冲销虚增的管理费用。其调账处理为：

借：应付职工薪酬　　　　　　　　　　　　　　　　8 000

借：管理费用　　　　　　　　　　　　　　　　　　8 000

采用以上方法调整错漏账目，往往突破了会计科目原有的对应关系，容易引起"误解"，因此税务稽查调整错账时，必须在记账凭证的摘要栏内作必要的说明，并注明原错误记账凭证的填制日期和编号，以便今后查核。

（四）调账的时间影响

因错账发生时间有所不同，账务调整的要求也不同，所以调账时还应按错账发生时间，依据下面的具体要求进行调整。

1. 对当期错误会计账项的调账要求

对稽查确认的当期错误会计账项，可按正常的会计核算程序，依据红字调账法、补充调整法、综合调整法的要求进行账务调整。对按月结转利润的纳税人在本月内发现的错账，可直接调整本身的错账；在本月以后发现的错账，因以前月份已结转利润，所以对影响到利润的账项还需先通过相关科目进行调整，最终结转到"本年利润"科目。

【例3－5】稽查局在稽查某增值税小规模纳税人纳税情况时发现，该企业将专项工程所耗用的材料5 000元列入管理费用账户。企业账务处理如下：

借：管理费用　　　　　　　　　　　　　　　5 000

　　贷：原材料　　　　　　　　　　　　　　　　　　5 000

（1）若是本月发现的，则调整账务如下：

借：在建工程　　　　　　　　　　　　　　　5 000

　　贷：管理费用　　　　　　　　　　　　　　　　　5 000

（2）若是月终结算后发现的，企业按月结转利润，此错误将影响到利润项目，还应通过"本年利润"科目调整：

借：在建工程　　　　　　　　　　　　　　　5 000

　　贷：管理费用　　　　　　　　　　　　　　　　　5 000

借：管理费用　　　　　　　　　　　　　　　5 000

　　贷：本年利润　　　　　　　　　　　　　　　　　5 000

2. 对上一年度错误会计账项的调账要求

对上一年度的错误账项，可根据对税收是否产生影响和发现纠正问题的具体时间不同，按以下要求进行具体操作。

（1）对上一年度错误账项对上一年度税收有影响的，可区分以下两种情况进行调整。

第一，如果在上一年度决算报表编制前发现错误账项，应当直接调整，可选用上述三种调账方法进行调整。对于影响利润的错误账项，还需一并调整本年利润账户，对应补缴的税款要同时做补税账务处理。

【例3－6】稽查局在审查某企业某年度纳税情况时，发现企业业务招待费超支的200 000元未进行调整，企业职工医院的职工工资20 000元计入了管理费用账户。

（1）对所查出的第一个问题不作调账，只作补税的账务处理：

借：所得税　　　　　　　　　　　　　　　　50 000

　　贷：应交税费——应交所得税（200 000×25%）　　50 000

（2）对所查出的第二个问题，应作账务调整和补税处理：

借：应付职工薪酬   20 000

  贷：本年利润   20 000

借：所得税   5 000

  贷：应交税费——应交所得税（20 000×25%） 5 000

（3）对上述应补税款上交入库：

借：应交税费——应交所得税   55 000

  贷：银行存款   55 000

（4）期末将所得税转入"本年利润"科目：

借：本年利润   55 000

  贷：所得税   55 000

第二，如果在上一年度决算报表编制之后发现的，应按照综合调账法的要求，针对不同情况按简便实用的原则进行调账。

① 对于不影响上年利润的项目，可以直接调整。

【例3-7】稽查局在稽查某企业上年纳税情况时，发现企业将用于职工福利支出50 000元计入在建工程账户，因工程尚未完工交付使用，可以直接调整如下：

借：应付职工薪酬   50 000

  贷：在建工程   50 000

② 对于影响上年利润的错误账项，因企业在会计年度内已结账，所有损益账户在当期都结转至本年利润账户，所以凡涉及调整会计利润的，不能用正常的核算程序对本年利润账户进行调整，而应通过以前年度损益调整账户进行相应的账务调整。

【例3-8】以〖例3-6〗为例调账如下：

第一个问题，应作补税的账务处理：

借：以前年度损益调整（所得税）   50 000

  贷：应交税费——应交所得税   50 000

第二个问题，应作账务调整并作补税的账务处理：

借：应付职工薪酬   20 000

  贷：以前年度损益调整   20 000

借：以前年度损益调整（所得税）   5 000

　　贷：应交税费——应交所得税   5 000

对上述应补税款上交入库：

借：应交税费——应交所得税   55 000

　　贷：银行存款   55 000

同时将以前年度损益调整账户的余额，结转入"利润分配——未分配利润"账户。

借：以前年度损益调整（所得税）   55 000

　　贷：利润分配——未分配利润   55 000

（2）对上年度错误会计账项不影响上年度税收的，但与本年度核算和税收有关，可根据上年度会计账项的错漏金额影响本年度税收的情况，相应调整本年度有关账户。

【例3－9】某稽查局稽查某企业2021年纳税情况时发现，2021年12月企业多转材料成本差异40 000元（借方超支数），而消耗该材料的产品已全部完工入库，且该产品于2022年出售。

分析：上述账项处理虚增了2021年12月的产品生产成本，由于产品尚未销售不需结转销售成本，不会对2021年度的税收产生影响，但由于该产品在2022年销售，此时虚增的生产成本将转化为虚增销售成本，从而影响2022年度的税收。该问题若是在产品销售前发现的，则可调账如下：

借：材料成本差异   40 000

　　贷：库存商品   40 000

该问题若是在产品全部销售后发现的，且已结转了产品销售成本，则可调账如下：

借：材料成本差异   40 000

　　贷：本年利润   40 000

第二节　会计凭证的审查分析

会计凭证既是会计核算的基础和起点，也是查证落实纳税问题和定案的证据。它分为原始凭证和记账凭证两种，两者之间有着密切的内在联系。在审查中必须将两者结合对照进行审查，从经济业务的发生及其账务处理中来查实存在的问题。

一、原始凭证的审查

原始凭证是编制记账凭证的原始资料，审查原始凭证一般与记账凭证同时进行。

（一）自制原始凭证的审查

自制原始凭证包括各种报销和支付款项的凭证。其中：对内自制的原始凭证有收料单、领料单、工资结算单、成本计算单、产成品入库单、财产盘盈（盘亏）清单和差旅费报销单等；对外自制的原始凭证有现金收据、收款收据等。

（1）合规性自制凭证的审查。审查自制的原始凭证的种类、格式和使用是否符合有关规定，审批手续是否健全，有无利用白条代替正式凭证或以收款收据代替发票使用等问题。

（2）自制收付款项凭证的审查。审查时应注意凭证所反映的内容是否真实，是否符合财务会计准则的要求，有无超过开支范围、标准和违反财经纪律的收支等问题。

（3）自制收付实物凭证的审查。审查时应注意财产物资的收发、领用、毁损、报废的手续是否完备，自制凭证的计量计价是否正确，汇总凭证的金额与其附件的数据是否相符等。

（4）自制成本结算凭证的审查。审查时应注意材料耗用汇总分配表、工资汇总分配表、固定资产折旧计算表等成本结算凭证中，其计提或摊销分配的基数是否正确，单位标准是否符合有关的规定，计算数额有无差错。

（5）结转账务自制凭证的审查。审查时应注意其结转的依据是否可靠，对应账户与经济内容是否相符，有无利用结转的账户转移收入、多列成本和截留利润等问题。

应当注意的是：会计凭证的审查是一项繁杂的工作，若对被查单位尤其是大型企业所有的会计凭证都进行审查，会分散力量，浪费人财物力。因此，除特殊情况外，可按其稽查的目的，或以审查涉税报表和账簿发现的问题为线索，来抽查有关的凭证，做到有的放矢，使账证表的审查有机结合。

（二）外来原始凭证的审查

外来原始凭证包括购货发票（专用发票）、非商品交易收款收据、劳务单据和银行结算凭证等。审查重点是反映经济业务的外来凭证是否真实、合法、正确和完整。

（1）审查凭证的真实性。查看外来原始凭证记载的经济业务内容是否真实，数据和文字有无伪造、涂改及大头小尾等弄虚作假行为，附件和临时单据有无代替正本、正式单据而重复使用等问题。

（2）审查凭证的合法性。查看凭证本身是否具有法律效力，凭证所记录的经济内容是否符合政策法令和财会制度规定，有无违反规定乱支乱用等问题。

（3）审查凭证的正确性。查看凭证的各项数据计算是否正确，名称、规格、计量单位、数量、单价及大小写金额是否清楚、准确，其逻辑关系有无差错等。

（4）审查凭证的完整性。查看凭证的各要素填写是否完备，审批手续是否健全，有无经办人员、验收人员、批准人员和填制单位的签字盖章。

发票是原始凭证的重要组成部分。从审查实践来看，许多纳税人少缴或不缴税款的行为都与发票有关，利用发票作弊已成为其偷逃税和骗税的主要手段，因此在原始凭证的审查中，应特别重视对发票的审查。

二、发票的审查

发票审查是指税务机关依据发票管理和税收、财务制度的有关规定，对单位和个人印制、领购、使用、保管发票等情况进行审查监督的活动。通过发票审查可及时发现发票管理各环节存在的问题，堵塞税收管理的漏洞，打击非法经营，查处纳税单位和个人利用发票进行偷逃税等违法行为，促进其依法核算经营成果，以增加国家财政收入。

（一）发票基础管理的审查

发票基础管理工作的好坏，既可反映纳税单位和个人对发票管理的重视程度，也可反映出发票使用、保管等环节的管理质量，对其审查是整个发票审查工作的开始。

（1）发票管理责任制的审查。审查用票单位是否制定了符合发票管理办法要求的各项发票管理制度，如发票登记、定期报告使用、专人填开等制度，以及发票的发放、保管和缴销等内部制约制度。注意发票管理各环节之间的衔接与责任划分是否明确，这些制度是否同每一经办人员的物质利益相挂钩等。

（2）发票管理人员配备的审查。审查用票单位是否配备有专职或兼职的发票管理人员，所配备的人员是否胜任其工作。分管领导及发票管理人员对发票管理工作是否尽到了经常性监督审查的责任，对发生的发票违法乱纪行为是否进行了及时处理或向主管税务机关作了反映。

（3）发票管理安全设施的审查。审查用票单位是否设专库或专柜单独保管发票，发票存放地点是否适宜、合理；是否做到了发票的"六防"（即防火、防盗、防霉、防鼠、防蛙、防丢失）要求，有无因管理设施不安全或人为的原因造成损失的情况。

（二）发票印购存销的审查

发票印购存销即发票的印制、领购、结存和注（缴）销是发票管理的主要环节，审查的重点是其真实性、准确性和合法性。

（1）发票印制的审查。主要审查发票定点印刷厂是否按税务机关的统一规定健全各项印刷、安全及保密制度，设备、技术水平是否符合印制发票的标准，有无未经批准擅自印制或多印、乱印和粗制滥印发票；发票防伪专用品（如底纹纸、专用油墨等）是否按规定进行生产、保管和发运等。对发票非承印厂审查其有无擅自对外承印或私印、伪造出售发票，其所使用票据是否属自印自用。

（2）发票领购的审查。主要审查用票单位和个人领购发票手续是否完备、真实，有关人员是否签字盖章，有无弄虚作假；审查领购发票的登记情况，是否在发票台账和领购手册中进行了双向登记，登记的数量、种类是否相符，领购的数量是否与核定的数量一致等。

（3）发票结存和注（缴）销的审查。主要审查用票单位和个人的库存未用空白发票是否保存完整，账面数与实际库存数是否相符，有无虚挂结存、借给或出售给外单位和个人的情况；已用的发票存根及作废的发票是否及时向主管税务机关办理了注（缴）销或销毁手续，有无涂改、擅自销毁及隐瞒不报、少报留用作废发票等问题。

（三）发票使用情况的审查

审查发票的使用情况是发票审查的核心，重点是审查发票所反映经济业务的真实性、使用的合法性和发票填制的准确性。

（1）审查发票的真实性。审查开出的发票存根所反映的业务内容是否真实，是否符合经济交往事项的实际情况，有无"大头小尾""卖甲开乙"等弄虚作假的问题。财会人员对有疑点的发票是否做到当即扣留，并送交税务机关进行追查。

（2）审查发票的合法性。审查发票的使用是否符合国家有关的财经政策、法令和财经纪律，有无转让、转借、代开、涂改、重用、拆本使用、单联填开、带外地使用、撕毁、伪造发票及用收据或白纸条代替发票等违法行为。

（3）审查发票的准确性。审查发票的填制是否符合规定的要求，即填写内容是否齐全，数字计算是否正确，大小写金额是否一致，文字和数字的书写是否规范、清楚，有关人员和填制单位是否签字盖章等。

（四）外来发票的审查

外来发票是指纳税单位和个人在结算款项时，从外单位和个人取得的付款（报销）凭证。加强对外来发票的审查，往往可以发现问题或提供线索。审查时可注意以下几个事项。

（1）发票票面合法性的审查。主要审查发票票面是否规范，是否套印全国统一发票监制章及加盖单位的财务印章或发票专用章。对印有单位名称的发票，还应将其名称与加盖的发票专用章或财务印章所反映的单位相核对。注意有无用白纸条、收据等付款的问题及过期作废的、涂改伪造的假发票。

（2）发票填写真实性的审查。主要审查外来发票的填写品名与发生的经济业务内容是否相符，字迹是否清晰，有无涂改、挖补或字迹不一及不复写的问题；大小写金额是否一致，有无计算等差错；品名、单位名称、经手人、财务负责人及保管人员是否填写齐全或签字盖章。

（3）境外取得发票的审查。对纳税单位和个人从中国境外取得的与纳税有关的发票或凭证，按上述两方面进行审查后，对有疑义的，可要求其提供境外公证部门注册会计师的确认证明，经税务机关审核认可后，方可作为核算凭证。

（五）常见发票违法行为的审查

（1）伪造发票的审查。对伪造发票的审查方法主要是核对法，即用正规发票作为样本，核对发票的格式、标志、监制章规格、字形、文字布局、边围线条等。如发现可疑之处，则应顺藤摸瓜挖出根源，严肃处理。

（2）变造发票的审查。对变造发票的审查方法主要是观察法，即对发票的外在形式及各项目填写情况进行观察，审查有无涂改、补写、修改发票填写日期、接收单位、品名、数量、单价、金额等痕迹。由于观察法仅是对发票外在形式的初步审查，因此对审查发现的疑点问题，还应进一步采用核对法或其他审查方法，以便查证落实。

（3）借用发票的审查。借用发票是指某些单位或个人为了逃避纳税，从免税企业或从其他单位和个人借来或用高价购来空白发票，根据自己的需要填用的发票。对借用发票的审查方法，应先采用观察法，若发现可疑之处再采用核对法。即与该纳税户的《发票领购手册》相核对，看该纳税户是否领购了这类发票，发票号码是否相符，从而证实是否有借用发票的问题。

（4）"卖东开西"发票的审查。"卖东开西"发票是指在填开发票时，把不合法的经济活动开成合法的经济活动而形成的发票。如将购买的控购商品开成非控购商品、将购买的生活用具开成办公用品、将不准报销的营养药开成一般药品、将伙食费开成住宿费用等。对"卖东开西"发票的审查方法，主要是采取逻辑分析法，看发票内容各部分之间的关系是否合理，数量、单价与金额是否有矛盾，所填品名与单位的经济活动是否一致。通过逻辑分析来找出问题的疑点和线索，以便进一步查证落实。

（5）"大头小尾"发票的审查。"大头小尾"发票是指填开发票时将发票联与存根联分开填写，发票联真实数额大、存根联不实数额小而形成的发票。其审查方法有：一是采用观察法来观察发票存根联是否有复写痕迹，包括可见复写纸痕迹和书写痕迹，同时还应细致查看票面文字和数字的变异情况，从中发现疑点；二是采用还原审查法进行跟踪审查，把有疑点的存根联或发票联换回，到付款方或收款方与发票联或存根联对照还原进行查证落实。

三、记账凭证的审查

记账凭证是根据原始凭证上反映的具体经济业务内容进行归类整理而编制的，对记账凭证的审查具有重要的作用。其审查应注意以下问题和方法。

（一）对应账户的审查

会计事项处理及其账户的对应关系，在会计准则中都有明确规定，不得乱用科目或混淆账户之间的对应关系。审查时可从对应账户是否异常，来判断被查单位纳税方面存在的问题。

常见的问题，大体上可分为瞒报收入和虚报成本两类。前者是将应记入有关销售账户的收入有意转到其他账户，如借记银行存款、贷记原材料账户，借记应收账款、贷记库存商品等账户；后者是以减少或截留利润为目的而虚假列支成本账户，如借记生产成本、贷记预提费用账户，借记库存商品、贷记在建工程等账户。上述两类的做法，不仅偷逃了应缴的税款，而且易于形成一种"连环套"，给不法分子以可乘之机。

（二）凭证附件的审查

对记账凭证的附件进行审查，主要包括审查记账凭证与附件内容的一致性、金额的相等性和资料的完整性。

（1）审查附件内容的一致性。审查记账凭证上列示的会计科目与所附原始凭证反映的经济业务内容是否相符。如记账凭证上的科目是生产成本，而所附的原始凭证却是在建工程支出的有关单据；将应记入应付职工薪酬账户支出，列入了期间费用等。诸如此类不一致的情况，多是为逃避纳税而有意造成的。

（2）审查附件金额的相等性。审查记账凭证列示的借方或贷方金额与所附原始凭证的金额是否相等，尤其是多笔同类事项（如管理费用等）汇总编制记账凭证的附件。若有不等，则应查明原因，确定是计算上差错，还是丢失了单据或少报造成的。

（3）审查附件资料的完整性。审查记账凭证所附的原始凭证的张数，是否完整、齐全，若所附凭证不全或缺失，则应进一步查证。如借记原材料科目的附件，缺少材料入库单，可能存在虚列或重列材料成本的情况；贷记现金科目的附件，没有现金支出证明单，则可能存在虚报费用或违反财经纪律支出的问题等。

（三）凭证要素的审查

记账凭证的要素，包括凭证种类、凭证编号、填制日期、会计事项、摘要、应记总账科目和明细账科目名称、记账方向、外汇记账汇率或账面记账汇率、原币金额、记账本位币金额、附件张数、填制有关人员签字盖章等。

审查凭证的内容包括凭证各栏是否填写齐全；凭证编号是否连续完整，有无错乱或缺号、重号；填制日期与账户日期是否一致；会计事项内容摘要说明是否清楚，有无混乱或不写的情况；记账方向有无差错，借贷金额是否平衡，使用汇率是否正确，以及填制有关人员的签章有无缺漏等。通过对记账凭证各个要素的审查，以发现被查单位财务管理和纳税方面存在的问题。

第三节　会计账簿的审查分析

会计账簿所记内容是编制各项会计报表的主要资料来源，也是审查分析纳税人经济活动与财务收支的基本依据。

一、会计账簿的基础审查

会计账簿的基础性审查是对纳税人会计账簿的设置、登记和结账进行的审查，这是对会计账簿审查的基础性工作。审查时，主要根据《税收征管法》和会计准则的有关规定从以下几个方面进行。

（一）审查设置的合法性

重点是审查纳税单位是否设置了序时账、总分类账、明细分类账和备查账，总账是否按会计准则规定的科目名称设置，有无以简化核算为由取消明细核算等情况。

（二）审查登记的正确性

会计账簿的登记是否以审核无误的凭证为依据，记录中的会计凭证日期、编码、摘要和数据是否齐全一致；是否按页次顺序记录，跳行、跳页处是否按规定用红斜线注销并加盖了印章；总账与明细账是否做到了平行登记。

（三）审查结账的合规性

注意结账时是否结出了本期发生额、累计发生额和期末余额并划出单红线，年终结账时是否划出双红线。有余额跨年结转的，摘要栏是否按规定注明了"结转下年"和"上年结转"字样；上年结转数是否填写，与上年实际数是否相符。

二、会计账簿的重点审查

对会计账簿的重点审查主要是审查与税收关系密切的账户及其与纳税有密切关系的部分。应做到账户有重点、借贷有侧重，使查证问题有的放矢。

（一）重点审查的账户

主营业务收入和本年利润是计算应纳税额的主要依据，而库存商品又是主营业务收入和商品销售利润的物资基础，因此主营业务收入、本年利润和库存商品是核实纳税问题的重点账户，它们之间有着内在的密切联系，审查时应相互审核、互为考证。从纳税人商品销售利润的形成来看，主要取决于主营业务成本，而主营业务成本又主要取决于生产成本中的材料、工资和费用，所以除上述账户外，在审查中还应将原材料、应付职工薪酬和制造费用等账户作为审查的重点。

（二）重点审查借方发生额的账户

重点审查借方发生额的账户包括：对成本类的生产成本、制造费用等，费用类的期间费用和待摊费用等，支出类的营业外支出和其他支出等账户，主要审查有无不符合成本开支范围和标准或多列乱摊等违反财经纪律的支出；对待处理财产损溢账户，主要审查其发生的原因、经济责任、审批手续和处理结果，尤其对涉嫌贪污、盗窃及因保管不善而人为损毁、短缺、私占、挪借的财产物资，要进行重点审查。

（三）重点审查贷方发生额的账户

重点审查贷方发生额的账户包括：对收入类的主营业务收入、其他业务收入和营业外收入等账户，审查时应将其贷方发生额合计与纳税申报表中的收入计税额相核对，查看数字是否相符，有无少报或瞒报收入而偷逃税款的问题；对商品进销差价账户，审查其是否有冲减已实现差价的情况，差价计算数字是否准确；对坏账准备、递延资产等账户，应注意有无不按规定期限多提或乱摊费用、损失等问题。

（四）重点审查余额的账户

重点审查余额的账户，主要包括：对原材料、库存商品等账户，审查其账户结存数与库存账、卡的数字是否相符，计价方法和金额汇总是否正确，并查明其盘盈盘亏的原因；对应付账款、其他应付款等账户，审查其内容摘要、余额的大小和时间的长短，注意有无将某些收入、收益长期挂账不报计税收入的情况；对预提费用账户的审查，应注意其提取数额的合法性及其余额的大小，有无只提不用或任意多提、重提等问题。

三、会计账簿的具体审查

（一）序时账的审查分析

序时账主要有现金日记账和银行存款日记账。由于货币资金是企业各种经济活动的基础，因而序时账是账簿审查的重点。其审查包括以下基本内容和方法。

（1）审查账簿内容的真实性。主要审查订本式账户有无缺页、挖补、更改数字的现象，记账差错是否按规定的方法更正，是否按经济业务发生时间的先后顺序登记，有无记账日期与会计凭证不符或顺序颠倒的账目等情况。

（2）审查账簿记录的准确性。逐笔审核经济业务的借贷方向有无错误，借方金额或贷方金额是否与原始凭证相符。审查其"摘要栏"和对方科目，如通过借方发生额的对方账户，重点核实主营业务收入账户；通过贷方发生额的对方账户，查证料、工、费的发生额是否合理、准确等。

（3）审查账面出现的异常性。审查时注意有无下列情况：大量的现金收付，库存现金超过规定的限额，白条抵库和出售账外物资不入账；短期内同时出现对方单位和金额相同的一收一付；有涂改迹象和用红字冲回或更正业务等。发现上述异常情况，应认真查明原因，并据实处理。

（4）审查存款收支的合法性。以银行存款日记账和有关凭证为依据，查证银行存款余额与同期银行对账单是否相符；审查银行存款收支业务所附的原始凭证是否真实、合法，有无转移资金和场外交易等逃税行为；有无公款私设"小金库"等违反财经纪律的情况，以及利用往来结算账户隐匿收入等违法行为。

（二）总账的审查分析

审查总账可了解被查单位会计科目设置和各账户变化，从总括反映的发生额及余额中发现其经济活动的异常变动情况，为进一步查证落实问题找到线索。其审查包括以下基本内容与方法。

（1）审查账账关系。主要审查总账账户的期末借、贷方合计数是否相符；有关总账余额与其所辖二级账户或明细账户的余额是否相符，核实总账与明细账的记账内容、记账方向、记账数额的正确性。

（2）审查账表关系。主要是审查总账与资产负债表、利润表和纳税申报表中相关项目的数据是否一致。如将总账的现金、银行存款和其他货币资金账户的金额合计数，与资产负债表中的货币资金项目相核对等；将总账中的本年利润账户余额，与企业所得税纳税申报表中的利润总额项目相核对等。

（3）审查纵向关系。主要通过总账各科目期初与期末发生额、本期与上期发生额的纵向分析比较，从其升降变化的异常情况中发现疑点；将总账中的存货和结算资金的本期期初余额与上期期末同科目数额相核对，以查实其在结转账务时有无转移或隐匿资金的问题。

（4）审查横向关系。主要是从总账的横向关系上进行比较，重点是分析与纳税有关的账户，查证有关账户之间的联系和会计处理是否正常。如应付职工薪酬发生增减，应付福利费是否也相应增减；通过产品出库记录，来分析查证产品销售收入和销售成本的变化情况等。

（三）明细账的审查分析

明细账按其账户结构分类，主要有三栏金额式、三栏数量金额式和多栏式三种。通过对明细账登记结果的审查，并联系会计科目对应关系和经济业务活动的原始凭证来判断其存在的问题。为提高税务稽查的效率，一般情况下，可有目的、有重点地审查那些与税收和利润有密切关系的账户。其审查包括以下基本内容与方法。

（1）与总账相互核对。明细账是总账的具体说明，两者是平行登记并相互制约的关系。审查时，重点查实两者的记账内容、方向、数据是否一致，本期发生额和期末余额是否相符，并逐项审查"摘要栏"，注意可疑的事项和异常的数额，并结合凭证来核实有无问题。

（2）上下结算期之间核对。注意审查每月月初余额与上月月末余额、年初与上年年末余额是否一致，被查单位有无利用月初转账、年初立账的机会采取合并或分设账户的办法任意增减其余额的情况，特别是对结算往来类、负债类及所有者权益类账户要重点进行审查。

（3）账户借贷方向余额的审查。在期末会计结算中，哪些科目没有余额，余额在借方还是在贷方，会计准则都有较为严格的规定。除个别账户外，余额的方向是有一定规律的，如存货类等账户的余额在借方、收入类等账户的余额在贷方。若出现反常方向的余额，则应分项查明是工作差错还是弄虚作假等造成的。

（4）对数量金额式账户的审查。主要是审查商品、物资等以数量、金额核算的实物明细账是否正确。可查看收入栏、发出栏的单价是否接近，发出栏与结余栏的单价有无差距较大的情况。如有疑点之处，则应抽查复核和验证。

（四）备查账的审查分析

对备查账的审查分析，主要是审查租入固定资产登记簿、受托加工来料登记簿、合同登记簿、发票印制或领用登记簿、领用支票登记簿等账簿。审查时，应注意联系被查单位补充资料的记录来核对与纳税有关的问题，如签订的合同单据、来料加工的材料数量与实耗的材料数量，以及购买发票号数与填用发票号数的情况等。

第四节 涉税报表的审查分析

对纳税人进行税务稽查，无论采取何种方式方法，一般离不开涉税报表的审查。在具体的实际查账过程中，往往是从审查分析涉税报表开始的。涉税报表是指与纳税有关的报表，包括纳税申报表和资产负债表、利润表、现金流量表等会计报表。

一、纳税申报表的审查分析

纳税申报是纳税人、扣缴义务人履行其纳税义务的一项重要法定程序。纳税申报表（或代扣代缴税款报告表，下同）是纳税申报的主要手段，也是审定纳税人、扣缴义务人是否存在偷逃税行为的重要证据资料。在实际工作中，较普遍地存在着申报率低、面小、不及时、不规范、质量差等问题。因此对纳税申报表的审查分析是税务稽查的基础和重点内容。

（一）审查分析的基本内容

（1）审查申报表的及时性。纳税人、扣缴义务人必须依法按税务机关规定的期限向主管税务机关办理纳税申报手续，尤其要注意房产税、印花税等小税种及代扣代缴、代收代缴税款是否及时办理了纳税申报。若到期未申报又没有提出延期申请，则应查明具体原因。注意延期申报是否符合规定的条件，有无超过规定的申报期限及假借各种理由拖延申报或不报等情况。

（2）审查申报表的真实性。审查申报表中企业隶属关系、税务登记代码、税款所属期限和申报日期等项目是否属实，有无张冠李戴或涂改的问题，相关证件和资料有无伪造的迹象；办理减免税申报是否符合税法规定，审批手续是否健全，有无扩大减免范围或提高减免税数额的情况。

（3）审查申报表的正确性。这是审查分析的重点。应逐项查看申报表中有关数字的来源是否可靠；申报的计税金额或数量、适用税率、抵扣税额、留抵税额、减免税额等项目是否准确，有无未填和错填；应纳税额的计算有无差错等。

（4）审查申报表的合法性。根据《税收征管法》及其实施细则和有关法律制度，审查纳税人办理的纳税申报内容和手续等是否合法，各税种是否做到了"按户分税种、一税一表"，无收入的"零表"申报和减免税申报是否符合规定的要求，有无用旧表、纳税计算表或会计报表代替纳税申报表等情况。

（5）审查申报表的完整性。主要应注意审查申报表各项目填写内容是否完整、是否符合规范要求；随申报表报送的证件和资料是否齐全，尤其要注意税务机关特别要求报送的有关证明材料的完备性；是否有被查单位和有关人员的签字、盖章，委托代理纳税申报的手续和资料是否完整（如有无有关人员的签字等）。

（二）审查分析的基本方法

（1）比较分析法。以纳税申报表中的应纳税额实际数与上期、上年同期完成数相对比，查看本期申报数的增减变化是否正常，尤其注意减少的情况。即使是增加的情况，也要分析其原因，查证其变化与纳税人的收入、利润等项目指标增减是否同步。

（2）复核验证法。纳税申报表中各有关计税数据具有密切的逻辑关系，如横向逻辑关系包括：应纳税额＝计税依据×税率，实纳税额＝应纳税额－已纳税额－抵扣税额－减免税额；纵向逻辑关系，是指多个税目合计行的值等于各项目金额之和。根据上述有关逻辑关系，以重新计算的结果来验证申报表中数据的准确性。

（3）数账核对法。将表中数据与有关账证相核对，审核纳税申报表中的有关计税金额或数量，与相关的会计报表、账簿和凭证的记录是否一致。如将企业所得税纳税申报表中的"利润总额"与利润表中的"利润总额"相核对；将纳税申报表中的"应纳税额"与应交税金总账及其应交增值税、应交所得税等明细账相核对。

二、资产负债表的审查分析

资产负债表是反映企业某一特定时期财务状况的报表，由资产、负债和所有者权益三个部分组成。通过审查分析资产负债表可掌握企业资金和偿债、筹资能力，以及负债与所有者权益之间的关系，验证会计报表内各项目的真实性和准确性，认定财务会计状况的合法性和合理性，从而为深入稽查会计账证提供线索。

（一）审查分析的基本内容

（1）审查分析资产构成情况。企业主要的资产是流动资产和固定资产，其比例反映了企业的技术构成。就工业企业而言，固定资产比重越大，其技术构成越高，资金收益率一般也越高，但资金流动性差，经营风险较大。若在审查中发现固定资产比例过高而经营利润较低的，则应列为稽查的重点，进一步审查分析固定资产过多的原因、有无转移或隐瞒利润的情况。

（2）审查分析流动资产项目。审查分析流动资产主要是审查流动资产的资金分布是否合理、资产变动有无异常情况等。

① 货币资金的审查。货币资金包括现金、银行存款和其他货币资金，通过审查分析可以了解企业的支付能力和资金利用情况。审查时，主要看其占流动资产的比例及数额大小。若比例小、数额少，应分析其原因，查证支付项目的真实性。

② 应收账款的审查。分析企业应收账款增减变化与生产规模变动是否一致，审查应收账款周转率和损失率，若周转率较低、损失率较高则应作为稽查重点；审查有无拖欠税款、长期挂账、虚假挂账和不正常开支挂账，或以该账冲减收入而偷逃税款等问题。

③ 存货项目的审查。审查时可根据计划定额、本期数额与上期数额比较，并结合存货周转率分析其差异。若差异额较大或有突增突减的情况，甚至出现红字、空白或一直未变动和一直是（大额）整数等，可结合有关账证注意查实有无计量或计价不实，将在产品成本挤进产成品成本或将产成品成本挤进销售成本，致使账实不符而隐瞒利润等问题。

（3）审查分析固定资产项目。审查固定资产原值的增减变化是否正常，了解企业固定资产购建、出售、转让和报废的真实、可靠性，注意有无以挤占成本的方式增加或擅自提高其原值的情况。同时审查本期提取折旧额与固定资产的增减变化是否相适应，注意企业有无年度中改变折旧方法或提高折旧率、多提或重提折旧等问题。此外，还可将固定资产原值与净值进行比较，了解固定资产平均折旧程度，并与累计折旧额对比，分析其存在问题的可能性。

（4）审查分析负债项目。分析企业的资产负债率，对过高的资产负债率应作为稽查重点。注意审查有无已付款项长期挂账不冲销，应付职工薪酬不真实等问题；审查预提费用的增减变化，注意有无不该提取或多提、虚提费用及长期提取而未使用的费用；审查未交税金，注意有无久拖不缴或将税金记入其他应付款项目等情况。

（5）审查分析所有者权益。所有者权益是由实收资本、资本公积金和未分配利润所组成，稽查时主要分析企业的获利能力和获利状况，并以此来判断其经营效益。可结合利润表等资料，测算权益比率（如利润权益比率、销货权益比率）和负债比率，了解企业的获利能力，若权益比率大，应注意审查筹资费用是否合理，盈利分配是否合规；可通过测算投资利润率了解企业的获利状况，若投资利润率低，则应注意审查有无乱摊成本、虚列费用的问题。

（二）审查分析的基本方法

（1）运用比较分析法进行审查分析。可结合平时掌握的企业情况，着重审查与纳税有关的项目，采用比较分析法对照上期资产负债表相同的项目及本期相关的项目，审核有关数字是否有突变性的变化，从反常状态中发现问题或查账线索。

（2）核对表内有关数字的勾稽关系。资产负债表中的勾稽关系较多，如制造企业的资产是流动资产、长期投资、固定资产、无形资产、递延资产和其他资产的合计，它等于负债及所有者权益；而负债及所有者权益是流动负债、长期负债、所有者权益的合计等。稽查时可按表中各项目之间的勾稽关系，进行计算并验证其准确性，若有不符则应查明是技术差错还是有意造成的。

（3）将表中各项数字与相关资料核对。如将表中的"未分配利润"与利润分配表中的"未分配利润"相对照，将表中与纳税相关的项目（如累计折旧、未交税费等），与相关的总账、明细账记录相核对，必要时复核可疑账簿记录的加计过程是否正确。

（4）编制比较资产负债表进行趋势分析。通过编制"比较资产负债表"，对表内各项目年末数同年初数比较并进行趋势分析，看其变动的方向及幅度是否正常、合理。其方法：一是在报表上增添"增减变动额"一栏来反映结果，掌握其变化情况；二是将表中各有关项目金额或折旧变动额占资产总额和负债及所有者权益总额的百分比，从纵向和横向两方面进行分析。

会计报表之间存在着一定的勾稽关系，包括主表与附表、主表与主表、前期报表与本期报表、报表与计划、账簿之间等。对报表勾稽关系的审查，可以进一步验证报表的正确性，研究企业资金运动的联系和趋势。报表之间的勾稽关系主要表现为：一是前期报表与本期报表的勾稽关系。即本期报表中有关项目的期初数等于上期报表的期末数，本期报表中有关项目的累计数是上期报表的累计数加本期发生数。二是本期报表内部各项目之间的勾稽关系。如资产负债表中"资产－负债＝所有者权益"的平衡关系式等。三是主表与附表之间的勾稽关系。一般附表是用以说明主表中某些特定项目，主表中某些项目是附表的计算结果。四是各类报表之间的勾稽关系。如资产负债表与利润表之间实际项目的勾稽关系等。

三、利润表的审查分析

利润表是反映企业在一定时期内财务成果的报表，也是稽查流转税和所得税的主要资料。通过对利润表的审查分析，可以了解企业的经营业绩，掌握其收入、成本、费用和投入产出的比例关系，查证其盈亏的真实性。

（一）审查分析的基本内容

对利润表的审查分析，重点是审查影响利润的各个因素。

（1）审查分析业务收入。主要审查主营业务收入额，核实收入净额及有无漏记、错记的收入额；同时还要分析主营业务数量及其价格的增减变化，注意有无未记销售、转移收入或不按规定冲减收入等问题。

（2）审查分析业务成本。通过产品（商品）成本、成本结构、成本项目或进销差价及营业成本率的审查，看成本有无异常变动的情况，查实企业有无瞒报产量、挤占成本或多转、少转成本的问题，以确保成本核算的准确性和合法性。

（3）审查分析营业费用。注意审查费用的发生是否符合规定的要求，有无将与业务无关的费用计入营业费用，违反规定预提按比例控制列支的营业费用和将违纪支出计入营业费用等。如果发生上述问题，均应予以剔除。

（4）审查分析相关税金。注意账面已实现主营业务收入、其他业务收入计缴税金及附加的准确性，核实列支税金的内容是否合法，以前查补的税金及附加是否在账表中作了相应的调整，审增的增值税、消费税是否征收或查补了城市维护建设税、教育费附加和地方教育附加，是否相应调整了所得税调整项目金额等。

（5）审查分析营业利润。营业利润包括主营业务利润和其他业务利润。审查前者应注意企业是否完成了营业利润计划，与上期相比有无增减变化，分析变化的原因，有无人为调节营业利润的问题；对后者应注意审查其计算的准确性和合法性，有无账外其他业务利润等问题。

（6）审查分析利润总额。注意审查利润总额各项目是否真实、可靠，计算上有无差错。在核定利润总额的基础上，进一步查实以前年度亏损数额及税收调整项目金额的准确性和合法性，并以审核无误后的应税所得额计征所得税。

（二）审查分析的基本方法

（1）复算表内有关数字的真实、准确性。可根据会计准则中规定的利润总额的计算公式，按表中的各项目数字分步进行验算，并将结果与表中相关数字进行核对。若有不一致的，应查明原因，重点深入核查。

（2）核对与表外有关数据的勾稽关系。复核利润表内的数据，查看与其他报表、账簿的勾稽关系是否正确。如将表中的销售收入、销售费用、营业利润，与主营业务收支明细表中有关栏目的合计数核对是否相符；将表中管理费用、其他业务收入、营业外收入、营业外支出和投资收益等项目与相关报表或账户核对其是否一致。

（3）运用比较分析法进行审查分析。可采取绝对数和相对数（结构比率和相关比率等）方式，根据稽查期的实际数与计划数、上期或有代表性的历史时期有关数据对比分析财务成果的变动情况，审查其合理性。若发现异常和可疑，应作为重点并结合有关账证来进一步查证。

四、现金流量表的审查分析

现金流量表是以现金为基础编制的财务状况变动表。通过审查分析现金流量表，可以了解企业在一定时期内获得现金和现金等价物的能力，验证资产负债表、利润表的相关资料，为会计账证的稽查提供依据。

（一）审查分析的基本内容

现金流量包括现金的流入量和流出量，稽查时应按照企业经营业务发生的性质分别进行。

（1）审查分析经营活动产生的现金流量。主要审查企业本期销售商品、提供劳务收到的现金，是否包括了前期销售和提供劳务本期收到的现金，以及本期预收的账款、本期销售材料款和代购代销款；收到增值税等税金返还款、罚款收入、资产损失中由个人赔偿的现金收入，是否如实反映；本期发生购货退回的现金，是否从购买、接受劳务支付的现金中扣除；支付离退休人员的各项费用，为职工支付的养老和失业等社会保险基金，支付给职工的住房困难补助等，有无计入经营活动产生的现金流出；本期上交的各种税费是否正确，支付的其他与经营活动有关的罚款支出和保费支出等，是否合法、真实等。

（2）审查分析投资活动产生的现金流量。主要审查企业投资所分得的现金股利、利润和利息等，有无遗漏或转移；处置固定资产、无形资产和其他长期资产，是否按净额申报，有无隐瞒因自然灾害造成损失所获得的保险赔偿收入；购买建造固定资产、取得无形资产与其他资产有无扩大现金支出的范围，如将购建固定资产发生的借款利息、融资租入固定资产的租赁费等支出计入的问题。

（3）审查分析筹资活动产生的现金流量。主要审查企业发行股票和债券所支付的佣金等发行费用是否真实正确，接受的捐赠是否如实计列；支付现金股利、利润和其他投资者的利息是否真实合法，相应的捐赠支出是否合理、合规。

（二）审查分析的基本方法

（1）侧重审查分析与税收有关的项目。现金流量表全面提供了企业一定时期内有关现金流入流出的信息。这些信息有些与税收直接相关，如销售商品、提供劳务收到的现金，购买商品、接受劳务支付的现金，支付给职工及为职工支付的现金等；有些则与税收间接相关，如投资所支付和借款所收到的现金等。审查分析时，应把重点放在与税收直接有关的项目上。

（2）复算表内相关数据的勾稽关系。现金流量表分经营活动、投资活动和筹资活动列示现金的流入与流出，最后反映现金和现金等价物净增加额。稽查时，可利用表内有关数据之间的勾稽关系，复算填报资料的正确性。

（3）核对表中数据与相关资料的一致性。现金流量表的编制方法虽然有工作底稿法和 T 型账户法等几种，但都是以资产负债表和利润表数据为基础编制的。稽查时，可将表中数据与资产负债表、利润表相关数据进行核对，分析其是否相符。必要时可根据现金流量表的编制方法，审查其编制调整分录的正确性。

本章小结

本章主要阐述和研究了税务稽查的基本方法、会计凭证的审查分析、会计账簿的审查分析和涉税报表的审查分析。税务稽查的基本方法包括查账方法和调账方法，查账方法包括审阅法、核对法、调查法、分析法和盘存法；调账方法包括红字冲销法、补充登记法和综合调账法等。会计凭证的审查分析包括原始凭证的审查、发票的审查、记账凭证的审查。会计账簿的审查分析包括会计账簿的基础审查、会计账簿的重点审查、会计账簿的具体审查，其中基础审查包括审查设置的合法性、登记的正确性、结账的合规性。涉税报表的审查分析包括纳税申报表、资产负债表、利润表和现金流量表的审查分析，应分别从审查分析的基本内容和基本方法入手。

第四章

税务稽查环节

税务稽查环节主要阐述和分析税务稽查选案、检查、审理和执行四个环节，这也是税务稽查的基本法定程序。税务稽查选案包括选案的概念、案源的管辖、选案的来源和选案的确定；税务稽查检查包括检查的概念、检查的准备、检查的过程和检查的结束；税务稽查审理包括审理的概念、审理的实施、审理的诉权和审理的终结；税务稽查执行包括执行的概念、执行的实施、执行的中止和执行的终结。

第一节　税务稽查选案

一、税务稽查选案的概念

（一）税务稽查选案的内容

税务稽查选案是指稽查局按照一定的方式、方法和要求，对纳税人、扣缴义务人和其他涉税当事人的各项信息数据进行采集、分析、筛选，为税务稽查检查确定具体稽查对象的过程。《办理程序规定》第十二条规定，稽查局应当加强稽查案源管理，全面收集整理案源信息，合理、准确地选择待查对象。税务稽查选案是税务稽查工作开展的第一个环节，其目的是确定稽查工作开展的对象。一般是将具有普遍意义的人工税务稽查经验标准化和数值化，利用计算机等现代化信息处理手段对已占有的数据资料进行分析、对比、排列和组合，从中发现异常并列出税务稽查的重点对象。在准确界定税务稽查管辖权的前提下，选择合适的选案方法是科学配置税务稽查资源、提高稽查效率的重要措施。选案准确率越高，查出问题的概率就越高，稽查效率也就越高；反之，稽查效率就越低。稽查局要悉心收集、分析和处理案源信息。

税务稽查选案执行业务包括提出本级税务局的税收专项检查计划，制定年度、季度稽查计划，确定税务稽查对象；负责税务违法案件举报工作，以及本级查处案件有关税务稽查文书的送达工作，税款、滞纳金、罚款等的追缴入库及统计工作，将涉税刑事案件移送司法机关处理，执行税务行政强制措施，向法院提出税务强制执行的申请以及反避税调查等。

（二）税务稽查选案的流程

税务稽查选案环节的业务流程如图4-1所示。

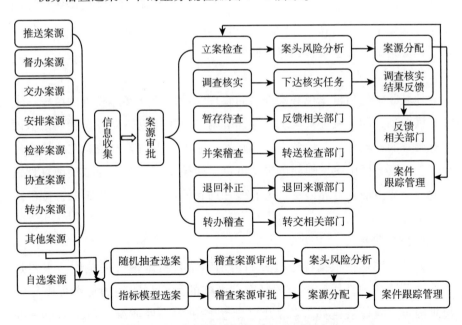

图4-1　税务稽查选案环节的业务流程

二、税务稽查案源的管辖

（一）案源管辖的种类

税务稽查计划部门在选择和确定稽查对象的过程中，要先考虑某一纳税人、扣缴义务人或某一税务案件，是否属于本稽查局管辖的范围。只有属于本稽查局管辖的，才能被列入本稽查局的稽查对象，才能由本稽查局立案查处。案源管辖与案源管理略有区别，案源管理是指稽查局案源部门、检举管理部门、协查部门按照规定程序，对各类涉税数据、信息和线索进行收集、处理、立案和反馈的管理过程。

税务局稽查局负责对辖区内的案源进行统筹管理。省、市税务局稽查局负责统筹稽查案源管理，积极运用税收大数据分析选取涉嫌偷税、逃税、骗税、抗税和虚开发票等严重涉税违反行为的稽查案源，开展"双随机"选案，受理风险推送、涉税检举、上级交（督）办、外部转办、受托协查等案源。省、市税务局稽查局统筹推送各类案源，跨区域稽查局原则上不开展选案工作。在实践中，案源管辖的种类需依据管辖问题产生的原因不同分别确定，主要包括以下四种。

1. 地域管辖

地域管辖是指根据税务稽查局的管理区域确定其实施稽查的范围。主要是横向划分同级税务机关之间及其所属专门职能机构在各自管辖区域内实施稽查的权限分工。税务案件的查处，原则上由被查对象所在地稽查局负责；发票案件由案发地税务机关负责；如果不同的稽查局依法都有管辖权的，一般由最先发现违法行为的稽查局管辖；税法另有规定的，按税法规定执行。

2. 级别管辖

级别管辖是指根据税务机关的级别确定其实施稽查的范围。主要是根据税务违法的性质、情节的轻重、影响的大小和案件的复杂程度等情况来确定。具体规定如下：由上一级税务机关查处或统一组织力量查处的案件包括：一是重大偷税、逃避追缴欠税、骗取出口退税、避税、抗税的案件；二是重大伪造、倒卖、非法代开、虚开发票和其他重大的税务违法案件；三是群众举报、确实需要由上级派人查处的案件；四是涉及被查对象主管税务机关人员的案件；五是上级税务机关认为需要自己查处的案件；六是下级税务机关认为有必要请示上级税务机关查处的案件。

3. 职能管辖

职能管辖是指不同的税务机关依据各自不同的职权确定其实施稽查的范围。主要是根据税务机关职能确定稽查事项的管辖权。各地税务局分别负责所管辖税收征管的税务稽查工作，在工作中遇有属于对方管辖范围的，应及时通报对方查处；查处同一税收问题认定上有不同意见时，先按照负责此项税收的税务机关的意见执行，然后报负责此项税收的上级税务机关裁定，以裁定的意见为准。

4. 指定管辖

指定管辖是指上级税务机关以决定的方式指定下级税务机关对某一稽查事项行使管辖权。通常是在两个或两个以上税务机关对稽查管辖发生纠纷或因特殊情况无法行使管辖权时，由上级机关确定管辖权。《办理程序规定》第六条规定，稽查局应当在税务局向社会公告的范围内实施税务稽查，上级税务机关可以根据案件办理的需要指定管辖，税收法律、行政法规和国家税务总局规章对税务稽查管辖另有规定的，从其规定。《指定管辖决定书》详见专栏 4 - 1。

专栏 4 - 1

《指定管辖决定书》样式

国家税务总局（×××税务局）
指定管辖决定书

×税指辖〔　〕　号

_____ ：

对于_____案件，因_____，根据《中华人民共和国行政处罚法》第二十五条和《税务稽查案件办理程序规定》第

_____条规定，经研究，我局决定由_____管辖。

（其他事项）

国家税务总局（×××税务局）（印章）

年　　月　　日

使用说明：

①《指定管辖决定书》依据《中华人民共和国行政处罚法》第二十五条和《税务稽查案件办理程序规定》第六条、第七条设置。

②适用范围：上级税务机关根据案件办理的需要指定管辖，或对下级税务机关提交的《指定管辖申请》作出决定时使用。

③本决定书抬头填写提交《指定管辖申请》的税务机关，包括国家税务总局各级税务局。

④"对于____案件"，横线处填写"当事人"或"当事人＋案由"。

⑤"因____"横线处填写"案件办理需要"或"你局提请指定税务稽查管辖申请（《指定管辖申请》的文书字号）"。

⑥"《税务稽查案件办理程序规定》第____条规定"，横线处根据实际填写"六"或"七"。

⑦"由____管辖"横线处填写实施稽查的税务稽查机构。

⑧"（其他事项）"填写对管辖权争议或与案源相关各方的其他要求，如相关单位做好配合工作，及时移交相关文件材料等。

⑨本决定书为 A4 竖式，一式多份，一份交提交《指定管辖申请》的税务机关，一份由制作的税务机关留存，其他交管辖权争议或与案源相关的其他各方税务机关。

（二）案源管辖的争议

案源管辖的争议是指因税务稽查管辖发生争议且协商未果，报请共同上级税务机关，由上级税务机关指定管辖的处理过程。上级税务机关指定管辖的案源，作为交办案源处理。《办理程序规定》第七条规定，税务稽查管辖有争议的，由争议各方本着有利于案件办理的原则逐级协商解决；

不能协商一致的，报请共同的上级税务机关决定。

在实际工作中，稽查局发生管辖有争议的案源，由管辖争议涉及的稽查局申请，稽查局局长审核，所属税务局局长审批后，制作《指定管辖申请》，附相关材料报请共同的上级税务机关。上级税务机关根据申请，作出管辖决定，向所有管辖争议税务局下发《指定管辖决定书》。按照《指定管辖决定书》，被指定管辖的税务局交所属稽查局参照交办案源处理，其他争议各方需配合执行。案源管辖争议处理流程如图4-2所示。

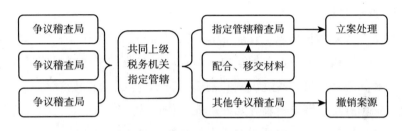

图4-2 案源管辖争议处理流程

三、税务稽查选案的来源

（一）税务稽查案源信息

税务局稽查局应当建立案源信息库，案源信息库由案源信息档案组成。案源信息的内容具体包括：纳税人自行申报的税收数据和信息，以及税务局在税收管理过程中形成的税务登记、发票使用、税收优惠、资格认定、出口退税、企业财务报表等涉税数据和信息；税务局风险管理部门在风险分析和识别工作中发现并推送的高风险纳税人风险信息；上级党委、政府、纪检监察等单位和上级税务机关通过督办函、交办函等形式下发的督办、交办任务提供的税收违法线索；检举人提供的税收违法线索；受托协查事项形成的税收违法线索；公安、检察、审计、纪检监察、海关、银行等外部单位及税务局督察内审、纪检监察等部门提供的税收违法线索；专项情报交换、自动情报交换和自发情报交换等过程中形成的国际税收情报信息；稽查局执法过程中形成的案件线索、处理处罚等税务稽查数据；政府部门和社会组织共享的涉税信息，以及税务局收集的社会公共信息等第三方信息；其他涉税数据、信息和税收违法线索。

（二）税务稽查选案来源

税务稽查选案的来源分为外部来源和内部自选，其中外部来源案件包括推送案源、督办案源、交办案源、安排案源、检举案源、协查案源、转办案源和其他案源。

1. 推送案源

推送案源是指根据风险管理等部门按照风险管理工作流程推送的高风险纳税人风险信息分析选取的案源。稽查局对接收的推送案源信息及时进行登记和信息化处理，经过识别和判断，得出立案检查、暂存待查、并案稽查、退回补正、转办稽查等几种可能。如认为该案源信息完整、有效且信息内容能够较为明确地证明纳税人、扣缴义务人涉嫌税收违法的，应当及时制作《税务稽查案源审批表》，提出拟处理意见，报稽查局局长审批，确定待查对象。推送案源处理流程如图 4 - 3 所示。

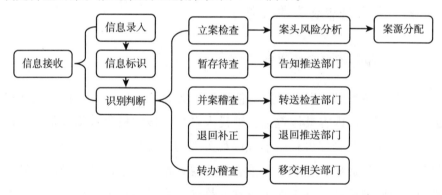

图 4 - 3　推送案源处理流程

目前，一般省、市、县税务机关都设有风险控制管理部门，这些部门对"金税三期"数据进行分析，如发现被查对象有较大的疑点需要稽查时，把相关信息和线索推送到稽查局，稽查局以此立案检查。

2. 督办案源

督办案源是指根据上级机关以督办函等形式下达的，有明确工作和时限要求的特定纳税人税收违法线索或工作任务确认的案源。稽查局对接收的督办案源信息及时进行案源登记和信息化处理，经过识别和判断，得出立案检查、调查核实、暂存待查、并案稽查、转办稽查等几种可能。如认为该案源需立案检查处理的，应当及时制作《税务稽查案源审批表》，提出拟处理意见，或经督办机关批准提出将督办案源交下级稽查局立案查处的拟处理意见，报稽查局局长审批，确定待查对象。这类案件，往往案情重大，社会影响和社会危害也比较重大，需要重点进行打击。督办案源处理流程如图4－4所示。

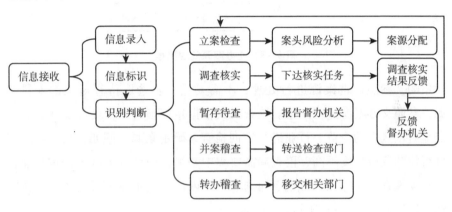

图4－4　督办案源处理流程

3. 交办案源

交办案源是指根据上级机关以交办函等形式交办的特定纳税人税收违法线索或工作任务确认的案源。重要稽查案件是交办案源的特殊形式。稽查局对接收的交办案源信息及时进行案源登记和信息化处理，经过识别和判断，得出立案检查、调查核实、暂存待查、并案稽查、转办稽查等几种可能。如认为该案源需立案检查处理的，应当及时制作《税务稽查案源审批表》，提出拟处理意见，处理意见中应当明确由本局立案查处或下级稽查局立案查处，报稽查局局长审批，确定待查对象。该类案源与督办案源较为相似。交办案源处理流程如图4－5所示。

4. 安排案源

安排案源是指根据上级税务局安排的随机抽查计划和打击偷税（逃避缴纳税款）、逃避追缴欠税、骗税、抗税、虚开发票等稽查任务，对案源信息进行分析选取的案源。稽查局接收的安排案源如需要进一步选取待查

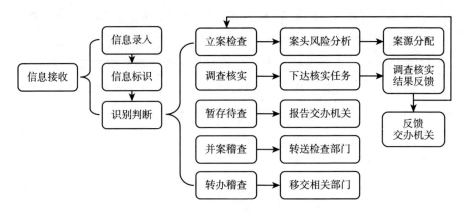

图 4-5 交办案源处理流程

对象的，参照自选案源进行处理；不需要进一步选取待查对象的安排案源，参照交办案源进行处理。稽查机关根据年度稽查工作任务安排，有重点地对辖区内的企业、行业进行定向检查，确定案源。例如，某市汽车修理行业纳税遵从度不高，稽查局需要集中整治，即把该市汽车修理行业作为年度稽查工作重点，有重点地选取辖区内该行业企业进行检查。安排案源处理流程如图 4-6 所示。

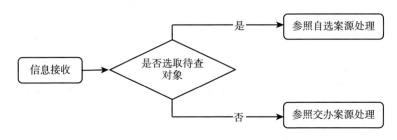

图 4-6 安排案源处理流程

5. 检举案源

检举案源是指对检举线索进行识别判断确认的案源。检举是发动全社会力量进行协查的一种形式，也是税务机关发现案源的一种途径。检举案源处理是指检举管理部门按规定受理各类检举的税收违法线索信息，进行分级分类处理后，将检举案源信息传递给案源部门，由案源部门登记案源，并进行立案检查、调查核实、暂存待查、并案稽查、转办稽查等处理过程。具体包括检举事项处理、分级分类处理、检举案源信息处理等环节。检举案源处理流程如图 4 - 7 所示。

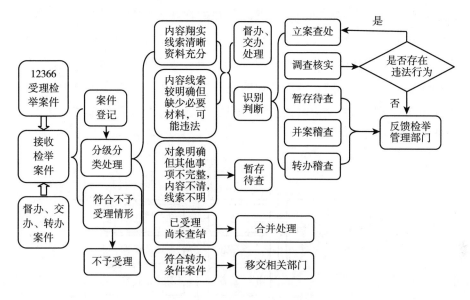

图 4 - 7 检举案源处理流程

检举事项处理是指检举管理部门收集检举案源信息，并对检举事项进行登记，包括检举事项的接收、受理和记录管理。检举事项分级分类处理是指检举管理部门对检举事项登记后，在规定的时限内，对检举事项进行筛选、分析、判断，拟定分级分类处理意见，经审核审批后，确定检举事项的分级分类和办理要求。检举案源信息的处理是指案源管理岗对检举管理部门传递的检举案源信息进行立案检查、调查核实、暂存待查、并案等处理过程。

6. 协查案源

协查案源是指对协查线索进行识别判断确认的案源，该案源往往来自其他管辖的稽查局。例如，甲地稽查局通过稽查、评估或其他方式，发现乙地某企业存在涉税问题，便会把相关信息资料转发给乙地稽查局请求协助稽查。在涉税案件协查中，如发现所管辖的纳税人有涉税违法嫌疑的，协查实施部门应及时将协查中发现的问题、疑点或线索，以及在协查中收集的有关证据资料移送给选案部门。选案部门要及时予以登记，列入税务稽查对象，报送稽查局局长审批后下达税务稽查任务。协查案源处理是指稽查局协查部门接收受托协查事项，进行分类处理后，将协查案源信息传递给案源部门，由案源部门登记案源，并进行立案检查、调查核实、暂存待查、并案稽查、转办稽查等处理过程。具体包括受托协查事项处理、协查案源处理。受托协查事项处理是指协查部门受理和登记受托协查事项，进行筛选、分析、判断、分类处理的业务处理过程；协查案源处理是指案源管理岗对接收的协查案源信息进行识别判断、分类处理的过程。协查案源处理流程如图4-8所示。

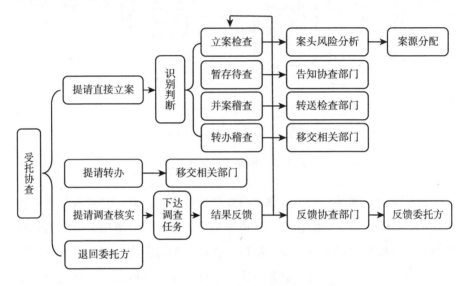

图4-8　协查案源处理流程

7. 转办案源

转办案源是指对公安、检查、审计、纪检监察、海关、银行等外部单位以及税务局督察内审、纪检监察等部门提供的税收违法线索进行识别判断确认的案源。稽查局对接收的转办案源信息要及时进行案源登记和信息化处理，经过识别和判断，得出立案检查、调查核实、暂存待查、并案稽查、退回补正、转办稽查等几种可能。如认为该案源需立案检查处理的，应当及时制作《税务稽查案源审批表》，提出拟处理意见，处理意见中应当明确本局立案查处、本级跨区域稽查局立案查处或下级稽查局立案查处，报稽查局局长审批，确定待查对象。转办案源处理流程如图4-9所示。

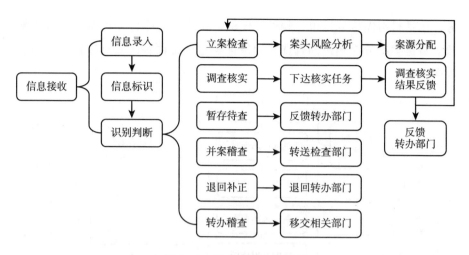

图 4-9 转办案源处理流程

8. 其他案源

其他案源是指对稽查局自行收集或税务局内、外部相关单位和部门提供的其他税收违法线索进行识别判断确认的案源。对税务稽查部门自行收集的案源参照自选案源处理；对税务局内部相关部门提供的非推送案源类税收违法线索，参照推送案源处理；对税务局外部相关部门提供的税收违法线索参照转办案源进行处理。税务局稽查局与跨区域稽查局之间进行案源信息传递时，经本局局长审批后，使用《案源信息传递单》传递，接收方参照案源信息的初始登记案源类型的管理流程处理。其他案源处理流程如图 4-10 所示。

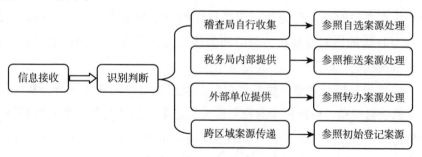

图 4-10 其他案源处理流程

9. 自选案源

自选案源是指案源部门根据本级税务局制订的随机抽查计划确认的案

源，包括打击偷税、逃税、骗税、抗税、虚开发票等行为而确定的检查对象。自选案源分为随机抽查选案和指标模型选案两种。自选案源处理流程如图4-11所示。

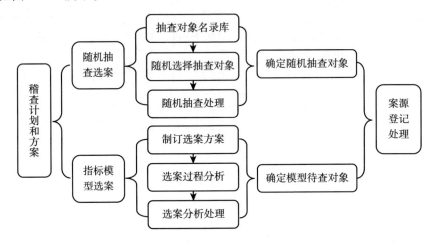

图4-11　自选案源处理流程

（1）随机抽查选案。在随机抽查选案模式下，根据本年度计划任务的安排，建立重点稽查对象名录、非重点稽查对象名录、随机抽查对象异常名录，然后从中随机选定或重点选定稽查对象。其中随机抽查对象异常名录的建立和纳税人的日常纳税申报表密切相关。有下列情形之一的，会被列入随机抽查对象异常名录：一是税收风险等级为高风险的；二是2个年度内2次以上被检举且检查均有税收违法行为的；三是受托协查事项中存在税收违法行为的；四是长期纳税申报异常的；五是纳税信用级别为D级的；六是被相关部门列为违法失信联合惩戒的；七是存在其他异常情况的。

（2）指标模型选案。税务机关对各类违法行为的表现进行分析总结，建立起数据模型，依据模型对税务机关已经掌握的纳税各类数据资料进行分析比对，最终经过人工进一步筛选，确定稽查对象。"金税三期"统一了全国征管数据标准和口径，实现了全国征管数据应用大集中，为指标模型选案发挥了重大作用，不合规纳税人因为大量数据被税务机关掌握而被发现疑点。指标模型选案的程序包括制订选案方案、选案过程分析、指标模型选案案源处理等。

四、税务稽查选案的确定

凡应立案查处的税收违法案件,税务稽查案源部门应填写税收违法案件立案审批表,说明纳税人、扣缴义务人的基本情况、案件来源、主要违法事实、立案依据和承办意见等,转稽查检查部门查处。《办理程序规定》第十三条规定,待查对象确定后,经稽查局局长批准实施立案检查。必要时,依照法律法规的规定,稽查局可以在立案前进行检查。第十四条规定,稽查局应当统筹安排检查工作,严格控制对纳税人、扣缴义务人的检查次数。《税务稽查立案审批表》见专栏4-2。

专栏4-2

《税务稽查立案审批表》样式

编号:

案件编号		纳税人识别号	
待查对象名称			
地　址			
法定代表人（负责人）		案件来源	
检查所属期间		选案方式	
任务分配方式			
选案分析及立案依据	经办人（签名）:　　　　　　　年　月　日		

续表

案源部门审核意见	部门负责人（签名）：　　　　　　　　年　　月　　日
稽查局分管领导意见	（签名）　　　　　　　　　　　　　　年　　月　　日
稽查局局长审批	（签名）　　　　　　　　　　　　　　年　　月　　日

使用说明：

①适用范围：待查对象确定后，案源部门报请稽查局领导批准立案检查时使用。

②"编号：×××"使用4位年份号加3位顺序号的方式进行编排，年份号和顺序号之间使用一字线"—"予以连接。如"2011—003"。

③"案件编号"在稽查局局长审批同意后按照《国家税务总局关于印发〈税收业务分类代码〉的通知》相关规则顺序编号。

④"选案方式"栏按直接立案检查、定向随机选案、不定向随时选案三类填写。

⑤"任务分配方式"栏按指定检查部门、随机选派、竞标选派、专家组四类填写。

⑥"选案分析及立案依据"栏填写案源部门对案源信息进行分析筛选的方法（包括计算机分析、分工分析、人机组合分析等）、经分析筛选认为存在税收违法嫌疑的项目或情形，以及据以进行立案的法律、行政法规、规章及其他规范性文件依据。

⑦本表为A4竖式，一式一份，装入卷宗。

稽查对象确定后，税务稽查案源部门应当制发《税务稽查任务通知书》和《税务稽查项目书》，将已确定的稽查对象、稽查重点或线索、稽查时间等通知稽查实施部门；同时，案源部门还应当填写《待查纳税人清册》，分类建立税务稽查实施台账，以便对每个案件的稽查情况进行跟踪考核、督办，具体包括对一般案件的跟踪、重大税收违法督办案件的跟踪、检举案件的跟踪和受托协查案件的跟踪等。有关内容与格式见专栏4-3、专栏4-4和专栏4-5。

专栏4-3

《税务稽查任务通知书》样式

编号：

_____：

　　根据稽查工作计划，请在_____年_____月_____日前对附件所列_____户纳税人实施稽查。

　　附件：1. 待查纳税人清册_____份。

　　　　　2. 税务稽查项目书_____份。

机关／部门（章）

年　　月　　日

使用说明：

① 适用范围：选案部门根据稽查工作计划向实施部门传达稽查分户任务时使用。

② 本通知书"编号"栏为6位阿拉伯数字，编写方法为：第1～2位为年度号，第3～6位为顺序号；一年一编号。

③ 本通知书抬头填写稽查实施部门名称。

④ "纳税人_____"横线处填写选案部门要求实施部门检查的具体项目。

⑤ 本通知书为A4竖式，一式二份，一份由选案部门留存，另一份转实施部门。

专栏 4-4

《税务稽查项目书》样式

纳税人名称：　　　　　　　　　　　　电话：

纳税人识别号：　　　　　　　　　　　地址：

分析项目	分析依据	分析结论	备注

选案部门负责人：　　　　制表人：　　　　制表日期：　年　月　日

使用说明：

① 适用范围：税务机关在记录选案分析结果及向实施环节传递该结果时使用。

② 本项目书为稽查任务通知书附件之二，由选案部门填写。

③ 本项目书在选案结束后，根据所分析的选案情况编制。

④ 本项目书"分析项目"是指实际分析的项目，如申报类分析中的"零申报"、流转税类分析中的"进、销项税额增减比较"等。

⑤ 本项目书"分析依据"是指分析的资料来源及其所属期间，如"零申报"分析项目的分析依据可填写"××年上半年的申报表"。

⑥ 本项目书"分析结论"是指对该项目实际分析得出的结论，如"零申报"分析项目可填写"零申报的次数"。

⑦ 本项目书为 A4 横式，一式二份，一份由选案部门留存，一份转实施部门。

专栏 4-5

《待查纳税人清册》样式

序号	案件编号	纳税人识别号	纳税人名称	地址	联系电话	法定代表人（负责人）	稽查所属期间	分析结论	案件来源	完成时限

稽查实施部门：

选案部门负责人：　　　　制表人：　　　　传达日期：　年　月　日

使用说明：

① 适用范围：选案部门向实施部门传达具体稽查分户任务时使用。

② 本清册为税务稽查任务通知书附件之一，由选案部门填写。

③ 本清册中"稽查实施部门"栏填写具体实施稽查的部门名称。

④ "稽查所属期间"栏填写税务机关对纳税人实施检查期间的起始与截止日期，若发现此期间以外明显的税收违法嫌疑或线索，需调整稽查所属期间的，必须经主管局长批准。

⑤ 本清册为 A4 横式，一式二份，一份交实施部门，另一份由选案部门留存。

第二节　税务稽查检查

一、税务稽查检查的概念

（一）税务稽查检查的内容

税务稽查检查是指税务稽查人员按照税收法律、法规、规章及稽查方案所确定的稽查范围、种类、方式、内容等要求以及稽查标准，采取科学有效的方法，有目标、有步骤地进行稽查的实务操作活动。它是税务稽查的第二个环节，也是核心环节，即该环节是判断选案是否准确，稽查对象是否存在纳税问题，以及如何定性的关键。

（二）税务稽查检查的流程

税务稽查检查的流程是指稽查局检查部门依照法定权限和程序实施税务检查，收集能够证明案件事实的证据材料，对案源部门推送的涉税疑点以及检查中发现的其他涉税问题逐一查证，制作《税务稽查报告》及相关文书，与案件相关证据材料一并移交审理部门的业务处理过程。具体包括检查任务分配、回避、检查实施前准备、文书送达、实施检查、提请撤销、中止检查、终结检查、制作稽查工作底稿、制作税务稽查报告、移交审理、补正补充调查等。税务稽查检查环节的业务流程如图 4-12 所示。

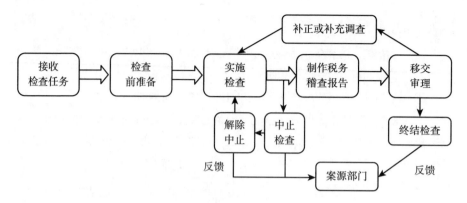

图 4 - 12　税务稽查检查环节的业务流程

二、税务稽查检查的准备

税务稽查检查的准备是指检查人员在实施税务检查前，对被查对象进行案头分析，进行检查实施前准备工作的业务处理过程。对纳税人和扣缴义务人实施稽查，是税务稽查工作的中心环节。为保证实施阶段各项工作的顺利开展，必须做好实施前的各项准备工作。主要包括以下几个方面。

（一）检查任务分配

检查任务分配是指检查部门接到案源部门传递的《税务稽查任务通知书》等文书、资料后，根据文书要求，及时安排检查人员实施案件检查的业务处理过程。税收法律、法规、规章和财务会计制度是税务稽查工作的重要依据。收到任务分配后，在稽查检查开始前，应根据稽查的目的、范围，结合被查单位的具体情况，有针对性地收集有关的政策、法规和资料，组织税务稽查人员系统学习，认真领会并掌握其精神实质。

检查任务下达后，要尽快确定检查人员。案源部门已通过随机方式确定检查人员的，检查部门接收相关文书及材料，移交指定检查人员；案源部门未确定检查人员的，检查部门根据相关要求，综合考虑本部门检查人员当前工作量和特长，及时将已接收的稽查案件分配到检查人员手中。需要注意的是，对案件的检查需要至少选派 2 名检查人员实施检查，在同一案件查办中，检查人员不得与案源处理（选案）人员交叉重复。稽查人员有法律、行政法规规定需要回避情形的，应当回避。

（二）收集纳税资料

为做到心中有数，税务稽查人员在检查前应调阅被查对象的纳税档案，了解其生产经营的基本情况、财务会计制度及其处理办法。特别要注意收集被查对象稽查期内的财务会计报表、纳税申报表、有关税收事宜的报告和情况反映，以及税务部门过去的稽查记录和专题调查报告等纳税资料，并进行认真仔细地分析，掌握初步情况。具体包括以下内容。

（1）被查对象基本信息。结合案源部门提供的《检查项目书》和《待查纳税人清册》等相关材料，了解被查对象的基本信息，包括基本状态、成立时间、经营范围、注册资本、纳税申报、发票领用、税收优惠、违法违规、财务方法、会计软件等。

（2）被查对象行业特点。如上下游业务链条、业务流转环节、收入实现形式、成本费用项目、该行业毛利率水平、该行业利润水平等，并了解可能获取相关涉税信息的第三方信息来源。

（3）被查对象经营情况。如生产经营规模、收入主要形式和来源、销售（服务）对象、主要进货渠道、各类资产情况等。

税务稽查人员在分析整理有关纳税人和扣缴义务人纳税资料的基础上，对其财务资料、申报信息、第三方获取信息等进行对比、分析，形成待核实疑点，根据存在或可能存在的问题，找出稽查的重点和难点，制订税务稽查方案，确定相应的稽查方法。

（三）稽查文书送达

在完成上述准备工作以后，应制发《税务检查通知书（一）》等相关文书，并按照法律、法规规定的权限、程序和方式，将税务文书送达受送达人。税务文书送达的方式包括直接送达、留置送达、委托送达、邮寄送达和公告送达。检查人员在实施检查前，应当告知被查对象检查时间、需要准备的资料等，但预先通知有碍检查的除外，有碍检查的情形包括：被查对象被检举涉嫌存在税收违法行为的、有根据认为被查对象有税收违法行为的、预先通知有碍于税务稽查实施工作开展的。检查人员进行检查时，应当向被查对象出示税务检查证和《税务检查通知书（一）》，并告知被查对象的权利和义务。《税务检查通知书（一）》的内容与格式详见专栏4-6。

专栏4-6

《税务检查通知书（一）》样式

_____税务局（稽查局）

税务检查通知书

____税检通一〔   〕   号

_____：

　　根据《中华人民共和国税收征收管理法》第五十四条规定，决定派_____等人，自_____年_____月_____日起对你（单位）_____年_____月_____日至_____年_____月_____日期间（如检查发现此期间以外明显的税收违法嫌疑或线索不受此限）涉税情况进行检查。届时请依法接受检查，如实反映情况，提供有关资料。

税务机关（签章）

年   月   日

告知：税务机关派出的人员进行税务检查时，应当出示税务检查证和税务检查通知书，并有责任为被检查人保守秘密；未出示税务检查证和税务检查通知书的，被检查人有权拒绝检查。

使用说明：

① 本通知书依据《中华人民共和国税收征收管理法》第五十四条、第五十九条、《中华人民共和国税收征收管理法实施细则》第八十九条设置。

② 适用范围：税务检查人员在依法对纳税人、扣缴义务人实施税务检查时使用。

③ "决定派_____等人"横线处至少填写两人姓名。

④ 本通知书与《税务文书送达回证》一并使用。

⑤ 文书字轨设为"检通一"，稽查局使用设为"稽检通一"。

⑥ 本通知书为A4竖式，一式两份，一份送被调查对象，一份装入卷宗。

（1）直接送达。税务文书可以直接送达的，应当采取直接送达的方式。受送达人是个人的，应当由本人直接签收；本人不在的，交其同住成年家属签收，并应当注明与受送达人的关系。受送达人是法人或其他组织的，应当由法人的法定代表人、其他组织的主要负责人或该法人、组织的财务负责人、负责收件的人签收；受送达人有代理人的，可以送交其代理人签收。以签收人在《税务文书送达回证》上记明的收到日期为送达日期。

（2）留置送达。受送达人或其同住成年家属、代收人、代理人拒绝签收，无法直接送达税务文书的，可以采取留置送达的方式送达税务文书。留置送达可以邀请有关基层组织人员或其他第三方见证人到场，在送达回证上记明拒收事由和日期，由被邀请到场的见证人填写见证内容"税务机关直接送达税务文书，受送达人拒绝签收，无法直接送达"字样，由送达人、见证人签名或盖章，将税务文书留在受送达人处，即视为送达。税务人员不应作为见证人，原则上应当制作《现场笔录》或音像记录设备记录留置送达过程。

（3）委托送达。直接送达税务文书有困难的，包括受送达人不在本税务机关辖区内经营或居住而难以直接送达的，可以委托其他有关机关或其他单位代为送达。采取该种方式送达的，应当向被委托人出具委托书，并将税务文书及送达回证交被委托方。委托送达以受送达人在税务文书送达回证上签收的日期为送达日期。

（4）邮寄送达。直接送达有困难或受送达人提出邮寄送达要求的，可以保留相关证据，采取邮寄送达方式送达税务文书。应当交由邮政企业采用挂号函件等可以证明收件的邮寄方式，并在邮寄单据或回执上注明税务文书名称、文书号、份数，以及是否为原件。以挂号函件回执上注明的收件日期为送达日期，并视为已送达。

（5）公告送达。同一送达事项的受送达人众多，或采用前述其他送达方式无法送达的（留存证据），可以采取公告送达。公告送达可以在受送达人住所地、生产经营地或注册登记地张贴公告，或通过税务机关门户网站、当地主流新闻媒体发布公告。采取上述方式公告送达的，可以同时在主管税务机关办税服务厅张贴公告，并使用音像记录设备记录张贴过程。除法律、法规另有规定外，税务文书公告期限为 30 日，其中《催告书》

《税收强制执行决定书》的公告期限为 60 日。发出公告日期以最后张贴或刊登的日期为准，期限自公告次日起算，期限届满即视为送达。

直接送达、留置送达和委托送达应当制作《税务文书送达回证》，其内容与格式，见专栏 4 - 7。送达税务文书时，必须主动向当事人和相关人员表明身份，告知执法事由、依据、权利义务等内容。必要时，可以通过制作《现场笔录》、音像记录等适当方式记录税务文书送达过程。

专栏 4 - 7

《税务文书送达回证》样式

送达文书名称	
受送达人	
送达地点	
受送达人签名或盖章	年　　月　　日　　时　　分
代收人代收理由、签名或盖章	年　　月　　日　　时　　分
受送达人拒收理由	年　　月　　日　　时　　分
见证人签名或盖章	年　　月　　日　　时　　分
送达人签名或盖章	年　　月　　日　　时　　分
填发税务机关	（签章） 年　　月　　日　　时　　分

使用说明：

① 本送达回证依据《中华人民共和国税收征收管理法实施细则》第一百零一条至第一百零六条设置。

② 适用范围：当事人送达税务文书时使用。

③ "送达文书名称"栏，填写送达文书名称及文号。

④ "受送达人"栏，为单位的，填写单位名称；为个人的，填写姓名。

⑤ "送达地点"栏，填写送达税务文书的具体地点。

⑥ "受送达人签名或盖章"栏，受送达人是法人或其他组织的，应当由法人的法定代表人、其他组织的主要负责人或该法人、组织的财务负责人、负责收件的人签收；受送达人是公民的，应当由本人直接签收。

⑦ "代收人代收理由及签名或盖章"栏，受送达人是个人的，本人不在由其同住成年家属在此栏签名，并注明与受送达人的关系；受送达人为单位的，法定代表人不在的，由其代理人或其他负责人或负责收件的人在此栏签字。

⑧ "受送达人拒收理由"栏，受送达人或其他法定签收人拒收时，由送达人填写此栏。

⑨ "见证人签名或盖章"栏，受送达人拒收时，邀请有关基层组织或其所在单位的代表作为见证人到场，由见证人在此栏签名或盖章，不应由税务人员签名或盖章。

⑩ 送达回证为 A4 竖式，随同送达的税务文书装入卷宗。

三、税务稽查检查的过程

税务稽查检查过程是该环节最为重要的内容，稽查局检查部门依照法定权限和程序，用好用足法律赋予的检查手段、综合运用各种检查方法，及时完整地收集、固定能够证明案件事实的证据材料，制作《税务稽查报告》，并将相关证据材料移交审理部门进行审理。税务稽查检查过程中最为关键的是调查取证。

（一）调查取证

《办理程序规定》第十六条规定，检查应当依照法定权限和程序，采取实地检查、调取账簿资料、询问、查询存款账户或储蓄存款、异地协查等方法。

1. 实地检查

实地检查是指检查人员按照法定权限和程序，到被查对象或有关第三方的生产、经营或办公场所实地实施检查的业务处理过程。检查人员实地检查时，可以通过制作《现场笔录》《勘验笔录》、音像记录等适当方式对实施检查情况予以记录或说明。具体检查的类型包括以下几种。

（1）在纳税人生产、经营场所、货物存放地检查账簿、记账凭证、报表和有关资料，检查应纳税的商品、货物或其他财产。

（2）到扣缴义务人的生产、经营场所或办公场所检查代扣代缴、代收代缴税款账簿、记账凭证和有关资料，检查与代扣代缴、代收代缴税款有关的经营情况。

（3）在被查对象以及其他涉税当事人的生产、经营场所或办公场所询问与纳税或代扣代缴、代收代缴税款有关的问题和情况。

（4）到车站、码头、机场、邮政企业及其分支机构检查纳税人托运、邮寄应纳税商品、货物或其他财产的有关单据、凭证和有关资料。

2. 调取账簿资料

调取账簿资料是指检查人员实施检查时，依照法定权限和程序，将被查对象的账簿、记账凭证、报表和其他有关资料调回税务机关检查的业务处理过程。调取被查对象以前年度会计账簿、记账凭证、报表和其他有关资料的，需经稽查局局长审核，报稽查局所属县以上税务局局长审批，并在3个月内完整退还；如有涉及增值税专用发票检查、纳税人涉嫌税收违法行为情节严重、纳税人及其他当事人可能毁灭、藏匿、转移账簿等证据资料、税务机关认为其他需要调回检查等特殊情况的，报稽查局所属社区的市、自治州以上税务局局长审批，可以调取被查对象当年的账簿、记账凭证、报表和其他有关资料，并在30日内完整退还。

《办理程序规定》第十八条规定，调取账簿、记账凭证、报表和其他有关资料时，应当向被查对象出具调取账簿资料通知书，并填写调取账簿资料清单交其核对后签章确认。经批准后，检查人员制作《调取账簿资料通知书》（见专栏4-8），并送达被查对象。调取被查对象账簿资料时，须由2名以上检查人员实施，填制《调取账簿资料清单》（见专栏4-9）。退还账簿资料时，应当由被查对象核对调取账簿资料清单，并签章确认。

专栏 4 - 8

《调取账簿资料通知书》样式

＿＿＿＿＿税务局（稽查局）
调取账簿资料通知书

　　　　＿＿＿税调〔　　　〕　　　号

＿＿＿＿＿＿＿＿＿：

　　根据《中华人民共和国税收征收管理法实施细则》第八十六条规定，经＿＿＿＿＿＿＿＿＿税务局（分局）局长批准，决定调取你（单位）＿＿＿＿年＿＿＿＿月＿＿＿＿日至＿＿＿＿年＿＿＿＿月＿＿＿＿日的账簿、记账凭证、报表和其他有关资料到税务机关进行检查，请于＿＿＿＿年＿＿＿＿月＿＿＿＿日前送到税务局（稽查局）。

联系人员：

联系电话：

税务机关地址：

　　　　　　　　　　　　　　　　　税务机关（签章）

　　　　　　　　　　　　　　　　　　年　月　日

使用说明：

① 本通知书根据《中华人民共和国税收征收管理法实施细则》第八十六条设置。

② 适用范围：检查人员在调取纳税人、扣缴义务人的账簿凭证等资料时使用。

③ 本通知书中的抬头填写纳税人、扣缴义务人的名称。

④ 税务机关使用本通知书调取纳税人、扣缴义务人以前会计年度的账簿、记账凭证、报表和其他有关资料时，应由县以上税务局（分局）局长批准；调取纳税人、扣缴义务人当年的账簿、记账凭证、报表和其他有关资料时，应由设区的市、自治州以上税务局局长批准。本通知书经内部审批后使用。

⑤ "经＿＿＿＿＿＿税务局（分局）局长批准"横线处填写依照规定的审批程序和权限符合《中华人民共和国税收征收管理法》规定具有审批权限的税务局（分局）局长所在税务机关的具体名称。

⑥ 调取账簿、记账凭证、报表和其他资料，可以通知纳税人、扣缴义务人送到税务机关，也可以在下达本通知书后由税务人员带回税务机关。

⑦ 本通知书与《税务文书送达回证》一并使用。

⑧ 文书字轨设为"调"，稽查局使用设为"稽调"。

⑨ 本通知书为 A4 竖式，一式二份，一份送被查对象，一份装入卷宗。

专栏 4 – 9

《调取账簿资料清单》样式

被查对象名称：   共　页第　页

序号	账簿资料名称	资料所属时期	单位	数量	页（号）数	备注

税务检查人员签字： 企业经办人签字： 　税务机关（签章） 调取时间：　年　月　日	税务检查人员签字： 企业经办人签字： 　纳税人（签章） 退还时间：　年　月　日

使用说明：

① 本清单根据《中华人民共和国税收征收管理法实施细则》第八十六条设置。

② 适用范围：检查人员在调取和退还账簿资料时使用。

③ 退还账簿资料时，由被查对象清点无误后，双方在清单上签字，并注明退还时间，加盖被查对象印章。

④ "备注"栏填写调取账簿资料的出处、部分资料提前退还等内容。

⑤ "税务机关（签章）"处加盖检查实施部门所在税务机关的签章。

⑥ 本清单为 A4 竖式，一式二份，一份送被查对象，一份装入卷宗。

3. 询问

询问是指检查人员依法进行税务检查时，向有关单位和个人询问被查对象和其他当事人与纳税或代扣代缴、代收代缴税款有关问题和情况的业务处理过程。询问应当由 2 名以上检查人员出示税务检查证实施，可以在被询问人办公场所、税务机关办公场所或其他合适的场所进行，除在被查对象生产、经营或办公场所询问外，应当向被询问人送达《询问通知书》（见专栏 4－10）。在询问过程中应当制作字迹清晰的《询问（调查）笔录》（见专栏 4－11），询问结束后交被询问人核对或向其宣读，有修改的由被询问人在改动处捺指印，核对无误后由被询问人在尾页结束处写明"以上笔录我看过（或向我宣读过），与我说的相符"，逐页签章、捺指印。

专栏 4－10

《询问通知书》样式

＿＿＿＿税务局（稽查局）
询问通知书

_____税询〔   〕   号

＿＿＿＿＿＿＿：

根据《中华人民共和国税收征收管理法》第五十四条（四）项规定，请＿＿＿＿于＿＿＿年＿月＿日＿时到＿＿＿＿＿＿＿＿就涉税事宜接受询问。

联系人员：

联系电话：

税务机关地址：

税务机关（签章）

年   月   日

使用说明：

① 本通知书依据《中华人民共和国税收征收管理法》第五十四条设置。

② 适用范围：检查人员就涉税事宜向有关人员进行询问时使用。

③ 抬头处填写被查对象名称；"请＿＿＿＿"横线处填写接受询问人员姓名；询问的时间可填写到"日"也可填写到"时"；"到＿＿＿＿"横线处填写税务机关名称。

④ 本通知书与《税务文书送达回证》一并使用。

⑤ 本通知书为 A4 竖式，一式两份，一份送被询问人，一份装入卷宗。

专栏 4 –11

《询问（调查）笔录》样式

＿＿＿＿＿＿＿税务局（稽查局）
询问（调查）笔录

（第 次）

共 页第 页

时　　间：＿＿＿＿＿＿＿＿＿＿＿＿＿地　　点：＿＿＿＿＿＿＿＿＿＿＿＿＿

询问（调查）人：＿＿＿＿＿＿＿＿＿＿＿记录人：＿＿＿＿＿＿＿＿＿＿

被询问（调查）人姓名：＿＿＿＿＿＿性别：＿＿＿＿＿＿年龄：＿＿＿＿＿

证件种类：＿＿＿＿＿＿＿＿＿＿＿证件号码：＿＿＿＿＿＿＿＿＿＿

工作单位：＿＿＿＿＿＿＿＿＿职务：＿＿＿＿＿联系电话：＿＿＿＿＿

住　址：＿＿＿＿＿＿＿＿＿＿＿＿＿＿＿＿＿＿＿＿＿＿＿＿＿＿＿

问：＿＿＿＿＿＿＿＿＿＿＿＿＿＿＿＿＿＿＿＿＿＿＿＿＿＿＿＿＿

答：＿＿＿＿＿＿＿＿＿＿＿＿＿＿＿＿＿＿＿＿＿＿＿＿＿＿＿＿＿

＿＿＿＿＿＿＿＿＿＿＿＿＿＿＿＿＿＿＿＿＿＿＿＿＿＿＿＿＿＿＿＿

＿＿＿＿＿＿＿＿＿＿＿＿＿＿＿＿＿＿＿＿＿＿＿＿＿＿＿＿＿＿＿＿

＿＿＿＿＿＿＿＿＿＿＿＿＿＿＿＿＿＿＿＿＿＿＿＿＿＿＿＿＿＿＿＿

＿＿＿＿＿＿＿＿＿＿＿＿＿＿＿＿＿＿＿＿＿＿＿＿＿＿＿＿＿＿＿＿

询问（调查）人签字：　　　　　　　记录人签字：

被询问（调查）人签字并押印：　　　　　　　年　　月　　日

使用说明：

① 本笔录依据《中华人民共和国税收征收管理法》第五十四条、第五十八条和《中华人民共和国行政处罚法》第三十七条设置。

② 适用范围：检查人员在询问当事人及有关人员涉税情况时使用。

③ 本笔录应当用钢笔（碳素笔）、毛笔书写或计算机制作，不得使用圆珠笔、铅笔。

④ 本笔录主页上方已设定的内容应逐项填写。

⑤ 本笔录的正文部分采用问答形式。在笔录的起始部分，税务检查人员应表明身份，并明确告诉被询问（调查）当事人法定义务与法定权利。如《中华人民共和

国税收征收管理法》第五十四条第（四）项、第五十七条规定当事人有接受税务机关询问（调查）的法定义务和《中华人民共和国税收征收管理法》第十二条规定当事人有要求询问（调查）人员回避的法定权利。

⑥ 记录询问（调查）的内容要真实、准确、详细、具体，不能随意取舍。重要情节要尽量记下其原话，以保持其原意不变。对于被询问（调查）人所提供的每一事实或情节，应当记明来源。对证人提供的物证、书证，要在记录中反映出来并记明证据的来源。询问人出示证据提问，也必须写明出示何物。

⑦ 询问（调查）结束，应将笔录交由被询问（调查）人核对，对没有阅读能力的，应向其宣读。如被询问（调查）人认为笔录有遗漏或差错，应允许其补充或改正。修改过的笔录，应当由被询问（调查）人在改动处押印。被询问（调查）人认为笔录无误后，除在笔录结束处签名并押印外，还应当齐缝押印；被询问（调查）人拒绝的，应当注明。最后，询问（调查）人、记录人要签署日期并签名，询问（调查）人与记录人签名不得相互代签。

⑧ 本笔录为 A4 竖式，一式一份，装入卷宗。

4. 检查存款账户和储蓄存款

检查存款账户和储蓄存款是指检查人员在调查取证过程中，对从事生产、经营的纳税人、扣缴义务人在银行或其他金融机构的存款账户和案件涉嫌人员的储蓄存款进行查询的业务处理过程。

（1）检查存款账户。在调查取证过程中，检查人员认为需要查询从事生产、经营的纳税人、扣缴义务人在银行或其他金融机构的存款账户，由检查实施岗提出申请，稽查局局长审核后，报县以上税务局（分局）局长审批。检查人员可以通过被查对象向税务机关报告的银行账户、开具或取得增值税专用发票信息以及其他资金收付信息获得其银行账户信息资料。

（2）检查储蓄存款。调查税收违法案件时，根据案情需要，查询案件涉嫌人员的储蓄存款，由检查实施岗提出申请，稽查局局长审批后，报社区的市、自治州以上税务局（分局）局长审批。存款包括独资企业投资人、合伙企业合伙人、个体工商户的储蓄存款以及股东资金账户中的资金等。

经过审批同意后，检查人员制作全国统一格式的《检查存款账户许可证明》并持税务检查证到相关银行或其他金融机构进行查询。查询的内容包括存款账户余额和资金往来情况，但应当为被查对象保守秘密，并不得用于税收以外的用途。

5. 异地协查

对于已立案案件，在检查过程中发现确需异地协查的，确定协查对象和协查要素后，报稽查局相关领导批准展开异地协查工作。《办理程序规定》第二十五条规定，检查人员异地调查取证的，当地税务机关应当予以协助；发函委托相关稽查局调查取证的，必要时可以派人参与受托地稽查局的调查取证，受托地稽查局应当根据协查请求，依照法定权限和程序调查。需要取得境外资料的，稽查局可以提请国际税收管理部门依照有关规定程序获取。

6. 提取证据材料原件、调取发票原件、查验空白发票

需要提取证据材料原件的，应当向当事人出具提取证据专用收据，由当事人核对后签章确认。对需要退还的证据材料原件，检查结束后应当及时退还，并履行相关签收手续；需要将已开具的纸质发票调出查验时，应当向被查验的单位或个人开具发票换票证；需要将空白纸质发票调出查验时，应当向被查验的单位或个人开具调验空白发票收据。经查无问题的，应当及时退还，并履行相关签收手续。提取证据材料复制件的，应当由当事人或原件保存单位（个人）在复制件上注明"与原件核对无误"及原件存放地点，并签章。

7. 检查电子信息系统

对采用电子信息系统进行管理和核算的被查对象，检查人员可以要求其打开该电子信息系统，或提供与原始电子数据、电子信息系统技术资料一致的复制件。被查对象拒不打开或拒不提供的，经稽查局局长批准，可以采用适当的技术手段对该电子信息系统进行直接检查，或提取、复制电子数据进行检查，但所采用的技术手段不得破坏该电子信息系统原始电子数据，或影响该电子信息系统正常运行。

需要以有形载体形式固定电子数据的，检查人员应当与提供电子数据的个人、单位的法定代表人或财务负责人或经单位授权的其他人员一起将电子数据复制到存储介质上并封存，同时在封存包装物上注明制作方法、制作时间、制作人、文件格式及大小等，注明"与原始载体记载的电子数

据核对无误",并由电子数据提供人签章。

收集、提取电子数据,检查人员应当制作现场笔录,注明电子数据的来源、事由、证明目的或对象,提取时间、地点、方法、过程,原始存储介质的存放地点以及对电子数据存储介质的签封情况等。进行数据压缩的,应当在笔录中注明压缩方法和完整性校验值。

8. 向第三方获取信息

向第三方获取信息是指检查人员依法进行税务检查时,可以向有关关联方等调查与被查对象履行纳税义务、扣缴义务及其他涉税义务情况相关的各种信息或向其他第三方获取相关涉税参照信息。检查人员向被查对象有关的单位和个人调查取证时,应当出示税务检查证和《税务检查通知书(二)》(见专栏4–12),获取与被查对象履行纳税义务、扣缴义务及其他涉税义务相关的证据材料。

专栏4–12

《税务检查通知书(二)》样本

_____税务局(稽查局)
税务检查通知书

____税检通二〔 〕   号

_____:

根据《中华人民共和国税收征收管理法》第五十七条规定,现派_____等人,前往你处对_____进行调查取证,请予支持,并依法如实提供有关资料及证明材料。

税务机关(签章)

年   月   日

告知:税务机关派出的人员进行税务检查时,应当出示税务检查证和税务检查通知书,并有责任为被检查人保守秘密。未出示税务检查证和税务检查通知书的,被调查人有权拒绝为税务机关提供有关资料及证明资料;有权拒绝协助税务机关调查取证。

使用说明：

① 本通知书依据《中华人民共和国税收征收管理法》第五十四条、第五十七条、第五十九条设置。

② 适用范围：检查人员在向有关单位和个人调查取证纳税人、扣缴义务人和其他当事人与纳税、代扣代缴、代收代缴税款有关的情况，或需要协查案件时使用。

③ 本通知书的抬头填写有配合调查义务的单位或个人名称，空白横线处分别填写所派出税务人员的姓名和需要调查取证的涉税事项。

④ 本通知书与《税务文书送达回证》一并使用。

⑤ 文书字轨设为"检通二"，稽查局使用设为"稽检通二"。

⑥ 本通知书为 A4 竖式，一式两份，一份送被调查对象，一份装入卷宗。

9. 通知有关税务事项

通知有关税务事项是指稽查局通知被查对象缴纳税款、滞纳金，要求当事人提供有关资料，办理有关涉税事项，以及向被查对象通知其他有关税务事项的业务处理过程。被查对象如有违法行为，稽查局应当依法责令其限期改正，检查实施岗制作《责令限期改正通知书》（见专栏 4 – 13），报稽查局局长审批后向被查对象送达。

专栏 4 – 13

《责令限期改正通知书》样本

＿＿＿＿＿＿税务局
责令限期改正通知书
＿＿＿税限改〔　　　〕　　　号

＿＿＿＿＿＿＿＿＿：（纳税人识别号：　　　　　　）

你（单位）＿＿＿＿＿＿＿＿＿＿＿＿＿＿＿＿＿＿＿＿＿＿

＿＿＿＿＿＿＿＿＿＿＿＿＿＿。根据＿＿＿＿＿＿＿＿＿＿＿

＿＿＿＿＿＿＿＿＿＿＿＿，限你（单位）于＿＿＿＿年＿＿月＿＿日前

＿＿＿＿＿＿＿＿＿＿＿＿＿＿＿＿＿＿＿＿＿＿＿＿＿＿＿。

如对本通知不服，可自收到本通知之日起，六十日内依法向＿＿＿＿＿＿＿＿＿＿申请行政复议；或自收到本通知之日起，三个月内依法向人民法院起诉。

税务机关（签章）

年　　月　　日

使用说明：

① 本文书依据《中华人民共和国税收征收管理法》及其实施细则、《中华人民共和国发票管理办法》设置。

② 适用范围：纳税人、扣缴义务人违反税收法律、法规的规定，税务机关责令其限期改正时使用。

③ 填写说明：

抬头：税务管理相对人名称；

"你（单位）_____"：具体违法行为；

"根据_____"：有关法律、行政法规的具体内容；

"于_____年_____月_____日"：责令改正的期限；

"前_____"：责令改正的具体内容。

④ 本文书为 A4 竖式，一式两份，税务机关一份，税务管理相对人一份。

（二）证据收集

税务稽查证据是指在税务稽查中依照法定权限和程序调查取得的材料，是认定税收案件事实的基础和依据。依法调查、收集、固定案件证据是检查实施过程中的核心内容。《办理程序规定》第十七条规定，检查应当依照法定权限和程序收集证据材料。收集的证据必须经查证属实，并与证明事项相关联。不得以下列方式收集、获取证据材料：一是严重违反法定程序收集；二是以违反法律强制性规定的手段获取且侵害他人合法权益；三是以利诱、欺诈、胁迫、暴力等手段获取。调查取证应当两人以上，并出示执法证件。

税务稽查证据应当具备合法性、真实性和关联性。合法性是指证据的收集、调查必须符合法律规定的程序，取得的证据必须符合法定形式；真实性是指证据须以客观存在的事实为依据，必须是在作出行政行为之前形成的，客观真实地反映或记载案件的事实；关联性是指证据所证明的事实必须与特征案件事实具有内在的联系，即直接或间接地证明案件事实形成的条件、发生的原因或案件事实导致的后果。税务稽查证据包括书证、物证、视听资料、电子数据、证人证言、当事人的陈述、鉴定意见以及勘验笔录、现场笔录等。

1. 书证

书证是指以文字、符号、图形等所表达的含义、记载的内容来证明案件事实的书面文件或其他物品。检查人员应当取得书证的原件，取得原件有困难的，可以取得与原件核对无误的复印件、照片、节录本。原本、正本、副本均属于书证的原件。

2. 物证

物证是指能够以本身所具有的形态、规格、质量、特性等物质特征证明案件事实的物品。检查人员应当取得物证的原物，取得原物有困难的，可以取得与原物核对无误的复制件或证明该物证的照片、录像等其他证据；原物为数量较多的种类物的，可以提取其中具有代表性的一部分，并以辅《现场笔录》、音像记录资料等加以佐证。原物无法长期保存的，可以采取照相、录像、模型复制等方法加以固定，并依法妥善处理原物。

3. 视听资料

视听资料是指以录音、录像、扫描等技术手段，将声音、图像及数据等转化为各种记录载体上的物理信号，并证明案件事实的证据。如有以下两种情形应当制作视听资料：一是被查对象逃避或拒绝检查的过程；二是在查处大额偷逃税、严重的虚开发票、骗税，以及有明显线索表明涉嫌犯罪的案件时，对收集、固定用于证明案件事实的主要证据材料的过程和就主要违法事实，或违法事实涉及的主要当事人进行询问的过程。《办理程序规定》第二十二条规定，制作录音、录像等视听资料的，应当注明制作方法、制作时间、制作人和证明对象等内容。调取视听资料时，应当调取有关资料的原始载体；难以调取原始载体的，可以调取复制件，但应当说明复制方法、人员、时间和原件存放处等事项。对声音资料，应当附有该声音内容的文字记录；对图像资料，应当附有必要的文字说明。

4. 电子数据

电子数据是指通过电子邮件、电子数据交换、网上聊天记录、博客、微博客、手机短信、电子签名、域名等形式或存储在电子介质中的信息。以电子数据形式存在的录音资料和影像资料，适用电子数据的取证规定。《办理程序规定》第二十三条规定，以电子数据的内容证明案件事实的，检查人员可以要求当事人将电子数据打印成纸质资料，在纸质资料上注明数据出处、打印场所、打印时间或提供时间，注明"与电子数据核对无误"，并由当事人签章。

5. 证人证言

证人证言是指了解案件情况的除案件当事人以外的自然人对案件事实

的陈述。税务稽查中需要证人作证的，应当事先了解证人和当事人之间的利害关系和对案件的了解程度，并告知不如实提供情况应当承担的法律责任。证人可以采取书面或口头方式提供证言。证人口头提供证言的，检查人员可以笔录、录音、录像，一般尽量采取笔录形式对口头证言进行记录。

6. 当事人的陈述

当事人的陈述是指税务稽查案件当事人就其所了解的税务稽查案件事实情况向税务机关作出说明。当事人可以多次以书面或口头形式进行陈述，以书面形式进行陈述的，当事人应当在该书面材料上逐页签章、在骑缝处捺指印，并注明日期；以口头形式陈述的，检查人员可以笔录、录音、录像，一般尽量采用笔录形式对当事人口头陈述进行记录，笔录应当使用能够长期保持字迹的书写工具书写，也可以使用计算机记录并打印，由陈述人逐页签章、捺指印，并注明日期。当事人多次口头陈述的，每次口头陈述均应当记录；当事人多次书面陈述的，检查人员接收当事人书面陈述，不退回以前书面陈述。

《办理程序规定》第二十一条规定，当事人、证人可以采取书面或口头方式陈述或提供证言。当事人、证人口头陈述或提供证言的，检查人员应当以笔录、录音、录像等形式进行记录。笔录可以手写或使用计算机记录并打印，由当事人或证人逐页签章、捺指印。当事人、证人口头提出变更陈述或证言的，检查人员应当就变更部分重新制作笔录，注明原因，由当事人或证人逐页签章、捺指印。当事人、证人变更书面陈述或证言的，变更前的笔录不予退回。

7. 鉴定意见

鉴定意见是指受税务机关的委托或聘请，法定鉴定部门运用专业知识，利用专门的仪器、设备，对税务稽查案件中有关的专门性问题进行鉴定后给出的技术意见。税务机关有根据认为取得的证据存在重大疑点需要通过鉴定予以辨别，或其他确实需要借助专门知识才能对事实作出判断或证明的，可以委托具有司法鉴定资格的鉴定机构和鉴定人进行鉴定。鉴定意见应当以书面形式出具，并包括以下内容：一是委托人和委托鉴定的事项；二是向鉴定部门提交的相关材料；三是进行鉴定的时间和地点；四是鉴定的依据和使用的科学技术手段；五是对鉴定情况和结果进行的论证；六是鉴定部门和鉴定人鉴定资格的说明，并应当有鉴定人、复核人签名和鉴定部门盖章；七是明确的鉴定意见，通过分析获得的鉴定意见，应当说明分析过程。

8. 现场笔录

现场笔录是指稽查人员在执行职务的过程中对某些事项当场所做的能够证明案件事实的记录。稽查人员依法实施查封（扣押）财产或实施冻结存款等行政强制措施时，应当制作《现场笔录》，对现场执法情况进行记录；稽查人员依法就其他实地调查现场执法情况、违法事实等事项进行客观记录时，可以制作《现场笔录》。《现场笔录》应当在现场检查时由执法的稽查人员当场制作，不能事后补充制作；应当使用能够长期保持字迹的书写工具书写，也可以使用计算机记录并打印，并保证字迹清楚。

9. 勘验笔录

勘验笔录是指稽查人员对物品、现场进行查勘、检验后所做的能够证明案件情况的记录。具体需要注意以下几点：一是使用能够长期保持字迹的书写工具书写，也可以使用计算机记录并打印，保证字迹清楚；二是载明时间、地点和勘验情况等内容；三是按照纪实、叙述的写作要求，客观、真实、全面地反映现场的勘验情况，并避免对有关情况、内容进行评判、推断；四是勘验结束时，笔录应当由勘验人员、记录人员逐页签名，并告知当事人勘验的事实情况，听取并记录他们的意见，并由当事人逐页在笔录骑缝处签章、捺指印。

《办理程序规定》第二十四条规定，检查人员实地调查取证时，可以制作现场笔录、勘验笔录，对实地调查取证情况予以记录。制作现场笔录、勘验笔录，应当载明时间、地点和事件等内容，并由检查人员签名和当事人签章。当事人经通知不到场或拒绝在现场笔录、勘验笔录上签章的，检查人员应当在笔录上注明原因；如有其他人员在场，可以由其签章证明。

（三）中止与终结检查

1. 中止检查

中止检查是指检查过程中出现致使税务检查暂时无法进行的情况时，按照规定的程序和权限审批，中止税务检查的业务处理过程。《办理程序规定》第三十三条规定，有下列情形之一，致使检查暂时无法进行的，经稽查局局长批准后，中止检查。

（1）当事人被有关机关依法限制人身自由的；

（2）账簿、记账凭证及有关资料被其他国家机关依法调取且尚未归还的；

（3）与税收违法行为直接相关的事实需要人民法院或其他国家机关确认的；

（4）法律、行政法规或国家税务总局规定的其他可以中止检查的。

如果中止检查的情形消失，经稽查局局长批准后，需要恢复检查。

2. 终结检查

终结检查是指检查过程中出现致使检查确实无法进行的情形时，按照规定的程序和权限审批后，终结案件检查的业务处理过程。《办理程序规定》第三十四条规定，有下列情形之一，致使检查确实无法进行的，经稽查局局长批准后，终结检查。

（1）被查对象死亡或被依法宣告死亡或依法注销，且有证据表明无财产可抵缴税款或无法定税收义务承担主体的；

（2）被查对象税收违法行为均已超过法定追究期限的；

（3）法律、行政法规或国家税务总局规定的其他可以终结检查的。

四、税务稽查检查的结束

《办理程序规定》第三十五条规定，检查结束前，检查人员可以将发现的税收违法事实和依据告知被查对象，被查对象对违法事实和依据有异议的，应当在限期内提供说明及证据材料，口头说明的，检查人员应当制作笔录，由当事人签章。税务稽查实施终结时和终结后的具体处理程序，应视所查案件的立案与否应有所区别。

（一）制作稽查工作底稿

为保证稽查工作的质量，稽查人员对查出问题所涉及的账户、记账凭证、金额和相关的税收问题应逐笔核实。税务稽查实施过程中应建立工作底稿制度，即在税务稽查中对检查的内容、采取的措施、发现的问题、被查对象的态度、检查时间等按顺序进行记录，并制作《税务稽查工作底稿（一）》和《税务稽查工作底稿（二）》，记录调查事实，归集相关证据材料，由被查对象签署意见。其税务稽查工作底稿的内容与格式，见专栏4－14。

专栏 4-14

《税务稽查工作底稿》样式

税务稽查工作底稿（一）

账簿名称	记账时间	凭证号码	摘录	对应科目	金额		备注
					借方	贷方	

稽查对象意见：

（签字）

年　　月　　日

稽查人员签字：　　　　　　　　　　　　　　　　　　年　　月　　日

税务稽查工作底稿（二）

稽查对象名称：

问题摘录：

稽查对象 意见	（签字） 年　　月　　日

稽查人员签字：　　　　　　　　　　　　年　　月　　日

使用说明：

① 适用范围：检查人员在实施税务稽查，记载从被查对象的账簿凭证等资料处摘录的内容时使用。

② 工作底稿（一）主要用于摘录被查对象的账簿、凭证资料的内容；工作底稿（二）主要用于摘录从被查对象其他处取得的有关涉税资料。

③ 本工作底稿填写完毕后，由检查人员签名交被查对象主要负责人或财务负责人核对无误后签字并盖章。

④ 本工作底稿用钢笔或碳素笔填写或计算机打印，不得使用圆珠笔、铅笔等填写。

⑤ 检查人员填写时，必须字迹工整，数据准确，项目填写齐全，严肃认真，不得随意涂改。

⑥ 本工作底稿（一）为 A4 横式，工作底稿（二）为 A4 竖式，一式一份，装入卷宗。

（二）制作税务稽查报告

检查人员根据税务稽查的目的和要求，经对被查对象的账簿、记账凭证及有关资料进行审查，并对有关问题调查取证结束后，应当制作《税务稽查报告》和《拟查补、退税款汇总表》，以便全面反映检查过程、结果，提出对税务稽查对象税收违法或其他涉税问题的税务处理、处罚建议及依据。《税务稽查报告》应当做到文字简练、内容完整、逻辑清晰、表述准确、制作规范，标题应当概括点明税务稽查对象名称及其主要税收违法或其他涉税问题。经检查没有发现税收违法事实的，应当在《税务稽查报告》中说明检查内容、过程、事实情况等，并提出稽查结论意见建议；经检查发现有税收违法事实的，《税务稽查报告》应当包括以下主要内容。

（1）报告开头部分。主要包括案件来源、检查人员、检查时间、检查对象、纳税人识别号、检查所属期间等。

（2）基本情况。包括被查对象基本情况和实施检查基本情况。

① 被查对象基本情况。被查对象的全称或姓名、法定代表人或单位负责人姓名、成立日期、企业类型、经营地址、经营范围、经营方式、主管

税务机关、纳税人类别、享受税收优惠类型、财务制度等；被查对象检查所属期间生产经营、纳税申报、税款缴纳情况、享受减免税直接相关情况等；以往税务检查处理情况、检查期末增值税期末留抵税额情况（增值税一般纳税人）、是否正常申报、是否欠税等其他直接相关情况。

② 实施检查基本情况。包括检查方式、方法、重点及检查过程中采取的措施等。对采取税收保全措施、税收强制执行或与其他部门联合检查等情况应当重点说明；变更稽查所属期和延长检查时限的，要说明理由。

（3）检查情况及发现问题。对被查对象税收违法情况可以按照税种或税收违法行为分类整理，详细叙述检查发现的税收违法事实及性质、手段，并用附件的形式标明证据出处，违法事实描述应当有条理性，逻辑关系应当清晰，涉税数据应当准确。具体包括：违反税收法律、法规、规章和其他税收规范性文件的具体情况；具体写明被查对象税收违法行为查证情况，如税收违法行为的目的、手段、情节以及所造成的实际后果和收集的相关证据；被查对象对有关违法事实提出的陈述申辩及检查人员复核意见；分税种完整列示税款的计算过程，并附拟查补、退税款汇总表；被查对象是否有拒绝、阻挠检查的情形。

（4）税务处理、处罚依据及建议。分别就被查对象税收违法行为写明法律、法规、规章等依据；根据被查对象税收违法行为的动机、手段、情节、造成的后果以及是否有拒绝、阻挠检查的情形等因素，分别确定税收违法行为的性质，提出相应的税务处理、处罚等建议。

（5）其他情况说明。包括被查对象其他陈述申辩情况；税收违法行为是否涉嫌犯罪；对选案分析疑点的检查等情况说明；其他需要补充说明的事项等。

（6）《税务稽查报告》后所附的《拟查补、退税款汇总表》，应当明细列明报告中拟提的查补、退税款情况。《拟查补、退税款汇总表（一）（二）》分别用于增值税和企业所得税等其他税种。

（7）检查人员签名和报告时间。应当由两名以上检查人员签名，并注明日期。在《税务稽查报告》中签名的检查人员应当与《税务检查通知书（一）》或《税务事项通知书》所列检查人员一致。

《税务稽查报告》样式如专栏 4－15 所示。

专栏 4 - 15

《税务稽查报告》样式

案件编号：×××

×××稽查报告

根据_____，我处（科、股）指派_____

从____年__月__日起对_____（纳税人识别

号：_____）的____年___月___日至____年___月___

日涉税情况进行了检查。现将检查情况及相关建议报告如下：

一、基本情况

……

二、检查情况及发现问题

（一）

1.

2.

……

（二）

……

三、税务处理、处罚依据及建议

（一）

1.

2.

……

（二）

……

四、其他情况说明

（一）

1.

2.

……

（二）

……

附件：拟查补、退税款汇总表

检查人员（签名）：　　　　　　　　　　　　　　　年　　月　　日

检查部门负责人（签名）：　　　　　　　　　　　　年　　月　　日

　　使用说明：

　　①《税务稽查案卷文件材料交接清单》依据《税务稽查案件办理程序规定》设置。

　　②适用范围：检查部门检查完毕，将《税务稽查报告》《税务稽查工作底稿》及相关证据材料，移交审理部门审理，并办理交接手续时使用；税收违法案件在审理过程中，有《税务稽查案件办理程序规定》所列的退回检查部门补正或补充调查情形的，审理部门将《税务稽查报告》《税务稽查工作底稿》及相关证据材料，全部退回检查部门补正或补充调查，并办理交接手续时使用。

　　③"证据及其他资料名称"栏按照《税务稽查报告》、其他税务稽查文书及文书送达回证、证据材料及其他资料的分类顺序填写具体证据及其他资料的名称。

　　④"存放处"栏填写证据及其他资料的存放处。若存在无法当场移交的证据，应当由交接双方进行查验、确认。

　　⑤"页数"栏使用汉字大写填写证据及其他资料的数量，格式如："叁份共贰拾肆页""壹份共壹页"。

　　⑥办理交接手续时，移交人与接收人应当共同对本清单所列证据及其他资料进行逐项清点、核对；清点、核对无误后，签名并注明日期。

　　⑦本清单为A4竖式，一式二份，一份由检查部门留存，一份由审理部门装入卷宗。

（三）移交审理

　　检查完毕后，检查人员将整理的税务稽查案卷材料及相关文件材料移交审理部门审理并办理交接手续。检查人员将检查环节的证据材料分类整理，并制作证据目录，证据目录应当包括证据名称、来源、证明对象等内容。检查实施岗填写《税务稽查案卷文件材料交接清单》，连同《税务稽查报告》《税务稽查工作底稿》《检查项目书》及相关文件材料在5个工作日内移交审理部门。办理交接手续时，检查实施岗与审理部门领导岗共同对《税务稽查案卷文件材料交接清单》所列证据材料、相关文书以及其他文件材料进行逐项清点、核对无误后，各自在《税务稽查案卷文件材料交接签收单》相应栏目签字、注明日期。

（四）补正或补充调查

补正或补充调查是指检查人员按照审理部门《补正或补充调查通知书》的要求，在规定的期限内，对退回案件进行补正或补充调查取证，重新制作《税务稽查报告》及相关附表并补充相关资料，再次将案件移送审理部门审理的业务处理过程。《办理程序规定》第三十八条规定，有下列情形之一的，应当补正或补充调查：一是被查对象认定错误的；二是税收违法事实不清、证据不足的；三是不符合法定程序的；四是税务文书不规范、不完整的；五是其他需要补正或补充调查的。重大税务案件补充调查时间不超过 30 日，有特殊情况的，经稽查局局长批准可以适当延长，但延长期限最多不超过 30 日。

第三节　税务稽查审理

一、税务稽查审理的概念

（一）税务稽查审理的内容

税务稽查审理是指审理部门依据法律、行政法规、规章及其他规范性文件，通过对检查部门移交的《税务稽查报告》及其他相关资料进行审查，核实案件事实、审查鉴别证据、依法认定税收违法行为性质，制作《税务稽查审理报告》等，进行税务行政处罚事项告知，听取陈述申辩，依法举行听证，经批准后制作相关结论性文书移送执行部门或司法机关，反馈涉税疑点查处情况等的业务处理过程。《办理程序规定》第三十六条规定，检查结束后，稽查局应当对案件进行审理。税务稽查审理是税务稽查的第三个环节，也是一般程序的必经阶段，是对税务稽查检查阶段工作的监督性程序。其主要任务是对照税务稽查报告，核准案件事实，审查鉴别证据，分析认定案件性质，并形成审理报告。税务稽查审理应在案件经过立案稽查并实施稽查完毕，且已将稽查对象的违法事实查清、获得了确凿证据的前提下进行。

（二）税务稽查审理的流程

审理部门接收检查部门移交的《税务稽查报告》及有关资料，应当对照《税务稽查案卷文件材料交接签收单》和《税务稽查案卷文件材料交接清单》，对《税务稽查报告》及有关材料进行初步核对，办理交接手续。根据案情复杂程度、重大程度等评估审理任务工作量，及时将接收的案件分配审理实施岗实施审理。如有回避情形的按照规定流程回避。在同一案件查办中，审理人员不得与案源处理（选案）人员、检查人员交叉重复。税务稽查审理环节的业务流程分一般案源和重点案源，其中一般案源的业务流程如图 4-13 所示。

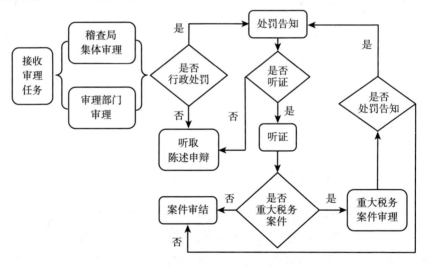

图 4-13　税务稽查审理环节一般案源的业务流程

二、税务稽查审理的实施

审理部门依据法律、行政法规、规章及其他规范性文件，通过对检查部门移交的《税务稽查报告》及其他相关资料进行审查，核实案件事实、审查鉴别证据、依法认定税收违法行为性质，按照分级审理的要求，区别案件性质采取相应程序，经批准后制作相关结论性文书，最后移送执行。

（一）十项必审

《办理程序规定》第三十七条规定，案件审理应当着重审核以下内容：执法主体是否正确；被查对象是否准确；税收违法事实是否清楚，证据是否充分，数据是否准确，资料是否齐全；适用法律、行政法规、规章及其他规范性文件是否适当，定性是否正确；是否符合法定程序；是否超越或滥用职权；税务处理、处罚建议是否适当；其他应当审核确认的事项或问题。

1. 执法主体审查

一是职责范围审查。稽查局的现行职责包括：稽查业务管理、税务检查和税收违法案件查处；对纳税人、扣缴义务人及其他涉税当事人进行账证检查或调查取证，并对其税收违法行为进行税务行政处理和处罚等。因此，需要审查行政行为是否属于案件办理稽查局的职责范围。二是管辖范围审查。审查被查对象是否属于案件办理稽查局管辖，对税务稽查管辖有争议的，审查是否经争议各方逐级协商解决；不能协商一致的，是否报请共同的上级税务机关协调或决定。

2. 被查对象审查

一是审查被查对象是否准确。审查税务检查通知书、调取账簿资料通知书、税务稽查报告等所有文书上填写的被查对象名称，与法人、其他组织的营业执照或统一代码登记证（照）、自然人的身份证明材料上的名称是否完全一致，被查对象名称是否与实施检查时名称一致，是否存在名称变更情况。二是审查被查对象是否是实施违法行为的主体等。

3. 违法事实审查

事实是指事情的真实情况。案件事实是定案的基础，违法事实要清楚，即《税务稽查报告》中所认定的案件事实真实、具体、准确。审理时要注意对案件材料中的主要违法事实发生的时间、地点、手段、情节、后果、责任、原因等认真审查，力求反映案件客观、真实的情况，为准确定案提供充分保障。认定案件事实，一定要有证据，并且要有充分的证据。

4. 稽查证据审查

审理部门对检查过程中取得的证据进行合法性、真实性和关联性审查，判断所收集的证据能否用作认定案件事实的根据并认定其证明效力。合法性审查包括提取证据的主体、人员权限、证据形式、取证程序、取证手段、取证期限等是否符合法定要求。真实性审查包括证据形成的原因；发现证据时的客观环境；证据是否为原物（件），复制品（件）与原物（件）是否相符；提供证据的人（证人）与当事人是否具有亲属、利害或其他亲密关系等。关联性审查包括证据与案件事实之间有无客观联系、联系的形式和性质、联系的确定性程度。证据审查具体包括书证、物证、视听资料、电子数据、证人证言、当事人的陈述、鉴定意见、勘验笔录、现场笔录等的审查。

5. 数据稽核审查

将认定的违法事实与证据材料中的数据核对，审查认定违法事实的数据计算是否正确，审查认定违法事实的计税依据、适用税率、税款计算、罚款计算、补缴税款及加收滞纳金起止时点等是否准确，审查是否有未弥补完的亏损，是否有待抵扣的进项税额、已做纳税调整、享受各种税收优惠等。

6. 法定程序审查

审查是否由 2 名以上检查人员共同实施检查，并向被查对象出示税务检查证和税务检查通知书，检查人员是否存在应当回避的情形；审查案卷中执法文书送达方式、程序是否合法；审查调查取证程序是否合法；审查调取企业账簿凭证及其他会计资料程序是否合法；审查查询银行账户及其他涉案人员储蓄账户程序是否合法；审查检查环节采取的税收保全措施程序是否合法；审查纳税担保程序和方式、其他检查程序是否合法。

7. 期限及时效审查

主要审查账簿资料退还期限、税款追征期限和罚款追罚时效是否合法。

（1）账簿资料退还期限审查。调取纳税人、扣缴义务人以前会计年度的账簿资料，是否在 3 个月内完整退还；调取当年账簿资料，是否在 30 日内完整退还。

（2）税款追征期限审查。补缴和追征税款、滞纳金，自纳税人、扣缴义务人应缴未缴或少缴税款之日起计算；因税务机关的责任，致使纳税人、扣缴义务人未缴或少缴税款的，在3年内可要求补缴税款，但不得加收滞纳金；因纳税人、扣缴义务人计算错误等失误或纳税人不纳税申报，造成未缴、不缴或少缴税款的，在3年内可追征税款、滞纳金，有特殊情况的，追征期可延长到5年；对偷税、抗税、骗税的，对未缴或少缴税款、滞纳金或所骗取的税款，无限期追征。特殊情况是指纳税人或扣缴义务人因计算错误等失误，未缴或少缴、未扣或少扣、未收或少收税款，累计数额在10万元以上。

（3）罚款追罚时效审查。违反税收法律、行政法规给予行政处罚的行为，5年内未被发现的，不再给予行政处罚。追罚时效的期限从违法行为发生之日起计算，违法行为有连续或继续状态的，自行为终了之日起计算。任何机关只要启动调查、取证和立案程序，均可视为"发现"；群众举报后被认定属实的，"发现"时效以举报时间为准。

8. 不予加收滞纳金审查

审查是否符合不予加收滞纳金的条件，主要条件如下：因税务机关的责任，致使纳税人、扣缴义务人未缴或少缴税款的；纳税人善意取得虚开增值税专用发票被依法追缴已抵扣税款的；纳税人根据《税收征管法》规定，经税务机关核准延期申报并按规定预缴税款，在延期内办理税款结算的；税务机关依照《企业所得税法》规定作出纳税调整，需要补征税款，并按照国务院规定加收利息的；主管税务机关开具的缴税凭证上的应纳税额和滞纳金为1元以下的；纳税人按规定预缴土地增值税后，在规定的期限内补缴的；定期定额户在定额执行期届满分月汇总申报时，月申报额高于定额又低于省税务机关规定申报幅度的应纳税款，在规定的期限内申报纳税的；扣缴义务人应扣未扣、应收未收税款的，由税务机关向纳税人追缴税款，对扣缴义务人处应扣未扣、应收未收税款50%以上3倍以下罚款的；其他不予加收情形。

9. 法律依据审查

由于各种税收法律、法规、规章都是制定发布机关根据其所辖行政区域的实际情况制定的，其制定的权力等级不同，其效力等级和适用范围也不同，甚至有些内容会发生冲突。由于税务稽查人员政策水平存在差异，会有人为因素的影响，因此对法律、法规、规章的适用要认真审查。审查法律依据的适当性和准确性。是否对该引用的未引用、不该引用的引用了；是否只引用了税收法律、法规、规章名称，而未引用具体条、款、项；是否只引用了规范性文件，而未同时引用相关税收法律、法规和规章等。

10. 处理意见审查

提出对税务违法案件的处理意见，主要依据有违法案件的违法性质；违法案件违法行为的情节和造成的不良后果；被查对象在违法案件中应负的责任。此外，在提出处理意见时，还有些参考因素，如被查对象以往执法中的一贯表现；被查对象对其所犯违法事实的认识态度和改正错误的表现等。对拟定的处理意见是否得当的审查，可以采取比较法和平衡法。既要用过去处理的同类案件进行纵向的比较平衡；也要同本地区、本部门、兄弟地区和部门，乃至全国范围内处理的同类案件进行横向比较平衡，审查拟处理意见是否全面、恰当。

（二）分级审理

按照分级审理的要求，一般案件由稽查局审理部门审理；较为重大、复杂、疑难的案件由稽查局集体审理；跨区域稽查局查办的重点案件，应提请税务局稽查局进行重点案件集体审理；达到重大税务案件标准的案件，应按照规定程序提请所属税务局重大税务案件审理委员会审理。稽查局要根据案件的不同形态实施分类处理，做到当严则严，该宽则宽，宽严相济，罚当其责，宽严有据，确保法律效果和社会效果的有机统一。

1. 审理部门的审理

审理部门接到检查部门移交的《税务稽查报告》及有关资料后，应当及时安排审理人员对案件进行审理，审理人员的审理是案件审理的基础。审理部门应当依据法律、行政法规、规章及其他规范性文件，对案件进行逐项审核，提出并制作《税务稽查审理报告》等书面审理意见，交由审理部门负责人审核。

2. 稽查局集体审理

稽查局集体审理是指对查处的重大、复杂、疑难案件，审理部门依照规定程序提请本局稽查局集体审理并作出集体审理意见。稽查局应成立稽查局集体审理委员会，负责重大、复杂、疑难案件的集体审理。集体审理委员会召开会议审理的，检查人员、审理人员应列席会议。稽查局集体审理的业务范围如下：本局检查部门查处的重大、复杂、疑难案件；拟对税收违法行为从重处罚的案件；拟对税收违法行为减轻或不予处罚的案件；拟对已送达生效的决定性文书变更或撤销的案件；拟提请重大税务案件审理委员会审理的案件；其他需要集体审理的案件。审理程序如下：

（1）提请。由审理实施岗提请，在《税务稽查审理审批表》提出提请理由及处理建议，经审核后报稽查局局长审批。

（2）审理。采取书面审理和会议审理相结合的方式。一是书面审理。集体审理委员会办公室自稽查局局长审批通过之日起 3 日内，将《税务稽查审理报告》《税务稽查报告》分送委员会全体成员。各成员自收到材料之日起 5 日内，将书面审理意见反馈至办公室。二是会议审理。集体审理委员会书面审理意见存在分歧，经沟通协调仍不能达成一致的，稽查局集体审理委员会应召开会议审理，也可直接召开会议审理。

（3）执行。根据不同的集体审理结束情形，分别执行：一是应当依法作出处理或处罚等决定的，依法制作相应的处理或处罚等决定性文书。其中，涉及拟处罚事项的，审理部门应当依法履行行政处罚告知程序。二是应当提请所属税务局重大税务案件审理委员会审理的，稽查局依法提请。其中，涉及拟处罚事项的，稽查局在提请重大税务案件审理委员会审理前，应由审理部门依法履行告知和听证程序。三是事实不清、证据不足或程序违法的，退回检查部门补正或补充调查。

（4）重新提请。有下列情形之一的，应重新提请稽查局集体审理：检查部门依集体审理要求完成了补正或补充调查的；经重大税务案件审理委员会退回的，补正或补充调查后，拟改变原集体审理意见的；经集体审理，审理部门对当事人的陈述申辩意见复核后拟调整原处罚意见的；其他需要重新提请情形。

3. 重点案件集体审理

重点案件集体审理是指税务局稽查局对跨区域稽查局重点案件集体审理，并作出集体审理意见。各省级税务局自行制定重点案件的标准。税务局稽查局应成立重点案件集体审理委员会，负责跨区域稽查局重点案件的集体审理。审理包括以下程序。

（1）提交。跨区域稽查局审理部门对本局查办的稽查案件审理后，拟处理意见达到重点案件标准的，审理部门应在《税务稽查审理审批表》提出将案件提交集体审理的理由及建议，经审核后，报跨区域稽查局局长审批。

（2）接收。经初步审核，不符合接收条件的，退回跨区域稽查局；符合接收条件的，指派专人负责，接收提交的相关材料，办理交接手续，组织集体审理。

（3）组织。税务局稽查局应集体审理跨区域稽查局提交的重点案件，可采取书面审理和会议审理相结合的方式，具体程序与"稽查局集体审理"一致。

（4）执行。根据不同的集体审理结束情形，分别执行：一是应当依法作出处理或处罚等决定的，跨区域稽查局审理部门按照税务局稽查局的集体审理意见，依法制作相应的处理或处罚等决定性文书。二是应当提请所属税务局重大税务案件审理委员会审理的，由税务局稽查局审理部门提请。三是事实不清、证据不足或程序违法的，退回跨区域稽查局补正或补充调查。

（5）重新提请。有下列情形之一的，应当重新提请税务局稽查局重点案件集体审理：跨区域稽查局依集体审理要求完成了补正或补充调查的；经重大税务案件审理委员会退回的案件，补正或补充调查后，拟改变原集体审理意见的；经重点案件集体审理的案件，对当事人的陈述申辩意见复核后拟调整原处罚意见的；其他需要重新提请情形。

4. 重大税务案件审理

重大税务案件审理是指稽查局对达到所属税务局重大税务案件标准的税收违法案件，在规定期限内提请所属税务局重大税务案件审理委员会审理，并按照重大税务案件审理委员会作出的审理意见书进行相应案件处理。《办理程序规定》第三十六条规定，符合重大税务案件标准的，稽查局审理后提请税务局重大税务案件审理委员会审理。省以下各级税务局开展重大税务案件审理工作应当按照《重大税务案件审理办法》规定办理。

（1）审理范围。审理范围包括以下 6 种情形：重大税务行政处罚案件，具体标准由各省级和计划单列市税务局根据本地情况自行制定，报国家税务总局备案；根据《重大税收违法案件督办管理暂行办法》督办的案件；应监察、司法机关要求出具认定意见的案件；拟移送公安机关处理的案件；重大税务案件审理委员会成员单位认为案情重大、复杂，需要审理的案件；其他需要审理的案件。

（2）审理提请。稽查局应在内部审理程序终结后 5 日内，将重大税务案件提请重大税务案件审理委员会审理。重大税务案件审理提请书应写明拟处理意见，所认定的案件事实应标明证据指向。证据材料应制作《证据目录》，列明证明对象。稽查局应完整移交《证据目录》所列全部证据材料，不能当场移交的应注明存放地点。

（3）审理配合。稽查局局长（分管领导）应参加所属税务局重大税务案件审理委员会的会议；案件调查人员应列席会议，负责解答或说明与案件有关的问题和情况。

（4）补正或补充调查。因未按规定提交资料被要求补正材料，或因案件事实不清、证据不足被退回补充调查的，审理部门应通知检查部门补正材料或补充调查，属于重点案件的，税务局稽查局应通知跨区域稽查局按要求补正材料或补充调查。补充调查一般不超过 30 日，有特殊情况的，经稽查局局长批准可适当延长，但延长期限最多不超过 30 日。稽查局完成补充调查后，应按规定重新提交案件材料、办理交接手续。

（5）审理执行。稽查局应按照重大税务案件审理意见书，制作税务处理处罚决定等相关文书，加盖稽查局印章后送达执行。属于重点案件的，税务局稽查局应将重大税务案件审理意见书交跨区域稽查局，由跨区域稽查局制作税务处理处罚决定等相关文书，加盖跨区域稽查局印章后送达执行。稽查局提请重大税务案件审理前未提出拟处罚意见，但《重大税务案件审理意见书》认为需要作出税务行政处罚的，或改变了稽查局原拟处罚意见且涉及新的违法事实或依据的，由稽查局依法履行税务行政处罚事项告知、陈述申辩意见听取及复核、组织听证等程序。

三、税务稽查审理的诉权

（一）税务行政处罚告知

税务行政处罚告知是指稽查局在作出税务行政处罚决定之前，告知被查对象或其他涉税当事人作出税务行政处罚决定的事实、理由及依据，并

告知其依法享有的权利。实施集中审理的稽查局，应当以拟制发税务处罚
决定的稽查局的名义制作、送达《税务行政处罚事项告知书》。《办理程序
规定》第三十九条规定，拟对被查对象或其他涉税当事人作出税务行政处
罚的，应当向其送达税务行政处罚事项告知书，告知其依法享有陈述、申
辩及要求听证的权利。

　　属于稽查局集体审理范围的，经集体审理后，制作并送达《税务行政
处罚事项告知书》；属于跨区域稽查局重点案件的，由跨区域稽查局审理
部门制作并送达《税务行政处罚事项告知书》；属于重大税务案件审理范
围的，稽查局应当在提请重大税务案件审理委员会审理前进行税务行政处
罚事项告知。

　　《税务行政处罚事项告知书》包括以下内容：被查对象或其他涉税当事
人姓名或名称、有效身份证件号码或统一社会信用代码、地址。没有统一社
会信用代码的，以税务机关赋予的纳税人识别号代替；认定的税收违法事实
和性质；适用的法律、行政法规、规章及其他规范性文件；拟作出的税务行
政处罚；当事人依法享有的权利；告知书的文号、制作日期、税务机关名称及
印章；其他相关事项。《税务行政处罚事项告知书》样式如专栏 4 – 16 所示。

专栏 4 – 16

《税务行政处罚事项告知书》样式

_____税务局（稽查局）

税务行政处罚事项告知书

____税罚告〔　　〕号

_____：

　　对你（单位）的税收违法行为拟于____年___月___日之前作出行政
处罚决定，根据《中华人民共和国税收征收管理法》第八条、《中华人
民共和国行政处罚法》第三十一条规定，现将有关事项告知如下：

　　税务行政处罚的事实依据、法律依据及拟作出的处罚决定：

_____

_____。

你（单位）有陈述、申辩的权利。请在我局（所）作出税务行政处罚决定之前，到我局（所）进行陈述、申辩或自行提供陈述、申辩材料；逾期不进行陈述、申辩的，视同放弃权利。

若拟对你罚款 2 000 元（单位罚款 10 000 元）及以上，你（单位）有要求听证的权利。可自收到本告知书之日后 5 日内向本局书面提出听证申请；逾期不提出，视为放弃听证权利。

税务机关（签章）

年　　月　　日

使用说明：

① 本告知书依据《中华人民共和国税收征收管理法》及其实施细则、《中华人民共和国行政处罚法》第三十一条和第四十二条设置。

② 适用范围：税务机关对税收违法行为调查取证后，依法应给予行政处罚前使用，依法当场给予行政处罚决定的除外。

③ 本告知书由税务人员在对当事人作出税务行政处罚决定前根据拟作出的处罚决定填写。

④ 本告知书与《税务文书送达回证》一并使用。

⑤ 文书字轨设为"罚告"，稽查局使用设为"稽罚告"。

⑥ 本告知书为 A4 竖式，一式二份，一份送当事人，一份装入卷宗。

（二）陈述、申辩意见

稽查局在作出税务行政处理、处罚决定前，应当听取被查对象或其他涉税当事人的陈述、申辩意见并进行复核。《办理程序规定》第四十条规定，被查对象或其他涉税当事人可以书面或口头提出陈述、申辩意见。对当事人口头提出陈述、申辩意见的，审理实施岗应当制作《陈述申辩笔录》，如实记录被查对象或其他涉税当事人的陈述、申辩意见，并由其审核无误后签章确认；被查对象或其他涉税当事人书面提出陈述、申辩意见的，审理实施岗应当接收。

1. 听取陈述、申辩意见

稽查局应当充分听取被查对象或其他涉税当事人的陈述、申辩意见；

经复核，当事人提出的事实、理由或证据成立的，应当采纳。拒绝听取当事人的陈述、申辩，不得作出行政处罚决定，但当事人明确放弃陈述或申辩权利的除外。被查对象或其他涉税当事人有权提出陈述、申辩意见，稽查局不得因当事人陈述、申辩而加重处罚。

2. 复核陈述、申辩意见

审理部门应当对被查对象或其他涉税当事人提出的陈述申辩意见以及案卷材料进行复核，可以向检查人员了解与陈述申辩意见相关情况或要求其进行实地复核。审理部门应当根据复核情况制作《陈述申辩意见复核报告》，体现对当事人陈述申辩意见的复核及采纳情况，并重点说明不采纳的理由及依据。

（1）采纳当事人意见。若被查对象或其他涉税当事人提出的陈述、申辩意见所依据的事实、理由或证据成立的，应当予以采纳；复核后调整原告知违法事实、依据和处罚意见内容的，审理部门应当重新制作《税务稽查审理报告》《税务稽查审理审批表》，说明调整的理由和依据，报稽查局局长审批；原经过稽查局集体审理的，重新提请集体审理。调整后拟作出处罚决定的，如涉及新的违法事实或依据，应当重新制作并送达《税务行政处罚事项告知书》。

（2）未采纳当事人意见。若被查对象或其他涉税当事人提出的陈述、申辩意见所依据的事实、理由不成立，则不予采纳，审理部门依法制作《税务行政处罚决定书》；属于拟提请重大税务案件审理委员会审理的案件，应当将当事人的陈述、申辩材料及复核报告等有关材料一并提请。

（三）税务行政处罚听证

税务行政处罚听证是指稽查局对符合条件的被查对象或其他涉税当事人提出的行政处罚听证申请，依法对该申请审查和受理，并组织听证。《办理程序规定》第四十一条规定，被查对象或其他涉税当事人按照法律、法规、规章要求听证的，应当依法组织听证。稽查局向公民、法人或其他组织送达了《税务行政处罚事项告知书》后，符合听证条件的当事人于收到告知书之日起5日内书面提出听证申请的，稽查局应当自接到申请之日起15日内组织听证。听证条件包括以下两者之一：拟对公民处以2 000元以上、对法人或其他组织处以 10 000 元以上的罚款；拟对被查对象作出停止出口退税权的行政处罚。当事人由于不可抗力或其他特殊情况耽误期限的，在障碍消除后 5 日内，可申请延长期限，由组织听证的稽查局决定是否准许。当事人逾期不提出的，视为放弃听证。税务行政处罚听证具体包括以下流程。

1. 听证受理

审理部门收到当事人的申请后，填制《听证申请登记表》，审核申请时限、条件和主体后，报稽查局局长决定是否受理。如不予受理，制作《税务事项通知书》告知当事人；如决定受理，制作《税务行政处罚听证通知书》送达当事人。

2. 听证准备

决定举行听证的，要先做好听证准备，包括以下内容。

（1）听证主持人。由稽查局局长指定审理部门人员担任听证主持人。

（2）听证通知。审理部门在举行听证的 7 日前将《税务行政处罚听证通知书》送达当事人，通知其听证的时间、地点、主持人姓名、是否公开及其他。

（3）听证公开。一是公开听证。税务行政处罚听证一般应公开进行，事先公告当事人和本案调查人员的姓名、案由、听证时间和地点，且允许群众旁听。经听证主持人许可，旁听群众可发表意见。二是不公开听证。如涉及国家秘密、商业秘密或个人隐私，听证不公开，但应宣布不公开理由。

（4）听证回避。听证申请人收到听证通知书后，提出回避申请的或听证主持人自行提出回避申请的，经稽查局局长审批后重新指定听证主持人，并制作《税务事项通知书》告知案件当事人。如稽查局局长认为不需要回避的，按期实施听证，听证申请人对驳回申请回避的决定可以申请复核一次。

（5）听证终止。当事人或其代理人应当按照稽查局的通知参加听证，无正当理由不参加听证的，视为放弃听证权利，听证终止。

3. 听证实施

听证实施包括以下内容。

（1）核对身份。听证开始前，由听证主持人或相关工作人员核对当事人或其代理人的身份信息。

（2）宣布案由。听证开始时，听证主持人声明并出示稽查局局长主持授权书，查明当事人或其代理人、本案调查人员、证人及其他有关人员是否到场，宣布案由。

（3）宣布名单。宣布听证会的组成人员名单。

（4）告知权利义务。告知当事人有关的权利义务。

（5）宣读纪律。记录员宣读听证会场纪律。

（6）调查人员指证。由调查人员就当事人的违法行为予以指证，并出示事实证据材料，提出行政处罚建议。

（7）当事人申辩、质证。当事人或其代理人就所指控的事实及相关问题进行申辩和质证。

（8）询问事实。听证主持人对所涉事实询问，保障控辩双方充分陈述事实，发表意见，并就各自出示的证据的合法性、真实性进行辩论。

（9）双方辩论、质证。先由调查人员发言，再由当事人或其代理人答辩，然后双方相互辩论。

（10）辩论终结。听证主持人再就本案的事实、证据及有关问题向当事人或其代理人、调查人员征求意见，当事人或其代理人最后陈述。

4. 听证中止与终止

（1）听证中止。以下两种情形可以中止听证：一是听证主持人认为证据有疑问无法听证辨明，可能影响税务行政处罚的准确公正的，宣布中止听证，由调查人员对证据调查核实后再行听证；二是当事人或其代理人在听证过程中申请对有关证据重新核实，或提出延期听证，听证主持人或稽查局局长准许。

（2）听证终止。发生以下情形之一的，听证主持人或稽查局局长可宣布终止听证：一是当事人或其代理人放弃申辩和质证权利，声明退出听证会；二是不经听证主持人许可擅自退出听证会；三是当事人或其代理人严重违反听证秩序，致使听证无法进行。另外，在听证过程中，当事人或其代理人、调查人员、证人及其他人员违反听证秩序，听证主持人警告制止仍不遵从的，可以责令退出听证会场。

5. 听证结束

（1）制作《听证笔录》。记录员应当记录听证的全部过程，经听证主持人审阅并和记录员签名后，封卷上交稽查局负责人审阅。《听证笔录》应当交当事人或其代理人、本案调查人员、证人及其他有关人员阅读或向他们宣读。如认为有遗漏或差错的，可补充或改正；如认为无差错，应当签字或盖章。拒绝签名或盖章的，记明情况附卷。另外，可用音像记录听证现场情况。

（2）制作听证报告。听证会结束后，听证主持人应当结合听证情况，提出处理意见，必要时，可以要求检查人员进行实地复核。听证主持人应当将听证情况和处理意见形成听证报告，针对当事人的意见主张提出采纳或不予采纳的处理意见，连同《听证笔录》等资料向稽查局局长报告。

四、税务稽查审理的终结

税务稽查审理的终结是指稽查局审理部门对案件资料审理完毕，经稽查局局长审批、稽查局集体审理后或根据重大税务案件审理委员会意见制作相应决定性文书，并移交执行，以及审核涉税疑点查处情况反馈的过程。《办理程序规定》第四十二条规定，经审理，区分下列情形分别作出处理：有税收违法行为，应当作出税务处理决定的，制作税务处理决定书；有税收违法行为，应当作出税务行政处罚决定的，制作税务行政处罚决定书；税收违法行为轻微，依法可以不予税务行政处罚的，制作不予税务行政处罚决定书；没有税收违法行为的，制作税务稽查结论。《税务处理决定书》《税务行政处罚决定书》《不予税务行政处罚决定书》《税务稽查结论》引用的法律、行政法规、规章及其他规范性文件，应注明文件全称、文号和有关条款。

《办理程序规定》第四十七条规定，稽查局应当自立案之日起90日内作出行政处理、处罚决定或无税收违法行为结论。案情复杂需要延期的，经税务局局长批准，可以延长不超过90日；特殊情况或发生不可抗力需要继续延期的，应当经上一级税务局分管副局长批准，并确定合理的延长期限。但下列时间不计算在内：中止检查的时间；请示上级机关或征求有权机关意见的时间；提请重大税务案件审理的时间；因其他方式无法送达，公告送达文书的时间；组织听证的时间；纳税人、扣缴义务人超期提供资料的时间；移送司法机关后，税务机关需根据司法文书决定是否处罚的案件，从司法机关接受移送到司法文书生效的时间。

（一）制作《税务处理决定书》

稽查审理部门发现被查对象有税收违法行为，应当进行税务处理的，制作《税务处理决定书》，经审核后报稽查局局长审批。《办理程序规定》第四十三条规定，税务处理决定书应当包括以下主要内容：被查对象姓名或名称、有效身份证件号码或统一社会信用代码、地址。没有统一社会信用代码的，以税务机关赋予的纳税人识别号代替；检查范围和内容；税收违法事实及所属期间；处理决定及依据；税款金额、缴纳期限及地点；税款滞纳时间、滞纳金计算方法、缴纳期限及地点；被查对象不按期履行处理决定应当承担的责任；申请行政复议或提起行政诉讼的途径和期限；处理决定书的文号、制作日期、税务机关名称及印章。《税务处理决定书》样式如专栏4-17所示。

专栏4-17

《税务处理决定书》样式

＿＿＿＿＿＿税务局（稽查局）
税务处理决定书
＿＿税处〔　　〕　　号

＿＿＿＿＿＿＿＿＿＿＿＿：

　　我局（所）于＿＿年＿＿月＿＿日至＿＿年＿＿月＿＿日对你（单位）＿＿年＿＿月＿＿日至＿＿年＿＿月＿＿日＿＿＿＿＿＿＿＿＿＿＿情况进行了检查，违法事实及处理决定如下：

一、违法事实

（一）

1.

2.

（二）

……

二、处理决定

（一）

1.

2.

（二）

……

限你（单位）自收到本决定书送达之日起＿＿＿日内到＿＿＿＿将上述税款及滞纳金缴纳入库，并按照规定进行相关账务调整。逾期未缴清的，将依照《中华人民共和国税收征收管理法》第四十条规定强制执行。

你（单位）若同我局（所）在纳税上有争议，必须先依照本决定的期限缴纳税款及滞纳金或提供相应的担保，然后可自上述款项缴清或提供相应担保被税务机关确认之日起六十日内依法向＿＿＿＿＿＿＿＿＿申请行政复议。

税务机关（章）

年　月　日

使用说明：

① 本决定书依据《中华人民共和国税收征收管理法》《中华人民共和国税收征收管理法实施细则》和《中华人民共和国行政复议法》第九条设置。

② 适用范围：税务机关经对各类税收违法行为依据有关税收法律、行政法规、规章作出处理决定时使用。

③ 本决定书应当包括如下内容：被处理对象名称、查证的违法事实及违法所属期间、处理依据、处理决定、作出处理决定的税务机关名称及印章、作出处理决定日期、处理决定文号、告知申请行政复议的时限、途径。

④ 本决定书的主体部分，必须抓住税收违法行为的主要事实，简明扼要地加以陈述，然后列举处理的依据，写明处理结论。若违法事实复杂，应当分类分项陈述。

⑤ 本决定书所援引的处理依据，必须是税收及其他相关法律、行政法规或者规章，并应当注明文件名称、文号和有关条款。

⑥ "限你（单位）自本决定书送达之日起_____日内到_____将上述税款及滞纳金缴纳入库，并按照规定进行相关账务调整。逾期未缴清的，将依照《中华人民共和国税收征收管理法》第四十条规定强制执行。" 其中强制执行措施仅限于对从事生产、经营的纳税人、扣缴义务人适用，对非从事生产、经营的纳税人、扣缴义务人可以申请人民法院强制执行。

⑦ 本决定书与《税务文书送达回证》一并使用。

⑧ 本决定书文号字轨设为"税处"，稽查局使用设为"税稽处"。

⑨ 本决定书为 A4 竖式，一式三份，一份送达纳税人、扣缴义务人，一份交给纳税人、扣缴义务人的征管部门，一份装入卷宗。

（二）制作《税务行政处罚决定书》

被查对象有税收违法行为，在听取陈述、申辩意见或依法举行听证后，应当进行税务行政处罚的，由审理部门制作《税务行政处罚决定书》，经审核后，报稽查局局长审批。《办理程序规定》第四十四条规定，税务行政处罚决定书应当包括以下主要内容：被查对象或其他涉税当事人姓名或名称、有效身份证件号码或统一社会信用代码、地址。没有统一社会信用代码的，以税务机关赋予的纳税人识别号代替；检查范围和内容；税收违法事实、证据及所属期间；行政处罚种类和依据；行政处罚履行方式、期限和地点；当事人不按期履行行政处罚决定应当承担的责任；申请行政复议或提起行政诉讼的途径和期限；行政处罚决定书的文号、制作日期、税务机关名称及印章。税务行政处罚决定应当依法公开，公开的行政处罚决定被依法变更、撤销、确认违法或确认无效的，应在 3 日内撤回原行政处罚决定信息并公开说明理由。依法应当对违法行为责令限期改正并处罚款的，应在《税务行政处罚决定书》中责令被查对象限期改正。《税务行政处罚决定书》样式如专栏 4 – 18 所示。

专栏 4 - 18

《税务行政处罚决定书》样式

＿＿＿＿＿税务局（稽查局）
税务行政处罚决定书

＿＿税罚〔 〕 号

＿＿＿＿＿＿＿＿＿＿：

经我局（所）

＿＿＿＿＿＿＿＿＿＿＿＿＿＿＿＿＿＿＿＿＿＿＿＿＿

＿＿＿＿＿＿＿＿＿＿＿＿，你单位存在违法事实及处罚决定如下：

一、违法事实

（一）

1.

2.

（二）

……

二、处罚决定

（一）

1.

2.

（二）

……

以上应缴款共计＿＿＿＿＿＿＿＿元。限你（单位）自本决定书送达之日起＿＿＿＿＿＿日内到＿＿＿＿＿＿＿＿缴纳入库（账号：＿＿＿＿＿＿＿）。到期不缴纳罚款，我局（所）将按照《中华人民共和国行政处罚法》第五十一条第（一）项规定，每日按罚款数额的百分之三加处罚款。

如对本决定不服，可以自收到本决定书之日起六十日内依法向＿＿＿＿＿＿＿＿＿＿＿＿＿申请行政复议，或者自收到本决定书之日起三个月内依法向人民法院起诉。如对处罚决定逾期不申请复议也不向人民法院起诉、又不履行的，我局（所）将采取《中华人民共和国税收征收管理法》第四十条规定的强制执行措施，或者申请人民法院强制执行。

税务机关（签章）

年　　月　　日

使用说明：

① 本决定书依据《中华人民共和国税收征收管理法》《中华人民共和国税收征收管理法实施细则》《中华人民共和国行政处罚法》设置。

② 适用范围：税务机关在对纳税人、扣缴义务人及其他当事人作出税务行政处罚决定时使用。

③ "经我局（所）＿＿＿＿＿＿＿＿＿＿"：横线处填写"于＿＿年＿＿月＿＿日至＿＿＿＿年＿＿月＿＿日对你（单位）＿＿＿年＿＿月＿＿日至＿＿＿年＿＿月＿＿日情况进行检查"，或者"对你单位＿＿＿＿＿＿＿＿＿＿情况进行检查核实"。

④ 本决定书的主体部分，必须抓住税收违法的主要违法事实，简明扼要地加以陈述，然后列举处罚的法律依据，写明处罚结论。若违法事实复杂，应给予分类分项陈述。

⑤ 本决定书所援引的处理依据，必须是税收法律、行政法规或者规章，并应当注明文件名称、文号和有关条款。

⑥ "向＿＿＿＿＿＿＿＿"横线处填写有权受理行政复议申请的上级税务机关的具体名称。

⑦ 本决定书与《税务文书送达回证》一并使用。

⑧ 本文书字轨设为"罚"，稽查局使用设为"稽罚"。

⑨ 本决定书为 A4 竖式，一式三份，一份送达纳税人、扣缴义务人或者其他当事人，一份送征管部门，一份装入卷宗。

（三）制作《不予税务行政处罚决定书》

依据相关法律规定不予处罚的，由审理部门制作《不予税务行政处罚决定书》，经审核后，报稽查局局长审批。《办理程序规定》第四十五条规定，不予税务行政处罚决定书应当包括以下主要内容：被查对象或其他涉税当事人姓名或名称、有效身份证件号码或统一社会信用代码、地址。没有统一社会信用代码的，以税务机关赋予的纳税人识别号代替；检查范围和内容；税收违法事实及所属期间；不予税务行政处罚的理由及依据；申请行政复议或提起行政诉讼的途径和期限；不予行政处罚决定书的文号、制作日期、税务机关名称及印章。《不予税务行政处罚决定书》样式如专栏4-19所示。

专栏4-19

《不予税务行政处罚决定书》样式

_____税务局（稽查局）
不予税务行政处罚决定书

____税不罚〔　　　〕　　号

_____：

经我局（所）_____

_____，你单位存在以下违法事实_____

_____。

上述行为违反_____规定，鉴于上述税收违法行为_____，依照《中华人民共和国税收征收管理法》《中华人民共和国行政处罚法》第二十七条第二款、第三十八条第一款第（二）项规定，现决定不予行政处罚。

如对本决定不服，可以自收到本决定书之日起六十日内依法向_____申请行政复议，或者自收到本决定书之日起三个月内依法向人民法院起诉。

税务机关（签章）

年　　月　　日

使用说明：

① 本决定书依据《中华人民共和国税收征收管理法》第八十六条和《中华人民共和国行政处罚法》第二十七条、第三十八条设置。

② 适用范围：税务机关对违法行为轻微，依法可以不予行政处罚的案件；或者违反税收法律、行政法规应当给予行政处罚的行为，五年后发现的案件作出决定时使用。

③"经我局（所）_____"：横线处填写"于___年___月___日至___年___月___日对你（单位）___年___月___日至___年___月___日情况进行检查"，或者"对你单位_____情况进行检查核实"。

④"上述行为违反_____规定"横线处可根据实际情况在正文直接填写相关法律规定条款。

⑤"鉴于上述税收违法行为_____"：横线处根据实际情况，填写显著轻微，且能主动改正；或者属于超过五年被发现的违法行为。

⑥"向_____"横线处填写有权受理行政复议申请的上级税务机关的具体名称。

⑦ 本决定书与《税务文书送达回证》一并使用。

⑧ 本文书字轨设为"不罚"，稽查局使用设为"稽不罚"。

⑨ 本决定书为 A4 竖式，一式三份，一份送达纳税人、扣缴义务人或者其他当事人，一份送征收管理单位，一份装入卷宗。

（四）制作《税务稽查结论》

对未发现被查对象税收违法行为的，由审理部门制作《税务稽查结论》，经审核后，报稽查局局长审批。《办理程序规定》第四十六条规定，税务稽查结论应当包括以下主要内容：被查对象姓名或名称、有效身份证件号码或统一社会信用代码、地址。没有统一社会信用代码的，以税务机关赋予的纳税人识别号代替；检查范围和内容；检查时间和检查所属期间；检查结论；结论的文号、制作日期、税务机关名称及印章。《税务稽查结论》样式如专栏 4 - 20 所示。

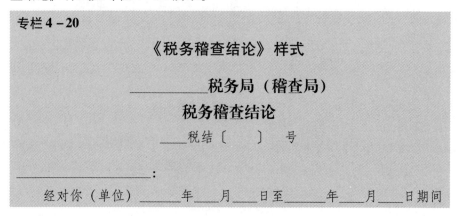

专栏 4 - 20

《税务稽查结论》样式

_____税务局（稽查局）

税务稽查结论

____税结〔   〕   号

_____：

经对你（单位）_____年___月___日至_____年___月___日期间

情况进行检查，未发现税收违法问题。

税务机关（签章）

年　月　日

使用说明：

①　本结论依据《中华人民共和国税收征收管理法》及其实施细则等设置。

②　适用范围：税务机关对纳税人、扣缴义务人进行查处，未发现税收违法问题时使用。

③　未经立案查处又未发现问题的，本结论由稽查实施环节人员填写；经立案查处又未发现问题的，本结论由审理环节人员填写。

④　本结论应由税务局（稽查局）局长审批。

⑤　本结论与《税务文书送达回证》一并使用。

⑥　本文书字轨设为"结"，稽查局使用设为"稽结"。

⑦　本结论为 A4 竖式，一式三份，一份送纳税人或扣缴义务人，一份送征收管理部门，一份装入卷宗。

（五）制作《税务稽查审理报告》

审理部门对案件审理完毕，应当制作《税务稽查审理报告》。《税务稽查审理报告》应当包括以下主要内容：审理基本情况；检查人员查明的事实及相关证据；被查对象或其他涉税当事人的陈述、申辩情况；经审理认定的事实及相关证据；税务行政处理、处罚意见及依据；审理人员及审理日期。另外，审理部门还需要制作《税务稽查审理审批表》，需要稽查局集体审理，或跨区域稽查局查办的重点案件需要提交税务局稽查局进行重点案件集体审理的，应当在《税务稽查审理审批表》中明确注明。《税务稽查审理报告》样式如专栏 4 - 21 所示。

专栏 4 - 21

《税务稽查审理报告》样式

根据我处（科、股）工作安排，我审理组对＿＿＿＿＿＿＿＿＿＿＿＿＿＿（单位）检查情况进行了审理，现将审理情况报告如下：

一、基本情况

······

二、检查人员查明的事实及相关证据

（一）

1.

2.

······

（二）

······

三、被查对象或其他涉税当事人的陈述、申辩情况

（一）

1.

2.

······

（二）

······

四、经审理认定的事实及相关证据

（一）

······

（二）

······

五、税务行政处理、处罚意见及依据

审理人员（签名）： 年 月 日

（六）移交执行

《税务处理决定书》《税务行政处罚决定书》《不予税务行政处罚决定书》《税务稽查结论》等税务文书经审批后，审理部门应将文书移交执行部门送达执行，并做好文书交接工作。

（七）涉嫌犯罪案件移送

稽查局应依法将涉嫌构成犯罪的案件移送公安机关追究刑事责任。《办理程序规定》第四十八条规定，税收违法行为涉嫌犯罪的，填制涉嫌犯罪案件移送书，经税务局局长批准后，依法移送公安机关，并附送涉嫌犯罪案件情况的调查报告、涉嫌犯罪的主要证据材料复制件等其他有关涉嫌犯罪的材料。

第四节　税务稽查执行

一、税务稽查执行的概念

（一）税务稽查执行的内容

税务稽查执行是指执行部门接到审理部门移交的结论性文书及相关资料后，依法及时将税务文书送达当事人，督促当事人按照《税务处理决定书》《税务行政处罚决定书》确定的期限缴纳或解缴税款，对不主动履行的当事人、被执行人依法采取税收保全措施、税收强制执行，执行完毕制作《税务稽查案件执行报告》，以及与执行相关的其他工作。《办理程序规定》第四十九条规定，稽查局应当依法及时送达税务处理决定书、税务行政处罚决定书、不予税务行政处罚决定书、税务稽查结论等税务文书。税务稽查执行是税务稽查的最后一个环节，也是完成税务稽查任务和保证税法得以真正贯彻的重要环节。通过税务稽查执行确保稽查执法的最终落实，贯彻了有法必依、违法必究的原则。

（二）税务稽查执行的流程

稽查局执行部门接到审理部门移交的《税务处理决定书》《税务行政处罚决定书》《不予税务行政处罚决定书》《税务稽查结论》等税务文书后，应及时安排执行人员实施执行。主要包括以下内容：一是资料接收。

对审理部门移交的税务文书及相关资料，执行部门进行核实签收，并登记相关内容。二是案件分配。执行部门根据案件情况，将接收的案件分配给2名以上执行人员。三是执行回避。回避情形及流程见本书第二章的"回避稽查"。四是执行准备。执行实施岗接到执行任务后，应审阅案件移交的文书资料，分析待执行案件的情况，了解当事人的履行能力，制作税务文书送达回证。在同一案件查办中，执行人员不得与案源处理（选案）人员、检查人员、审理人员交叉重复。案件执行时，执行人员要按规定着装、佩戴标识，着装、佩戴标识可能有碍执法的除外。

执行部门依照法定权限和程序，督促当事人履行税务处理、处罚决定，包括送达税务文书、监控入库查补款项、督促履行其他税务处理、处罚事项、采取税收保全措施、强制执行等。税务稽查执行的业务流程如图4－14所示。

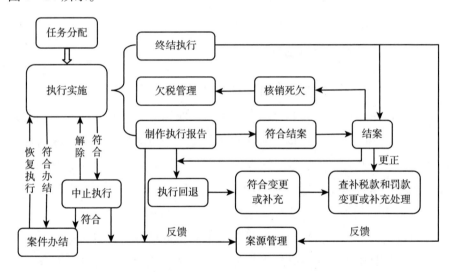

图4－14　税务稽查执行的业务流程

二、税务稽查执行的实施

被查对象当事人收到稽查局执行部门送达的相关税务文书后，应当主动履行各项义务。执行部门应及时通过税收信息系统，将税收违法案件查处情况传递给征收管理部门，进行查补款项的开票和征收处理。当事人缴清查补税款及履行其他税务行政处理、处罚事项后，执行部门应核实查补税款缴交情况，取得当事人查补税款入库的凭证或复印件，并在稽查案卷中归档。当事人确有经济困难的，可书面申请延期或分期缴纳罚款。《办理程序规定》第五十一条规定，当事人确有经济困难，需要延期或者分期缴纳罚款的，可向稽查局提出申请，经税务局局长批准后，可以暂缓或者分期缴纳。

如果被查对象当事人收到相关税务文书后，不主动履行各项义务的，税务机关可以采取纳税担保、收缴和停发发票、阻止出境、税收保全、税收强制执行、申请人民法院强制执行、行使税收优先权、代位权和撤销权等措施，如涉嫌犯罪的移送司法机关立案侦查。

（一）纳税担保

纳税担保是指经稽查局同意或确认，纳税人或其他自然人、法人、经济组织以保证、抵押、质押的方式，为纳税人应缴纳的税款及滞纳金提供担保的行为。《办理程序规定》第二十八条规定，税务机关有根据认为从事生产、经营的纳税人有逃避纳税义务行为，可以在规定的纳税期之前，责令限期缴纳应纳税款；在限期内发现纳税人有明显的转移、隐匿其应纳税的商品、货物以及其他财产或者应纳税收入迹象的，可以责成纳税人提供纳税担保。如果纳税人不能提供纳税担保，经县以上税务局局长批准，可以依法采取税收强制措施。

1. 适用条件

纳税人、扣缴义务人有下列情形之一的，适用纳税担保：稽查局有根据认为从事生产、经营的纳税人有逃避纳税义务行为，在规定的纳税期之前责令其限期缴纳应纳税款，在限期内发现纳税人有明显的转移、隐匿其应纳税的商品、货物以及其他财产或者应纳税收入的迹象，责成纳税人提供纳税担保的；欠缴税款、滞纳金的纳税人或其法定代表人需要出境的；纳税人、扣缴义务人、纳税担保人同稽查局在纳税上发生争议而未缴清税款及滞纳金，需要申请行政复议的；税收法律、行政法规规定可以提供纳税担保的其他情形。

2. 适用范围

纳税担保的范围包括税款、滞纳金和实现税款、滞纳金的费用。费用包括抵押、质押登记费用，质押保管费用，以及保管、拍卖、变卖担保财产等相关费用支出。用于纳税担保的财产、权利的价值不得低于应缴纳的税款、滞纳金，并应考虑相关费用。纳税担保的财产价值不足以抵缴税款、滞纳金的，稽查局应当向提供担保的纳税人或纳税担保人继续追缴。用于纳税担保的财产、权利的价格估算，除法律、行政法规另有规定外，参照同类商品的市场价、出厂价或评估价。

3. 适用程序

纳税担保包括纳税保证、纳税抵押和纳税质押。

（1）纳税保证。纳税保证是指纳税保证人向税务机关保证，当纳税人未按照税收法律法规规定或税务机关确定的期限缴清税款、滞纳金时，由纳税保证人按照约定履行缴纳税款及滞纳金的行为。

① 纳税保证人。纳税保证人是指在中国境内具有纳税担保能力的自然人、法人或其他经济组织。但国家机关、学校、幼儿园、医院等事业单位、社会团体，企业法人的职能部门不得作为纳税保证人。除此以外，有以下情形之一的，不得作为纳税保证人：有偷税、抗税、骗税、逃避追缴欠税行为被税务或司法机关追究过法律责任未满 2 年的；因有税收违法行为正在被税务机关立案处理或涉嫌刑事犯罪被司法机关立案侦查的；纳税信用级别被评为 C 级以下的；在主管税务机关所在地的市（地、州）没有住所的自然人或税务登记不在本市（地、州）的企业；无民事行为能力或限制民事行为能力的自然人；与纳税人存在担保关联关系的；有欠税行为的。

纳税保证人同意为纳税人提供纳税担保的，填写《纳税担保书》，经纳税人、纳税保证人签章并经稽查局确认后有效，确认之日起生效。

② 纳税保证期限。期限为纳税人应缴纳税款期限届满之日起 60 日，稽查局自期限届满之日起 60 日内有权要求纳税保证人承担保证责任，缴纳税款及滞纳金。纳税保证人应当自收到稽查局的纳税通知书之日起 15 日内履行保证责任，缴纳税款及滞纳金。纳税保证期内税务机关未通知纳税保证人缴纳税款及滞纳金以及承担担保责任的，纳税保证人免除担保责任。

纳税保证人未按规定的期限缴纳税款及滞纳金的，由稽查局发出《税务事项通知书（限期缴纳税款通知）》，责令其在 15 日内缴纳；逾期仍未缴纳的，经县以上税务局（分局）局长批准，对其采取强制执行。

（2）纳税抵押。纳税抵押是指纳税人或纳税担保人不转移规定所列财产的占有，将该财产作为税款及滞纳金的担保。其纳税人或纳税担保人为抵押人，税务机关为抵押权人，提供担保的财产为抵押物。

① 抵押财产范围。其包括抵押人以下财产：所有的房屋、其他地上定着物、机器、交通运输工具和其他财产；依法有权处分的国有房屋、其他地上定着物、国有机器、交通运输工具和其他财产；经稽查局确认的其他可抵押的合法财产。下列财产不得抵押：土地所有权；土地使用权（以依法取得的国有土地上的房屋抵押的，该房屋占用范围内的国有土地使用权同时抵押的除外）；学校、幼儿园、医院等以公益为目的的事业单位、社会团体、民办非企业单位的教育设施、医疗卫生设施和其他社会公益设施；所有权、使用权不明或有争议的财产；依法被查封、扣押、监管的财产；依法定程序确认为违法、违章的建筑物；法律、法规规定禁止流通的财产或不可转让的财产；经设区的市、自治州以上税务机关确认的其他不予抵押的财产。

纳税人提供抵押担保的，填写《纳税担保财产清单》；纳税担保人提供抵押担保的，填写《纳税担保书》和《纳税担保财产清单》。以上两文书经纳税人、纳税担保人签章并经稽查局确认有效，自抵押物登记之日起生效。

② 抵押物变动。经稽查局同意，纳税人可转让抵押物，并告知受让人已抵押的情况，转让价款应向稽查局提前缴纳所担保的税款、滞纳金，超过部分归纳税人所有，不足部分由纳税人缴纳或再提供相应担保。抵押物灭失、毁损或被征用的，稽查局应就该抵押物的保险金、赔偿金或补偿金要求优先抵缴税款、滞纳金，抵押权所担保的纳税义务履行期未满的，稽查局可要求将保险金、赔偿金或补偿金等作为担保财产。

③ 纳税抵押期限。纳税人在规定期限内未缴清税款、滞纳金的，税务机关应依法拍卖、变卖抵押物，变价抵缴税款、滞纳金。纳税担保人提供纳税抵押担保的，纳税人在规定的期限届满未缴清税款、滞纳金的，稽查局应在期限届满之日起15日内书面通知其自收到纳税通知书之日起15日内缴纳担保的税款、滞纳金。纳税担保人未按规定期限缴纳的，由稽查局责令在15日内缴纳；逾期仍未缴纳的，经县以上税务局（分局）局长批

准，稽查局依法拍卖、变卖抵押物，抵缴税款、滞纳金。

（3）纳税质押。纳税质押是指经税务机关同意，纳税人或纳税担保人将其动产或权利凭证移交税务机关占有，将该动产或权利凭证作为税款及滞纳金的担保。

① 质押财产范围。纳税质押分为动产质押和权利质押。前者包括现金以及其他除不动产以外的财产，后者包括汇票、支票、本票、债券、存款单等权利凭证。对于实际价值波动很大的动产或权利凭证，经设区的市、自治州以上税务机关确认，稽查局可不接受其作为质押物。

纳税人提供质押担保的，填写《纳税担保财产清单》；纳税担保人提供质押担保的，填写《纳税担保书》和《纳税担保财产清单》。以上两项文书经纳税人、纳税担保人签章并经稽查局确认有效，自质押物移交之日起生效。

② 纳税质押情形。以汇票、支票、本票、公司债券出质的，稽查局应与纳税人背书清单记载"质押"字样。以存款单出质的，应由签发的金融机构核押。以载明兑现或提货日期的汇票、支票、本票、债券、存款单出质的，如兑现日期先于纳税义务履行期或担保期的，稽查局与纳税人约定将兑现的价款用于缴纳或抵缴所担保的税款及滞纳金。

③ 纳税质押期限。纳税人在规定的期限内未缴清税款、滞纳金的，税务机关应依法拍卖、变卖质押物，抵缴税款、滞纳金。对于纳税担保人以其动产或财产权利提供纳税质押的，纳税人在规定期限内未缴清税款、滞纳金的，稽查局应在期限届满之日起 15 日内，书面通知其自收到纳税通知书之日起 15 日内缴纳担保的税款、滞纳金。纳税担保人未按规定期限缴纳的，由稽查局责令在 15 日内缴纳，逾期仍未缴纳的，经县以上税务局（分局）局长批准，稽查局依法拍卖、变卖质物，抵缴税款、滞纳金。

4. 担保解除

纳税人或纳税担保人在规定期限内缴清税款及滞纳金的，稽查局应自缴清之日起 3 日内解除保证、抵押、质押关系，开具《解除纳税担保通知书》，返还质物，并制作《返还商品、货物或者其他财产清单》。

（二）税收保全

税收保全是指稽查局为防范税款流失而对从事生产、经营的纳税人采取冻结存款、扣押财产等行政行为的一种行政强制措施。它是国家为防止对税法执行的干扰、保证税法的顺利实施而采取的特殊处理办法，属于体现税收强制性的一种特别规定。

1. 适用条件

稽查局有根据认为从事生产、经营的纳税人有逃避纳税义务行为，可在规定的纳税期之前，责令限期缴纳应纳税款；在限期内发现纳税人有明显转移、隐匿其应纳税的商品、货物及其他财产或应纳税收入的迹象的，稽查局可责成其提供纳税担保。如纳税人不能提供纳税担保，经县以上税务局（分局）局长批准，稽查局可以采取税收保全措施。稽查局对从事生产、经营的纳税人以前纳税期的纳税情况依法进行税务检查时，发现其有逃避纳税义务行为，并有明显的转移、隐匿其应纳税的商品、货物及其他财产或应纳税收入的迹象的，稽查局可按规定采取税收保全措施。

2. 适用程序

税收保全措施包括冻结存款和查扣财产。

（1）冻结存款。即书面通知纳税人开户银行或其他金融机构冻结纳税人的金额相当于应纳税款的存款，但在冻结存款期间不停止支付其应缴纳的税款、滞纳金和罚款。《办理程序规定》第二十九条第二款规定，采取冻结纳税人在开户银行或其他金融机构的存款措施时，应向纳税人开户银行或其他金融机构交付冻结存款通知书，冻结其相当于应纳税款的存款，并于作出冻结决定之日起 3 日内，向纳税人交付冻结决定书。

① 适用程序。稽查局执行部门填制《税务行政执法审批表》，上报所属县以上税务局（分局）局长审批。由 2 名以上人员现场出示执法身份证件，向纳税人开户银行或其他金融机构送达《冻结存款通知书》及《税收保全措施决定书（冻结存款适用)》，冻结其相当于应纳税款的存款；执行部门在作出决定 3 日内向纳税人送达决定书，告知其税收保全措施的内容、理由及依据，以及申请复议和提起诉讼的权利，听取其陈述和申辩。制作《现场笔录》，必要时全程进行音像记录，无须通知纳税人到场，由执行人员和纳税人开户银行或其他金融机构在现场笔录上签章。

② 冻结期限。冻结存款的期限为 30 日；情况复杂的，经稽查局所属县以上税务局（分局）局长批准可延长，但延长不得超过 30 日，法律另

有规定的除外。延长冻结的决定应及时书面告知纳税人，并说明理由。

③ 冻结解除。纳税人按规定期限缴纳税款的，稽查局应自收到税款或银行完税凭证之日起 1 日内解除存款冻结。纳税人有下列情形之一的，稽查局应及时解除冻结：纳税人没有违法行为；冻结的存款与违法行为无关；行政机关对违法行为已经作出处理决定，不再需要冻结；冻结期限已经届满；其他情形。解除冻结的，稽查局执行部门填制《税务行政执法审批表》，经所属县以上税务局（分局）局长审批后，制作《解除税收保全措施决定书（冻结存款适用）》《解除冻结存款通知书》，向纳税人开户银行或其他金融机构送达以上文书，通知解除冻结。

（2）查扣财产。即查封、扣押纳税人的商品、货物或其他财产，其价值相当于纳税人应纳税款、滞纳金和扣押、查封、保管、拍卖、变卖所发生的费用。稽查局不得查封、扣押个人及其所抚养家属维持生活必需的住房和用品。《办理程序规定》第二十九条第三、第四款规定，采取查封、扣押商品、货物或其他财产措施时，应向纳税人、扣缴义务人、纳税担保人当场交付查封、扣押决定书，填写查封商品、货物或其他财产清单或出具扣押商品、货物或其他财产专用收据，由当事人核对后签章。查封清单、扣押收据一式两份，由当事人和稽查局分别保存。采取查封、扣押有产权证件的动产或不动产措施时，应依法向有关单位送达税务协助执行通知书，通知其在查封、扣押期间不再办理该动产或者不动产的过户手续。

① 适用程序。稽查局执行部门填制《税务行政执法审批表》，上报所属县以上税务局（分局）局长审批。由 2 名以上人员现场出示执法身份证件，向当事人送达《税收保全措施决定书（扣押/查封适用）》，通知当事人到场，查封、扣押价值应相当于应纳税款的商品、货物或其他财产，并告知其内容、理由、依据，以及申请行政复议和提起行政诉讼的权利，听取当事人陈述和申辩。采取查封时，应向当事人出具《查封商品、货物或者其他财产清单》；采取扣押时，应向当事人出具《扣押商品、货物或者其他财产专用收据》，均由当事人核对后签章。制作现场笔录，并全程进行音像记录，由当事人和执行人员签章，当事人拒绝的，在笔录中予以注明；当事人不到场的，邀请见证人到场，由见证人和执行人员签章，不影响执行。

② 查扣期限。查封、扣押的期限不得超过 30 日；情况复杂的，经稽查局所属县以上税务局（分局）局长批准可延长，但延长期限不得超过 30 日。对以前纳税期检查有问题采取保全的，期限一般不得超过 6 个月；重大案件有下列情形之一的，需报国家税务总局批准延长：案情复杂，在查封、扣押期限内确实难以查明案件事实的；被查对象转移、隐匿、销毁账簿、记账凭证或者其他证据材料的；被查对象拒不提供相关情况或者以其他方式拒绝、阻挠检查的；解除查封、扣押措施可能使纳税人转移、隐匿、损毁或者违法处置财产，从而导致税款无法追缴的。

③ 查扣解除。当事人按规定期限缴纳税款的，稽查局应自收到税款或银行完税凭证之日起 1 日内解除税收保全措施。当事人有下列情形之一的，稽查局应及时作出解除查封、扣押决定：当事人没有违法行为；查封、扣押的场所、设施或财物与违法行为无关；行政机关对违法行为已经作出处理决定，不再需要查封、扣押；查封、扣押期限已经届满；其他情形。解除查封、扣押的，稽查局执行部门填制《税务行政执法审批表》，经所属县以上税务局（分局）局长审批后，制作并向当事人送达《解除税收保全措施决定书（扣押/查封适用）》。

3. 保全解除

有下列情形之一的，稽查局应依法及时解除税收保全措施：当事人已按履行期限缴纳税款的；税收保全措施被复议机关决定撤销或被人民法院裁决撤销的；冻结、查封、扣押期限已经届满的；其他法定应当解除的。

（三）强制执行

税收强制执行是指纳税人、扣缴义务人和纳税担保人在规定的期限内未履行法定义务，税务机关采取法定的行政强制手段强迫其履行纳税义务的行为。《办理程序规定》第二十九条第一款规定，稽查局采取税收强制措施时，应向纳税人、扣缴义务人、纳税担保人交付税收强制措施决定书，告知其内容、理由、依据及依法享有的权利、救济途径，并履行法律、法规规定的其他程序。

1. 适用条件

《办理程序规定》第五十条规定，具有下列情形之一的，经县以上税务局局长批准，稽查局可以依法强制执行或申请人民法院强制执行：纳税人、扣缴义务人未按照规定的期限缴纳或解缴税款、滞纳金，责令限期缴纳逾期仍未缴纳的；纳税担保人未按规定的期限缴纳所担保的税款、滞纳金，责令限期缴纳逾期仍未缴纳的；当事人对处罚决定逾期不申请行政复议也不向人民法院起诉、又不履行的；其他可依法强制执行的。

2. 适用程序

《办理程序规定》第五十二条规定，作出强制执行决定前，应制作并送达催告文书，催告当事人履行义务，听取当事人陈述、申辩意见。经催告，当事人逾期仍不履行行政决定，且无正当理由的，经县以上税务局局长批准，实施强制执行。向被执行人送达强制执行决定书，告知其内容、理由及依据，以及享有依法申请行政复议或提起行政诉讼的权利。

（1）强制执行催告。稽查局执行部门制作《催告书（行政强制执行适用)》送达当事人，催告其履行义务，如当事人无正当理由逾期仍不履行行政决定，稽查局可强制执行。《催告书》应载明履行义务的期限和方式、涉及税收款项征收的应有明确的金额和缴交方式、当事人依法享有的陈述和申辩权。催告期间，对有证据证明有转移或隐匿财物迹象的，可以作出立即强制执行决定。

（2）听取陈述申辩。当事人收到《催告书》后有权陈述和申辩。稽查局执行部门充分听取当事人的意见：口头提出的，制作《陈述申辩笔录》如实记录被查对象或其他涉税当事人的陈述、申辩意见，并由其审核无误后签章确认；书面提出的，予以接收。经复核后制作《陈述申辩意见复核报告》，将采纳陈述、申辩意见情况报领导审批。

（3）强制执行决定。符合强制执行的，稽查局依法作出税收强制执行决定，执行部门填制《税务行政执法审批表》，经稽查局法制审核同意，逐级报稽查局所属县以上税务局（分局）局长审批后，填制采取税收强制执行的相关税务文书。告知被执行人采取强制执行的种类、理由、依据、意见和依法申请行政复议或提出行政诉讼的权利。

3. 执行方式

税收强制执行包括划拨存款、依法拍卖或变卖抵税财物。

（1）划拨存款。稽查局书面通知被执行人开户银行或其他金融机构从其存款中划拨税款、滞纳金、罚款。《办理程序规定》第五十三条规定，稽查局采取从被执行人开户银行或者其他金融机构的存款中扣缴税款、滞纳金、罚款措施时，应当向被执行人开户银行或者其他金融机构送达扣缴税收款项通知书，依法扣缴税款、滞纳金、罚款，并及时将有关凭证送达被执行人。

（2）依法拍卖或变卖抵税财物。《办理程序规定》第五十四条规定，拍卖、变卖被执行人商品、货物或其他财产，以所得抵缴税款、滞纳金、罚款的，在拍卖、变卖前应当依法进行查封、扣押。稽查局拍卖、变卖前，应制作拍卖/变卖抵税财物决定书，经县以上税务局局长批准后送达被执行人，予以拍卖或变卖。拍卖或变卖后，应在结算并收取价款后3日内，办理税款、滞纳金、罚款的入库手续，并制作拍卖/变卖结果通知书，附拍卖/变卖查封、扣押的商品、货物或其他财产清单，经稽查局局长审核后，送达被执行人。以拍卖或变卖所得抵缴税款、滞纳金、罚款和相关费用后，尚有剩余的财产或无法进行拍卖、变卖的财产的，应制作返还商品、货物或其他财产通知书，附返还商品、货物或其他财产清单，送达被执行人，并自办理税款、滞纳金、罚款入库手续之日起3日内退还被执行人。

① 拍卖。稽查局应在作出拍卖决定后10日内委托依法成立的拍卖机构进行拍卖，双方签订书面委托拍卖合同，并提供下列材料：稽查局单位证明、委托拍卖的授权委托书、拍卖/变卖抵税财物决定书、拍卖/变卖商品、货物或其他财产清单、抵税财物质量鉴定与价格评估结果、与拍卖活动有关的其他资料。

② 代销或限期处理。无法委托拍卖或不适于拍卖的，可以委托当地商业企业代为销售，或责令被执行人限期处理。委托商业企业代为销售的，受委托的商业企业要经县以上税务机关确认，并签订委托变卖合同和提供相应资料。

③ 变卖。无法委托商业企业代销，被执行人也无法处理的，稽查局变价处理。变卖前在办税服务厅、税务机关网站或当地新闻媒体上公告，说明变卖财物的名称、规格、数量、质量、成新度或使用年限、价格、时间等事项；登出公告10日后实施变卖。如国家禁止自由买卖的商品、货物、其他财产，交由有关单位按照国家规定的价格收购。

4. 解除强制

《办理程序规定》第三十一条规定，有下列情形之一的，应当依法及时解除税收强制措施：纳税人已按履行期限缴纳税款、扣缴义务人已按履行期限解缴税款、纳税担保人已按履行期限缴纳所担保税款的；税收强制措施被复议机关决定撤销的；税收强制措施被人民法院判决撤销的；其他应当解除情形。

解除税收强制措施时，应向纳税人、扣缴义务人、纳税担保人送达解除税收强制措施决定书，告知其时间、内容和依据，并通知其在规定时间内办理有关事宜：采取冻结存款的，应向开户银行或其他金融机构送达解除冻结存款通知书，解除冻结；采取查封的，应解除查封并收回查封商品、货物或其他财产清单；采取扣押的，应予以返还并收回扣押商品、货物或其他财产专用收据。税收强制措施涉及协助执行单位的，应向其送达税务协助执行通知书，通知解除税收强制措施相关事项。

（四）其他措施

1. 收停发票

收停发票全称为收缴或停止发售发票，是指从事生产、经营的纳税人、扣缴义务人不按税务处理、处罚决定书所规定的期限缴清应补缴的税款、滞纳金及罚款时，稽查局可以通知其所属主管税务机关采取收缴其发票或停止向其发售发票的措施。如纳税人、扣缴义务人缴纳了税款、滞纳金及罚款，稽查局应及时通知所属主管税务机关恢复向其发售发票和返还收缴的发票。

（1）适用条件。适用于从事生产、经营的纳税人、扣缴义务人未按税务处理、处罚决定书规定的期限缴清应补缴的税款、滞纳金及罚款。

（2）适用程序。稽查局执行部门提出收缴或停止发售发票的建议，按照稽查局重大税收执法事项集体审议程序审批后，交由审理部门制作《税务稽查建议书》移交纳税人、扣缴义务人所属主管税务机关处理，由其收缴或停发发票并将处理结果反馈稽查局。纳税人、扣缴义务人缴清了税款、滞纳金及罚款的，执行部门提出恢复发售或返还收缴发票的建议，按照稽查局重大税收执法事项集体审议程序审批后，交由审理部门制作《税务稽查建议书》移交纳税人、扣缴义务人所属主管税务机关，恢复发售发票和返还收缴的发票，其所属主管税务机关将处理结果反馈稽查局。

2. 阻止出境

阻止出境是指欠缴税款的纳税人或其法定代表人需要出境的，应在出境前结清应纳税款、滞纳金或提供担保。未结清税款、滞纳金又不提供担保的，经批准由省、自治区、直辖市、计划单列市税务局通知本省（直辖市、自治区）指定出入境边防检查机关阻止其出境的行为。

（1）适用条件。适用于单位法定代表人或个人出境前有欠税，且不能依法结清应纳税款、滞纳金，又不能提供纳税担保。原则上欠税数额个人大于3万元，企业大于20万元。但对拒不办理纳税申报的，可不受上述金额限制。具体的执行对象包括：欠税当事人本人；欠税法定代表人；欠税其他经济组织负责人；变更后的法定代表人或负责人；法定代表人不在中国境内的，为其在华的主要负责人。此外，还包括符合阻止出境条件的外国人、无国籍人等非我国公民，但对外籍人员的离境清税制度，不能与我国同外国签订的有关条约、协定相冲突。

（2）适用程序。稽查局依法向阻止出境的对象申明不准出境，提交稽查局重大税收执法事项集体审议后，填制《税务行政执法审批表》《阻止欠税人出境布控申请表》《阻止出境决定书》，由稽查局所属税务局统一报省、自治区、直辖市、计划单列市税务局审批。省、自治区、直辖市、计划单列市税务局按出入境边防检查机关的要求填写《边控对象通知书》，向本省（直辖市、自治区）指定出入境边防检查机关办理边控手续。由稽查局向欠税人送达《阻止出境决定书》，如当事人对该决定不服的，可以申请行政复议或提起行政诉讼。稽查局阻止出境的期限一般为6个月，经省、自治区、直辖市、计划单列市税务局批准可延长期限。欠税人有下列情形之一的，应依法撤控：已结清全部税款、滞纳金；已向稽查局提供纳税担保；已依法宣告破产，并依《中华人民共和国企业破产法》程序清偿终结。

3. 申请法院强制

稽查局可依法向有管辖权的人民法院申请强制执行。

（1）适用条件。非从事生产、经营的纳税人、扣缴义务人对税务机关的处理决定逾期不申请行政复议也不向人民法院起诉，又不履行的，作出处理决定的稽查局可自期限届满之日起 3 个月内，就其未缴的税款、滞纳金申请人民法院强制执行。当事人对税务机关的处罚决定逾期不申请行政复议也不向人民法院起诉，又不履行的，作出处罚决定的稽查局可对未缴的罚款实施强制执行，或自期限届满之日起 3 个月内申请人民法院强制执行。

（2）适用程序。稽查局申请人民法院强制执行前，应催告当事人履行义务。经批准后执行部门制作《催告书（申请人民法院强制执行适用）》（以下简称《催告书》）并送达当事人。《催告书》送达 10 日后当事人仍未履行义务的，稽查局可向所在地有管辖权的人民法院申请强制执行；执行对象是不动产的，向不动产所在地有管辖权的人民法院申请强制执行。《催告书》应载明履行义务的期限、履行义务的方式、涉及税收款项征收的应有明确的金额和缴交方式、当事人依法享有的陈述权和申辩权。当事人收到《催告书》后有权陈述和申辩。稽查局对人民法院不予受理或不予执行的裁定有异议的，可在 15 日内向上一级人民法院申请复议。法院受理的，根据法院反馈的执行情况，登记执行结果。

4. 税收优先权

稽查局行使税收优先权需要报稽查局局长审批后依法行使。

（1）适用条件。主要体现在以下三个方面：一是除法律另有规定外，税收优先于无担保债权；二是税收优先于发生在其后的抵押权、质权、留置权；三是税收优先于罚款、没收违法所得。

（2）适用程序。向纳税人了解其财产被设定抵押、质押或留置情况，或向有关抵押物登记部门进行查询。明确税款和担保债权优先顺序的时间界限。纳税人欠缴的税款发生在纳税人以其财产设定抵押、质押或被留置之前的，稽查局才有权采取强制措施。查明纳税人的财产是否已被法院依法查封、冻结。如未被法院依法查封、冻结，稽查局可采取强制执行行使税收优先权。

5. 代位权和撤销权

欠缴税款的纳税人因怠于行使到期债权，或放弃到期债权、无偿转让财产、以明显不合理的低价转让财产而受让人知道该情形，对国家税收造成损害的，稽查局可依照《民法典》的规定行使代位权和撤销权。行使代位权、撤销权的，应以纳税人欠缴的税款金额以及纳税人对其债务人所享有的债权数额为限，同时不免除欠缴税款的纳税人尚未履行的纳税义务和应当承担的法律责任。

（1）适用条件。行使代位权的适用条件包括：税收债权人对纳税人的债权合法；纳税人怠于行使其到期债权，对税收债权人造成损害；纳税人的债权已到期；纳税人的债权不是专属于纳税人自身的债权。其中第二条是指纳税人不履行其对税收债权人的到期税收债务，又不以诉讼或仲裁方式向其债务人主张其享有的具有金钱给付内容的到期债权，致使税收债权人的到期税收债权未能实现。

行使撤销权的适用条件：欠缴税款的纳税人有下列行为之一，对税收债权人造成损害的，可以行使撤销权：纳税人放弃其到期债权或无偿转让财产；纳税人以明显不合理的低价转让财产，并且受让人知道该情形的；纳税人放弃其未到期的债权或放弃债权担保，或恶意延长到期债权的履行期。

（2）适用程序：对纳税人怠于行使到期债权，放弃到期债权，或无偿转让财产、以明显不合理的低价转让财产而受让人知道该情形的行为进行调查取证。需要行使代位权或撤销权的，经稽查局所属税务局局长审批后，制作民事起诉状，并收集相关证据后，依法向有管辖权的人民法院提出行使代位权和撤销权的申请，启动代位权、撤销权诉讼程序。按照人民法院的判决，登记执行结果。追缴纳税人欠缴的税款，不免除欠缴税款纳税人尚未履行的纳税义务和应当承担的法律责任。经法院审判，代位权成立的，由纳税人的债务人向稽查局履行清偿义务，并负担诉讼费用；代位权不成立的，由稽查局负担诉讼费用。行使代位权、撤销权的必要费用，由纳税人承担。纳税人的行为一经被撤销，视为自始无效。受让人已受领财产的，应当返还，原物不能返还的，应折价返还其利益。稽查局可依法对受让人返还欠税人的财产采取强制执行。

6. 建议移送司法机关

税务稽查执行过程中发现涉嫌犯罪的，执行部门应及时将执行情况通知审理部门，并提出向公安机关移送的建议。

（1）适用条件。在案件执行过程中，执行部门发现下列情形应当提出移送司法机关建议：偷税（逃避缴纳税款）行为的纳税人，未按照《税务处理决定书》《税务行政处罚决定书》的要求，在规定期限内缴纳税款、滞纳金、罚款的，并达到涉嫌逃避缴纳罪移送标准；发现纳税人达到涉嫌逃避追缴欠税罪、抗税罪移送标准；达到其他涉嫌移送标准。

（2）适用程序。由执行部门制作《涉嫌犯罪案件移送建议》，经审批后连同案件主要证据材料一并提交给案件审理部门，由案件审理部门审核处理。

三、税务稽查执行的中止

税务稽查执行的中止是指稽查局执行部门在案件执行过程中，发现符合中止情形的，依照相关规定的程序批准后中止执行。中止执行情形消失后，经稽查局局长批准及时恢复执行。案件中止执行包括一般案件中止执行、重大税收违法督办案件中止执行和强制执行中止执行。

（一）一般案件中止执行

1. 执行条件

案件执行过程中发现有下列情形之一的，经稽查局局长批准后中止执行：当事人死亡或被依法宣告死亡，尚未确定可执行财产的；当事人进入破产清算程序尚未终结的；可执行财产被司法机关或其他国家机关依法查封、扣押、冻结，致使执行暂时无法进行的；可供执行的标的物需要人民法院或仲裁机构确定权属的；法律、行政法规和国家税务总局规定其他可以中止执行的。

2. 执行程序

稽查局执行部门填制《税收违法案件中止执行审批表》，附相关证据材料，逐级报稽查局局长批准后，案件中止执行。案件中止执行后，执行部门填写《案源处理结果反馈单》，提交执行部门领导审批，将案源处理结果反馈案源部门。反馈结果应当附《税收违法案件中止执行审批表》《税务处理决定书》《税务行政处罚决定书》及相关资料。中止执行满 3 年后，符合案件办结条件的，应作案件办结处理。

3. 解除中止

中止执行情形消失后，稽查局执行部门填制《税收违法案件解除中止执行审批表》，逐级报稽查局局长批准后，解除中止执行。

（二）重大税收违法督办案件中止执行

1. 执行条件

重大税收违法督办案件中止执行条件与一般案件的执行条件一致。

2. 执行程序

承办机关的执行部门制作《重大税收违法案件中止执行申请》，逐级报稽查局所属税务局分管领导批准后向督办机关申请中止执行。中止期间可暂不填报《重大税收违法案件情况报告表》。督办税务机构负责审批的人员制作《重大税收违法案件中止执行批复》，对提交的申请进行审核批复。中止执行后，执行部门填写《案源处理结果反馈单》，提交执行部门领导审批，将案源处理结果反馈案源部门。反馈结果应当附《税收违法案件中止执行审批表》《重大税收违法案件中止执行申请》《重大税收违法案件中止执行批复》《税务处理决定书》《税务行政处罚决定书》及相关资料。中止执行满 3 年后，符合案件办结条件的，应作案件办结处理。

3. 解除中止

对符合解除中止执行条件的重大税收违法督办案件，承办机关的执行部门填制《税收违法案件解除中止执行审批表》，逐级报稽查局局长批准后报告督办机关，解除中止执行。中止执行情形消失后，承办机关应当及时恢复执行，并依照规定填报《重大税收违法案件情况报告表》。

（三）强制执行中止执行

1. 执行条件

案件强制执行过程中发现有下列情形之一的，中止执行：当事人履行行政决定确有困难或暂无履行能力的；第三人对执行标的主张权利，确有理由的；执行可能造成难以弥补的损失，且中止执行不损害公共利益的；稽查局认为需要中止执行的其他情形。

2. 执行程序

强制执行过程中符合中止执行情形的，由稽查局执行部门填制《税收违法案件中止执行审批表》，附相关证据材料，逐级报稽查局所属税务局局长批准后，强制执行中止。中止执行满 3 年后，符合案件办结条件的，应作案件办结处理。

3. 解除中止

中止执行的情形消失后，稽查局应恢复执行。对没有明显社会危害，当事人确无能力履行，中止执行满 3 年未恢复执行的，不再执行。稽查局执行部门填制《税收违法案件解除中止执行审批表》，附相关证据材料，逐级报稽查局所属税务局局长批准后，解除强制执行的中止。

四、税务稽查执行的终结

（一）案件终结执行

案件终结执行是指当事人确无财产可供抵缴税款、滞纳金、罚款或依破产清算程序确实无法清缴税款、滞纳金、罚款，或有其他法定终结执行情形的，经税务局局长批准后，终结执行。重大税收违法督办案件同时向督办机关申请终结执行。案件终结执行后，稽查局执行部门填写《案源处理结果反馈单》，提交相关领导审批，将处理结果反馈案源部门。同时，稽查局对所形成的欠税按照相关规定管理。

1. 一般案件终结执行

一般案件符合以下条件之一的，终结执行：当事人确无财产抵缴税款、滞纳金、罚款；依照破产清算程序确实无法清缴税款、滞纳金、罚款；作为当事人的个人死亡，无遗产可供执行，又无义务承受人的；作为当事人的个人因生活困难无力履行，无收入来源，又丧失劳动能力的；作为当事人的企业法人或其他组织被撤销、注销、终止后既无财产可供执行，又无义务承受人的；有其他情形的。符合法定终结执行条件的，稽查局执行部门填制《税收违法案件终结执行审批表》，逐级报稽查局局长审核，并报稽查局所属税务局局长批准后，终结执行。

2. 重大税收违法督办案件终结执行

其终结执行条件与一般案件一致。稽查局执行部门制作《重大税收违法案件终结执行申请》，逐级报稽查局局长审核，并报所属税务局局长批准后向督办机关申请终结执行。督办税务机构负责审批的人员制作《重大税收违法案件终结执行批复》，对提交的申请进行审核批复。

3. 强制执行的终结执行

案件强制执行中有下列情形之一的，终结执行：公民死亡，无遗产可供执行，又无义务承受人的；法人或其他组织终止，无财产可供执行，又无义务承受人的；执行标的灭失的；据以执行的行政决定被撤销的；申请人民法院强制执行，人民法院终结执行的；稽查局认为需要终结执行的其他情形。强制执行过程中符合终结执行的，由稽查局执行部门填制《税收违法案件终结执行审批表》，附相关证据材料，逐级报稽查局局长审核，并报稽查局所属税务局局长批准后，强制执行终结。

（二）案件办结与结案

1. 案件办结

案件办结是指对符合办结条件的案件作办结处理的业务。有下列情形之一的，可认定为办结：经过重大税务案件审理或稽查局集体审理决定移送公安机关的；依法定职权确实无法查证全部或部分税收违法行为，但有根据认为稽查对象涉嫌犯罪，按规定提请公安机关提前介入，公安机关依法接受的；人民法院已受理强制执行申请的；人民法院已受理代位权、撤销权诉讼的；以债权人身份向人民法院申请对当事人进行破产清算，且人民法院受理的；当事人进入破产程序，税务机关已申报税收债权的；其他符合条件的情形。

2. 案件结案

案件结案是指对符合结案条件的案件作结案处理的业务。有下列情形之一的，可以以"执行完毕"方式结案：《税务稽查结论》送达生效的；仅制作《不予税务行政处罚决定书》且送达生效的；《税务处理决定书》《税务行政处罚决定书》涉及的执行内容，经当事人主动履行、延期（分期）履行、税务机关或人民法院强制执行，已全部执行完毕，或税务机关与当事人依照《中华人民共和国行政强制法》的规定达成执行协议，且执行协议履行完毕的；当事人对税务机关处理、处罚决定或强制执行、强制措施，申请行政复议或提起行政诉讼，行政复议决定或人民法院判决、裁定生效并执行完毕的；其他执行完毕情形。

（三）制作执行报告

稽查局执行部门对税收处理决定的执行完毕后，应制作执行报告，并将案件的执行结果录入微机或登记执行台账。执行报告是税务执行人员向有关部门和领导反馈税务处理决定执行情况的内部文书，主要说明执行的经过和执行的结果。其执行报告的内容与格式如专栏4-22所示。

专栏4-22

《税务稽查执行报告》样式

案件编号		被执行人名称	
纳税人识别号		执行人员	
执行时间		执行方式	
执行文书及附件	名称		文号或者编号
执行内容			
执行情况	执行人员（签名）： 报告时间： 年 月 日 部门负责人（签名）： 年 月 日		
稽查局领导意见	（签名）： 年 月 日		

使用说明：

①本报告依据《税务稽查案件办理程序规定》等设置。

②适用范围：执行部门采取相关执行措施后，报告执行过程、执行结果时使用。

③"执行文书及附件"栏应当列明执行文书、税收缴款书或者其他完税证明名称，以及相关文书文号、税收缴款书或者其他完税证明编号。

④"执行方式"栏应填写自动履行、行政强制执行、司法强制执行。

⑤"执行内容"栏应简要填写《税务处理决定书》及《税务行政处罚决定书》中需执行事项。

⑥"执行情况"栏主要填写执行过程中相关税务文书的送达情况（包括送达方式、送达日期）、采取的税收保全措施或强制执行措施及税款、滞纳金、罚款、没收违法所得等的执行结果。

⑦"稽查局领导意见"栏由稽查局领导对执行部门执行的情况及问题进行审核并签署意见。

⑧本报告为 A4 竖式，一式一份，装入卷宗。

（四）案件回退与更正

案件回退与更正是指在执行案件或已结案案件，存在符合回退或更正情形的，稽查局执行部门按照一定的程序将案件退回审理部门或更正的业务。

1. 在执行稽查案件回退

符合以下条件之一的，在执行稽查案件回退：作出的具体行政行为不符合法定程序的；作出的具体行政行为引用法律、法规有误的；当事人出示与原调查取证材料不一致的新证据，可能需要改变原具体行政行为的；需要变更查补税款和罚款的；需要补充处理流程的；决定性文书被人民法院判决撤销、被行政复议机关决定撤销或税务机关认为需要变更或撤销决定文书等其他情形。在执行稽查案件回退程序发现存在案件回退情形的，执行部门需先行与审理部门会商。经会商同意的，执行部门提出回退申请，提请执行部门领导岗审核，经稽查局局长审批后，进行案件回退。对送达文书尚未销号的案件，直接进行系统回退；对送达文书已经销号尚未缴款的案件，先行反销号再进行系统回退；对已经开票缴款的案件，先撤销应征信息，再进行送达文书反销号，进行系统回退。

2. 已结案稽查案件更正

已结案稽查案件，需要变更税务文书内容或变更查补税款和罚款时，执行部门需先行与审理部门会商。经会商同意的，执行实施岗提出更正申请，提请执行部门领导岗审核，经稽查局局长审批后，审理部门进行案件更正，并在"金税三期"系统进行业务处理。

本章小结

本章主要阐述和研究了税务稽查选案、检查、审理和执行。税务稽查选案包括选案的概念、案源的管辖、选案的来源和选案的确定，其中选案来源包括推送、督办、交办、安排、检举、协查、转办和自选等案源。税务稽查检查包括检查的概念、检查的准备、检查的过程和检查的结束，其中检查的过程包括调查取证、证据收集、中止与终结检查等。税务稽查审理包括审理的概念、审理的实施、审理的诉权和审理的终结，十项必审包括执法主体、被查对象、违法事实、稽查证据、数据稽核、法定程序、期限及时效、不予加收滞纳金、法律依据和处理意见的审查。税务稽查执行包括执行的概念、执行的实施、执行的中止和执行的终结。

第五章

税务稽查救济

税务稽查救济主要阐述和分析税务行政复议、税务行政诉讼和税务行政赔偿三个问题。税务行政复议包括复议的范围、复议的申理、复议的审决和复议的执行；税务行政诉讼包括诉讼的范围、诉讼的诉理、诉讼的审决和诉讼的应诉；税务行政赔偿包括赔偿的范围、赔偿的要素、赔偿的程序和赔偿的执行。因征税行为发生的争议，复议与诉讼相衔接并构成税务行政复议的前置程序。

第一节　税务行政复议

一、税务行政复议的范围

（一）税务行政复议的概念

税务行政复议是指纳税人、扣缴义务人、纳税担保人及其他涉税当事人不服税务机关及其工作人员作出的税务具体行政行为，依法向复议机关提出申请，复议机关经审理对原税务机关具体行政行为依法作出维持、变更、撤销等决定的活动。其是我国行政复议制度的一个重要组成部分。税务行政复议应当遵循《税务行政复议规则》，其第二条规定，公民、法人和其他组织认为税务机关的具体行政行为侵犯其合法权益，向税务行政复议机关申请行政复议，税务行政复议机关办理行政复议事项，适用本规则。依法开展税务行政复议活动，对于保护公民、法人或其他经济组织的合法权益，维护和促进税务机关依法办事，整顿税收秩序，加强税收管理以及推进依法治税等方面，都具有积极的现实意义。

一般而言，税务行政复议是解决税务行政争议案件的必经程序。我国税务行政复议的特点主要表现为：因税务管理对象当事人的申请而产生，以申请复议的具体行政行为为对象；以当事人不服税务机关及其工作人员作出的税务具体行政行为为前提；由作出税务具体行政行为的上一级税务机关负责裁决；因征税行为发生的争议，复议与诉讼相衔接并构成税务行政复议的前置程序。

（二）税务行政复议的具体范围

1. 税务行政复议的受案范围

复议机关受理申请人对税务机关下列具体行政行为不服提出的行政复议申请：

（1）征税行为，包括确认纳税主体、征税对象、征税范围、减税、免税、退税、抵扣税款、适用税率、计税依据、纳税环节、纳税期限、纳税地点和税款征收方式等具体行政行为，征收税款、加收滞纳金，扣缴义务人、受税务机关委托的单位和个人作出的代扣代缴、代收代缴、代征行为等。

（2）行政许可、行政审批行为。

（3）发票管理行为，包括发售、收缴、代开发票等。

（4）税收保全措施、强制执行措施。

（5）行政处罚行为，包括罚款、没收财物和违法所得、停止出口退税权。

（6）不依法履行下列职责的行为，包括颁发税务登记；开具、出具完税凭证及外出经营活动税收管理证明；行政赔偿；行政奖励；其他不依法履行职责的行为。

（7）资格认定行为。

（8）不依法确认纳税担保行为。

（9）政府信息公开工作中的具体行政行为。

（10）纳税信用等级评定行为。

（11）通知出入境管理机关阻止出境行为。

（12）其他具体行政行为。

2. 税务行政复议的管辖范围

税务行政复议的管辖基本制度原则上是实行由上一级税务机关管辖的复议制度。其规定主要包括以下内容。

（1）对各级税务局的具体行政行为不服的，向其上一级税务局申请行政复议。对计划单列市税务局的具体行政行为不服的，向国家税务总局申请行政复议。

（2）对税务所（分局）、各级税务局的稽查局的具体行政行为不服的，向其所属税务局申请行政复议。

（3）对国家税务总局的具体行政行为不服的，向国家税务总局申请行政复议。对行政复议决定不服的，申请人可以向人民法院提起行政诉讼，也可以向国务院申请裁决。国务院的裁决为最终裁决。

（4）对两个以上税务机关以共同的名义作出的具体行政行为不服的，向共同上一级税务机关申请行政复议；对税务机关与其他行政机关以共同的名义作出的具体行政行为不服的，向其共同上一级行政机关申请行政复议。

（5）对被撤销的税务机关在撤销以前所作出的具体行政行为不服的，向继续行使其职权的税务机关的上一级税务机关申请行政复议。

（6）对税务机关作出逾期不缴纳罚款加处罚款的决定不服的，向作出行政处罚决定的税务机关申请行政复议。但是对已处罚款和加处罚款都不服的，一并向作出行政处罚决定的税务机关的上一级税务机关申请行政复议。

二、税务行政复议的申理

（一）税务行政复议参加人

参加人是指在复议机关的组织下，依法参加税务行政复议活动的申请人、第三人、代理人和被申请人。

1. 税务行政复议的申请人

税务行政复议的申请人是指依法提起税务行政复议的税务当事人。申请人主要包括以下情形：

（1）合伙企业申请行政复议的，应当以核准登记的企业为申请人，由执行合伙事务的合伙人代表该企业参加行政复议；其他合伙组织申请行政复议的，由合伙人共同申请行政复议。合伙企业以外的不具备法人资格的其他组织申请行政复议的，由该组织的主要负责人代表该组织参加行政复议；没有主要负责人的，由共同推选的其他成员代表该组织参加行政复议。

（2）股份制企业的股东大会、股东代表大会、董事会认为税务具体行政行为侵犯企业合法权益的，可以以企业的名义申请行政复议。

（3）有权申请行政复议的公民死亡的，其近亲属可申请行政复议；有权申请行政复议的公民为无行为能力人或者限制行为能力人，其法定代理人可代理申请行政复议。

（4）有权申请行政复议的法人或者其他组织发生合并、分立或终止的，承受其权利义务的法人或者其他组织可以申请行政复议。

（5）非具体行政行为的行政管理相对人，但其权利直接被该具体行政行为所剥夺、限制或者被赋予义务的公民、法人或其他组织，在行政管理相对人没有申请行政复议时，可以单独申请行政复议。

（6）同一行政复议案件申请人超过5人的，应推选1~5名代表参加行政复议。

2. 税务行政复议的第三人

税务行政复议的第三人是指与申请税务行政复议的具体行政行为有利害关系的其他公民、法人或其他组织。复议机关在行政复议期间，认为申请人以外的公民、法人或其他组织与被审查的具体行政行为有利害关系的，可通知其作为第三人参加行政复议。

行政复议期间，申请人以外的公民、法人或其他组织与被审查的税务具体行政行为有利害关系的，可向行政复议机关申请作为第三人参加行政复议。第三人不参加行政复议，不影响行政复议案件的审理。

3. 税务行政复议的代理人

税务行政复议的代理人是指受申请人或第三人的委托，在法律规定或当事人委托的权限范围内进行税务行政复议活动的人。申请人、第三人可委托1~2名代理人参加行政复议，并向行政复议机构提交授权委托书。授权委托书应当载明委托事项、权限和期限。公民在特殊情况下无法书面委托的，可口头委托；口头委托的，行政复议机构应当核实并记录在卷。申请人、第三人解除或变更委托的，应书面告知行政复议机构。

4. 税务行政复议的被申请人

税务行政复议的被申请人是指纳税人或其他税务当事人不服作出具体行政行为的税务机关。被申请人不得委托本机关以外人员参加行政复议，其主要包括以下情形。

（1）申请人对具体行政行为不服申请行政复议的，作出该具体行政行为的税务机关为被申请人。

（2）申请人对扣缴义务人的扣缴行为不服的，主管该扣缴义务人的税务机关为被申请人。对税务机关委托的单位和个人的代征行为不服的，委托税务机关为被申请人。

（3）税务机关与法律、法规授权的组织以共同的名义作出具体行政行为的，税务机关和该组织为共同被申请人。税务机关与其他组织以共同名义作出具体行政行为的，税务机关为被申请人。

（4）税务机关依法律、法规和规章规定，经上级税务机关批准作出具体行政行为的，批准机关为被申请人。申请人对经重大税务案件审理程序作出的决定不服的，审理委员会所在税务机关为被申请人。

（5）税务机关设立的派出机构、内设机构或其他组织，未经法律、法规授权，以自己名义对外作出具体行政行为的，税务机关为被申请人。

（二）税务行政复议的申请

1. 复议时限

申请人可在知道税务机关作出具体行政行为之日起60日内提出行政复议申请；因不可抗力或被申请人设置障碍等原因耽误法定申请期限的，申请期限的计算应扣除被耽误时间。

申请人提出税务行政复议申请时错列被申请人的，复议机关应当告知申请人变更被申请人。申请人不变更被申请人的，复议机关不予受理，或驳回行政复议申请。

2. 复议前置

申请人对受案范围中的"征税行为"不服的，应先向复议机关申请行政复议；对行政复议决定不服的，可向人民法院提起行政诉讼。

申请人申请行政复议的，必须依照税务机关根据法律法规确定的税额、期限，先行缴纳或解缴税款和滞纳金，或提供相应的担保，才可在缴清税款和滞纳金后或所提供的担保得到作出具体行政行为的税务机关确认之日起 60 日内提出行政复议申请。

申请人对税务机关作出逾期不缴纳罚款加处罚款的决定不服的，应先缴纳罚款和加处罚款，再申请行政复议。

3. 复议方式

申请人书面申请行政复议的，可采取当面递交、邮寄或传真等方式提出申请。有条件的复议机关可接受以电子邮件形式提出的行政复议申请，对以传真、电子邮件形式提出行政复议申请的，复议机关应审核确认申请人的身份及复议事项。

申请人口头申请行政复议的，行政复议机构应当依照《税务行政复议规则》规定的事项，当场制作行政复议申请笔录，交申请人核对或向其宣读，并由申请人确认。

4. 直接诉讼

申请人对受案范围中的"征税行为"以外的其他具体行政行为不服，可申请行政复议，也可直接向人民法院提起行政诉讼。

申请人向复议机关申请税务行政复议，复议机关已经受理的，在法定行政复议期限内申请人不得向法院提起行政诉讼；申请人向法院提起行政诉讼，法院已经依法受理的，不得申请税务行政复议。

（三）税务行政复议的受理

1. 税务行政复议受理的条件

行政复议申请符合下列规定的，复议机关应当受理：属于行政复议范围；在法定申请期限内提出；有明确的申请人和符合规定的被申请人；申请人与具体行政行为有利害关系；有具体的行政复议请求和理由；符合《税务行政复议规则》第三十三条和第三十四条规定的条件；属于收到行政复议申请的行政复议机关的职责范围；其他行政复议机关尚未受理同一行政复议申请，人民法院尚未受理同一主体就同一事实提起的行政诉讼。

2. 税务行政复议受理的时限

复议机关收到税务行政复议申请后，应在 5 日内审查，决定是否受理。复议机关收到行政复议申请后，未按规定期限审查并作出不予受理决定的，视为受理。复议机关对符合规定的行政复议申请，自行政复议机构收到之日起即为受理；受理行政复议申请，应书面告知申请人。行政复议申请材料不齐全、表述不清楚的，行政复议机构可自收到该行政复议申请之日起 5 日内书面通知申请人补正。补正通知应载明需要补正的事项和合理的补正期限。无正当理由逾期不补正的，视为申请人放弃行政复议申请。补正申请材料所用时间不计入行政复议审理期限。

3. 税务行政复议的不予受理

对不符合规定的行政复议申请，决定不予受理，并书面告知申请人。对不属于本机关受理的行政复议申请，应当告知申请人向有关行政复议机关提出。上级税务机关认为复议机关不予受理行政复议申请的理由不成立的，可督促其受理；经督促仍不受理的，责令其限期受理。上级税务机关认为有必要的，可直接受理或提审由下级税务机关管辖的行政复议案件。如果认为行政复议申请不符合法定受理条件的，应告知申请人。

4. 税务行政复议的行政诉讼

对应先向复议机关申请行政复议，对行政复议决定不服再向法院提起行政诉讼的具体行政行为，复议机关决定不予受理或受理后超过行政复议期限不作答复的，申请人可自收到不予受理决定书之日起或行政复议期满之日起 15 日内，依法向法院提起行政诉讼。对按规定延长行政复议期限（不得超过 30 日）的，以延长后的时间为行政复议期满时间。

5. 复议期间行政行为的执行

行政复议期间税务具体行政行为不停止执行，但有下列情形之一的，可停止执行：一是被申请人认为需要停止执行的；二是复议机关认为需要停止执行的；三是申请人申请停止执行，复议机关认为其要求合理而决定停止执行的；四是法律规定停止执行的。

三、税务行政复议的审决

（一）税务行政复议的审查

（1）行政复议机构应自受理行政复议申请之日起 7 日内，将行政复议申请书副本或行政复议申请笔录复印件发送被申请人。被申请人应自收到申请书副本或申请笔录复印件之日起 10 日内提出书面答复，并提交当初作出具体行政行为的证据、依据和其他有关材料。稽查局审理部门接收复议机关送达的行政复议申请书副本或申请笔录复印件后，向稽查局局长（分管领导）报告。

（2）行政复议原则上采用书面审查的办法，但申请人提出要求或行政复议机构认为有必要时，应听取申请人、被申请人和第三人的意见，并可以向有关组织和人员调查了解情况。复议机关应全面审查被申请人的具体行政行为所依据的事实证据、法律程序、法律依据和设定的权利义务内容的合法性、适当性。

稽查局应当配合行政复议机关针对行政复议案件的调查工作，不得拒绝或者阻挠。稽查局审理部门根据行政复议案件情况，指定审理实施岗负责答复材料的草拟和整理工作，制作《行政复议答复书》，由稽查局局长审批后，在收到行政复议申请书副本或申请笔录复印件之日起 10 日内向复议机关提交，并提交作出决定所依据的证据、依据和其他有关材料。在行政复议过程中，稽查局不得自行向申请人和其他有关组织或个人收集证据。

（3）税务行政复议的听证。对重大、复杂的案件，申请人提出要求或行政复议机构认为必要时，可采取听证的方式审理。行政复议机构决定举行听证的，应将举行听证的时间、地点和具体要求等事项通知申请人、被申请人和第三人。听证应公开举行，但涉及国家秘密、商业秘密或个人隐私的除外。行政复议听证人员不得少于 2 人，听证主持人由行政复议机构指定。听证应制作笔录，申请人、被申请人和第三人应确认听证笔录内容。稽查局审理部门在接到行政复议机关听证通知后，经稽查局局长同意，指定人员参加税务行政复议的听证。

（二）税务行政复议的决定

1. 税务行政复议的基本结论

税务行政复议的结论包括维持、撤销、变更或确认违法、重新作出和予以驳回。行政复议机构应对被申请人的具体行政行为提出审查意见，经复议机关负责人批准，按照下列规定作出行政复议决定。

（1）具体行政行为认定事实清楚，证据确凿，适用依据正确，程序合法，内容适当的，决定维持。

（2）被申请人不履行法定职责的，决定其在一定期限内履行。

（3）具体行政行为有下列情形之一的，决定撤销、变更或确认该具体行政行为违法：主要事实不清、证据不足的；适用依据错误的；违反法定程序的；超越职权或滥用职权的；具体行政行为明显不当的。

2. 作出撤销的具体行政行为

被申请人对已受理的行政复议申请，不按照规定提出书面答复，提交当初作出具体行政行为的证据、依据和其他有关材料的，视为该具体行政行为没有证据、依据，决定撤销该具体行政行为。

3. 重新作出的具体行政行为

复议决定撤销或确认该具体行政行为违法的，可责令被申请人在一定期限内重新作出具体行政行为。被申请人重新作出具体行政行为的，除特殊情况以外，不得以同一事实和理由作出与原具体行政行为相同或基本相同的具体行政行为，不得作出对申请人更为不利的决定。所谓特殊情况是指复议机关以原具体行政行为违反法定程序决定撤销的，以及以原具体行政行为主要事实不清、证据不足或适用依据错误决定撤销的。

4. 作出变更的具体行政行为

有下列情形之一的，复议机关可决定变更：认定事实清楚，证据确凿，程序合法，但是明显不当或适用依据错误的；认定事实不清，证据不足，但经行政复议机关审理查明事实清楚，证据确凿的。

5. 予以驳回的具体行政行为

有下列情形之一的，行政复议机关应决定驳回行政复议申请：申请人认为税务机关不履行法定职责申请行政复议，复议机关受理后发现该税务机关没有相应法定职责或在受理以前已经履行法定职责的；受理行政复议申请后，发现该行政复议申请不符合行政复议法及其实施条例和《税务行政复议规则》规定的受理条件的。上级税务机关认为复议机关驳回行政复议申请的理由不成立的，应当责令限期恢复受理。复议机关审理行政复议申请期限的计算应当扣除因驳回耽误的时间。

6. 税务行政复议的中止

行政复议期间，有下列情形之一的，行政复议中止：作为申请人的公民死亡，其近亲属尚未确定是否参加行政复议的；作为申请人的公民丧失参加行政复议的能力，尚未确定法定代理人参加行政复议的；作为申请人的法人或其他组织终止，尚未确定权利义务承受人的；作为申请人的公民下落不明或被宣告失踪的；申请人、被申请人因不可抗力，不能参加行政复议的；行政复议机关因不可抗力原因暂时不能履行工作职责的；案件涉及法律适用问题，需要有权机关作出解释或确认的；案件审理需要以其他案件的审理结果为依据，而其他案件尚未审结的；其他需要中止行政复议的情形。行政复议中止的原因消除后，应及时恢复行政复议案件的审理。行政复议机构中止、恢复行政复议案件的审理，应告知申请人、被申请人和第三人。

7. 税务行政复议的终止

行政复议期间，有下列情形之一的，行政复议终止：申请人要求撤回行政复议申请，行政复议机构准予撤回的；作为申请人的公民死亡，没有近亲属，或其近亲属放弃行政复议权利的；作为申请人的法人或其他组织终止，其权利义务的承受人放弃行政复议权利的；申请人与被申请人依照《规则》的规定，经行政复议机构准许达成和解的；行政复议申请受理以后，发现其他行政复议机关已经先于本机关受理，或法院已经受理的。

四、税务行政复议的执行

（一）税务行政复议决定的送达

复议机关应自受理申请之日起 60 日内作出行政复议决定。情况复杂，不能在规定期限内作出复议决定的，经复议机关负责人批准，可适当延期，并告知申请人和被申请人，但延期不得超过 30 日。复议机关作出行政复议决定，应制作行政复议决定书，并加盖复议机关印章。行政复议决定书一经送达，即发生法律效力。

（二）税务行政复议决定的履行

被申请人应履行行政复议决定。被申请人不履行、无正当理由拖延履行行政复议决定的，复议机关或有关上级税务机关应责令其限期履行。申请人、第三人逾期不起诉又不履行行政复议决定的，或不履行最终裁决的行政复议决定的，按照下列规定分别处理：维持具体行政行为的行政复议决定，由作出具体行政行为的税务机关依法强制执行，或申请人民法院强制执行；变更具体行政行为的行政复议决定，由复议机关依法强制执行，或申请人民法院强制执行。

（三）稽查局执行复议的决定

稽查局收到复议机关的复议决定后，应当执行复议决定。行政复议机关责令重新作出具体行政行为的，稽查局不得以同一事实和理由作出与原具体行政行为相同或基本相同的具体行政行为；但行政复议机关以原具体行政行为违反法定程序决定撤销的，稽查局重新作出具体行政行为的除外。

行政复议机关责令稽查局重新作出具体行政行为的，稽查局不得作出对申请人更为不利的决定；但是行政复议机关以原具体行政行为主要事实不清、证据不足或适用法律错误决定撤销的，稽查局重新作出具体行政行为的除外。

行政复议机关责令稽查局重新作出具体行政行为的，稽查局应当在法律、法规、规章规定的期限内重新作出具体行政行为；未规定期限的，重新作出具体行政行为的期限为 60 日。情况复杂，不能在规定期限内重新作出具体行政行为的，经行政复议机关批准，可以适当延期，但是延期不得超过 30 日。公民、法人或其他组织对被申请人重新作出的具体行政行为不服，可以依法申请行政复议，或者提起行政诉讼。

第二节　税务行政诉讼

一、税务行政诉讼的范围

（一）税务行政诉讼的概念

税务行政诉讼是指公民、法人和其他组织认为税务机关及其工作人员的具体税务行政行为违法或不当，侵犯了其合法权益，依法向人民法院提起行政诉讼，由人民法院对具体税务行政行为的合法性进行审查并作出裁决的司法活动。其目的是保证人民法院正确、及时审理税务行政案件，保护纳税人、扣缴义务人和其他涉税当事人的合法权益，维护和监督税务机关依法行使行政职权。税务行政复议应当遵循《中华人民共和国行政诉讼法》（以下简称《行政诉讼法》）《税务行政应诉工作规程》等法律、法规和规章。

我国税务行政诉讼的特点主要表现在：一般以税务行政争议为基本前提；依法请求的行政行为，没有纳税当事人的起诉行为，司法机关就无权受理；纳税当事人、税务机关和人民法院"三方"的法律关系；必须按照法定的诉讼程序和方式进行。

（二）税务行政诉讼的具体范围

1. 税务行政诉讼的受案范围

税务行政诉讼的受案范围，在内容上大体与税务行政复议的受案范围一致。此外，还包括税务机关的复议行为，即复议机关改变了原具体行政行为和期限届满税务机关不予答复的情形。

2. 税务行政诉讼的管辖

税务行政诉讼管辖是指人民法院之间受理第一审税务案件的职权分工，具体分为级别管辖、地域管辖和裁定管辖。

（1）级别管辖。级别管辖是指上下级人民法院之间受理第一审税务案件的分工和管理权限。根据《行政诉讼法》的规定，基层人民法院管辖一般的税务行政诉讼案件；中、高级人民法院管辖本辖区内重大、复杂的税务行政诉讼案件；最高人民法院管辖全国范围内重大、复杂的税务行政诉讼案件。

（2）地域管辖。地域管辖是指同级人民法院之间受理第一审行政案件的分工和管理权限，分一般地域管辖和特殊地域管辖两种。前者是指按照最初作出具体行政行为的机关所在地来确定管辖法院，即由最初作出具体行政行为的税务机关所在地人民法院管辖；后者是指根据特殊行政法律关系或特殊行政法律关系所指的对象来确定管辖法院，即经过税务行政复议的案件，复议机关改变原具体行政行为的，由原告选择最初作出具体行政行为的税务机关所在地人民法院或复议机关所在地人民法院管辖。

（3）裁定管辖。裁定管辖是指人民法院依法自行裁定的管辖，包括移送管辖、指定管辖和管辖权的转移。其中移送管辖是指人民法院已经受理的案件，移送给有管辖权的人民法院审理；指定管辖是指上级人民法院以裁定的方式，指定某下一级人民法院管辖某一案件；管辖权的转移是指上、下级人民法院对其所管辖的案件，在认为必要等情况时可以移交或报请审理。

二、税务行政诉讼的诉理

（一）税务行政诉讼的起诉

税务行政诉讼的起诉是指公民、法人或其他组织认为自己的合法权益受到税务机关具体行政行为的损害而向人民法院提出诉讼要求，请求人民法院依法予以保护的诉讼行为。纳税当事人在提出税务行政诉讼时，必须符合下列条件：一是原告是认为具体税务行政行为侵犯其合法权益的公民、法人或其他组织；二是有明确的被告；三是有具体的诉讼请求和事实、法律根据；四是属于人民法院的受案范围和受诉人民法院管辖。

根据《税收征管法》等的规定，对税务机关的征税行为提起的诉讼，必须先经复议；对复议决定不服的，可在接到复议决定书之日起 15 日内向人民法院起诉；对其他具体行政行为不服的，当事人可在接到通知或知道之日起 15 日内直接向人民法院起诉。税务机关作出具体行政行为时，未告知当事人诉权和起诉期限，致使当事人逾期向人民法院起诉的，其起诉期限从当事人实际知道诉权或起诉期限时计算。但最长不得超过 2 年。在税务行政诉讼中，起诉权是单向性的权利，税务机关只有应诉权，且作为被告的税务机关也不能反诉。

（二）税务行政诉讼的受理

对纳税当事人的起诉，人民法院一般从以下几方面进行审查并作出是否受理的决定：审查是否属于法定的诉讼受案范围；审查是否具备法定的起诉条件；审查是否已经受理或正在受理；审查是否有管辖权；审查是否符合法定的期限；审查是否经过必经复议程序。根据有关法律规定，人民法院接到诉状，经过审查，应当在 7 日内立案或作出裁定不予受理。原告对不予受理的裁定不服的，可以提起上诉。

三、税务行政诉讼的审决

（一）税务行政诉讼的审理

人民法院审理行政案件实行合议、回避、公开审判和两审终审的审判制度。审理的核心是审查被诉具体行政行为是否合法，即作出该行为的税务机关是否依法享有该税务行政管理权；该行为是否依据一定的事实和法律作出；税务机关作出该行为是否遵照必备的程序等。

（二）税务行政诉讼的判决

人民法院对受理的税务行政案件，经过调查、搜集证据和开庭审理之后，分别作出以下判决。

（1）维持判决。该判决适用于具体行政行为证据确凿，适用法律、法规正确，符合法定程序的案件。

（2）撤销判决。被起诉的具体行政行为主要证据不足，适用法律、法规错误，违反法定程序，或超越职权、明显不当的滥用职权，应判决撤销或部分撤销，并判决税务机关重新作出具体行政行为。

（3）履行判决。税务机关不履行或拖延履行法定职责的，判其在一定期限内履行。

（4）变更判决。税务行政处罚显失公正的，可以判决变更。

对一审人民法院的判决不服，当事人可以上诉；对发生法律效力的判决，当事人必须执行，否则人民法院有权依对方当事人的申请予以强制执行。

四、稽查行政诉讼的应诉

（一）行政诉讼起诉审查

稽查局收件部门收到《应诉通知书》和起诉状副本等涉诉材料后，应于当日转送审理部门，审理部门向稽查局局长（分管领导）报告。稽查局随即对原告的起诉进行审查，认为案件管辖不符合法律、法规和司法解释规定的，在收到通知之日起15日内以书面形式向人民法院提出管辖异议。稽查局经审查发现有下列情形之一的，在答辩状中写明，提请人民法院裁定驳回原告的起诉：原告无诉讼主体资格的；没有明确的被告或者错列被告的；没有具体的诉讼请求或者事实根据的；不属于人民法院受案范围或者受诉人民法院管辖的；超过法定起诉期限且无《行政诉讼法》第四十八条规定情形的；未按照法律规定由法定代理人、指定代理人、代表人为诉讼行为的；未按照法律、法规规定先向行政机关申请复议的；重复起诉的；撤回起诉后无正当理由再行起诉的；行政行为对其合法权益明显不产生实际影响的；诉讼标的已为生效裁判或者调解书所羁束的；其他不符合法定起诉条件的情形。

应诉工作涉及下列重大事项的，应当提交稽查局所属税务局税务行政应诉工作领导小组集体研究确定：一是涉及重大公共利益的；二是社会关注度高的；三是可能引发群体性事件的；四是其他重大事项。

（二）行政诉讼出庭应诉

1. 负责人出庭应诉

被诉稽查局负责人应积极出庭应诉，稽查局负责人包括稽查局正职、副职负责人以及其他参与分管的负责人。稽查局负责人有正当理由不能出庭应诉的，应当向人民法院提交情况说明，并加盖单位印章或由稽查局局长签字认可。涉及重大公共利益、社会高度关注或可能引发群体性事件等案件以及人民法院书面建议稽查局负责人出庭的案件，被诉稽查局负责人应当出庭，并向人民法院提交能够证明该负责人职务的材料。

2. 委托诉讼代理人

被诉稽查局负责人出庭应诉的，可另行委托 1~2 名诉讼代理人。稽查局负责人不能出庭的，应当委托稽查局相应的工作人员出庭，不得仅委托律师出庭。稽查局委托相应工作人员出庭应诉的，应向人民法院提交加盖稽查局印章的授权委托书，并载明工作人员的姓名、职务和代理权限。委托律师出庭应诉的，授权委托书应当载明受托人基本信息、委托事项、代理权限和代理期限。

3. 答辩及提交证据

经稽查审理部门指定专人负责答辩材料的整理，撰写答辩状、证据清单、法律依据以及授权委托书，报稽查局局长审批，并在收到起诉状副本之日起 15 日内向人民法院提交作出行政行为的证据和所依据的规范性文件，并提交答辩状。稽查局根据《行政诉讼法》第三十六条第一款的规定，申请延期提供证据的，应当在收到起诉状副本之日起 15 日内以书面形式向人民法院提出。人民法院准许的，稽查局应当在正当事由消除后 15 日内提供。稽查局发现证据可能灭失或以后难以取得的，可向人民法院申请保全证据。对于案情比较复杂或证据数量较多的案件，人民法院如组织当事人在开庭前向对方出示或交换证据，稽查局应按照要求出示或交换证据。人民法院要求提供或补充证据的，稽查局应当按要求提交证据。

4. 庭审材料的准备

稽查局在开庭审理前应组织召开庭前准备会议，研究拟定质证意见、法庭辩论提纲和最后陈述，并对可能出现的突发状况准备应急预案。对国家赔偿及稽查局行使法律、法规规定的自由裁量权的案件，还应当做好是否接受调解的预案并报稽查局局长审批。

5. 庭审的出庭应诉

庭审的出庭应诉主要有以下规定。

（1）申请回避。稽查局认为审判人员以及书记员、翻译人员、鉴定人、勘验人与本案有利害关系或其他关系，可能影响公正审判的，应申请回避。申请回避应在案件开始审理前提出，回避事由在案件开始审理后知道的，也可在法庭辩论终结前提出。申请回避可以口头提出，也可以书面提出，稽查局如对人民法院的决定不服，可以在接到决定时申请复议一次。稽查局发现对方出庭人员并非当事人本人或其法定代表人，且未办理委托代理手续等情形，可向法庭提出异议。

（2）庭审陈述。在法庭调查过程中，稽查局应根据法庭询问，以答辩状的内容为基础进行陈述。在举证过程中，稽查局应出示证据材料，说明证据的名称、来源、内容和证明目的。在质证过程中，稽查局应从证据关联性、合法性和真实性三个方面对其余各方当事人提交的证据发表质证意见，明确是否认可其余各方当事人提交证据的证明目的。经法庭许可，稽查局可向证人、鉴定人、勘验人发问，可申请重新鉴定、调查或勘验。人民法院要求稽查局执法人员到庭，就案件有关事实接受询问的，稽查局相应人员应按要求签署保证书，到庭接受询问。原告或第三人提出了其在行政处理程序中没有提出的理由或证据的，经人民法院准许，稽查局可以补充证据。稽查局有证据证明其在行政程序中依照法定程序要求原告或第三人提供证据，其应当提供而未提供，在诉讼程序中提供的证据，稽查局应及时提出异议。

（3）庭审辩论。在法庭辩论中，稽查局应在法庭主导下，从以下方面发表辩论意见：一是是否认可法庭总结、归纳的争议焦点问题；二是围绕案件事实、证据效力、适用依据和程序规范等争议焦点问题，阐明作出行政行为的合法性与合理性；三是反驳对方当事人关于争议焦点问题的意见。如果发现案件事实尚未查清的，可申请恢复法庭调查。稽查局应做好最后陈述，坚持答辩意见，请求人民法院依法裁判。出庭应诉人员应核对庭审笔录并签字确认，有异议的及时向法庭提出，并在法庭许可后进行更正。

（三）行政诉讼调解与执行

1. 行政诉讼调解

人民法院征求行政诉讼调解意见时，由稽查局局长决定是否同意调解协议；案件经过重大税务案件审理的，或跨区域稽查局重点案件经过税务局稽查局重点案件集体审理的，按规定提请重大税务案件审理委员会或税务局稽查局重点案件集体审理委员会决定。

2. 行政诉讼上诉

稽查局不服人民法院第一审判决的，有权在判决书送达之日起 15 日内向上一级人民法院提起上诉；不服人民法院第一审裁定的，有权在裁定书送达之日起 10 日内向上一级人民法院提起上诉。原告或第三人在第一审程序中无正当事由未提供而在第二审程序中提供的证据，稽查局应及时提出异议。

3. 行政诉讼申诉

稽查局认为已经发生法律效力的判决、裁定确有错误的，调解违反自愿原则或调解书内容违法的，可向上一级人民法院申请再审。稽查局向上一级法院申请再审，应当在判决、裁定或调解书发生法律效力后 6 个月内提出。有下列情形之一的，自知道或应当知道之日起 6 个月内提出：有新的证据，足以推翻原判决、裁定的；原判决、裁定认定事实的主要证据是伪造的；据以作出原判决、裁定的法律文书被撤销或者变更的；审判人员审理该案件时贪污受贿、徇私舞弊、枉法裁判的。

4. 行政诉讼抗诉

对人民法院已发生法律效力的判决或裁定，或发现调解书损害国家利益、社会公共利益的，稽查局可请求人民检察院按照审判监督程序提出抗诉。稽查局发现有下列情形之一的，可向人民检察院申请抗诉或检察建议：人民法院驳回再审申请的；人民法院逾期未对再审申请作出裁定的；再审判决、裁定有明显错误的。

5. 行政诉讼执行

稽查局应当履行人民法院发生法律效力的判决、裁定、调解书。人民法院判决重新作出行政行为的，稽查局不得以同一事实和理由作出与原行政行为基本相同的行政行为，但因原行政行为违反法定程序而被撤销的除外。稽查局重新作出的行政行为与原行政行为的结果相同，但主要事实或主要理由有改变的，不属于上述的"基本相同的行政行为"。

第三节　税务行政赔偿

一、税务行政赔偿的范围

（一）税务行政赔偿的概念

税务行政赔偿是指税务机关及其工作人员违法行使税收征管职权，对纳税人、扣缴义务人和其他涉税当事人的合法权益造成损害，由国家承担赔偿责任，并由税务机关具体履行义务的一项法律制度。税务行政赔偿是国家赔偿的重要组成部分。所谓国家赔偿是指国家机关及其工作人员违法行使职权，对公民、法人和其他组织的合法权益造成损害，由国家承担赔偿责任的制度。税务行政赔偿应当遵循《中华人民共和国国家赔偿法》（以下简称《国家赔偿法》）、《税收征管法》等法律、法规和规章。《国家赔偿法》既是一部规范国家赔偿的实体法，又是一部具有较强操作性的程序法，同时也是税务行政赔偿的主要法律依据。

（二）税务行政赔偿的具体范围

税务行政赔偿的范围是指税务机关对本机关及其工作人员在行使职权时给受害人造成损害予以赔偿的范围。《国家赔偿法》规定的赔偿只包括对直接损害的赔偿，不包括间接损害。其范围限于对财产权和人身权中的生命健康权、人身自由权的损害进行赔偿，不包括精神损害等。依据现行法律规定，税务行政赔偿的范围包括：

1. 侵犯人身权的赔偿

人身权是作为自然人的人格权与身份权的合称，包括人身自由权、生命权、健康权、姓名权、名誉权和肖像权等。税务机关及其工作人员有下列违法行为的，予以行政赔偿：违法拘留或违法采取限制公民人身自由的行政强制措施的；非法拘禁或以其他方法非法剥夺公民人身自由的；以殴打、虐待等行为或唆使、放纵他人以殴打、虐待等行为造成公民身体伤害或死亡的；违法使用武器、警械造成公民身体伤害或死亡的；造成公民身体伤害或死亡的其他违法行为。

2. 侵犯财产权的赔偿

《国家赔偿法》规定的财产权仅限于公民、法人或其他组织的财产权，具体包括物权、债权、知识产权、经营自主权、物质帮助权。税务机关及其工作人员有下列违法行为的，予以行政赔偿：违法实施罚款、吊销许可证和执照、责令停产停业、没收财物等行政处罚的；违法对财产采取查封、扣押、冻结等行政强制措施的；违法征收、征用财产的；造成财产损害的其他违法行为。

3. 不承担赔偿的情形

一般有损害必赔偿，但在特定情况下，虽有损害发生，税务机关也不予赔偿。不承担税务行政赔偿的情形主要包括：（1）税务机关工作人员与行使职权无关的行为。如税务人员与他人签订民事合同的行为等。（2）因纳税当事人自己的行为致使损害发生的。纳税当事人自己的行为是指受害人的个人行为，包括受害人制造假象、欺骗税务行政执法人员，以及自伤自残等行为。（3）法律规定的其他情形。如因国家行为、立法行为、军事行为及不可抗力等。

二、税务行政赔偿的要素

（一）赔偿的构成要件

税务行政赔偿的构成要件，主要包括以下四个方面：一是前提要件，即侵权行为主体须为税务机关及其工作人员或法律、法规授权的组织；二是核心要件，即税务机关及其工作人员的职务违法行为；三是必备要件，即存在对纳税人和其他税务当事人合法权益造成损害的事实；四是因果要件，即税务机关及其工作人员的职务违法行为与现实发生的损害事实存在着因果关系。

（二）赔偿的请求人

税务行政赔偿的请求人即依法享有行政赔偿请求权的人，是指有权对税务机关及其工作人员的职务违法行为造成损害提出赔偿要求的人。根据现行有关法律规定，其请求人主要包括：一是受害纳税人和其他涉税当事人；二是受害公民的继承人和其他有抚养关系的亲属；三是承受原法人或其他组织权利的法人或其他组织。

（三）赔偿的义务机关

税务行政赔偿义务机关是指具体代表国家处理赔偿请求、支付赔偿费用、参加赔偿诉讼的行政机关。税务行政赔偿义务机关原则上是行使职权侵害公民法人和其他组织合法权益的税务机关。通过上级税务机关行政复议的，最初造成侵权的税务机关为赔偿义务机关，但上级税务机关的复议决定加重损害的，则上级税务机关对加重损害部分履行赔偿义务；应当履行赔偿义务的税务机关被撤销的，继续行使其职权的税务机关或撤销该税务机关的行政机关为赔偿义务机关。

（四）赔偿的请求时效

依据《国家赔偿法》的规定，请求税务行政赔偿的时效为 2 年，自税务机关及其工作人员行使职权时的行为被依法确认为违法之日起计算。如果税务行政赔偿请求人在赔偿请求时效的最后 6 个月内，因不可抗力或其他障碍不能行使请求权的，时效中止；从中止时效的原因消除之日起，赔偿请求时效期间继续计算。

（五）赔偿的特别保障

根据现行法律规定，税务行政赔偿请求人要求赔偿的，赔偿义务机关、复议机关和人民法院，不得向该赔偿请求人收取任何费用；对赔偿请求人取得的赔偿金不予征税。

三、税务行政赔偿的程序

税务行政赔偿程序是指税务机关和人民法院处理行政赔偿问题应遵循的法定方式、方法、步骤、顺序和时限的总称。其方式主要包括单独提出、在申请行政复议时一并提出和在提起行政诉讼时一并提出赔偿请求。

（一）税务行政赔偿的非诉程序

非诉税务行政赔偿程序是指不通过司法程序而由税务机关来处理行政赔偿问题的程序。其程序主要包括：

1. 赔偿请求的提起

提出赔偿请求的条件是必须具备有赔偿请求权、向赔偿义务机关提起、在法定期限内提出和属于应当赔偿的范围。税务行政赔偿请求人（简称请求人）应先提出其赔偿要求，其项数可以是一项或数项。在共同税务职务行为侵害赔偿案件中，请求人有权向其中任何一个赔偿义务机关要求赔偿，该赔偿义务机关应依法先予全部赔偿。

2. 赔偿请求的形式

请求人提起赔偿请求时，原则上应当递交由本人书写的税务行政赔偿申请书，包括受害人的基本情况和具体的要求、事实根据及理由，以及申请的年、月、日。若其书写确有困难的，可委托他人代书。在特殊情况下，请求人书写申请书确实有困难的，也可口头提出申请，由赔偿义务机关记入笔录。

3. 赔偿请求的受理

赔偿义务机关收到请求人的赔偿申请书后，应按规定对其进行审查，并在 10 日内分别作出受理或不予受理的决定；税务机关自受理后，应对赔偿申请及损害事实情况、违法行为与损害结果间是否有因果关系等进行审理。审理期间如请求人撤回赔偿申请，经税务机关同意，应终止审理，资料归档。

4. 赔偿请求的处理

税务机关应在收到赔偿申请书之日起 2 个月内制作"赔偿决定书"，决定予以赔偿或不予赔偿。应予以赔偿的，在规定期限内依照法定的赔偿方式和计算标准给予赔偿；逾期不赔偿或赔偿请求人对赔偿数额有异议的，赔偿请求人可在期限届满之日起 3 个月内向人民法院提起诉讼。

（二）税务行政赔偿的诉讼程序

税务行政赔偿诉讼是指将税务行政赔偿争议交由人民法院审理并作出裁决的活动。其程序主要包括：

（1）赔偿诉讼的起诉条件。提起诉讼应当具备的条件：原告是税务行政侵权行为的受害人；有明确的被告；有具体的诉讼请求和相应的事实根据；属于人民法院受案范围及受诉人民法院管辖；原告单独提出赔偿请求的，必须经赔偿义务机关先行处理；在法律规定的时效内（2年）起诉。

（2）行政赔偿诉讼的审判。税务行政赔偿诉讼采用合议制。在行政赔偿诉讼中，原告应对被诉具体行政行为造成损害的事实提供证据。被告有权提供不予赔偿或减少赔偿额方面的证据。

（3）行政赔偿诉讼的调解。行政赔偿诉讼可采用调解的方式，这是其与行政诉讼在审理方式方面的较大区别。受害人和赔偿义务机关达成协议，应制作行政赔偿调解书，写明赔偿请求、案件事实和调解结果。调解书在双方当事人签收后，即具有法律效力。

（三）税务行政赔偿的追偿制度

税务行政赔偿的追偿制度是指违法行使职权给纳税当事人合法权益造成损害的税务工作人员，在主观上有过错（如故意和重大过失等），税务机关赔偿税务工作人员造成的损害后，再追究其责任的制度。其实质是对违法行使职权的税务工作人员的惩罚。

税务行政机关行使追偿权，必须具备两个条件：一是税务行政赔偿机关已向受损失的纳税当事人进行了赔偿，追偿权在赔偿之前是不存在的；二是税务行政机关工作人员及受委托组织及其工作人员，必须对税务职务侵权行为有故意或重大过失。

税务行政赔偿的追偿请求主要包括：一是要求有故意或重大过失的工作人员承担全部或部分赔偿费用；二是酌情对有故意或重大过失的工作人员依法给予行政处分或依法追究刑事责任。将追偿限制在故意或重大过失的范围内，有利于保护税务行政机关工作人员的积极性和创造性，也有利于抑制任意或不负责任行使职权的现象产生。

四、税务行政赔偿的执行

（一）税务行政赔偿执行的方式

税务行政赔偿方式是指税务机关承担行政赔偿责任的具体形式。按现行法律规定，税务行政赔偿以支付赔偿金为主要方式。如果赔偿义务机关能够通过返还财产或恢复原状实施赔偿的，应当返还财产或恢复原状。

（1）支付赔偿金。它是指税务机关以货币形式支付赔偿金额，补偿受害人所受损害的方式。这是税务行政赔偿的主要方式，操作性强，简便易行。

（2）返还财产。它是指税务机关将违法取得的财产返还给受害人的赔偿方式。这是一种辅助性的赔偿方式，只适用于财产权损害。但实施时应当注意，原物是否存在，是否比以金钱赔偿更为有利或便捷，是否影响公务活动等。

（3）恢复原状。它是指税务机关对受害人受到的损害进行修复，使之恢复到损害前的形式和性能的赔偿方式。一般而言，恢复原状须具备一定的条件：一是必须是能够恢复原状的；二是通常有受害人恢复原状的请求；三是不违反法律规定、不会产生违法结果的情况下采用恢复原状的形式赔偿；四是在尽可能不影响公务的情况下采用。

（二）税务行政赔偿执行的标准

1. 税务行政侵害人身权的赔偿标准

（1）侵犯公民人身自由的，每日赔偿金按照国家上年度职工日平均工资计算。

（2）造成公民身体伤害的，应支付医疗费、护理费及赔偿因误工减少的收入。减少的收入每日的赔偿金按国家上年度职工日平均工资计算，但最高限额不超过其5倍。

（3）造成公民部分或全部丧失劳动能力的，应支付医疗费、护理费、残疾生活辅助具费、康复费等因残疾而增加的必要支出和继续治疗所必需的费用，以及残疾赔偿金。残疾赔偿金根据丧失劳动能力的程度，按照国家规定的伤残等级确定，最高不超过国家上年度职工年平均工资的20倍。造成全部丧失劳动能力的，对其扶养的无劳动能力的人，还应当支付生活费。

（4）造成公民死亡的，应支付死亡赔偿金、丧葬费，总额为国家上年度职工平均工资的 20 倍。对死者生前抚养的无劳动能力的人，还应支付生活费。

上述规定的生活费的发放标准，参照当地最低生活保障标准执行。被扶养的人是未成年人的，生活费给付至 18 周岁止；其他无劳动能力的人，生活费给付至死亡时止。

2. 税务行政侵害财产权的赔偿标准

（1）违法征收税款、加收滞纳金的，返还税款及滞纳金。

（2）违法对应予出口退税而未退税的，应给予退税。

（3）违法罚款、没收非法所得或违反国家规定征收财物、摊派费用的，返还财产。

（4）违法查封、扣押和冻结财产的，解除对财产的查封、扣押和冻结；造成财产损坏或灭失的，应恢复原状或给付相应的赔偿金。

（5）应返还的财产损坏的，能恢复原状的恢复原状，不能恢复原状的按照损害程度给付赔偿金。

（6）应返还的财产灭失的，给付相应的赔偿金。

（7）财产已经拍卖或变卖的，给付拍卖或变卖所得的价款；变卖的价款明显低于财产价值的，应当支付相应的赔偿金。

（8）返还执行的罚款或罚金、追缴或没收的金钱，解除冻结的存款或汇款的，应当支付银行同期存款利息。

（9）对财产权造成其他损害的，按照直接损失给予赔偿。

按现行法律规定，税务行政赔偿费用列入各级财政预算，由各级财政部门按照财政管理体制分级负担。

本章小结

本章主要阐述和研究了税务行政复议、诉讼和赔偿。税务行政复议包括复议范围、申理、审决和执行，复议范围包括受案范围和管辖范围；复议申理包括参加人、复议申请和复议受理；复议审决包括审查和决定；复议执行包括决定送达、履行和执行决定。税务行政诉讼包括诉讼范围、诉理、审决和应诉，诉讼范围包括受案范围和诉讼管辖；诉讼诉理包括诉讼起诉和受理；诉讼审决包括诉讼审理和判决；诉讼应诉包括起诉审查、出庭应诉、调解与执行。税务行政赔偿包括赔偿范围、要素、程序和执行。赔偿范围包括人身权、财产权等；赔偿要素包括构成要件、请求人、义务机关和请求时效等；赔偿程序包括非诉程序、诉讼程序和追偿制度；赔偿执行包括执行方式和标准。

下 篇
税务稽查实践

· · ·

　　税务稽查实践篇主要包括增值税税务稽查、消费税税务稽查、企业所得税税务稽查、个人所得税税务稽查和其他税种税务稽查五章内容。增值税税务稽查包括基本要素的稽查、销项税额的稽查、进项税额的稽查、应纳税额的稽查和出口货物的稽查；消费税税务稽查包括税目税率的稽查、纳税环节的稽查、计税依据的稽查和应纳税额的稽查；企业所得税税务稽查包括基本要素的稽查、材料成本的稽查、生产成本的稽查和应纳税额的稽查；个人所得税税务稽查包括基本要素的稽查、计税依据的稽查和应纳税额的稽查；其他税种税务稽查包括资源类税的稽查、财产类税的稽查和行为类税的稽查。

第六章

增值税税务稽查

增值税税务稽查主要阐述和分析基本要素的稽查、销项税额的稽查、进项税额的稽查、应纳税额的稽查和出口货物的稽查五个问题。基本要素的稽查包括纳税人、征税范围和税率的稽查；销项税额的稽查包括销售行为、销售额和销项税额的稽查；进项税额的稽查包括购进、转出和抵扣的稽查；应纳税额的稽查包括税额计算和减免税的稽查；出口货物的稽查包括退（免）税范围、退税依据与数额的稽查。

第一节　基本要素的稽查

一、增值税纳税人的稽查

（一）增值税稽查对象的确定

从实践上，增值税稽查对象的确定主要分析增值税税负率、工商业增加值、进项税额控制额和投入产出等指标。其内涵和使用方法如下。

1. 增值税税负率

增值税税负率是指本期应纳增值税与本期应税主营业务收入占比，计算公式为：

$$增值税税负率 = \frac{本期应纳增值税}{本期应税主营业务收入} \times 100\%$$

审查分析纳税人增值税税负率与销售额变动率等指标，将其与相应的正常值比较，如其高于或低于正常值的，均可列入增值税稽查的疑点。

根据企业报送的增值税纳税申报表、资产负债表、利润表和其他有关纳税资料，进行利润率测算、存货、负债、进项税额综合分析和销售额分析指标的分析，对其形成异常申报的原因作出进一步判断。具体操作时应将该指标与预警值对比，如果销售额变动率高于正常值和税负率低于预警值或销售额变动率正常而税负率低于预警值的，以进项税额为稽查重点，查证有无扩大进项税额抵扣范围、骗抵进项税额、不按规定申报抵扣税额等问题，对应核实销项税额计算的正确性。

对销项税额的稽查分析，应侧重查证有无账外经营、瞒报、迟报计税销售额，混淆增值税征税范围而错用适用税率或征收率等问题。

2. 工商业增加值

工商业增加值包括应纳税额与工商业增加值弹性和工商业增加值税负两项分析。

（1）应纳税额与工商业增加值弹性分析。其计算公式如下：

$$应纳税额与工商业增加值弹性系数 = \frac{应纳税额增长率}{工商业增加值增长率}$$

$$应纳税额增长率 = \frac{本期应纳税额 - 基期应纳税额}{基期应纳税额} \times 100\%$$

$$工商业增加值增长率 = \frac{本期工商业增加值 - 基期工商业增加值}{基期工商业增加值} \times 100\%$$

其中：应纳税额是指纳税人缴纳的增值税税额；工商业增加值是指工资、利润、折旧和税金的合计。弹性系数小于预警值，企业可能有少缴税金的问题，应通过其他相关纳税评估指标与评估方法，并结合纳税人生产经营的实际情况进一步分析，对其申报真实性进行评估。

（2）工商业增加值税负分析。其计算公式如下：

$$工商业增加值税负差异率 = \frac{本企业工商业增加值税负}{同行业工商业增加值税负} \times 100\%$$

$$本企业工商业增加值税负 = \frac{本企业应纳税额}{本企业工商业增加值}$$

$$同行业工商业增加值税负 = \frac{同行业应纳税额总额}{同行业工商业增加值}$$

应用工商业增加值税负指标分析本企业工商业增加值税负与同行业工

商业增加值税负的差异，如低于同行业工商业增加值平均税负，则企业可能存在隐瞒收入、少缴税款等问题，结合其他相关评估指标和方法进一步分析，对其申报真实性进行评估。

3. 进项税额控制额

进项税额控制额分析指标的计算公式如下：

本期进项税额控制额＝（期末存货较期初增加额＋本期销售成本＋期末应付账款较期初减少额）×增值税适用税率＋本期运费进项税额

将增值税纳税申报表计算的本期进项税额，与纳税人财务会计报表计算的本期进项税额进行比较，与该纳税人历史同期的进项税额控制额进行纵向比较，与同行业、同等规模的纳税人本期进项税额控制额进行横向比较，与税收管理员掌握的本期进项税额实际情况进行比较，查找问题，对稽查对象的申报真实性进行分析。

具体分析时，先计算本期进项税额控制额，以进项税额控制额与增值税纳税申报表中的本期进项税额核对，若前者明显小于后者，则可能存在虚抵进项税额和未付款的购进货物提前申报抵扣进项税额的问题。

4. 投入产出

投入产出分析指标的计算公式如下：

$$投入产出分析指标 = \frac{当期原材料（燃料、动力等）投入量}{单位产品原材料（燃料、动力等）使用量}$$

其中：单位产品原材料（燃料、动力等）使用量是指同地区、同行业单位产品原材料（燃料、动力等）使用量的平均值。对投入产出指标进行分析，应测算出企业实际产量，根据测算的实际产量与实际库存数量进行对比确定实际销量，从而进一步推算出企业销售收入。如测算的销售收入大于其申报的销售收入，则企业可能有隐瞒销售收入的问题。通过其他相关纳税评估指标与方法，并与税务人员掌握税负变化的实际情况进行比较，对稽查对象的申报真实性进行分析。

【例 6-1】

增值税稽查选案分析案例

一、稽查项目分析要点

某合资公司成立于 2010 年，中方投资 29.2 万美元，投资比例为 74%；

外方投资 10 万美元，投资比例为 26%。主要从事 UPS 电源、网络产品的经销业务，获利年度为 2011 年。该公司被批准为高新技术企业，适用企业所得税优惠税率 15%。2019～2021 年基本财务及纳税状况如表 6-1 所示。

表 6-1　　　　　　　2019～2021 年基本财务及纳税状况

年份	销售收入（万元）	销售成本（万元）	已纳增值税（元）	年末留抵税额（元）	会计所得额（元）	应纳税所得额（元）	已纳所得税（元）
2019	4 773	4 341		81 001	803 497	1 057 260	158 589
2020	3 036	2 582		154 984	63 511	213 621	32 042
2021	4 243	3 702		27 825	-94 164	376 658	56 498

二、增值税曲线分析

该公司 2019～2021 年的增值税分析如表 6-2 至表 6-4、图 6-1 至图 6-3 所示。

表 6-2　　　　　　　　　2019 年增值税分析　　　　　单位：元

月份	销项税额	进项税额	应纳税额
1	142 045.75	1 399 579.78	-1 257 534.03
2	419 591.07	1 746 192.67	-1 326 601.60
3	1 675 259.85	1 806 975.30	-131 715.45
4	681 854.96	891 907.88	-210 052.92
5	402 493.98	654 271.59	-251 777.61
6	332 034.49	402 269.57	-70 235.08
7	419 776.44	538 565.69	-118 789.25
8	389 284.87	391 251.43	-1 966.56
9	1 218 686.27	1 427 404.50	-208 718.23
10	978 923.06	1 017 671.35	-38 748.29
11	456 562.89	463 459.97	-6 897.08
12	997 905.04	1 078 906.79	-81 001.75
合计	8 114 418.67	11 818 456.52	0.00
销售额	47 731 874.34		

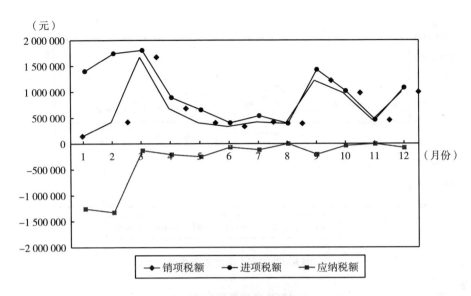

图 6 - 1　2019 年增值税曲线

表 6 - 3　　　　　　　　　　　2020 年增值税分析　　　　　　　　　单位：元

月份	销项税额	进项税额	应纳税额
1	239 026.83	405 122.69	- 166 095.86
2	416 278.91	429 237.57	- 12 958.66
3	372 554.42	409 387.57	- 36 833.15
4	249 477.47	262 743.94	- 13 266.47
5	597 433.96	883 300.98	- 285 867.02
6	195 971.85	416 979.74	- 221 007.89
7	618 906.41	1 116 679.22	- 497 772.81
8	308 756.18	651 135.83	- 342 379.65
9	367 522.86	740 966.66	- 373 443.80
10	321 729.67	448 748.18	- 127 018.51
11	188 513.42	266 989.47	- 78 476.05
12	1 283 196.21	1 438 180.34	- 154 984.13
合计	5 159 368.19	7 469 472.19	0.00
销售额	30 349 224.00		

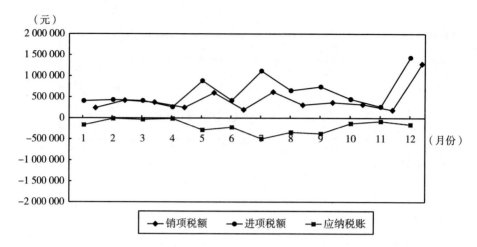

（元）

图 6 - 2　2020 年增值税曲线

表 6 - 4	2021 年增值税分析		单位：元
月份	销项税额	进项税额	应纳税额
1	282 586. 17	537 409. 12	− 254 822. 95
2	154 268. 86	477 759. 72	− 323 490. 86
3	200 288. 31	578 832. 90	− 378 544. 59
4	539 037. 52	627 328. 37	− 88 290. 85
5	967 910. 33	1 299 448. 30	− 331 537. 97
6	358 946. 34	711 806. 68	− 352 860. 34
7	600 089. 53	985 892. 41	− 385 802. 88
8	1 001 094. 25	1 541 993. 05	− 540 898. 80
9	795 784. 00	824 913. 80	− 29 129. 80
10	367 286. 23	380 114. 27	− 12 828. 04
11	971 772. 34	1 016 507. 58	− 44 735. 24
12	973 438. 09	1 001 263. 84	− 27 825. 75
合计	7 212 501. 97	9 983 270. 04	0. 00
销售额	42 426 482. 38		

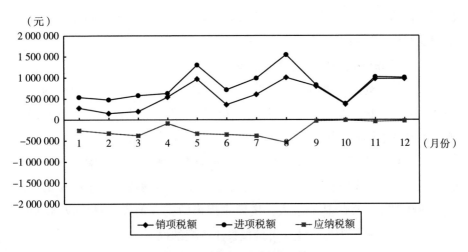

图 6 - 3　2021 年增值税曲线

三、比对结果

2019～2021 年对比结果如表 6 - 5 所示。

表 6 - 5　　　　　　　　**2019～2021 年增值税分析**

项　　目	2019 年	2020 年	2021 年	备注
销售税金负担率	…	…	…	…
销售额增长率	…	- 36.42%	- 11.11%	同向
销售税金增长率	…	- 36.42%	- 11.11%	同向
销售额与销售税金增减幅度对比	…	…	…	…
进项税额增长率	…	- 36.80%	- 15.53%	同向
应纳税额增长率	…	…	…	…
进销项比率	145.65%	144.77%	138.42%	正常
销项与进项税额增减幅度对比	…	0.38%	4.41%	正常

（二）增值税一般纳税人的稽查

增值税一般纳税人资格的取得，除按照税法规定的年度应征增值税的销售额控制指标外，主要是看纳税单位的财务核算状况是否符合税法的要求，包括固定资产规模、专业财务人员人数、设置账簿种类和能否准确核算销项税额、进项税额等。

1. 增值税一般纳税人条件的稽查

根据税法规定，增值税一般纳税人的认定条件是年应征增值税的销售额和财务会计核算状况。稽查时对不符合条件的一般纳税人，应重新评定或取消其一般纳税人资格。

（1）纳税人认定条件的一般审查。对年不含增值税销售额在 500 万元以上且会计核算健全的单位，可以申请认定为一般纳税人。年应税销售额超过 500 万元标准的其他个人，按照小规模纳税人纳税；非企业性单位、不经常发生应税行为的企业，可选择按小规模纳税人纳税。

在稽查时，应注意纳税人是否为年销售额超过小规模纳税人的个人、非企业性单位；对无经营场所、无实际商品购进与销售，以及纯属买空卖空行为的纳税人，则应取消其一般纳税人资格；未达起征点的业户实行按季、半年或年申报一次，审查是否按规定申报纳税；对实行定期定额方式缴纳税款的未达起征点的业户，如其实际经营额连续一定期限超过起征点的，税务机关应及时调整其定额。

（2）对总分支机构一般纳税人的审查。对总分支机构实行统一核算而不在同一县（市）的纳税人以总机构的名义在各地开立账户，通过资金结算网络在各地向购货方收取销货款，由总机构直接向购货方开具发票的行为，不具备售货单位向购货方开具发票、向购货方收取货款两种情形之一，其取得的应税收入应在总机构所在地缴纳增值税。如果售货单位只就部分货物向购买方开具发票或收取货款，则应区别不同情况计算并分别向总机构所在地或分支机构所在地缴纳税款，看其是否分别向其机构所在地主管税务机关申请办理一般纳税人认定手续，注意有无具有一般纳税人资格的总机构而不办理认定事宜。如果分支机构年应税销售额超过小规模纳税人标准，看其是否提供了总机构所在地主管税务机关批准其总机构为一般纳税人的证明。

2. 增值税一般纳税人资格的稽查

稽查的重点主要包括以下四个方面。

（1）增值税一般纳税人的确认。注意审查《税务登记证》副本，看首页上方是否加盖印模——由国家税务总局制定的红色"增值税一般纳税人"确认专章，查看认定机关是否为县级以上税务机关，能否按规定使用增值税专用发票，会计核算是否健全，能否向税务机关提供准确的税务资料等。

（2）增值税一般纳税人的年审。稽查时，应注意已认定为增值税一般纳税人的企业是否进行了年审，其年审内容是否齐全，有无遗漏等。

（3）增值税一般纳税人资格的审定。对上年应税销售额超过认定标准以及年审合格的增值税一般纳税人，在《增值税一般纳税人资格证书》和《发票领购簿》上加贴一般纳税人年审合格标识。

（4）一般纳税人资格取消。除国家税务总局另有规定外，一经认定为一般纳税人后，不得转为小规模纳税人。如按照规定一般纳税人注销税务登记或转为小规模纳税人的，应将专用设备和结存未用的纸质专用发票送交主管税务机关。主管税务机关应缴销其专用发票，并按有关安全管理的要求处理专用设备。

二、增值税征税范围的稽查

（一）一般征税范围的稽查

1. 销售货物的稽查

判断是否属于销售货物行为，一般从存在形态和可否转移两个方面稽查货物的内容。货物主要指在生产环节已实现销售、进口环节已报关进口和流通中的商品。从流转环节入手审查货物的经济用途，如单位或个体经营者发生将货物交付他人代销等税法规定的 8 种特殊应税货物行为，属于视同销售行为应征收增值税。此外，还有其他一些规定，如专门生产或销售货物（包括烧卤熟制食品在内）的个体经营者及其他个人，国家指定销售单位将罚没物品纳入销售渠道销售的，纳税人倒闭、破产、解散、停业后销售的货物，以及对经营单位购入拍卖物品再销售的，都应依法征收增值税。

应注意的是：增值税税法规定的 8 种视同销售货物行为属于征税范围的特殊行为，不管是否记入"主营业务收入"，都应按正常价格核定次序，计算征收增值税。但对特殊项目不征增值税，如体育彩票的发行收入，国家管理部门发放的执照、牌照和有关证书等取得的工本费收入，转让企业全部产权涉及转让的应税货物和对增值税纳税人收取的会员费收入等，不属于增值税的征收范围。

2. 进口货物的稽查

进口货物在海关征收关税后，由海关按组成计税价格代征增值税。对进料加工、来料加工货物内销部分，由制造地或销售地税务机关补征增值税。

（1）暂不纳税的检查。经海关批准暂时进境的下列货物，在进境时纳税人向海关缴纳相当于应纳税款的保证金或提供其他担保的，可以暂不缴纳进口环节增值税，并应当自进境之日起6个月内复运出境。经纳税人申请海关可根据海关总署的规定延长复运出境的期限，如在展览会、交易会、会议及类似活动中展示或使用的货物等。

对税法规定暂准进境货物在规定的期限内未复运出境的，海关应当依法征收进口环节增值税。除此以外的其他暂准进境货物，应当按照该货物的组成计税价格和其在境内滞留时间与折旧时间的比例，分别计算征收进口环节增值税。

（2）免税情况的检查。对照现行增值税税法规定的免税项目进行审查，如无商业价值的广告品和货样、外国政府和国际组织无偿赠送的物资等，免征进口环节增值税。稽查时，应重点审核《增值税及附加税费申报表附列资料（二）》中"海关进口增值税专用缴款书"数据的准确性。

3. 提供加工修理修配劳务的稽查

稽查时，主要从原材料或零配件的供应、费用结算办法等方面，鉴别加工、修理修配的形式。如由委托方提供原材料或零配件，按双方签订的委托加工合同规定制造货物并收取加工费的加工业务，属于增值税稽查范围。但也有例外，如铁路系统内部单位为本系统修理货车的业务，免征增值税；也不包括单位或个体经营者聘用的员工为本单位或雇主提供加工、修理修配劳务。货物生产企业为搞好售后服务支付给经销企业修理费用，作为经销企业为用户提供售后服务的费用支出，对经销企业从货物的生产企业取得"三包"收入，应按"修理修配"征收增值税。

4. 销售服务的稽查

销售服务是指有偿提供交通运输服务、邮政服务、电信服务、建筑服务、金融服务、现代服务和生活服务。稽查重点主要包括：交通运输服务包括陆路运输、水路运输、航空运输和管道运输服务，注意区分程租、期租、湿租、光租、干租等业务；邮政服务包括邮政普遍服务、邮政特殊服务和其他邮政服务，但邮政储蓄业务按照金融保险业税目征收增值税；电信服务包括基础电信服务和增值电信服务，重点稽查税率的不同；建筑服务包括工程、安装、修缮、装饰和其他建筑服务；金融服务包括贷款服务、直接收费金融服务、保险服务和金融商品转让，融资性售后回租属于金融服务；现代服务包括研发和技术服务、信息技术服务、文化创意服务、物流辅助服务、租赁服务、鉴证咨询服务、广播影视服务、商务辅助服务和其他现代服务，其中租赁服务包括经营租赁和融资租赁，装卸搬运服务、仓储服务、收派服务属于物流辅助服务，车辆停放服务、道路通行服务（包括过路费、过桥费、过闸费等）按照不动产经营租赁服务缴纳增值税；生活服务包括文化体育服务、教育医疗服务、旅游娱乐服务、餐饮住宿服务、居民日常服务和其他生活服务，提供餐饮服务的纳税人销售的外卖食品按照"餐饮服务"缴纳增值税，纳税人提供植物养护服务属于生活服务。

5. 销售无形资产的稽查

销售无形资产是指有偿转让无形资产所有权或使用权的业务活动。无形资产是指不具有实物形态，但能带来经济利益的资产，包括技术、商标、著作权、商誉、自然资源使用权和其他权益性无形资产。技术包括专利技术和非专利技术，自然资源使用权包括土地使用权、海域使用权、探矿权、采矿权、取水权和其他自然资源使用权，其他权益性无形资产包括基础设施资产经营权、公共事业特许权、配额、经营权、经销权、分销权、代理权、会员权、席位权、网络游戏虚拟道具、域名、名称权、肖像权、冠名权、转会费等。

6. 销售不动产的稽查

销售不动产是指有偿转让不动产所有权的业务活动。不动产是指不能移动或者移动后会引起性质、形状改变的财产，包括建筑物和构筑物等。

建筑物包括住宅、商业营业用房、办公楼等可供居住、工作或者进行其他活动的建造物。构筑物包括道路、桥梁、隧道、水坝等建造物。转让建筑物有限产权或永久使用权的、转让在建的建筑物或者构筑物所有权的，以及在转让建筑物或者构筑物时一并转让其所占土地的使用权的，按照销售不动产缴纳增值税。

（二）特殊征税范围的稽查

1. 货物期货的稽查

增值税一般纳税人在商品交易所通过期货交易销售货物，无论发生升水或贴水，均可按照标准仓单持有凭证所注明货物的数量和交割结算价开具增值税专用发票。稽查时，应注意企业有无期货经营行为，是否属于我国期货市场上挂牌上市交易的货物，注意期货交割情况及期货税收的申报情况有无问题。

2. 电力产品的稽查

稽查时，应先查明是供电企业还是发电企业，然后按企业报送的《电力企业增值税销项税额和进项税额传递单》等资料，采用复算法核实应纳税额计算是否正确，如统计报表不清晰、项目不齐全、数据不准确，可调阅企业其他报送资料（如利润表等），必要时可深入企业调阅企业发电量统计资料或仪器仪表等资料，核实发电量和供电量，如发现有未入账的销售额、收取电力建设基金等未申报，不再抵扣进项税额，应直接补征增值税。

如果发现纳税申报不实，一律按适用税率全额补征税款，并将检查情况及结果发函通知结算缴纳增值税的独立核算的发电、供电企业所在地主管税务机关。对在预缴环节查补的增值税，独立核算的发电、供电企业在结算缴纳增值税时可以抵扣。此外，供电企业收取的电费保证金，凡逾期（超过合同约定时间）未退还的，一律并入价外费用缴纳增值税。

3. 钻石交易的稽查

稽查时，看会员单位通过钻交所进口成品钻石，是否凭海关完税凭证上注明的代征增值税税额抵扣，并将对应的核准单编号后，按规定向主管税务机关备案登记。会员单位是否根据增值税专用发票、核准单和备案清单，或报关单等对成品钻石销售进行编号登记，并按规定报送主管税务机关。从钻交所会员单位购进成品钻石的一般纳税人，在向会员单位索取增值税专用发票抵扣联的同时，是否向其索取了核准单（第三联），以备税务机关核查。

从钻交所会员单位购进成品钻石的所有单位（包括加工钻石饰品等单位），是否按规定对钻石交易、库存、委托加工等情况设置明细账簿，按月向其主管税务机关申报钻石购、销、损、存的明细情况。购买方主管税务机关是否根据钻交所会员单位主管税务机关发送来的发票清单信息与核准单相关信息按季进行核实，如发现异常的，应立即移送稽查部门实施税务稽查。

三、增值税适用税率的稽查

目前，增值税的适用税率主要包括 13%、9% 和 6% 三档，其中 13% 为基本税率，9% 和 6% 为低税率，对增值税税率的稽查主要是稽查低税率的货物或应税行为。稽查时，对于企业申报低税率的货物，应依照《增值税部分货物征税范围注释》进行逐一核对，对不属于低税率征税的产品，一律按差额补税。对纳税人兼营不同税率的货物而未分别核算的，从高适用税率。此外，还应注意企业生产经营的货物种类，看是否有适用低税率的产品，其销售额是否分别核算，否则一并按基本税率征收增值税。

1. 农产品适用低税率的稽查

审查时注意：除农业生产者销售自产初级产品免征增值税以外，其他单位和个人销售外购农业产品或外购农业产品生产、加工后销售的仍属于应税范围，如粮油复制品（切面、饺子皮、馄饨皮、面皮、米粉等），按 9% 的低税率征收增值税。有些货物是由粮食加工而成，如粮食复制品、熟食品、副食品，以及粮油加工企业生产销售馒头，不能按粮油复制品低税率征税；对以粮食为原料加工的速冻食品、副食品、熟食品、方便面和淀粉，也不属于低税率货物的征税范围。

下列商品均应按基本税率申报纳税，稽查时应注意准确把握。如各种蔬菜罐头，不属于蔬菜范围；熟制的水产品和各类水产品的罐头，不属于动物类水产品的范围；各种肉类罐头、肉类熟制、各种蛋类的罐头、用鲜奶加工的各种奶制品（如酸奶、奶酪、奶油等），不属于动物类畜牧产品的范围；液氮容器，以农副产品为原料加工工业产品的机械，不属于农机范围；农用汽车不属于农业运输机械，机动渔船不属于渔业机械，森林砍伐机械、集材机械不属于林业机械范围；农机零配件，不属于小农具；拖拉机底盘属于农机零部件，不属于农机产品；水洗猪鬃是生猪鬃经过浸泡（脱脂）、打洗、分绒等加工过程生产的产品，不属于农业产品，应按"洗净毛、洗净绒"征税；亚麻油系亚麻籽经压榨或溶剂提取制成的干性油，豆腐皮和薄荷油，不属于农产品的征税范围等。

2. 其他适用低税率货物的稽查

主要注意以下几种货物：对纳税人生产销售的与中小学课本相配套的教材配套产品（包括各种纸制品或图片），应按照图书9%的税率审定。直接用于动物饲养的粮食、饲料添加剂不属于饲料范围；宠物饲料产品不属于免征增值税的饲料，应按照饲料产品9%的税率征收增值税。人类生活各类型的日用卫生用药，如卫生杀虫剂、驱虫剂、驱蚊剂、蚊香和消毒剂等，不属于农药范围，应按基本税率审定。天然二氧化碳不属于天然气，应按基本税率审定。金属矿采选产品包括黑色金属矿和有色金属矿，不包括经冶炼或化学方法生产的有色金属化合物；非金属矿采选产品包括除金属矿采选产品以外的非金属矿采选产品和煤炭；原油、人造原油、井矿盐，不属于非金属矿采选产品的征税范围，稽查时应特别注意征税的区别。音像制品和电子出版物适用9%的低税率，其载体形态和格式主要包括只读光盘、一次写入式光盘、可擦写光盘、软磁盘、硬磁盘、集成电路卡和各种存储芯片，稽查时应注意区别。

3. 其他适用低税率行为的稽查

适用9%低税率的包括交通运输服务、邮政服务、基础电信服务、建筑服务、不动产租赁服务、转让土地使用权、销售不动产。适用6%低税率的包括增值电信服务、金融服务、现代服务（租赁服务除外）、生活服务、销售无形资产（转让土地使用权除外）。

第二节　销项税额的稽查

一、增值税销售行为的稽查

(一) 一般销售行为的稽查

1. 取得货币、货物或其他经济利益的稽查

重点审查纳税人取得的货币、货物或其他经济利益是否记入了主营业务收入或其他业务收入明细账，账务处理是否正确，有无隐匿、瞒报、迟报、随意冲减销售收入的行为，是否存在账外经营、资金体外循环等情况，销售额与计提的增值税（销项税额）之间的勾稽关系是否正确等。

【例6-2】税务人员在稽查某企业2022年5月纳税情况时，发现一张凭证为：

借：现金　　　　　　　　　　　　　　　　　　　1 000

　　贷：生产成本　　　　　　　　　　　　　　　　1 000

后附企业开具的普通销售发票一张，金额1 000元。经核实系生产产品不合格，属于等外品，降价出售取得现金1 000元。销售等外品直接冲减生产成本，这样处理导致企业偷逃增值税115.04元[1 000÷(1+13%)×13%]。因此，按综合调账法作调账分录为：

贷：其他业务收入——等外品　　　　　　　　　884.96

　　应交税费——增值税稽查调整　　　　　　　　115.04

贷：生产成本　　　　　　　　　　　　　　　　1 000.00

2. 各种收付款凭证、内部转账凭证的稽查

(1) 注意发现账外收入。如利用内部转账凭证和财政收据作为对外商事凭证，其收入不记销售账户。

(2) 注意企业利用多头账户偷逃税。有的企业在多家金融机构开设多头账户，申报的基本账户无存款或存款很少，而在隐匿开户行账户中进行正常的经济往来核算，进而隐匿销售收入偷逃税收。

（3）注意企业利用个人长城卡、牡丹卡等进行账外经营偷逃税收行为。可通过审查各种收款、付款凭证予以查实，如查开户行、账号及现金日记账、银行存款账、银行对账单，采取跟踪核对的办法，若发现有多头账户而隐匿收入的行为，应立即查封。如企业只通过银行存款科目核算，购货通过银行付款、销货款存入银行，就会形成借记银行存款、贷记银行存款账户，或购货时作借记材料采购、贷记银行存款账户，销货时冲账，即借记银行存款、贷记材料采购账户，形成账外核算偷逃增值税。

3. 注意对非独立核算的分厂（车间）等部门的稽查

应注意大厂下设非独立核算分厂情况，看有无大厂统一纳税、统一抵扣，而分厂直接对外销售，少报或不报销售额情况；有无耗用大厂材料，自行生产经营而不报销售额情况。

【例 6 – 3】

某时装有限公司隐瞒收入偷税案

（1）基本情况。某时装有限公司是 2013 年 1 月 10 日投资注册的中外合资经营企业，注册资本和投资总额均为 20 万美元，经营范围是生产裘皮制品。

（2）案例分析。稽查人员通过了解得知企业只有购销两个环节，无生产业务。企业所有业务主要是代购代制业务，且由经理一人负责；销售方式以零售为主，零售以现金结算。2020 年增值税负担率 4.50%，销售毛利率 25%。据此分析账面核算的销项、进项税额基本正确，但企业有从材料采购至销售均为账外循环的可能，且有利用现金结算的方便条件隐匿销售收入的嫌疑。对该公司账外循环证据的掌握成为查账的难点。

（3）查核过程。2021 年 3 月稽查人员对该公司 2020 年的纳税情况进行稽查。经过现场对业务主管人员的询问，稽查人员获取大量可靠的业务信息和资料，了解到企业每笔委托加工收回皆通过《商品入库通知单》体现。通过检查 2020 年《商品入库通知单》，确认该公司当年加工收回产成品大衣 139 件、半大衣 195 件；通过对厂内库存和商场库存的实地盘点，结合当年入库、出库数据，倒轧出当年年末库存大衣 9 件、半大衣 48 件，确认 2020 年销售大衣 130 件、半大衣 147 件。按 2020 年账面同类产品平均售价（大衣 11 837.50 元/件、半大衣 6 332.87 元/件）计算，应计销售收入 2 469 806.89 元，账面已计销售收入 883 644.40 元，少计销售收入 1 586 162.49 元；根据 2020 年公司会计报表体现的毛利率 25%，调增利润额即应纳税所得额 396 540.62 元。

（4）案件处理。依据现行增值税暂行条例规定，该公司少列收入，应补增值税 206 201.12 元（1 586 162.49 × 13%）。依据《税收征管法》第二十条规定，加收滞纳金 8 248.04 元；依据《税收征管法》第四十条规定，定性为偷税，处以 1 倍罚款。

该公司采取少列收入偷税，根据企业所得税法规定，按 25% 税率补缴企业所得税 99 135.16 元，汇算清缴期不计算滞纳金；依据《税收征管法》第四十条规定处以 68 561.28 元罚款。

（二）视同销售行为的稽查

审查视同销售货物，主要是看企业是否有视同销售行为发生的可能性及其纳税情况。如企业有基建项目、下属企业或关联企业，就存在着视同销售的可能性。

【例 6-4】税务机关在对某石油有限责任公司税务稽查时，发现企业为解决职工子女就业问题办一独立核算的零售商店，企业以成本价调拨一部分产品作为拨付资金，待产品销售后再收回货款。经查实，企业仅在发出商品登记簿上作了记录，而未作任何账务处理。经进一步核实，该批商品已经售出，货款尚未返还。在此情况下，应采用补充登记法作调账处理。

此外，总公司以"内部调拨单"的形式拨付其下属独立核算子公司的货物，也视同销售征收增值税。稽查时，可先看增值税纳税申报表上有无视同销售产品的销售额，若没有，则以"库存商品"账户为中心，采用抽查方法审查产成品的去向并核对凭证。必要时深入企业的保管部门核对产品数量明细账，核实用于上述诸方面的产品数量，或用仓库产品发出明细账和"白条"等资料的发出产品数量减去已销产品数量，得出未记销售产品数量，再按同类产品平均售价补征增值税。对于此类问题，如未作账务处理，则应采用补充登记法作调账处理。

【例 6 - 5】税务机关在稽查某糖果厂 2021 年度纳税情况时，发现 2 月有一张记账凭证（无原始凭证）为：

借：待处理财产损溢——待处理流动资产损溢　　　　　3 850

　　贷：库存商品——白糖　　　　　　　　　　　　　3 850

由于待处理财产损失数额较大，又没有损失记录，经进一步深入仓库审查，证实该批货物已用于职工食堂作伙食补助。经核实，用于补助的白糖业务共 7 笔，共计 1 100 千克，以每千克不含税 3.5 元入账，而同类产品售价为每千克不含税 3.9 元。在此情况下，应采用综合调账法作调账处理：

借：待处理财产损溢——待处理流动资产损溢　　　　 3 850

　　应付职工薪酬——职工福利　　　　　　　　　　　4 407.7

　　　贷：应交税费——增值税稽查调整（1 100 × 3.9 × 13%）557.7

同时，在企业所得税汇算时调增该批产品的视同销售收入 4 290 元（1 100 × 3.9）和视同销售产品成本 3 850 元。

（三）账外销售行为的稽查

账外销售行为是指不通过主营业务收入或其他业务收入账户核算收入的行为。稽查时应注意有无下列问题。

1. 将销货款挂到结算类账户

即将一部分收入记入往来账。在此情况下，由于已开具增值税专用发票，必然形成汇总的增值税专用发票销售额大于主营业务收入或其他业务收入总账金额和增值税纳税申报表上申报的金额。

【例 6 - 6】某服装厂委托外地一百货商店代销服装，代销结算清单列示代销服装取得销货款 80 000 元，开具专用发票，收取增值税（销项税额）10 400 元，按合同规定扣除代销手续费 10% 计 8 000 元，收到普通发票，余款和销售清单已返还服装厂，该批服装的成本为 70 000 元。服装厂的原账务处理为：

借：银行存款　　　　　　　　　　　　　　　　　　82 400

　　贷：应付账款——×× 百货商店（80 000 + 10 400 - 8 000）

　　　　　　　　　　　　　　　　　　　　　　　　82 400

上述情况，通过查"应付账款——××百货商店"账户，问题往往不易被发现，只有抽调凭证才能核实，因为记账凭证后附的是银行进账单和代销商品清单，按税法规定属于销售行为，因此应采用综合调账法作调账处理：

借：销售费用　　　　　　　　　　　　　　　　8 000

　　贷：主营业务收入　　　　　　　　　　　　　　80 000

　　　　应交税费——增值税稽查调整　　　　　　　10 400

　　　　应付账款——××百货商店　　　　　　　　82 400

同时，结转主营业务成本：

借：主营业务成本　　　　　　　　　　　　　　70 000

　　贷：库存商品　　　　　　　　　　　　　　　　70 000

稽查时应注意企业在委托代销货物中，无代销清单纳税义务发生时间的确定，即纳税人以代销方式销售货物，在收到代销清单前已收到全部或部分货款的，其纳税义务发生时间为收到全部或部分货款的当天；对发出代销商品超过180天仍未收到代销清单及货款的，视同销售实现，一律征收增值税，其纳税义务发生时间为发出代销商品满180天的当天。

2. 将销货款记入收益类账户

如将销货款记入实收资本、资本公积和盈余公积等账户贷方，这种做法与上述结果相同。

3. 设账外账的问题

即将销货款体外循环，让税务稽查人员审查的是少记收入的一套账，而全部真实的销货款记入另一套账，这种做法属于偷税行为。稽查时，还应注意下列情况：

（1）甲企业给乙企业开具增值税专用发票、乙企业给丙企业转款，经跟踪审查发现是甲给乙代开的专用发票，单独设账，使购货方取得专用发票抵扣税款，销货方却隐瞒收入、偷逃增值税。

（2）兼营应税和免税货物的企业设两套账，只出示免税货物账，不出示应税货物账。在此情况下，就账查账有许多深层次问题无法发现，可深入车间、仓库、工地进行查证：一是了解企业供产销和计划、统计、物资、供销、仓库保管等情况，以及生产经营、财务管理和经济核算情况，对税源和税款结缴情况做到心中有数；二是要掌握生产工艺、产品性能、原材料结构、耗料比重、质量、品种、产量、产品积压或脱销，以及原材料、产品等物资的验收和保管情况。

【例6-7】 某公司成立于2012年8月，主要从事日用百货的经营业务，是增值税一般纳税人。2022年3月8日，当地主管税务机关接到举报到该公司进行稽查，发现该公司的一个业务员以公司的名义进行私下交易，该业务员从2021年10月8日至2022年1月16日，共经营4笔家用电器业务，销售额为808万元未申报纳税，销项税额为105.04万元；有关货物增值税专用发票也已核实，其进项税额为90.5万元也未申报抵扣。稽查人员对此行为认定为账外经营，属于偷税行为，对该公司补税14.54万元，并处以1倍的罚款。

【例6-8】

账外偷税案104天的较量

在偷税案104天的较量中，看不到硝烟，听不到枪声，更没有肉搏血腥；是铁石心肠、铁面无私和腐蚀拉拢、恐吓威胁的较量，是真与伪、是法律和人情的较量。某年1月一桩偷税大案终以补税200万元、罚款2倍的结果而结束。

一家有着近5000平方米的商厦，从开业以来，商厦的纳税申报和它红红火火的热销场面实在太不相称了。所在地主管税务局派出了税务干部吴尉和辛颖，到该商厦进行税务稽查。翻了一周的账簿、传票，核对了一年的报表，基本没有问题。这时，商厦的经理和财务部长笑呵呵地走过来说："你们也工作一星期了，对你们的检查我们打心眼里欢迎，看看我们的账是不是规矩，也帮我们提高一下核算水平，有什么问题尽管提，都是国家的买卖，我们是不会偷税漏税的。今天是周末了，我们一起坐坐，轻松一下。"

吴尉和辛颖谢绝了这一番美意。吴尉站在商厦门前，望着熙熙攘攘的客流，思虑着一周查账已经烙印在头脑中的数字，心里默默地算账，感觉出入太大。他把自己的想法告诉了辛颖，辛颖与他有同样的感觉。两人商定，明天加班。第二天，吴尉和辛颖又到了商厦，但没有去财务室，而是到柜台、柜组和售货员、承包人扯起了"闲话"。一天下来，两人更加疑惑，更坚定了继续调查的决心。第三天下午，财务部长竟然出现在他俩面前，硬是"热情"地把两人"让"到了办公室。当他们再想走访售货员和承包人的时候，这些人都像是封住了嘴似的，要么是一问三不知，要么冷眼相对，最后是他们走到哪里，哪里的人宁可不卖货也赶快躲起来。他俩只好回到财务室，正告财务部长："税务稽查任何人不能拒绝，查账是税务稽查，走访柜台同样也是税务稽查。"而财务部长却说："走访柜台影响售货，税务稽查不能影响商厦经营。"不得已，他俩只好甩开财务部长的跟随，利用中午和上下班顾客流量小的时候，抓紧调查走访。

几天下来，吴尉和辛颖感觉到问题严重，商厦的财务部长和公关人员也像意识到了什么，对他俩更加"热情"起来，天天中午和晚上都要留他们吃饭，吴尉和辛颖一次一次地拒绝了。经过一番调查，他们向财务人员提出了问题，为什么财务的收入统计账与柜组的收入统计账不一致？财务部长的回答听起来很"圆满"，柜台和柜组销货转账不够及时。

果真如此吗？他们琢磨了几天后，干脆身着便装亲自到商厦购物，花了300多元在商厦的不同柜台，买了金额不等的十几件商品，并索要了商厦的销货"小票"。又过了几天，他俩再到财务部核对商厦的"销货对数表"，却怎么也找不全自己购物的另一联"小票"。毫无疑问，商厦隐瞒了实际销货额，但这几百元还不足以为证。在走访中，商厦内的承包户拿出了和商厦签订的协议书，协议书和财务账面完成的销货额核对后，更证明该商厦的确有隐瞒销售收入的行为。由此也开始了更艰辛的较量。

总经理出面邀请他们到高级酒楼坐坐。商厦的公关人员指着商厦卖的彩电、冰箱和空调说：看看，你们需要些什么？我们保证送货到家。5万元的现金放在了税务干部眼前，这是你们的辛苦费，你们商量着处理吧！商厦的人很自信地认为，天下没有钱摆不平的事。两辆办好所有手续的夏利轿车钥匙，放在了他们的面前，这车是你们的了，你们说开到哪，就给你们送到哪。贿赂一次一次地升级，而吴尉和辛颖每次只是淡淡地一笑。为了让商厦拿回那5万元现金，两人在无人的屋子里足足等了两个小时。"低头不见抬头见"的同事，一些领导干部，平常难得见面的亲朋旧友来到了办公室或是家里，都是一样的口吻：高抬贵手吧，都在世上混，谁没个朋友……贿赂、说情不成，威胁和恐吓的电话就打到了家里：告诉你，

"不要敬酒不吃吃罚酒"，能知道你家的电话，就能找到你的家，你不要命，也得想想家里的大人、孩子吧……

一共 104 天，吴尉和辛颖走访了商厦的 5 个部门，20 多个柜台，向 70 多人次调查取证，做了 37 份笔录，满满 60 页的工作记录，核查了商厦营销票据 1 140 多份，拿到了前任经理离职的审计报告（审计报告与会计报表严重不符）。在掌握了大量的证据后，两人连续 7 个小时没有进食，向商厦财务部长进行政策攻心，最终迫使财务部长交出了账外账。

局领导握着吴尉和辛颖的手说：你们工作的艰辛，你们所受到的威胁和恐吓，我都知道，诱惑和威胁面前你们经得起考验，你们无愧于肩上的税徽。最后，局领导派出了 15 人的稽查组，全面检查了商厦几年的账簿，确认：商厦两套账经营隐瞒销售收入应补税款近 200 万元，最终除依法补税外，按应补税款处以 2 倍的罚款。

4. 隐瞒销售数量的稽查

隐瞒销售数量是机动车辆生产和经销企业偷逃增值税的主要手段，因此增值税稽查的重点是核实销售数量。

稽查的基本方法是将车辆购置税登记信息作为第三方信息，来验证企业申报销售数量的真实性。即利用车辆识别代号（即 VIN 码）的编码规则，从车辆购置税登记信息中查找生产企业相应类别车辆的车辆识别代号中的最大序列号，视此号之前的车辆为已销售的车辆，以此推算出相应类别车辆的最大销售数量。当其大于或等于企业申报的销售数量时，表明企业存在少申报销售数量的可能。少申报的销售数量乘相应的车辆购置税最低计税价格，即可计算出其可能隐瞒的销售收入和增值税销项税额。

二、增值税销售额的稽查

（一）不同方式销售额的稽查

审查销售额的重点是销售额的实现时间、入账时间、入账价格是否真实，价外费用是否包含在计税依据中。由于货物销售结算方式不同，确认销售时间也不同，稽查的内容也各有侧重点。对于开具了专用发票，其销售额未按规定记入销售账户核算的，一律按偷税论处。

1. 直接收款方式下销售额的稽查

若企业将所收货款或债权寄挂往来账或虚设往来账户，如记入应收账款或应付账款账户的贷方，即表明企业有意推迟申报纳税或逃避纳税。

稽查时，应注意稽查企业往来账，看是否有虚列户名的无主户、挂账时间过长和贷方发生额长时间不结转，或在结束旧账、建立新账时转平等问题。有的购进货物取得增值税专用发票，记库存账，未取得专用发票的不记库存账，来去无踪，不体现收入；有的开具发票规定起点，达不到起点的不开发票或只开收据等。

此外，还应注意收入不入账，采取"坐支"手段进货，再销售，循环往复，偷逃增值税；有的销售货物或劳务收取现金支票，不按规定作销售处理，却直接将现金支票用于支付购货款而逃避纳税。对于上述问题，一般查银行存款或现金日记账难于发现，加之企业采取多头开户等多种偷逃税方法，使银行存款或现金失真，只能通过银行对账单核对，在此情况下可采用抽查的方法，核对几笔往来账，看是否属于销货款，如有收入寄挂往来账户等情况，应进一步检查。

对采用商业汇票方式销售货物的，应在企业收到由付款人或收款人签发并承兑的商业汇票时确认销售收入的实现。稽查时，应注意企业有无"明冲暗扣"行为。"明冲"是指在产品销售收入账户贷方用红字冲销产品销售收入，如从销售收入中扣除推销奖、承包奖、手续费及佣金等；"暗扣"是指在开具销售发票时，先用红字发票冲销，再以余额入账。如企业采取虚报销货退回等手段冲减销售收入，等实际发生销货退回时只冲销收入，不冲销成本。审查时可将产成品账户的贷方数量发生额乘以平均售价，与主营业务收入账户贷方发生额相比较，看两者是否一致，然后再调阅凭证进一步核实。

2. 托收承付和委托银行收款方式下销售额的稽查

审查的重点是"银行托收承付回执联"的记录内容和日期，核对购销合同和委托银行收款资料及回单日期，注意是否有推迟收入实现或把收入转入下年等，若发现凭证记为主营业务收入，而后附的原始单据为"银行托收承付回执联"，应核对凭证日期与回单日期是否一致，如不一致应按回单日期记账，并加收税收滞纳金。

3. 赊销和分期收款方式下销售额的稽查

稽查时应按分期收款销售合同规定的日期，核对主营业务收入账户贷方发生额，看两者是否同步；同时审查发出商品账户借方发生额，看其金额与贷方发生额的勾稽关系是否正确。

【例6-9】税务机关在稽查某工程机械制造厂纳税情况时，发现企业售给某砖场土方挖掘机10台，每台不含税销售额128 600元，销项税额16 718元。按合同规定，每一笔购货款在提货时应付50%，余下的分两次按25%的比例付清。企业收到第一笔销货款的原账务处理为：

借：银行存款　　　　　　　　　　　　　　　726 590
　　贷：主营业务收入（1 286 000×50%）　　　　643 000
　　　　应交税费（应交增值税——销项税额）（643 000×13%）

　　　　　　　　　　　　　　　　　　　　　　83 590

收到第二笔销货款的原账务处理为：

借：银行存款　　　　　　　　　　　　　　　363 295
　　贷：应收账款——砖场（1 286 000×25%×1.13）　363 295

上述账务处理结果造成少计销售收入321 500元（1 286 000×25%），税金41 795元（1 286 000×25%×13%），应采用综合调账方法作调账处理为：

　　　　贷：主营业务收入　　　　　　　　　　　321 500
　　　　　　应交税费——增值税稽查调整　　　　　41 795
　　贷：应收账款——砖场　　　　　　　　　　363 295

同时，结转主营业务成本。

4. 委托其他纳税人代销货物销售额的稽查

稽查时应通过委托代销合同和委托代销商品等账户，核实委托代销商品的种类、数量和计价，与代销单位返回的"代销清单"相核对，具体确定尚未记入销售账的金额。

【例6-10】某服装厂委托外地企业代销服装一批，代销结算清单列示销售额为15 000元，销项税额为1 950元，双方签订的合同规定代销手续费1 200元（15 000×8%），收到普通发票。服装厂收到代销清单和货款后，按收入净额挂在"应收账款"账户。企业原账务处理为：

借：银行存款　　　　　　　　　　　　　　　15 750
　　贷：应收账款——××商店（15 000+1 950-1 200）　15 750

经稽查核实，该项代销业务销售已成立，代销产品成本为 11 000 元。因此，应采用综合调账法作调账处理为：

借：销售费用　　　　　　　　　　　　　　　　　1 200

　　贷：主营业务收入　　　　　　　　　　　　　　15 000

　　　　应交税费——增值税稽查调整　　　　　　　1 950

　　　　应收账款——××商店　　　　　　　　　　15 750

同时，结转主营业务成本：

借：主营业务成本　　　　　　　　　　　　　　　11 000

　　贷：委托代销商品　　　　　　　　　　　　　　11 000

5. 应税劳务行为销售额的稽查

稽查时应核实工业性加工、修理修配业务应收取的金额，注意有无边角余料和加工溢料、废料等。调整时可将所剩材料、加工溢料、废料及边角余料作价后与收取的加工费一并计算增值税，减去已收取的加工费应交增值税（销项税额）的金额后，即为查增的增值税。

【例 6－11】某铝合金加工厂为某宾馆加工一批铝合金制品，加工完工出厂交付委托方后，该宾馆付给加工厂加工费 11 300 元，接受来料加工的边角余料估价为 3 390 元。在进行账务处理时，该厂认为加工过程中的边角余料属正常现象，不属于收取的加工费，因此企业原账务处理为：

借：银行存款　　　　　　　　　　　　　　　　11 300

　　贷：其他业务收入　　　　　　　　　　　　　10 000

　　　　应交税费（应交增值税——销项税额）　　　1 300

上述账务处理造成漏缴边角余料应缴的增值税，并形成账外原材料。因此，应采用补充登记法作调账处理为：

借：原材料——边角余料　　　　　　　　　　　　3 390

　　贷：其他业务收入　　　　　　　　　　　　　　3 000

　　　　应交税费——增值税稽查调整　　　　　　　390

（二）特殊方式销售额的稽查

1. 混合销售行为销售额的稽查

稽查时应注意企业适用的不同税率，此项收入是如何核算的，并将销售额与全部销售收入相比看是否达到规定比例。此外，还可将销货额与劳务收入额相加，看是否与增值税纳税申报表中的"销售额"一致。

对分别记账的，也应申报纳税。如啤酒企业收取未退还的经营保证金，属于经销商因违约而承担的违约金，应征收增值税；对其已退还的经营保证金不属于价外费用，不征收增值税；企业代中央、地方财政收取的各种价外收入，应并入货物或应税劳务的销售额征收增值税。但也有一些收入是免税的，如燃油电厂从政府财政专户取得的发电补贴，不属于规定的价外费用，不计入应税销售额，不征收增值税。

2. 包装物押金的稽查

重点审查"其他应付款——存入保证金"账户的借方发生额，并逐笔核对返还押金日期和金额，看是否及时足额销账，凡逾期未返还买方的，应及时转作收入处理。稽查时，应注意企业收取的包装物押金是否从收取之日起计算，已超过1年（指12个月）仍未返还的，是否确认为期满之日所属年度的收入。对销售除啤酒和黄酒外的其他酒类产品收取的包装物押金，无论是否返还及会计上如何核算，均应并入当期销售额征税。

【例6-12】税务机关在稽查某啤酒厂纳税情况时，发现"其他应付款——存入保证金"账户贷方各月发生额较均衡，但借方有时出现发生额且数额较大，经抽调该笔凭证为：

借：其他应付款——存入保证金　　　　　　　　　　37 000

　　贷：其他业务收入　　　　　　　　　　　　　　　37 000

经逐笔核对，其借方发生额合计为87 000元，除上笔业务外，尚有13笔是退还包装箱的押金；贷方发生额173 000元，尚有2笔是时间超过1年而尚未退还的包装物押金6 800元。因此，按照税法规定，应将超过1年以上尚未退还的包装物押金，转作其他业务收入并计提税金。在此情况下，应采用补充登记法作调账处理为：

借：其他应付款——存入保证金　　　　　　　　　　6 800

　　贷：其他业务收入　　　　　　　　　　　　　　6 017.7

　　　　应交税费——增值税稽查调整（6 800÷1.13×13%）

　　　　　　　　　　　　　　　　　　　　　　　782.3

同时将转入其他业务收入的包装物押金计提增值税。采用综合调账法处理为：

　　贷：其他业务收入　　　　　　　　　　　　　　　　　$\boxed{4\ 256.64}$

　　　　应交税费——增值税稽查调整（37 000÷1.13×13%）

　　　　　　　　　　　　　　　　　　　　　4 256.64

3. 还本销售额的稽查

稽查时，应先了解企业有无采取还本销售方式促销产品，若有可进一步查看还本销售期限，在还本到期时，企业若从销售额中扣除还本支出后申报纳税，应将还本支出额补征增值税。其调账分录为：

借：销售费用（还本支出）

　　贷：主营业务收入

　　　　应交税费——增值税稽查调整

4. 销售折扣销售额的稽查

稽查时，应注意销售折扣仅限于货物价格的折扣，若销货方将自产、委托加工和购买的货物用于实物折扣，则该实物的销售额不得从货物销售额中扣除，而应按视同销售货物征收增值税；同时应注意折扣比例、折扣期限是否合理，如果折扣比例偏高或折扣额不是在同一张增值税专用发票上体现，而是另开具折扣发票，不论其在财务上如何处理，均不得从销售额中扣除，而应按折扣额补征增值税。

对特殊行业，如印刷企业接受出版单位委托，自行购买纸张，印刷有统一刊号（CN）以及采用国际标准书号编序的图书、报纸和杂志，按货物销售征收增值税。对出版单位委托发行图书、报刊等支付给发行单位的经销手续费，在征收增值税时按销售折扣的有关规定办理，如果销售额和支付的经销手续费在同一发票上分别注明的，可按减除经销手续费后的销售额征收增值税；如果经销手续费不在同一发票上注明另开具发票，均不得从销售额中减除经销手续费。

此外，还应注意纳税人有无以各种折扣形式随意冲减销售额，并将折扣部分销售额挂到购货方账户上去，以备他用或提存小金库等情况。

5. 销售折让销售额的稽查

稽查时，应注意有无购货方拒付部分货款或少付部分货款证明书，若没有此类单据，则有可能是企业虚设销售折让，进而分解销售收入进行偷逃税。

【例 6 - 13】 税务机关在稽查某服装厂"主营业务收入——童装"明细账时，抽查 3 月第 76 张凭证为：

借：现金   28 250

 贷：主营业务收入——童装   25 000

  应交税费（应交增值税——销项税额） 3 250

月末发现，"主营业务收入——童装"明细账有一笔红色记录，抽调凭证为：

借：现金   1 356

 贷：主营业务收入——童装   1 200

  应交税费（应交增值税——销项税额） 156

经询问，系购货方验货后发现有部分童装做工有些粗糙而要求给予的折让额。后经核实，实际上是给购货方的好处费，而以折让名义入账。因此，企业上述做法实属以销售收入扣除好处费之后的差额入账，属于偷税行为，应冲销上述原账务处理。其调账分录为：

借：现金   1 356

 贷：主营业务收入——童装   1 200

  应交税费——增值税稽查调整   156

6. 以旧换新销售额的稽查

企业采取以旧换新方式销售货物的，应按新货物的同期销售价格确定销售额。稽查时，应注意企业所销售产品有无以旧换新的条件，并稽查"原材料——废旧物资"账户，看废旧物资的来源是否有以旧物收购额冲减了销售收入等问题。

【例 6 - 14】 某冰箱厂采取"以旧换新"形式促销产品，即双门旧冰箱仍能制冷的，每台作价 1 000 元；不制冷的，每台作价 500 元。税务稽查时发现企业"主营业务收入"中 194 升、208 升、256 升这 3 个型号的冰箱售价比近期同类冰箱售价偏低，经抽调 194 升型号冰箱一张凭证，其会计处理为：

借：现金   5 940

 贷：主营业务收入   5 256.64

  应交税费（应交增值税——销项税额） 683.36

后附增值税专用发票记账联，列示销售 194 升型号冰箱 3 台，每台售价 1 980 元，而该品牌的冰箱同期销售价为 2 980 元，属企业以正品售价扣除收购旧冰箱金额后的余额入账。按照税法规定，应将已冲销正品冰箱的金额记入销售收入账，其调账分录为：

借：原材料——废旧物资　　　　　　　　　　3 000
　　贷：主营业务收入　　　　　　　　　　　　2 654.87
　　　　应交税费——增值税稽查调整　　　　　　345.13

7. 以物易物销售额的稽查

企业采取以物易物方式销售货物的，以物易物双方均应作销售处理，以各自发出的货物核算销售额并计算销项税额，以各自收到的货物核算购货额并计算进项税额。稽查时，应注意企业有无以物易物方式销货，有无开具增值税专用发票，对所取得的货物是否开具专用发票，作价是否偏高，有无多扣税或无专用发票扣税等情况。对未开具专用发票或以物易物的货物尚未验收入库的，应用红字金额冲销原凭证。

8. 关联企业交叉互用货物销售额的稽查

一些有关联关系的企业平时交叉互用对方货物，不开具增值税专用发票，只在季度末或年底时，就其互用商品的差额部分，单方面开具专用发票作销售处理。稽查时，应注意企业库存商品明细账贷方发生额，与主营业务成本借方发生额核对，看有无对应关系，再进一步稽查产品出库单和仓库保管明细账，看企业是否存在通过上述办法进行账务处理问题。此外，还应注意关联企业有时为完成销售或利润计划，采取在年终结算时开出空头发票虚列销售收入，次年初再用红字发票冲回等弄虚作假的行为。

9. 企业所属单位间移送货物销售额的稽查

对实行统一核算的企业所属单位间移送货物，接受移送货物单位的经营活动是否属于在销售在当地纳税，要看售货单位是否发生以下情形之一的经营行为：一是向购货方开具发票，二是向购货方收取货款。售货单位的货物移送行为有上述两项情形之一的，应向所在地税务机关缴纳增值税，未发生上述两项情形的，则应由总机构统一缴纳增值税。若售货单位只就部分货物向购买方开具发票或收取货款，则应区别不同情况计算并分别向总机构或分支机构所在地纳税。稽查时，应注意查看有无《企业所属机构已纳增值税证明》，若没有一律补征税款。

10. 销售退回销售额的稽查

稽查时，应注意销售方式是否凭购买方提供的由主管税务机关出具的《开具红字增值税专用发票通知单》开具红字专用发票，在防伪税控系统中以销项税额负数开具，并且红字专用发票是否与《开具红字增值税专用发票通知单》一一对应。

11. 销售价格明显偏低情况的稽查

稽查时，应对照主营业务收入明细账，注意每种产品在各月、各年之间的价格变动情况，如变化过大，应查看其原因，如发现某种产品销售价格明显偏低或无销售价格，应按当月同类产品价格计算销售额；若当月无同类产品售价，则按近期同类产品售价结算；对于没有比较价格的，应按组成计税价格计算销售额，并应注意组成计税价格中的成本利润率是否正确。

【**例6－15**】在稽查某建材机械厂纳税情况时，发现该厂为本厂技改工程制造车床10台，并已完工交付安装使用，其原账务处理为：

借：在建工程——车床　　　　　　　　　　80 000
　　贷：在建工程——工程物资　　　　　　　　50 000
　　　　原材料　　　　　　　　　　　　　　30 000

后查阅原材料明细账，发现上述原材料30 000元以成本价入账，经进一步核对车间生产记录及领料单等原始凭证，证实生产10台车床应分摊生产人员的工资20 000元、职工福利费2 800元、生产用电费17 200元，共计40 000元。对没有同类产品价格的，按组成计税价格计税：

组成计税价格 = (30 000 + 40 000) × (1 + 10%)

　　　　　　 = 77 000（元）

应计提的增值税 = 77 000 × 13% = 10 010（元）

作调账分录为：

借：在建工程——车床　　　　　　　　　　50 010
　　贷：应付职工薪酬　　　　　　　　　　　22 800
　　　　制造费用　　　　　　　　　　　　　17 200
　　　　应交税费——增值税稽查调整　　　　10 010

三、增值税销项税额的稽查

增值税的销项税额计算涉及计税销售额和适用税率两个方面，其中销售额的稽查已经阐述。在此基础上，应侧重查证有无瞒报、迟报计税销售额及错用税率等问题。其稽查主要包括以下内容与方法。

（一）瞒报销售额的稽查

稽查时应对下列问题运用核对法逐项查证：发票上开具的销售额与有关收入账户中的记录是否一致；有无计税销售额记入往来账户问题；有无将计税销售额或差价记入应付职工薪酬、投资收益、资本公积、盈余公积等账户逃避纳税的现象；以物易物有无不反映销售而只办理存货之间转账的问题；有无销售不反映销售额而是以生产成本、产成品、库存商品等存货账户及资金账户或往来账户对转的问题；有关收入账户的红字冲销记录，有无足以证明业务确实发生；有无视同销售业务不申报纳税等。

具体可审查应付职工薪酬、在建工程、长期股权投资、营业外支出等账户的借方记录，核对会计凭证，查明视同销售是否按规定申报了计税销售额和销项税额。

（二）其他情形的稽查

（1）迟报销售额的稽查。将已开具发票的记账联与收入账户进行核对，看当月实现的收入是否全部入账，有无压票现象。

（2）虚开发票的稽查。一般纳税人应通过增值税防伪税控一机多票系统使用专用发票，稽查时可将已开具的发票记账联与其所列货物的明细账记录进行核对，看账证记录是否一致。同时注意不得领购专用发票、汇总发票、限额发票、作废发票的开具、使用和管理等是否符合规定。

（3）账外经营的稽查。涉嫌有账外经营的，可采用突击稽查方式，运用盘存法对存货和库存现金进行账实核对。凡是相差悬殊的，要进一步查证有无未入账的进项凭证（包括代销、寄存等其他有效凭证）和现金收入凭证，如有未入账凭证，将其所载金额从实存数中扣除后，其结果仍大于账存的，即存在账外经营。

稽查方法：应将销售收入总账、明细账和增值税纳税申报表上所列示的销售额、增值税专用发票记账联汇总的销售额相核对，看是否一致，然后匡算大账。即销项税额＝（销售额＋视同销售额）×适用税率，将此计算结果与增值税纳税申报表上列示的销项税额相对照，如差额较大，应进一步审查。

【例6-16】 某化肥厂生产的化肥是统一使用容量为50千克的纺织包装。税务机关在稽查该厂纳税情况时，发现"包装物——纺织袋"账户期初结存1 000个、本期购进8 500个、本期领用8 800个、期末结存700个。经测算本期领用8 800个纺织袋，应包装产品44万千克，折合440吨化肥，而"主营业务收入——化肥"账户列示销售数量是400吨，差额40吨。经询问证实40吨化肥是由某供销社代销，但已收回的销货款尚未入账。经查每吨化肥不含税售价为1 960元，销售成本为1 500元。因此，应采用补充登记法作调账处理为：

借：银行存款   85 456

  贷：主营业务收入（1 960×40）   78 400

    应交税费——增值税稽查调整（78 400×9%） 7 056

同时，结转主营业务成本，作分录为：

借：主营业务成本   60 000

  贷：库存商品（1 500×40）   60 000

（三）增值税销项凭证的稽查

1. 销项凭证的稽查范围

增值税销项凭证的稽查范围，具体包括以下四类：一是纳税人已开具的增值税专用发票，即记账联（包括开具的红字专用发票）；二是小规模纳税人自行开具的专用发票记账联；三是纳税人销售货物和应税劳务开具的普通发票；四是国家税务总局确定的其他销项凭证。

2. 销项凭证的稽查内容

对增值税销项凭证的稽查，可着重注意以下几个问题。

（1）纳税人已开具专用发票的销售业务是否真实、可靠，有无虚开、代开行为。

（2）纳税人销售货物和应税劳务销售额是否包括了全部价款和价外费用，有无填开的销售金额未达到所限金额的最高一位。

（3）票面所列税率或征收率是否符合税收政策法令，税额计算是否正确无误。

（4）纳税人已开具专用发票的销售业务、开具普通发票的销售业务和开具发票的销售收入是否全部作了销售处理，并如实按期向税务机关进行申报。

（5）票面所列"货物或劳务名称"与实际是否相符。

3. 销项凭证的稽查方法

稽查时应注意以下几个问题。

（1）注意是否按规定领购发票，是否属于不得开具专用发票所列的情形，有无向税务机关以外单位或个人购买发票的；是否按规定开具发票，有无虚开、代开或开具"大头小尾"发票等；是否按规定保管、缴销发票，有无擅自销毁发票，丢失发票未向税务机关报告的；是否按规定建立了发票保管和使用情况报告制度，有无不执行制度的。

（2）注意向小规模纳税人销售应税项目，不应开具专用发票；一般纳税人将货物无偿赠送给他人，如果受赠者为一般纳税人，可根据受赠者的要求开具专用发票等。

（3）一般纳税人经税务机关批准采用汇总方式填开专用发票的，应当附有税务机关统一印制的销货清单。

第三节　进项税额的稽查

一、增值税货物和应税行为购进的稽查

（一）购进货物和应税行为用途的稽查

稽查时，可以对照企业采购计划，确认购进货物和应税行为的用途；

直接确认有困难的，应进一步分析购进货物的品种、性能，重点审查为非生产购进或为生产非增值税产品所购进的货物和应税劳务。若购进时作为生产用料，但领用过程中改变用途，则应将所购进货物的进项税额转出。其账务处理为：

借：应付职工薪酬（或营业外支出等科目）

　　贷：原材料（或燃料、动力、包装物、低值易耗品等）

　　　　应交税费（应交增值税——进项税额转出）

一般情况下，购入原材料的进项税额是按13%的税率计算得出的，但也有例外。对于购进生产用料不是全部用于集体福利或个人消费，则可按其领用原材料金额乘以适用税率得出应转出的进项税额。同时，还应注意审查原材料等账户的贷方发生额，与生产成本、制造费用等账户的借方发生额相核对，看生产用料是否发生改变用途行为，并将已作进项税额抵扣的部分转出。

（二）购进货物和应税行为取得发票的稽查

若纳税人购进货物索取的增值税专用发票有问题，如字迹不清、有涂改痕迹、项目填写不齐全、票物不符、各项目内容不准确、全部联次分开填写、上下联的内容和金额不一致、发票联和抵扣联尚未加盖财务专用章或发票专用章、不按规定的时限开具专用发票、取得的专用发票与国家税务总局统一制定的票样不符、有伪造迹象等，均不得作为扣税凭证。

稽查时，除鉴别其真伪外，可采用票实审核对照法发现问题。根据"发票取得＝货币资金减少＝存货增加"的平衡公式，对取得的专用发票应与实物相对照，对进项凭证与相关的付款凭证、资金账户、相关的存货账户进行核实，凡发现异常的进项凭证或涉嫌虚开、伪造的进项凭证，应委托销货方所在地税务机关配合查实。

（三）抵扣进项税额的常规稽查

对购进货物和应税劳务所取得的增值税专用发票稽查时，应鉴别其真伪，并核对发票联和抵扣联是否一致。稽查时，应核实购进货物所取得的增值税专用发票的真实性，并与应交税费（应交增值税——进项税额）明细账逐笔核对，注意是否有伪造的假发票或以假企业的名义开具的假发票以及假冒真企业开具的假发票等，注意企业之间相互对开发票，非法取得扣税凭证或弄虚作假、骗取扣税等违法行为。

注意有无随意扩大进项税额抵扣范围的问题，其方法是：以"进项税额"账户为中心逐一分析每笔记账凭证的会计处理和原始凭证所载明的经济业务，看有无将不属于抵扣范围的进项税额申报抵扣。同时，应注意企业有无将外购生活用品记入材料账户，鱼目混珠套取抵扣税款；有无将差旅费、销售费等全部记入材料成本，随同购进货物抵扣税金；对依法不需要办理税务登记的纳税人及其他未领取税务登记证的纳税人不得领购发票，需用发票时，可向经营地主管税务机关申请填开。申请填开时，应提供足以证明发生购销业务或者提供劳务服务以及其他经营业务活动方面的证明，对税法规定应当缴纳税款的，应当先缴税后开票。

二、增值税货物和应税行为转出的稽查

（一）货物和应税行为转出税额的认定

根据原材料、包装物及低值易耗品等账户贷方发生额，抽查其对应账户，确认未用到应税产品上去的货物和应税劳务的进项税额是否转出。注意对原材料、在产品、产成品、半成品和其他物资的盘点和清查。

稽查时，应深入仓库进行盘点，将购货发票与仓库的验收单核对，出库单与领料单核对，盘点清查库存，审核报表情况；注意返库下脚料的进项税额有无抵扣，若已经抵扣则应全额冲销。如果销售下脚料，应对全部金额计征增值税，不得再抵扣其进项税额。

（二）货物和应税行为转出税额的稽查

（1）按当期购进货物和应税行为实际成本核算转出税额。其基本计算公式为：

$$应转出的进项税额 = 用于非应税项目金额 \times 适用税率$$

其中"用于非应税项目的金额"，具体包括购进货物的买价、运费、保险费和其他有关费用等。注意审查企业购入货物适用税率的一致性，否则应

按具体的货物确定适用税率。

（2）按转出货物和应税行为所占比重分配转出税额。即为综合比例分摊法，适应性较强、便于计算，是经常使用的一种方法。其基本计算公式为：

$$本期应转出的进项税额 = 本期进项税额 \times \frac{本期转出货物和应税行为金额}{本期全部购入货物金额}$$

（3）取得返还收入的税务处理。对商业企业向供货方收取的与商品销售量、销售额挂钩（如以一定比例、金额、数量计算）的各种返还收入，均按照平销返利行为的有关规定冲减当期增值税进项税额。应冲减进项税额的计算公式为：

$$当期应冲减进项税额 = \frac{当期取得的返还资金}{1 + 所购货物适用增值税税率} \times 所购货物适用增值税税率$$

（4）不得抵扣增值税进项税额的计算。纳税人兼营免税项目无法准确划分不得抵扣的进项税额部分，按下列公式计算不得抵扣的进项税额：

$$不得抵扣的进项税额 = （当月全部进项税额 - 当月可准确划分应税、免税项目的进项税额）\times \frac{当月免税项目销售额}{当月全部销售额} + 当月可准确划分应税、免税项目进项税额$$

应注意的是：一般纳税人注销或被取消辅导期一般纳税人资格转为小规模纳税人时，其存货不作进项税额转出，其留抵税额也不予以退税。

【例 6-17】某纺织厂 2022 年 2 月因工人违章作业发生火灾，烧毁外购腈纶纱 17 吨、针织布 6 万米。烧毁的腈纶纱已无法准确确定其进项税额，当期实际采购成本为每吨不含税 28 000 元，当期针织布的实际单位生产成本为每万米 25 万元，外购项目成本占生产成本的比例为 75%。企业原账务处理为：

借：待处理财产损溢——流动资产损溢　　　　　2 232 880
　　贷：原材料——针织布（250 000 × 6）　　　　　1 500 000
　　　　　　　　——腈纶纱（28 000 × 17）　　　　　476 000
　　　　应交税费（应交增值税——进项税额转出）　　256 880

经询问财会人员，结果发现未考虑外购项目占生产成本的比例这一条件，因此税务稽查人员重新核定其转出的进项税额为：

应转出进项税额 = $(17 \times 28\,000 + 6 \times 250\,000 \times 75\%) \times 13\% = 208\,130$（元）

已转出进项税额 = $256\,880$（元）

多转出进项税额 = $256\,880 - 208\,130 = 48\,750$（元）

采用红字冲销法作出调账分录为：

借：待处理财产损溢——流动资产损溢　　　　　　48 750

　　贷：应交税费（应交增值税——进项税额转出）　　48 750

（三）货物和应税行为进项税额转出的稽查

审查分析应付职工薪酬、其他业务支出、待处理财产损溢、营业外支出和收入类等账户，并核对其会计凭证，看是否发生了进项税额转出的事项，该办理进项税额转出的是否已转出，转出税额的确定是否正确。对兼营免税项目的，可通过分析有关销售收入和成本账户，看是否按规定办理进项税额转出。对"进项税额转出"栏，关键在于审查有无少转出或不转出的进项税额。

稽查时，可审查增值税纳税申报表中"进项税额转出"一栏，看有无发生额，如为空白，则应抽调其相关凭证，看有无漏转或故意不转、少转进项税额情况。如在确定文化出版单位用于广告业务的购进货物的进项税额时，应以广告版面占整个出版物版面的比例为划分标准，凡文化出版单位能准确提供广告所占版面比例的，应按此项比例划分不得抵扣的进项税额。

此外，对于企业由于资产评估减值而发生流动资产损失，如果流动资产未丢失或损坏，只是由于市场发生变化，价格降低，价值量减少，则不属于税法中规定的非正常损失，不作进项税额转出处理。

三、增值税进项税额抵扣的稽查

（一）增值税进项凭证的常规稽查

1. 进项凭证稽查的范围

进项凭证是纳税人取得并于当期向税务机关申报，已做税款抵扣的7

类凭证：购进时从销售方取得的增值税专用发票上注明的增值税税额；购进时从销售方取得的机动车销售统一发票上注明增值税税额；进口时从海关取得海关进口增值税专用缴款书上的增值税税额；购进时取得农产品收购发票或销售发票；从境外单位或个人购进服务、无形资产或不动产，从税务机关或扣缴义务人取得的解缴税款的完税凭证上注明增值税税额；纳税人支付的道路、桥、闸通行费；购进国内旅客运输服务。

2. 进项凭证稽查的内容

购进货物和应税行为进项凭证的稽查内容主要有：审查进项凭证的真伪，内容是否属实，是否符合增值税准予抵扣税款的范围；专用发票票面内容填写是否正确，适用税率是否符合政策规定，税额计算是否正确；项目是否填列齐全；对准予计算扣税的进项凭证，其进项税额的计算是否正确。

对一般纳税人有下列情形之一，应按销售额依照增值税税率计算应纳税额，不得抵扣进项税额，也不得使用专用发票：会计核算不健全，或不能提供准确税务资料的；符合一般纳税人条件，但不申请一般纳税人认定手续的。

（二）增值税特殊抵扣凭证的稽查

增值税特殊抵扣凭证包括海关进口增值税专用缴款书、农产品收购发票或销售发票、道路桥闸通行费和购进国内旅客运输服务等。通常的稽查方法是，除掌握前述购进货物和应税行为取得发票的稽查方法外，还可与购进货物"入库单"相核对，如属虚假发票或真票虚开，应依法追究刑事责任。由于抵扣凭证的核算内容不一，因此稽查的内容、方法和重点也不同。

1. 进口增值税专用缴款书的稽查

海关代征进口环节增值税开具的增值税专用缴款书上标明有两个单位名称，即进口单位名称和委托进口单位名称，只准予其中取得增值税专用缴款书原件的一个单位抵扣税款。申报抵扣税款的委托进口单位必须提供相应的海关代征增值税专用缴款书原件、委托代理合同及付款凭证，否则不予抵扣。

此外，对在进口环节与国内环节，以及国内地区间个别货物（如初级农产品、矿产品等）增值税适用税率执行不一致的，纳税人应按其取得的增值税专用发票和海关进口完税凭证上注明的增值税税额抵扣进项税额。

2. 购进免税农产品扣税的稽查

稽查时应注意计算扣税的抵扣率是否正确，如增值税一般纳税人直接向农业生产者购进的免税粮食和直接向农业生产者（包括良种棉加工厂和纺织企业）购进的免税棉花，可根据买价（即农产品收购凭证注明收购金额）按9%的扣除率计算进项税额，如购进用于生产销售或委托加工13%税率货物的农产品，按10%的扣除率计算进项税额。

此外，对烟叶税纳税人按规定缴纳的烟叶税，准予并入烟叶产品的买价计算增值税的进项税额，并在计算缴纳增值税时予以抵扣。即购进烟叶准予抵扣的进项税额，按税法规定的烟叶收购金额和烟叶税及法定扣除率计算。烟叶收购金额包括纳税人支付给烟叶销售者的烟叶收购价款和价外补贴，价外补贴统一暂按烟叶收购价款的10%计算，即烟叶收购金额＝烟叶收购价款×（1＋10%）。

【例6－18】

涟水虚开农副产品收购凭证案

2022年1月江苏省税务局查实某县12户制革企业及2户皮革收购企业，共虚开农副产品收购凭证8.2万份，涉及税额1.04亿元；虚开增值税专用发票9 356份，涉及税额1.22亿元。税务机关已认定追缴入库税款、罚款及滞纳金7 114万元；涉案人员被移送公安机关。

3. 支付的道路、桥、闸通行费

通行费是指有关单位依法或依规设立并收取的过路、过桥和过闸费用。纳税人支付的道路通行费，按照收费公路通行费增值税电子普通发票上注明的增值税额抵扣进项税额；纳税人支付的桥、闸通行费，暂凭取得的通行费发票上注明的收费金额计算可抵扣的进项税额，其计算公式为：

桥、闸通行费可抵扣进项税额＝桥、闸通行费发票上注明的金额÷（1＋5%）×5%

4. 购进国内旅客运输服务

取得增值税专用发票或电子普通发票的，按发票上注明的税额抵扣；

取得注明旅客身份信息的航空运输电子客票行程单或铁路车票的，按9%抵扣率抵扣；取得注明旅客身份信息的公路、水路等其他客票的，按3%抵扣率抵扣。

（三）进项税额抵扣其他情形的稽查

对增值税申报异常的一般纳税人，要重点审查其取得的专用发票或销货清单注明的货物品名，与其经营范围或生产耗用原料是否相符。可根据纳税人的购销合同、银行结算凭据等有关资料，审查实际交易方与专用发票开具方是否一致。对违反《增值税专用发票使用规定》的，应当按照有关规定进行处理；有涉嫌为第三方开票、涉嫌骗取进项税额抵扣和出口退税的，应移交稽查部门实施稽查。

一般纳税人销售免税货物，一律不得开具专用发票（国有粮食购销企业销售免税粮食除外）。如违反规定开具专用发票的，则对其开具的销售额依照增值税适用税率全额征收增值税，不得抵扣进项税额，并按照《发票管理办法》及其实施细则的有关规定予以处罚。

对纳税人购进的货物与其实际经营业务不符，长期未付款或委托他人付款金额较大且无正当理由，以及购销货物或提供应税劳务未签订购销合同（零星购销除外）的，税务部门应重点实施稽查。

【例6－19】

全国虚开增值税犯罪重大案件

（1）江阴黄岩案。某年3月江苏省江阴市鸿雁毛纺织厂法人代表胡明串通浙江省黄岩区天吉轻纺有限公司经理陈二头，买通税务干部王震为作案提供方便，合谋张玉根、邹瑞华、谢禧镇等。胡明共虚开增值税专用发票68份，虚开销售额3.3745亿元，税额5 734万元，造成800万元税款被骗；陈二头虚开专用发票24份，虚开销售额1.4844亿元，税额2 523万元，王震受贿6万元和价值3 800元的金首饰。判处胡明、陈二头和王震死刑，其他人处以不同程度的刑事处罚。

（2）黑龙江呼兰案。某年3月某天夜里，保管在呼兰区税务局发票仓库里的800本增值税专用发票被盗。案发后，各级税务局极为重视，在公安部门的密切配合下，经过 15 天的努力，终于破案。800 本发票全部收回，并抓获了邓玉才等 4 名罪犯。判处邓玉才等 3 人死刑，1 人有期徒刑 15 年。

（3）上海陈焕案。上海市普陀区税务局专管员陈焕利用职务之便，假冒其管户领购专用发票，并伙同无业人员章和平等人非法出售 106 套，造成不法分子虚开专用发票价税合计金额 4.525146 亿元，其中税款 6 575 万元，陈从中非法获利 34 万元。陈焕被判处死缓，并于 1997 年 2 月被处以死刑。

（4）广东佛冈案。广东省清远市佛冈县物资总公司及其下属汽车贸易公司、生产资料服务公司、化建公司、物资贸易中心、金属机电公司等 6 户企业，某年 4 月至 8 月共代开、虚开增值税专用发票 8 696 套，价款 38.03 亿元，税款 6.48 亿元，价税合计 44.51 亿元。此案涉及 41 人，35 人被判刑，其中税务干部 5 人。

（5）江苏武进案。武进区社会福利实业总公司自某年 6 月以来，为他人虚开、让他人为自己虚开、为自己开具及接受虚开专用发票 53 份，价税合计 4 亿多元，其中税款 7 000 多万元。此外，该公司还利用外单位的进口货物海关完税凭证复印件骗取扣税合计 1 000 万余元，国家税款损失 800 多万元。该案逮捕 4 人，冻结该企业资金 1.1 亿元。

（6）江西邹友生案。某年宜春市税务局二分局副局长邹友生、专管员何麒鳞在为不法分子提供增值税专用发票后，又为不法分子虚开专用发票提供假证明，并亲自出面到广东作证。虚开专用发票 283 套，价税合计金额 74 990 多万元，其中税款 10 800 多万元。二人均受到刑事处罚。

（7）浙江金华税案。金华税案是新中国成立以来最大的涉税案件。不法分子共虚开专用发票 65 536 份，价税 63.1 亿元，其中销售额 53.9 亿元，税额 289.2 亿元。受票单位已经申报抵扣并造成损失 7.42 亿元，虚开的专用发票流向全国 36 个省、自治区、直辖市和计划单列市。4 人判死刑，1 人死缓，1 人无期徒刑，多人判处有期徒刑，共涉及当地党政领导和财税人员 24 人。

（8）河北南宫税案。南宫市 49 户企业在两年共虚开专用发票 17 587 份，价税合计 10.65 亿元，其中销售额 9.16 亿元，销项税额 1.49 亿元。公安机关已提请检察机关批准逮捕 16 人（含税务干部 2 人），取保候审 5 人。此案涉及税务人员 14 人。

（9）湖南岳阳长江案。某年上半年岳阳税务局接到全国十几个地区税务部门要求对岳阳市长江珠宝首饰有限公司协查的要求后，于某年 6 月对该公司开始稽查。经公安机关缜密侦察，挖出了以广东潮阳人蔡逸生为首，利用专用发票骗取国家税款的 10 人犯罪团伙。蔡逸生一伙先后利用自开的"长江公司"等名义，大量使用假专用发票和大肆虚开专用发票 297 份，价款 2.6 亿元，税款 4 427 万元，价税合计 3 亿多元，偷骗国家税款 4 427 万元。此案涉及广东等 16 个省、市 81 个单位。由于此案涉及面广，数额巨大，危害严重，公安部将此案作为部督办案件，国家税务总局派专人到浙江等受票量大的省市督导稽查工作。

（10）北京最大虚开专用发票案。某年 10 月 25 日，北京最大一起虚开专用发票案主犯陈学军被执行枪决。经法院审理查明，陈学军伙同吴芝刚、吴晓红，以其非法控制的盛博公司、捷优特公司、泰和永兴公司等名义，利用吴芝刚在税务局工作的便利，先后从北京市某税务局领购增值税专用发票 10 900 份，为数百家企业虚开增值税专用发票 2 800 余份，虚开税款共计人民币 3.93 亿余元，已抵扣税款 3.6 亿余元，已追缴税款人民币 8 300 余万元，其中企业因停产、歇业等原因不能追回税款人民币 4 600 余万元。

第四节　应纳税额的稽查

一、增值税应纳税额计算的稽查

（一）一般纳税人应纳税额计算的稽查

1. 一般纳税人正常情况下应纳税额计算的稽查

稽查时可采用复算法进行。其复算公式为：

应纳增值税税额 = 稽查核定后的销项税额 - 核定后的进项税额

查补增值税税额 = 应纳增值税税额 - 已申报增值税税额

【例 6 - 20】某果茶厂"应交税费——应交增值税"明细账，销项税额栏反映红字金额6 120元，调阅凭证，其分录为：

借：应收账款——××商店 $\boxed{40\ 680}$

贷：主营业务收入 $\boxed{36\ 000}$

应交税费（应交增值税——销项税额） $\boxed{4\ 680}$

后附开给某商店红字增值税专用发票记账联，记录果茶500箱，不含税单价72元，货款36 000元，增值税销项税额4 680元。在发票右下角又注明因产品质量不符合合同规定要求，经双方协商同意每箱削价36元。后经进一步核实查证，并没有购货方税务机关的证明材料。从所给资料可以看出，企业对关系单位、协作单位销售货物随意削价，冲减增值税销项税额，实属偷税行为。因此，应采用补充登记法作调账分录为：

借：应收账款——××商店 40 680

贷：主营业务收入 36 000

应交税费——增值税稽查调整 4 680

2. 一般纳税人特殊情况下应纳税额计算的稽查

如果纳税人在一个纳税年度内转产或停业、歇业、合并等，其应纳增值税应按月申报缴纳，销项税额和进项税额均应按应税凭证的时限进行复算，具体方法与上述方法相似。此外，还应注意以下几个方面：

（1）"前欠后抵"的稽查。纳税人在各月申报缴纳的增值税，不得采取"前欠后抵"办法来消除欠税，以至影响当期的应纳税额。否则易使纳税人钻空子，即通过"调节"自己每个月的购销经营额来"合理"少纳税款。

【例6-21】某机械厂为增值税一般纳税人，2022年5月实现销项税额29万元，进项税额19万元，抵扣上年年未结转的留抵税额2万元，该厂申报5月应纳税额为8万元（29-19-2）。6月属该企业生产储备期，企业大量采购原材料，因而出现购大于销的情形，6月纳税申报时，出现-26万元增值税，于是企业将5月由于资金紧张而准予缓缴的8万元从6月当月出现的负数应纳税额中抵减，使企业6月末出现留抵税额为-18万元，从而"解除"5月的欠税，致使企业欠税消失。

（2）"以物抵税"的稽查。稽查时应注意企业的"以物抵税"货物是否经过当地评估机构评估，被拍卖货物价格是否合理，税务机关是否通过一定媒体发布公开拍卖"以物抵税"公告，是否委托了拍卖行具体实施拍卖等。

（二）小规模纳税人应纳税额计算的稽查

对小规模纳税人应纳增值税稽查的重点是销售额的记录、汇总及换算等问题。注意审查销售额是含税的销售额还是不含税的销售额，适用征收率是否准确。

稽查时，首先应将增值税纳税申报表中的销售额与主营业务收入总账及销售明细账汇总销售额相核对，如果三者不符，则应以销售原始凭证为依据来具体核定应税销售额。其次，注意一些特殊的规定，如对拍卖行受托拍卖增值税应税货物，向买方收取的全部价款和价外费用应按3%的征收率征收增值税。

二、增值税减免税的稽查

增值税减免税稽查的重点是减免范围、审批程序、减免期限、减免销售额等。

（一）统一免征增值税项目的稽查

（1）粮食、农机、化肥、饲料等农产品的稽查。统一免征增值税项目仅限于农业生产者销售自产农业产品和其他列举的项目，如农膜等税法列举的若干农业生产资料。但免税的农业产品应符合两个基本条件：一是农业生产者自己生产的初级农业产品；二是农业生产者自己销售的初级农业产品。

稽查时，可审查企业申报免税项目是否符合税法规定，查实"主营业务收入——免税收入"账户贷方发生额，核对申报免税额与账簿记录免税额是否一致，注意应税销售收入与免税销售收入是否分别记账、分别核算，否则应一并征收增值税。如淀粉生产企业自办养猪场，用淀粉废渣饲养生猪取得收入，分别独立记账的，给予免征增值税。

（2）校办企业的稽查。稽查时，主要是审查纳税人的资格、提供的商品及其用途是否符合税法的规定。即为本校生产的应税货物，凡用于本校教学与科研方面的，经严格审核确认后免征增值税；对高校后勤实体为高校师生食堂提供的粮食、食用植物油、蔬菜、肉、禽、蛋、调味品和食堂餐具免征增值税，提供的其他商品计征增值税；对高校后勤实体向其他高校提供快餐外销收入免征增值税，向其他社会人员提供快餐外销收入计征增值税。

（3）民族贸易和供销社企业的稽查。对民族贸易县内县级及县以下的民族贸易企业和供销社企业销售货物（除石油、烟草外），对国家定点企业生产的边销茶及经销单位销售的边销茶免征增值税。在政策执行期间，国家如果对民族贸易县和边销茶定点企业进行重新调整认定，按调整后的范围执行。稽查时，应注意是否是在优惠期内，政策是否有效。

（4）文化系统的稽查。对全国县（含县级市、区、旗）及县以下新华书店和农村供销社在本地销售的出版物，经国务院或国务院广播影视行政主管部门批准成立的电影制片企业销售的电影拷贝收入，免征增值税。稽查时，应注意优惠政策时限和享受优惠的主体是否是属于指定的图书、报纸、期刊名单和综合类科技报纸名单，经营性文化事业单位转制为企业后，可按原有的增值税优惠政策执行；生产重点文化产品进口所需要的自用设备及配套件、备件等，按现行规定免征进口关税和进口环节增值税。

（5）残疾人专用品的稽查。按税法规定进行审查，即供残疾人专用的假肢、轮椅和矫形器（包括上肢矫形器、下肢矫形器、脊椎侧弯矫形器），免征增值税。

（二）特殊减免税项目的稽查

（1）军队系统的审查。军队系统各单位生产、销售、供应的应税货物应当征收增值税，但军需工厂之间为生产军需品而互相协作的产品免税。稽查时，可审查军队系统所属生产、调拨或销售免税货物的企业填制的《军队系统免税申请认定表》和军队系统办企业的有关证明文件，看是否经主管税务机关审批。对军事工厂生产销售的军用武器装备是否免征增值税，具体按税法列举的军队系统、军工系统减免增值税的项目执行，注意军队系统、军工系统生产的对外销售货物是否征收了增值税。

（2）软件产品的审查。对一般纳税人销售其自行开发的软件产品，增值税实际税负超过 3% 的部分实行即征即退政策，软件企业认定标准按《软件企业认定标准及管理办法》执行。稽查时，查看软件企业是否有本年度有效的软件企业认定证书，经认定的软件企业因调整、分立、合并、重组等原因发生变更的，是否在变更事实发生后向其所在地认定机构办理变更手续或重新办理认定申请，否则不得享受税法规定的有关鼓励政策，具体可按省级税务机关公布的软件企业名单执行。应注意电子出版物也属于软件范畴，应当享受软件产品的增值税优惠政策。

第五节　出口货物的稽查

一、出口货物退（免）税范围的稽查

（一）出口货物退（免）税企业范围的稽查

1. 稽查的内容

出口商自营或委托出口的货物，除另有规定外，可在货物报关出口并在财务上做销售核算后，凭有关凭证报送所在地税务机关批准退还或免征增值税。出口商包括对外贸易经营者、没有出口经营资格委托出口的生产企业、特定退（免）税的企业和人员。稽查时，应注意对外贸易经营者是否按有关规定办理备案登记；没有出口经营资格的生产企业委托出口自产货物，应分别在备案登记、代理出口协议签订之日起 30 日内持有关资料，到所在地税务机关办理出口货物退（免）税认定手续。

税务机关受理出口商出口货物退（免）税申报后，应在规定时间内对申报凭证、资料的合法性、准确性进行审查核实。在人工审核后，应当使用出口货物退（免）税电子化管理系统进行计算机审核，将出口商申报的电子数据、凭证、资料与税务等有关部门传递的出口货物报关单、代理出口证明、增值税专用发票等电子信息进行核对。经审核符合有关规定的，税务机关应按有关规定办理退库或调库手续。

2. 稽查的方法

对自营出口企业可稽查对外经济贸易部批准的出口企业证书等资料，如《企业法人营业执照》等，查实执照上注明的有效日期及时限，是否有税务部门发给的《出口企业退税登记证》，有关申请退税资料是否在税务部门备案等。对代理出口企业，应核实出口企业与受托方有无签订代理出口协议或合同，对受托方垫付资金并负责经营盈亏的，一律应视为自营出口。

此外，还应查看企业一般纳税人确认专用章、开户银行账号，是否独立核算、自负盈亏，是否具备企业的一般特征等。特别是注意出口企业有无在"四自、三不见"（"客商"或中间人自带客户、自带货源、自带汇票、自行报关和出口企业不见出口产品、不见供货企业、不见外商）情况下买空卖空或"买单"业务并申请出口退税等。其通常采取的手段是假报、虚报出口。一般程序为：开出产品假发票→伪造完税证明→物色出口委托单位→寻找外商（出口客户）→开出假报关单→进行外汇核销→申请退税。稽查这类问题的关键是企业办理的出口凭证的真实性及其生产能力，对涉嫌"买单"骗税嫌疑的，已查明有问题的不予受理，作"死单"处理，应收回已退税款。

【例 6 – 22】

深圳某实业有限公司系列骗取出口退税案

某年 12 月青海省西宁市国税部门查明，该市三兰制衣有限公司取得虚假海关进口货物完税凭证，并向深圳市某实业有限公司等外贸企业虚开增值税专用发票，骗取出口退税。经查，仅 1 年期间，鄂尔多斯公司虚开的增值税专用发票共计 2 530 份，涉及税款 4 215 万元。共涉及 11 个省、市205 户生产企业，6 户外贸出口企业，涉及税款 4.3 亿元，骗取出口退税1 亿多元。全部税款已追缴，主要犯罪嫌疑人被公安机关抓获。

（二）出口货物退（免）税货物范围的稽查

1. 出口货物退（免）税货物范围稽查的基本方法

国家给予出口免税并退税的货物必须满足 4 个基本条件：一是属于增

值税、消费税征税范围的货物；二是报关离境的货物；三是在财务上作销售处理的货物；四是出口收汇并已核销的货物。稽查时，应注意企业销售出口货物的价格、销售数量及货源是否真实，生产企业是否具备生产能力，对出口货物的货源不实的，不予退税。特别是对一次购进和销售数量、金额巨大，购销时间集中及采取委托结算货款方式的，应作为稽查的重点。此外，还应注意有无虚增出口货物数量、虚抬出口货物国内收购价等情况，出口退税凭证有无涂改、伪造或内容不实，或无发票或只有增值税专用发票复印件纯属走私货物等骗取出口退税行为。

稽查的方法：不论是自营出口、受托代理出口还是与其他企业联营出口的货物，在办理出口货物退（免）税时，除按规定向主管出口退税的税务机关报送"出口货物退（免）税申报表"外，还应当提供购进出口货物专用发票、申请退消费税企业还应提供税收（出口产品专用）缴款书、出口货物销售明细账、海关盖章的出口货物报关单和出口收汇单证等资料（简称表、账、单、证）。

2. 出口货物退（免）税稽查的一般程序

（1）审核出口退税的申请人报送资料是否齐全、真实、合法，防止申请人在"四自、三不见"的情况下成交，防止买空卖空，以及利用假发票、假出口报关单骗取出口退税款。重点审核的凭证有出口货物报关单（出口退税专用）、代理出口证明、增值税专用发票（抵扣联）、出口收汇核销单或出口收汇核销清单。

（2）核对"出口货物退（免）税申报表"中的出口货物名称栏所列各种货物，如有出口不退税货物或禁止出口货物应予以剔除。此外，应注意申报表是否为国家统一印制格式及项目手续的完整性，有无以企业的业务章或财务章代替公章现象。对应向其主管退税的税务机关提供"税收专用缴款书"或"分割单"原件，而不能提供原件或原件内容填写不规范、字迹不清、国库（银行）印章不齐的，不予退税。对已开具税收专用缴款书和分割单的出口货物，如发生退关、退货时，出口企业应主动及时地向主管其退税的税务机关办理税收专用缴款书和分割单缴销手续，否则按骗取出口退税处理。

（3）将"出口货物退（免）税申报表"与"出口货物报关单"相对

照，核实申请退税货物是否已报关离境，凡未离境的，不予退税。注意报关单上的编号、计量单位和销售数量等内容，若与申报表上的销售数量不一致，应以报关单上列示的销售数量和销售金额为准。

（4）将"出口货物退（免）税申报表"与出口货物增值税专用发票、税收（出口产品专用）缴款书等资料相对照，凡属税法规定的非应税货物、免税货物或未税货物，一律不予退（免）税。

（5）将"出口货物退（免）税申报表"与自营出口销售明细账、库存出口商品明细账等相关账户、凭证、单据对照，凡财务上未作销售处理的，不予退税。

（6）在对申报的出口货物退（免）税凭证、资料进行人工审核后，税务机关开始使用出口货物退（免）税电子化管理系统进行计算机审核，对不符合规定的申报凭证和资料，税务机关应通知出口商进行调整或重新申报；对在计算机审核中发现的疑点，应按有关规定处理。

3. 出口特殊货物退（免）税的稽查

（1）国家禁止出口的货物（如天然牛黄、麝香、铜及铜基合金、白金等）和国家规定出口不退税货物（如原油、原木、纸等），虽符合上述一般要求，但按税法规定，货物出口后不予退税，应按照出口货物所取得的销售收入征收增值税。稽查时主要采用复算法，其复算公式为：

应纳税额 = 出口货物销售收入 × 外汇人民币牌价 × 适用税率 − 进项税额

（2）对特准退税的出口货物，如对外承接修理修配业务的企业用于对外修理修配的货物，有的货物修好后向海关报关，在财务上也作销售处理等；有的则不报关或在财务上只作修理修配收入处理，而不作销售处理，因此统一规定给予退税。利用国际金融组织或外国政府贷款，采取国际招标方式由国内企业中标销售的机电产品，由企业于中标货物支付验收后，向当地主管出口退税的税务机关申请退（免）增值税。因此，对于特准退税的出口货物，虽然未报关出境，在财务上未作出口销售，但按照规定可办理出口退（免）税。

（3）有些出口货物，免税但不予退税。主要包括：

① 生产企业"来料加工"贸易方式免税。对进口原材料、零部件应注意企业向海关申请核销的《来料加工登记手册》和出口货物的报关单编

号有无涂改或伪造，报关单上的海关印章和关员的签章是否真实，有无伪造痕迹等骗取出口退税行为。

② 国家计划内出口卷烟免税。主要查看国家税务总局出口免税计划的文件、准予购进免税卷烟证明、已免税证明和出口卷烟办理免税核销等4项内容，并通过电脑进行"一条龙"监督。

③ 对非保税区运往保税区的货物不予退（免）税。保税区内企业从区外有进出口经营权的企业购进货物，区外的供货企业应向保税区内企业提供出口产品增值税（或消费税）税收专用缴款书或分割单，保税区内企业将这部分货物出口或加工后再出口，凭该批货物的专用缴款书或"分割单"、运往保税区的《出口货物报关单》及从保税区离境的《出口货物报关单（出口退税联)》和其他有关凭证申报办理退税。

④ 出口加工区外企业销售给出口加工区货物。稽查时对区外企业销售并运入出口加工区的货物，看是否开具了出口销售发票，对未开具专用发票或普通发票的，不得办理退（免）税；查看是否按海关规定填制出口货物报关单，出口货物报关单上的"运输方式"栏是否为"出口"或全称"出口加工区"；对区内企业在区内加工、生产的货物属于货物直接出口和销售给区内企业的，免征增值税、消费税，对区内企业出口货物不予办理退税；区内企业委托区外企业进行产品加工，是否也退（免）了增值税、消费税。

此外，还应注意审查援外出口货物、出口企业用于加工生产出口产品的钢材，以及企业出口军需工厂生产或军需部门调拨的免税货物、避孕药品和用具的退（免）税问题。

二、出口货物退税依据与退税数额的稽查

（一）出口货物退（免）税依据的稽查

稽查时，注意企业所开具的增值税专用发票上所列示的销售额是否含有增值税销项税额，如果是价税合计数，应还原成不含税的销售额。

对企业按到岸价格对外成交的，货物离境后发生的应由我方负担、以外汇支付的国外运费、保险费、佣金（包括明佣和暗佣）和银行财务费用

等，应以红字冲减收入。由于出口货物销售额是按外币记账的，因此人民币外汇牌价应按结算当天或当月 1 日的市场汇价（原则上为中间价）折合成人民币确定其计税销售额。其销售额的人民币折合率应事先选定，确定后 1 年内不得随意变更。

（二）出口货物税率的稽查

1. 出口货物退税率的稽查

凡是列入科技部、商务部制定的《中国高新技术商品出口目录》的出口产品，出口退税率没有达到征税率的，经国家税务总局核准，可按适用征税率退税。

为方便纳税人查询不同出口货物的出口退税率，国家税务总局网页上专门设置了在线查询业务。稽查时，应对照出口产品报关单和出口货物退（免）税申报表上列示的货物名称，查验出口商品，具体确定退税率，对出口不同退税率的货物而又未分别核算申报的，一律从低确定退税率。注意单位或个人是否擅自修改国家税务总局下发的退税率文库，如果已作修改，看是否经国家税务总局授权等。出口企业从小规模纳税人购进的货物出口，一律凭增值税防伪税控系统开具的专用发票及有关凭证办理退税。

2. 出口货物零税率的稽查

适用增值税零税率的大米、小麦、玉米的货物范围，包括硬粒小麦、种用小麦、其他小麦及混合麦、种用玉米、其他玉米、经其他加工的玉米、种用籼米稻谷、其他种用稻谷、其他籼米稻谷、其他稻谷、籼米糙米、其他糙米、籼米精米（不论是否磨光或上光）、其他精米（不论是否磨光或上光）、籼米碎米和其他碎米等商品。出口上述货物的退税按下列公式计算：

$$应退税款 = 出口货物计税价格 \times 9\%$$

其中，"出口货物计税价格"是指按企业成本核算办法计算确定的该批出口货物购进价格，具体计税价格由出口企业所在地主管出口退税的税务机关依据企业成本核算办法计算确定。

【例 6 - 23】

滨海县"劳联税案"

滨海县税务局 2021 年 12 月根据群众举报，对滨海劳联有限公司、滨海县对外经济贸易公司、中国机械对外经济技术合作公司滨海分公司进行税务稽查。经查证，犯罪嫌疑人周大伟等 4 人于 2021 年 5 月至 11 月间，伙同上述三户企业以代销代理为幌子，大肆虚开增值税专用发票进行骗税。全案共计虚开增值税专用发票 131 份，价税合计 3.6 亿元，税款 5 320 万元。其中这 3 户企业非法抵扣税款 1 489 万元，骗取出口退税款 1 756 万元（174 万元因案发未予办理退税）。涉案的汉江市轻工业进出口公司、中国电子进出口公司华伟公司共从当地税务机关办理出口退税款 392 万元。国家税款总计被骗达 2 148 万元。

根据相关法律法规，滨海县税务局于 2022 年 1 月对上述 3 户企业下达了《税务案件处理决定书》后，3 户企业要求复议。市税务局根据复议结果又重新下达了《税务案件处理决定书》，涉案企业补税、罚款共计 6 500 万元。由于涉案企业拒不执行税务处理决定，滨海县税务局依法对其采取了税收保全措施。鉴于此案涉案金额巨大、情节特别严重，滨海县税务局已于 2022 年 2 月将此案移送滨海县检察院，市检察院于 3 月将此案移送市公安局。在各部门的支持配合下，省高级人民法院对此案作出终审判决，主犯周大伟被判无期徒刑，剥夺政治权利终身。执法机关共追缴款物折合人民币 1 270 多万元。

（三）出口货物退（免）税额计算的稽查

审查纳税人应退（免）增值税采用复算法，可按如下程序进行：一是复算出口货物不予免征、抵扣和退税的税额；二是复算当期应纳税额和应退税额；三是复算结转下期抵扣的进项税额。注意以下几个问题。

第一，审查当期应退税额和免抵税额的计算，即当期期末留抵税额≤当期免抵退税额时，当期应退税额等于当期期末留抵税额。稽查时，按上述公式复算纳税人退税计算过程和结果是否正确。但应注意只有当期内销货物的销项税额与进项税额准确无误情况下，才能复算当期应纳税额。

第二，注意审查少退的退税额，即当期期末留抵税额 > 当期免抵退税额时，当期应退税额等于当期免抵退税额；当期免抵退税额等于零时，当期期末留抵税额应按当期增值税纳税申报表中"期末留抵税额"确定。当纳税人收到退还增值税时应作会计处理为：

借：银行存款

　　贷：应交税费——应交增值税（出口退税）

第三，对不具有进出口经营权利的生产企业和特准退（免）税企业，实行先征后退办法，稽查时按税法规定的退税计算公式进行复算。企业提出上述退税申请后，由主管出口退税的税务机关在国家出口退税计划内，依照规定的退税率审批退税。

本章小结

本章主要阐述和研究了增值税基本要素的稽查、销项税额的稽查、进项税额的稽查、应纳税额的稽查和出口货物的稽查。基本要素的稽查包括纳税人、征税范围和税率的稽查，其中征税范围的稽查包括一般征税范围和特殊征税范围的稽查；销项税额的稽查包括销售行为、销售额和销项税额的稽查，其中销售行为的稽查包括一般销售行为、视同销售行为和账外销售行为的稽查；进项税额的稽查包括货物和应税行为购进、货物和应税行为转出和增值税进项税额抵扣的稽查；应纳税额的稽查包括应纳税额计算和增值税减免税的稽查，其中应纳税额计算的稽查包括一般纳税人和小规模纳税人的稽查；出口货物的稽查包括退（免）税范围、退税依据与数额的稽查。

第七章

消费税税务稽查

消费税税务稽查主要阐述和分析税目税率的稽查、纳税环节的稽查、计税依据的稽查和应纳税额的稽查四个问题。税目税率的稽查包括消费税税目的稽查和税率的稽查；纳税环节的稽查包括生产销售环节、委托加工环节、进口环节和零售环节的稽查；计税依据的稽查包括从价定率计税依据和从量定额计税依据的稽查；应纳税额的稽查包括应交消费税的稽查和消费税减免税的稽查。

第一节　税目税率的稽查

我国消费税的征税范围具有选择性，可以具体化，表现为 15 个税目。其应税消费品仅是增值税征税范围中的部分应税货物，即生产、委托加工和进口应税消费品。在消费税稽查时，应严格区分应税与非应税消费品的界限，并结合税目税率表的审查，为消费税应纳税额的稽查奠定基础。

一、消费税税目的稽查

（一）消费税税目的稽查内容

1. 应税产品的稽查

消费税的应税产品具体包括烟、酒、高档化妆品、贵重首饰及珠宝玉石、鞭炮焰火、成品油、小汽车、摩托车、游艇、高档手表、高尔夫球及球具、木制一次性筷子、实木地板、电池、涂料，界定应税产品应以《消费税税目税率（税额）表》《消费税征收范围注释》《汽油、柴油消费税征收范围注释》等为依据，结合被稽查对象的实际情况，从产品的名称、品种、规格、性能和功能等方面入手，确定是否属于应征消费税的产品。主要应注意以下事项。

（1）注意划清应税消费品与初级产品的界限。如汽油属于消费品征收消费税，而原油属于初级产品应征收资源税。

（2）注意根据产品的性质与功能的不同加以区别。如酒类消费品与饮料，高档化妆品与普通化妆品、护肤护发品的界限不能混淆。

（3）注意结合产品的相关技术参数，界定应税消费品范围。现行消费税在界定征税范围时，对部分税目明确规定了其具体的技术参数。如小汽车的征税范围包括：含驾驶员座位在内最多不超过9个座位的，在设计和技术特性上用于载运乘客的各类乘用车和含驾驶员座位在内的座位数在10～23座的各类中轻型商用客车等，显然，汽车技术参数在税法规定范围内的，应当征税，不在此范围内则不征税。在稽查时，应依据产品说明书并结合实物进行仔细比对，必要时可以通过专业的鉴定机构进行鉴定。

（4）注意根据产品的用途确定是否属于应税产品。有的消费品可从产品角度来确定消费税的征收范围，而且还应考虑消费品的用途。如高档上妆油、卸妆油、油彩、发胶等属于高档化妆品的，应当征收消费税，但如果舞台、戏剧、影视演员化妆使用不征消费税；发令纸、鞭炮引线属于鞭炮、焰火范围，但用于体育方面不征消费税。

2. 应税行为的稽查

消费税的应税行为包括应税消费品的生产销售、委托加工和购进行为。在对纳税人应税行为进行稽查时，重点应注意两种特殊应税行为的界定。

（1）受托加工业务的界定。受托加工业务与销售自制应税消费品业务的纳税方法是不同的，包括纳税人、计税依据等的区别，税负也存在着明显的差异，因而应准确区分受托加工业务与销售自制应税消费品业务。根据税法规定，受托加工与销售自制应税消费品业务的主要区别在于原材料的来源不同：只有在委托方提供原料和主要材料，受托方只收取加工费和代垫部分辅助材料加工时，才能按受托加工业务计税，凡是由受托方提供原材料生产的应税消费品，或受托方先将原材料卖给委托方，然后再接受加工生产的应税消费品以及由受托方以委托方名义购进原材料生产的应税消费品，一律应按销售自制应税消费品业务缴纳消费税。

（2）应税消费品购销行为的界定。对工业企业从事应税消费品购销行为的，区分两种情况确定是否应当征税：一是对既有自产应税消费品，又购进与自产应税消费品同样的应税消费品进行销售的工业企业，对其销售的外购应税消费品应征收消费税，同时可以扣除外购应税消费品的已纳税款，其中允许扣除已纳税款的外购应税消费品仅限于烟丝、高档化妆品、珠宝玉石、鞭炮焰火、实木地板、木制一次性筷子、汽油、柴油、石脑油、润滑油、燃料油、摩托车及高尔夫杆头、杆身和握把；二是对自己不生产应税消费品，而只是购进后再销售应税消费品的工业企业，其销售的应税消费品，凡不能构成最终消费品直接进入市场需进一步生产加工的，应征收消费税，同时允许扣除以上外购应税消费品的已纳税款。

3. 地域稽查的内容

根据消费税法的规定，只有在我国境内从事生产销售、委托加工和进口应税消费品等行为的，才能对其征收消费税，在我国境外从事上述行为的，则不能征税。稽查时应依据发票、运单和报关单等资料，划清境内和境外的界限。

（二）消费税税目的稽查方法

消费税的税目有严格的规定，且特别具体，纳税人有可能采取改头换面的方式将应税产品伪装为非应税产品，实现偷逃税款的目的。根据消费税的特点，对消费税税目的稽查，可从以下两个方面进行。

1. 稽查纳税人的应税货物有无变更名称的问题

按消费税税目的具体规定与纳税人的经营业务逐一审查和确认，防止其将应税商品变更名称逃离征税范围。如将白酒变更为料酒，将高档化妆品变更为普通化妆品等。尤其是各税目下设的子目，如果没有专业技术鉴定和认真核对，要准确划分征税与非税的界限非常困难，因此稽查时若遇特殊情况或较复杂的情况，可以借助于第三方的专业技术协助稽查。

稽查时，可针对发现的疑点将纳税人财务部门的库存商品明细账与仓库保管部门的实物账进行核对，看账物是否相符，如不一致就有可能存在偷逃税的情况，因为纳税人如果销售应税消费品时变更产品名称开具票物不符的发票，财务上将甲产品作为乙产品结转成本，就会造成账物不符。

2. 稽查纳税人的应税货物有无相互间混串的情况

有些纳税人为少缴纳税款，将高税率征税的货物计入低税率征税的货物的销售额中，尽管销售收入总量没有减少，但仍可少缴纳税款。稽查时，应将纳税人的应税货物与征税范围一一核对，鉴定货物的名称是否符合本质属性。

此外，可从开具的发票上反映的销售对象与销售价格发现疑点。不同应税消费品的单位销售价格是不同的，不同应税消费品的功能、用途决定了某些消费品有特定的销售对象。如果发现纳税人已开具的发票上产品销售价格过高或过低，销售对象异常，则应进一步调查取证、进行核实。

二、消费税税率的稽查

消费税共设有 15 个税目及若干子目，每一个税目或子目的税率也不尽相同。由于消费税税目间的区分方法多种多样，既有按产品的用途、生产工艺区分，也有按产品的技术标准区分，在征纳税中极易相互混淆，因此在税务稽查时应将应税消费品所属税目及适用税率列为稽查重点。特别是在纳税人同时经营适用多种不同税率的产品时，税目的区分和税率的选择问题就显得更为重要。

(一) 对高税率申报低税率的稽查

1. 按消费品的品名或种类单独设置税率的稽查

这类税率的特点是消费品的品名或种类明确、税率单一，对此可按消费品的品名或种类，对照《消费税税目税率表》确定其适用税率。对不易划清界限的消费品，如应税的高档化妆品和非税的护肤护发品，主要是了解掌握产品的性能与作用，以判别产品适用的税率是否正确。

2. 同类消费品按不同价格设置不同税率的稽查

这类税率的特点是同一消费品因价格不同而适用不同税率。如每标准条调拨价格在70元（含本数，不含增值税）以上的卷烟适用56%的比例税率，每标准条调拨价格在70元（不含本数，不含增值税）以下的卷烟适用36%的比例税率。对此，应调查企业的供销部门，逐个查明其调拨价格，以确定其适用税率。

3. 同类消费品按特定标准设置不同税率的稽查

这类税率的特点是同一消费品因产品性能、规格不同而适用不同税率。如乘用车气缸容量不同税率不同，1.0升及以下的为1%，1.0～1.5升（含1.5）的为3%，4.0升以上的高达40%等。稽查时，一是到生产技术部门了解产品的设计、规格及生产工艺等情况，到厂部了解年、季、月的生产计划，并到车间查看产品的规格、功能，核准适用的单位税率；二是将企业的"产品成本计算表"与产成品明细账核对，审查登记入库的产品名称、规格型号与实际是否相符；三是将"产成品出库单"与产品销售收入明细账、企业纳税申报表核对，查实有无因错记产品型号、规格而错用税率的情况。

（二）对兼营不同税率产品的稽查

根据税法规定，纳税人兼营不同税率的应税消费品，应当分别设置主营业务收入明细账，分别核算不同税率应税消费品的销售额；如未分别核算的，则从高适用税率。

稽查时，主要审查纳税人的"生产成本——基本生产成本"和产成品等明细账，必要时也可深入到生产车间和产品保管仓库进行调查了解，掌握纳税人生产、销售哪些种类、牌号和规格的产品，分别适用的税率是多少，然后与纳税人的产品销售收入明细账核对，看纳税人对兼营不同税率消费品的销售收入额是否分别进行了核算。对于未按要求分设产品销售收入明细账、未分别进行核算的，查看有无违反规定采用较低税率计算缴纳消费税的情况。

（三）对组成成套消费品税率稽查

纳税人将不同税率的应税消费品组成成套消费品出售的，应从高适用税率。但在实际操作中，一些纳税人将成套消费品采用较低税率或根据成套消费品的不同组成部分分别适用税率。

稽查的方法：一是深入生产、销售部门进行查证，掌握纳税人有无将不同税率的应税消费品组成成套消费品出售的情况；二是对照纳税人的产品销售收入明细账，并调阅有关的会计凭证，看纳税人对于将适用不同税率的应税消费品组成成套消费品出售的行为是如何进行会计核算、如何计算缴纳消费税的，有无分解纳税的情况。

第二节　纳税环节的稽查

消费税除了卷烟在批发环节加征和超豪华小轿车在零售环节加征外，其他应税消费品均采用单一环节课征的办法，其纳税环节包括生产销售环节、委托加工环节、进口环节和零售环节。

一、生产销售环节的稽查

生产销售环节所涉及的应税环节，主要包括将自产产品直接对外销售和自产自用两种情况。

（一）直接对外销售行为的稽查

对直接销售自产产品的行为，应根据销售收入或销售数量计算缴纳消费税。由于消费税与增值税的特殊关系，对同一货物既征收增值税又征收消费税时，两者的计税依据相同。

（二）自产自用行为的稽查

按照规定，纳税人将自产的应税消费品用于连续生产应税消费品的，使用环节不纳消费税；纳税人将自产的应税消费品用于其他方面的应视同销售，按其生产的同类消费品的销售额计算纳税，没有同类消费品销售价格的，按照组成计税价格计算纳税。

1. 自产自用连续生产非应税消费品的稽查

企业完工可供销售的消费品，应在企业产成品明细账、仓库的产成品数量账和生产部门的完工交库单中有所反映；在移送投入再生产时，又有生产部门的领料单，应在产成品明细账和仓库的产成品数量账的付出方，以及在生产成本账户中的直接材料成本项目借方反映。因此，应从这些账户查明企业在连续生产非应税消费品过程中是否使用了自己生产的应税消费品。稽查步骤：一是根据产成品、生产成本明细账借方余额，以及领用应税消费品的用途和部门，判断生产的应税消费品是否用于连续生产非应税消费品；二是核实自产自用于连续生产非应税消费品的应税消费品的数额及领用时间，对照审查"应交税费——应交消费税"明细账，看企业是否及时计算并缴纳了消费税。

对不按正常程序处理账务的企业，则可对其生产用料进行分析，如果非应税消费品的生产用料中确有属于应税消费品的，而企业自身又有这一应税消费品生产，就应进一步查明应税消费品的生产数量、销售数量，同非应税消费品生产耗用该应税消费品的数量、外购的数量相对照，从而确定其有无使用自己生产的应税消费品，并进一步审查是否按规定缴纳了消费税。

2. 应税消费品自产自用其他方面的稽查

应税消费品自产自用非生产的其他方面包括用于固定资产购建或维修、集体生活福利或职工个人消费，以及对外馈赠、赞助和广告等。根据税法规定，上述自产自用行为应视同销售，并计算缴纳消费税。

但实际中，有的企业能按规定在账务上进行核算，有的则弄虚作假不作账面反映而偷逃税款。其稽查方法主要是从固定资产、在建工程、应付职工薪酬、营业外支出、销售费用、管理费用等账户的借方审查其来源和支付的内容，从库存商品特别是仓库的实物账，审查其付出的去向。必要时，可以将账面数额与库存数相核对，从而查明其有无自产自用于上述方面的应税消费品，自用的应税消费品是否缴纳了消费税。

二、委托加工环节的稽查

委托加工业务的委托方是以材料成本和加工费的合计数为基础计算缴

纳消费税，如果是自产自用相同的应税消费品，其计算纳税的基础则是生产成本和利润的合计数。

委托加工和自产自用应税消费品的组成计税价格，分别为：

$$组成计税价格 = \frac{材料成本 + 加工费}{1 - 消费税适用税率}$$

$$组成计税价格 = 成本 \times \frac{(1 + 成本利润率)}{1 - 消费税适用税率}$$

通过上述计算公式比较可以发现，后者的组成计税价格中是含利润的，而前者的组成计税价格则不含利润，在同等条件下，委托加工应税消费品的税收负担要轻于自产自用应税消费品的税收负担。稽查时，必须严格区分委托加工的应税消费品和自制应税消费品的范围，重点审查是否符合税法中规定的委托加工方式。其稽查方法：审查委托加工合同，确认加工货物的原材料是由委托方提供还是由受托方提供。如果是由受托方提供或是以其他方式取得的，就不属于委托加工业务，应按受托方自制货物销售处理征收消费税。

三、进口环节的稽查

纳税人进口应税消费品，按照组成计税价格和规定的税率计算应纳税额，由进口方或其代理人向报关地海关申报纳税。

对进口环节纳税的稽查，应首先审查进口货物是否在应税范围内，是否已经全部纳税。稽查时，可结合消费税的税目税率表进行核对，看有无隐瞒真实情况、漏报应税项目的行为。

四、零售环节的稽查

（一）金银首饰零售业务的稽查

金银首饰、钻石及钻石首饰在零售环节缴纳消费税。对金银首饰零售业务的稽查方法，可从以下几方面着手。

（1）对购入环节进行稽查。将《金银首饰购货（加工）管理证明单》

载明的购入数量和金额，与纳税人的库存商品明细账借方发生额及《金银首饰购销存月报表》记载的购入数进行核对，看三者是否一致。

（2）从销售环节进行稽查。将开具的发票反映的数量、金额与企业商品销售收入明细账贷方发生额、《金银首饰购销存月报表》记载的销售数量、金额和企业的消费税纳税申报表申报的数据进行核对，看四者是否相符。

（3）通过实地盘点进行稽查。因为金银首饰体积小、价值高，商业企业库存的金银首饰体积数量一般不是很大，税务稽查人员完全有时间进行实地盘点。通过实地盘点将盘点的数据与《金银首饰购销存月报表》反映的结存数量及企业的库存商品明细账的期末余额进行核对，看是否一致。

（二）对带料加工、翻新改制的稽查

（1）对带料加工、翻新改制作为修理、清洗业务的稽查。带料加工、翻新改制（以旧换新）业务需要缴纳消费税，而金银首饰的修理、清洗业务不需要缴纳消费税。其稽查方法：一是从收取价款的单位价格上加以辨认，带料加工、翻新改制价格较高，而修理、清洗业务的价格相对前者低得多；二是审核企业每一笔业务的加工单进行区分。

（2）对带料加工混同为翻新改制业务的稽查。带料加工的金银首饰，按受托方销售同类金银首饰的销售价格确定计税依据缴纳消费税，没有同类商品销售价的，按组成计税价格计税。其组成计税价格公式为：

$$组成计税价格 = \frac{材料成本 + 加工费}{1 - 金银首饰消费税税率}$$

纳税人翻新改制业务，应按照实际收取的不含增值税的全部价款计征消费税。纳税人是否将带料加工业务混同为翻新改制业务扣除材料成本缴纳消费税，应作为稽查的重要内容。其稽查方法：对金银首饰这样体积小、价值高的贵重物品，带料加工、翻新改制业务双方事先都订有书面协议（加工单），可以通过详细审查加工单上记载的内容来区别带料加工与翻新改制业务。

（三）对超豪华小汽车的稽查

（1）基本规定。对每辆零售价格130万元（不含增值税）及以上的乘

用车和中轻型商用客车称为超豪华小汽车。对超豪华小汽车，在生产（进口）环节按现行税率征收消费税基础上，在零售环节加征消费税，税率为10%，其加征应纳税额计算公式为：

$$应纳税额 = 零售环节销售额(不含增值税) × 零售环节税率$$

（2）稽查要点。一是超豪华小汽车属于乘用车和中轻型商用客车的子税目，属于加征项目，其零售环节的纳税人为将超豪华小汽车销售给消费者的单位和个人；二是国内汽车生产企业直接销售给消费者的超豪华小汽车，消费税税率按照生产环节税率和零售环节税率加总计算。消费税应纳税额计算公式为：

$$应纳税额 = 销售额 × (生产环节税率 + 零售环节税率)$$

三是对我国驻外使领馆工作人员、外国驻华机构及人员、非居民常住人员、政府间协议规定等应税（消费税）进口自用，且完税价格130万元及以上的超豪华小汽车消费税，按照生产（进口）环节税率和零售环节税率（10%）加总计算，由海关代征。

第三节　计税依据的稽查

由于消费税与增值税为同一税基，其稽查的内容主要包括产品销售的核算范围、入账价格及时间，与本书第六章中对销售行为稽查的内容和方法基本相同，本章对此不再详细阐述。这里主要结合消费税计税依据并比较增值税的不同之处，阐述其稽查内容和稽查方法的特殊性。

一、从价定率计税依据的稽查

（一）已列主营业务收入销售额的稽查

已列主营业务收入账户的销售额，一般是企业申报纳税的数额。稽查时可从以下几个方面入手。

1. 匡算大账复查

先匡算大账，即消费税纳税申报表、增值税纳税申报表上列示的"销售额"，与利润表上的"主营业务收入"数、主营业务收入总账贷方发生额、各销售明细账贷方发生额汇总数及增值税专用发票记账联加总数额5个数应基本一致。所不同的是：利润表上的主营业务收入数额没有视同销售部分，而增值税、消费税纳税申报表上的销售额包括视同销售部分，但这5个数应存在对应关系，其差距不应太大。

【例7-1】

啤酒厂偷逃消费税

某啤酒厂生产销售瓶装啤酒和散装啤酒，其中瓶装啤酒的不含增值税出厂价为每吨4 300元，散装啤酒的不含增值税出厂为每吨4 000元。该厂在消费税纳税申报表上列示销售啤酒1 085吨，销售收入4 665 500元。税务人员在进行账表核对时，根据其申报数据计算出平均售价为每吨4 300元，即瓶装啤酒的出厂价。但该厂还有散装啤酒销售，且散装啤酒的出厂价比瓶装啤酒的出厂价要低，其当期平均每吨售价应介于4 000~4 300元之间。是不是漏报了散装啤酒的税款？带着这一疑问，税务人员又查看了散装啤酒的主营业务收入明细账，列示销售款与增值税纳税申报表上的销售额一致。经分别查阅散装啤酒销售发票后，对汇总销售额进行核实，发现汇总表上的汇总单位是以1 000升折合成1吨，而税法规定为988升折合为1吨。可知，申报纳税的销售数量应为1 085×1 000÷988=1 098.18（吨），比账面申报数1 085吨多出13.18吨。因此，应补征消费税为：13.18×250=3 295（元）。

2. 测算产品数量

按应出产品分析法来测算企业耗料应出产品数，对照产成品账户借方发生额，看是否大体一致，与仓库入库数是否相同，如果产成品数量核算的比较准确，也可从一个侧面证实会计核算的真实性。匡算产品数量时，可用"已销产品数量＋库存产品数量＝生产入库数量"的勾稽关系，再倒挤出已销产品数量，乘以产品加权平均单价，得出的金额大体应与主营业务收入一致，如果差异较大则应进一步查实。

3. 审查销售收入

通过年终最后的几笔销货款和次年初的收入，进行截止期的测算，以验证企业销售额记账所属期的正确性，据此判断企业销售收入核算的真实性、准确性。此外，还可通过抽调收入凭证与银行对账单，以核实企业是否存在"滞后"登记销售收入等情况。

（二）应列未列主营业务收入销售额的稽查

（1）将收入记入收益类账户或冲减生产成本费用，虽然能逃避企业所得税，但不一定能逃避消费税和增值税。因为销售货物要开具增值税专用发票，购货方索要专用发票以便扣税，在此情况下即使将收入记入收益类账户贷方，企业的账是平的，但若将企业所开具的发票上列示的销售额汇总数与企业申报纳税销售额相对照，便可发现未记收入账户的金额。只有在企业不开销货发票或有账外产品销售的情况下，企业才会将此笔销货款记入收益类账户或冲减成本，或干脆记入"小金库"，以备他用。

（2）将收入记入往来账户可推迟收入的实现，进而推迟纳税的实现。在此情况下，企业无偿占用国家税收作流动周转金而不付利息，账是平的，但往来账按具体单位设置多而繁杂，一般不易查找和发现，等到适当时机将此笔销货款转出，记入"小金库"，或在稽查前转入主营业务收入账户。如企业将收入记入虚设的往来账，则纯属偷税行为。

【例7-2】在对某化妆品厂稽查时，发现一笔错账：该厂采用预收款方式销售高档化妆品100箱，取得价款113 000元，商品已发出。其会计处理为：

借：银行存款 113 000

贷：预收账款 113 000

根据税法规定，对采取预收款方式销售的高档化妆品，应于货物发出时缴纳消费税，并同时缴纳增值税。因此，该企业应补税为：

应补缴消费税 = 113 000 ÷ (1 + 13%) × 15% = 15 000（元）

应补缴增值税 = 113 000 ÷ (1 + 13%) × 13% = 13 000（元）

账务调整如下：

① 企业在商品发出时，应将预收的销货款从预收账款账户转为主营业务收入账户，其账务处理如下：

　　借：预收账款　　　　　　　　　　　　　　　113 000

　　　　贷：主营业务收入　　　　　　　　　　　　　100 000

　　　　　　应交税费——应交增值税（销项税额）　　13 000

　　② 将应缴的消费税作如下账务处理：

　　借：税金及附加　　　　　　　　　　　　　　 15 000

　　　　贷：应交税费——应交消费税　　　　　　　　 15 000

　　③ 缴纳消费税时，作如下账务处理：

　　借：应交税费——应交消费税　　　　　　　　 15 000

　　　　贷：银行存款　　　　　　　　　　　　　　　 15 000

　　（3）设账外账核算较为普遍的做法是：供外部检查的是一套账，该账的特点是比较清晰，一般大额收入和小额收入登记入账，而一些中等收入及没开发票、以物易物销售、账外货物销售、现金销货等收入可能未入账，且成本费用偏高；另一套账是供企业内部使用，是真实的。

　　审查企业有无账外经营，应当内查外调结合进行。一般可根据企业近几年、季度或月份销售情况，到企业车间、仓库等观察和查询，再结合产品适销状况、产品市场占有率、会计核算及效益状况，企业领导对财会工作的重视程度，有无欠税、偷税历史等诸多方面进行判断。

（三）特殊情形消费税计税依据的稽查

1. 销售酒类产品收取包装物押金的稽查

　　审查销售酒类产品收取的包装物押金，除掌握前述增值税包装物押金稽查方法外，还应注意销售除啤酒、黄酒以外的其他酒类产品而收取的包装物押金是否并入酒类产品销售额，且按照酒类产品的适用税率征收消费税。稽查时，如果发现企业有销售酒类产品收取包装物押金，不管是记入"其他应付款——包装物押金"账户，还是记入企业备查账簿，均应并入当月销售额征收消费税。

　　【例7-3】某酒厂于2022年5月对外销售散装白酒20吨，收取价款250 000元，另外收取随同产品出售但单独计价的包装物押金5 000元。该厂认为，对单独计价的包装物押金因不是企业的实际收入，不应计算缴纳消费税。因此该厂计算的应纳消费税为：

应纳消费税 = 250 000 × 20% + 20 × 2 000 × 0.5 = 70 000（元）

而税务稽查人员认为，纳税人销售除啤酒、黄酒以外的其他酒类产品而收取的包装物押金无论是否返还，以及在会计上如何核算，均应并入酒类产品销售额，依酒类产品适用税率征收消费税。因此，该厂还应当对收取的 5 000 元押金计算缴纳消费税：

应补缴消费税 = 5 000 ÷ (1 + 13%) × 20% = 884.95（元）

2. 自产自用应税消费品计税依据的稽查

纳税人自产自用应税消费品应视同销售申报纳税。申报时，按同期、同类应税消费品的市场价格确定计税价格，如果没有则应按组成计税价格计税。有些企业故意减少计税价格，以达到少缴税款的目的。稽查的方法如下：

（1）审查企业有无同类产品的销售业务，如果有此业务则应核对其是否按同类产品售价记账，有无按低于同类产品销售价格记账的情况。可将企业当期该类产品正常情况下的销售单价与企业记入产品销售收入明细账中的销售单价相比较，如果账面单价低于加权平均销售单价，应按核定的加权平均销售单价进行调整。

（2）审查组成计税价格的计算有无差错，主要包括：一是查生产成本明细账及"产品成本计算表"，核实自产自用应税消费品的单位成本；二是根据核定的生产成本和国家规定的行业或产业平均利润率，按"（成本 + 利润）÷（1 − 消费税税率）"计算出组成计税价格；三是将核定的组成计税价格与企业计算消费税时采用的计税价格相对照，如果不相符合，应按核定的组成计税价格进行调整。

（3）注意同类产品的销售数量和加权平均单价计算的准确性，对销售价格明显偏低又无正当理由的和无销售价格的，均不得列入加权平均单价计算。

【例 7 − 4】某化妆品生产企业 2022 年 5 月向与其存在关联关系的某商场销售成套高档化妆品 300 套，每套不含税售价为 450 元。该企业计算的应纳消费税为：

应纳消费税 = 450 × 300 × 15% = 20 250（元）

在税务稽查时，发现上述高档化妆品的售价明显偏低且无正当理由。在无法获得同类高档化妆品的市场平均售价的情况下，税务人员核实该批化妆品的生产成本为每套380元，并根据组成计税价格计算了该企业应缴纳的消费税，成本利润率为5%。

应纳消费税 = 380 × 300 × (1 + 5%) ÷ (1 − 15%) × 15% = 21 123.53（元）

因此，该企业应补缴的消费税 = 21 123.53 − 20 250 = 873.53（元）。

（4）对于纳税人用于换取生产资料和消费资料、投资入股和抵偿债务等方面的应税消费品，应以纳税人同类应税消费品的最高销售价格作为计税依据计算消费税。稽查时应以库存商品账户为中心，通过抽调库存商品账户贷方发生额凭证，核实企业用于其他方面的消费品数量，再查看消费税纳税申报表中申报的销售额是否包含了用于其他方面的消费品的视同销售额，是否按同类消费品最高销售价格计算申报纳税等。

3. 委托加工应税消费品计税依据的稽查

稽查时应核实委托加工的真实性，按照受托方生产同类产品的销售价格计算消费税，对没有同类产品销售价格的，应按照组成计税价格计算消费税。其计算公式为：

$$组成计税价格 = \frac{材料成本 + 加工费}{1 - 消费税税率}$$

稽查时，发出材料数量可查"委托加工来料登记簿"，材料成本可依据加工合同和委托方提供的其他资料确定，没有上述资料或资料不足的，可依据受托方同类产品的消耗定额、材料的采购成本或市场价格核定；加工费主要包括工时费和受托方垫付的辅助材料、溢料、边角余料及下脚料收入，具体可通过"受托加工来料备查簿"审查来料的收入、发出和结存情况，查明有无余料。对下脚料应根据生产成本等账户的贷方或红字借方记录，采用适当方法确定其数量和金额，并记入计税金额。此外，还应注意对纳税人委托个体经营者加工的应税消费品，是否在委托方收回后在委托方所在地纳税。

对组成计税价格进行稽查，应重点注意材料成本的构成情况，看有无故意扩大或缩小材料成本的情况。稽查时，应将委托方拨付加工材料登记的数量或金额与其组成计税价格所使用的材料成本数量或金额核对，也可直接用"原材料——委托加工材料"及"应交税费——应交消费税"等明细账，对照委托加工合同等原始凭证进行稽查。

【例7－5】在稽查某筷子厂纳税情况时，税务稽查人员了解到该厂接受甲企业委托加工木质一次性筷子，该企业提供木材一批，成本价100 000元。委托加工合同规定，该厂收取加工费30 000元，代垫辅料1 500元。经审查该厂"委托加工材料""生产成本——委托加工产品""其他业务收入——加工费"等账户，发现企业只就加工费和代垫辅料取得的收入代甲企业扣缴了消费税1 657.89元。因此，按税法规定应补缴该批委托加工货物的消费税。即：

应扣缴消费税＝（100 000＋30 000＋1 500）÷（1－5%）×5%
　　　　　　＝6 921.05（元）

已扣缴消费税＝（30 000＋1 500）÷（1－5%）×5%＝1 657.89（元）

应补缴消费税＝6 921.05－1 657.89＝5 263.16（元）

采用补充登记法作调账分录为：

（1）扣缴税款时，记：

借：应收账款——甲企业　　　　　　　　　　　5 263.16
　　贷：应交税费——应交消费税　　　　　　　　　　5 263.16

（2）缴纳税款时，记：

借：应交税费——应交消费税　　　　　　　　　5 263.16
　　贷：银行存款　　　　　　　　　　　　　　　　　5 263.16

4. 企业自设非独立核算门市部的稽查

稽查时，应注意工业企业自设的门市部是否单独核算，在纳税申报时有无漏记门市部的销售额。

【例7－6】某鞭炮厂2022年5月为扩大产品销路、增加收入，自设非独立核算门市部销售鞭炮。当月门市部共实现不含税销售收入681 500元。而该厂核算该批鞭炮的对外不含税销售额只有654 100元。该厂财务部门开具普通发票，并作如下账务处理：

借：银行存款　　　　　　　　　　　　　739 133
　　贷：主营业务收入　　　　　　　　　　　654 100
　　　　应交税费——应交增值税（销项税额）（654 100×13%）
　　　　　　　　　　　　　　　　　　　　　　85 033

借：税金及附加　　　　　　　　　　　　98 115
　　贷：应交税费——应交消费税（654 100×15%）　98 115

经核对实际销售额与账面销售额，二者相差 27 400 元，企业又作了如下账务处理：

借：应付职工薪酬 27 400

　　贷：银行存款 27 400

而税法规定，纳税人通过自设非独立核算门市部销售的自产应税消费品，应按照门市部对外销售额或销售数量征收消费税。因此，该厂应按门市部的销售额 681 500 元缴纳消费税，应补缴差价收入 4 110 元（27 400 × 15%）的消费税。其账务调整为：

（1）将原错误的第 3 笔会计分录予以冲销：

借：应付职工薪酬 27 400

　　贷：银行存款 27 400

（2）补记主营业务收入及相应的增值税销项税额：

借：银行存款 30 962

　　贷：主营业务收入 27 400

　　　　应交税费——应交增值税（销项税额）（27 400×13%）

3 562

（3）补提应交的消费税税额：

借：税金及附加 4 110

　　贷：应交税费——应交消费税 4 110

二、从量定额计税依据的稽查

（一）销售数量的稽查

稽查应税消费品的销售数量，应通过主营业务收入明细账数量栏核实已列销售的应税消费品数量，通过库存商品、自制半成品、生产成本等账户贷方的数量栏及发票和账外调查等资料，确定应列未列应税消费品的销售数量。已列销售和应列未列销售数量之和即为计税销售数量。其稽查的内容与方法如下：

（1）查看销售数量是否准确。将仓库"产品出库单"或"发货单"上的数量与产成品明细账上的结转成本的数量及销货发票上的数量相核对，如不符，应以仓库"产品出库单"或"发货单"上的数量为基准加以调整，必要时也可抽查库存产品，以核实的库存产品数量，倒推已销售的产品数量。

（2）查看换算标准是否准确。对企业以升为单位销售黄酒、啤酒换算为吨的，以吨为单位销售汽油、柴油、石脑油及溶剂油等换算为升的，应按国家统一规定的标准，审查企业应纳消费税计算单位换算时所使用的标准是否正确，计算有无错误。若换算标准用错，要根据国家规定的换算标准重新计算企业的应税产品销售数量。

（3）查看计税数量是否准确。以核实的销售数量，与主营业务收入明细账及企业纳税申报表上的数量相核对，看企业已销产品的计税数量是否正确，如不相符，应以核定的计税数量重新计算企业应缴纳的消费税额，并调整相应的账项。

（二）视同销售数量的稽查

稽查时，可按前述应列未列销售的稽查方法进行核实，注意按规定列入销售核算的自产自用产品，不得重复计入视同销售产品数量，以免发生消费税重征的现象。

需要说明的是：无论是按销售数量还是按视同销售数量计税，当企业应税消费品使用的计量单位与税法规定的计量单位不一致时，应认真核对换算标准，以免发生差错。

第四节　应纳税额的稽查

一、应交消费税的稽查

稽查时，应以"应交税费——应交消费税"明细账为中心，分别核实其贷方、借方发生额和余额。

（一）"应交税费——应交消费税"明细账贷方发生额的稽查

在审定消费税计税依据、税率的基础上，计算确定应纳税额，然后核对其贷方发生额，看与审定的应交税金数是否一致，计算有无差错，或有无其他税种的应纳税额错记该账户的贷方等。

（二）"应交税费——应交消费税"明细账借方发生额的稽查

1. 消费税缴纳的稽查

可结合账户对应关系和缴税凭证进行审查，主要注意：一是审核应交税费账户的借方发生额，确定是否为已交税金，有无利用该账户偷逃税款的问题；二是核实税款的缴纳时间，看有无滞纳欠税等行为；三是查补消费税时，应防止发生税款虚补现象。

2. 消费税抵扣的稽查

（1）扣除外购应税消费品已纳消费税税额的稽查。对生产企业用外购的烟丝等应税消费品连续生产的应税消费品和销售外购或购入后进一步生产加工后再销售的应税消费品，应按当期生产领用数量计算扣除外购的应税消费品已纳的消费税税额（酒类产品除外）。稽查时，应按税法规定的计算公式进行复算，查实有无问题。

（2）对委托加工收回应税消费品连续生产应税消费品计税的稽查。对以委托加工应税消费品连续生产的应税消费品，准予从应纳税额中扣除原材料已纳的消费税税额，即扣除由受托方代收代缴的消费税。稽查时，应注意采用此办法的仅限于以委托加工收回的已税烟丝为原料生产的卷烟等应税消费品。同时，可按税法规定的计算公式进行复算查实。

（三）"应交税费——应交消费税"明细账余额的稽查

通过核对每个纳税期计提消费税的应缴数和实际缴纳数，审查该账户保留的余额是否正确，有无多提少缴、少提多缴或虚提假缴的情况。

二、消费税减免税的稽查

（一）消费税减免税稽查的内容

消费税的减免税主要包括：为鼓励出口，除国家限制出口消费品以外出口的应税消费品；生产企业自营或委托外贸企业代理出口的应税消费品；来料加工复出口的应税消费品；外商投资企业以"来料加工"和"进料加工"贸易方式进口的应税消费品；舞台、戏剧、影视演员，化妆用的上妆油、卸妆油、油彩；体育上用的发令纸、鞭炮、药引线；航空煤油暂缓征收；金银首饰、钻石及钻石饰品零售环节由10%减按5%的税率征税等。

（二）消费税减免税稽查的方法

（1）审查有无越权减、免消费税的问题。审查税务机关是否存在擅自减免税问题，包括有无自行规定减免税政策，有无自行批准减税免税，有无沿用过去已失效的减免税规定，有无继续使用以前年度的减免税指标。

（2）审查有无征免范围的界定错误。主要审查自产自用应税消费品的征免税界定是否准确。

（3）审查生产出口免税应税消费品留用部分是否缴纳消费税。生产出口免税的应税消费品在改变用途时，如用于在建工程、集体福利捐赠、抵债等，应视同销售补缴消费税。稽查时应核对免税的消费品是否全部用于出口，有无自用部分未缴消费税问题。

（4）对国家特别予以消费税减免税照顾的消费品，应注意监督稽查是否有相应报批手续，是否符合相应的法规规定。

【例7-7】

账外账：从繁荣到萧条的记录

位于大兴安岭南麓的内蒙古小城扎兰屯市山清水秀，物产丰富。扎兰屯市某有限责任公司生产的白酒曾远近闻名，颇得市场青睐。然而，就是该公司利用账外账偷逃国家税款多达百万余元，最终被查处。

某年9月，扎兰屯市税务局在全市范围内进行消费税稽查时收到一份不同寻常的群众举报，反映该公司涉嫌私设账外账、隐匿收入、偷逃国家税款。接到举报后，扎兰屯市税务局领导认真分析了案情，认为举报人提供的线索具有一定的可信度，决定立即成立专案组，对该公司进行专案稽查。

经过分析研究，专案组决定从稽查公司的仓库入手。稽查人员在对库存商品进行盘点后发现，该公司在销售产成品、半成品、包装物和用产成品顶账时，采取开出销售票据不入账的方式逃避纳税。经查实该公司应补缴增值税412 731元和消费税586 697元，经初步计算，该公司共偷税999 428元。

为进一步减少国家的损失，扎兰屯市税务局在公安机关的积极配合下，先后对该公司存放在海拉尔区、牙克石市的白酒产品，采取了税收保全措施。次年5月扎兰屯市税务局委托扎兰屯市工商局，对公司的白酒进行了价格鉴定，又于6月及时召开了拍卖会，对其白酒进行拍卖。拍卖会成交金额共计77 491元，全部抵缴税款。

本章小结

本章主要阐述和研究了消费税税目税率的稽查、纳税环节的稽查、计税依据的稽查和应纳税额的稽查。税目税率的稽查包括税目和税率的稽查，税目稽查包括稽查内容和方法；税率稽查包括高税率申报低税率、兼营和组成成套税率稽查。纳税环节的稽查包括生产销售、委托加工、进口和零售环节的稽查，生产销售环节稽查包括直接销售和自产自用稽查；零售环节稽查包括金银首饰、带料加工和超豪华小汽车等稽查。计税依据的稽查包括从价定率和从量定额的稽查，从价定率稽查包括已列和未列主营业务收入等稽查。应纳税额的稽查包括应交消费税和减免税的稽查，应交消费税的稽查包括明细账贷方发生额、借方发生额和明细账余额的稽查；减免税的稽查包括稽查内容和方法。

第八章

企业所得税税务稽查

企业所得税税务稽查主要阐述和分析基本要素的稽查、材料成本的稽查、生产成本的稽查和应纳税额的稽查四个问题。基本要素的稽查包括纳税人、征税对象和税率的稽查；材料成本的稽查包括外购材料成本、生产耗料成本和其他材料成本的稽查；生产成本的稽查包括制造费用、制造费用要素及其分配、在产品成本、完工产品成本和销售成本的稽查；应纳税额的稽查包括收入总额、扣除项目和查获额及其分摊的稽查等。

第一节　基本要素的稽查

本节以制造业企业为例，简要阐述企业所得税纳税人、征税对象和税率的稽查，并为以后各节阐述奠定基础。

一、纳税人的稽查

企业所得税是以在我国境内的企业和其他取得收入的组织（以下统称企业）为纳税人，分为居民企业和非居民企业，不包括个体工商户、个人独资企业与合伙企业中的个人合伙人。按此标准，企业设有多个不具有法人资格营业机构的，实行由法人汇总纳税。检查时，应重点放在对企业的把握上，对居民企业重点看其实际管理机构是否在境内，包括从事生产经营或有应税收入的事业单位、社会团体和民办非企业单位；对非居民企业，看其所设立的从事生产经营的机构、场所的具体范围，重点检查非居民企业委托代理行为是否纳税。此外，注意对承租经营而未变更工商登记、未改变被租企业名称的，以被租企业为纳税人；对实行承租经营而由承租方重新办理工商登记的，以新登记的企业为纳税人。

此外，对税法特殊规定的企业所得税纳税人，如企业集团、金融保险企业、民航运输企业和铁路运营企业等。稽查时，应重点把握各类企业的内涵，并对照税法规定进行审查。企业集团以核心企业、独立经济核算的其他成员企业为原则分别确定所得税的纳税人，但对经国务院批准成立的试点企业集团，其核心企业对其他企业资产控股为100%的，可由控股成员企业选择由核心企业统一合并纳税；对各类政策性和商业性的银行系统以总行（总公司）为纳税人，中国人民保险公司除其国内险业务外的涉外险和其他业务净收入以总公司为纳税人；民航局直属的运输企业已成为独立法人的，以独立法人的企业为纳税人，而未成为独立法人的企业以民航局为纳税人；国家铁路局直属运输企业，包括各铁路局（含所属工附业企业）、铁路分局、广州铁路集团公司（含所属工附业企业）及所属各铁路总公司、部直属运营单位，以国家铁路局为纳税人，铁路施工企业以铁路工程局为纳税人。

二、征税对象的稽查

（一）把握企业所得税征税对象的基本内涵

对企业所得税征税对象稽查时，应准确把握其基本内涵。如生产经营所得是指纳税人的主营业务所得，包括物质生产、交通运输、商品流通、劳务服务和经国家税务主管部门确认的其他盈利事业取得的所得；其他所得应包括企业有偿转让各种财产取得的财产转让所得，购买各种有价证券及外单位欠款取得的利息所得，出租固定资产、包装物等取得的租赁所得，因提供转让专利权、著作权等取得的特许权使用费所得，对外投资入股取得的股息、红利所得及固定资产盘盈、因债权人原因确实无法支付的应付款项、物资及现金溢余等取得的其他所得。

（二）确定企业所得税应税所得的征免界限

企业所得税的征税对象是应纳税所得额，但不是所有收入都征收所得税。因此，在企业所得税稽查中应对照税法规定确定企业所得税应税所得的征免界限。如企业购买国债取得的利息收入，对外国政府向中国政府提供贷款取得的利息所得，国际金融组织向中国政府和居民企业提供优惠贷款取得的利息所得及经国务院批准的其他所得，免征企业所得税；其他如符合条件的居民企业之间的股息、红利等权益性投资收益，在中国境内设立机构、场所的非居民企业从居民企业取得与该机构、场所有实际联系的股息、红利等权益性投资收益，以及符合条件的非营利组织的收入，均为免税收入。对企业购买国家重点建设债券和金融债券取得的利息收入及银行在二级市场买卖国库券的所得，均应按规定计算缴纳所得税；保险公司因纳税人投保后，在约定期限内未发生赔款而给予投保企业的无赔款优待，应计征企业所得税；企业在汇总计算缴纳企业所得税时，其境外营业机构的亏损不得抵减境内营业机构的盈利。

对企业取得的某些所得可减免企业所得税，如从事农林牧渔业所得，从事国家重点扶持的公共基础设施项目投资经营的所得，从事符合条件的环境保护、节能节水项目的所得，符合条件的技术转让所得，非居民企业在中国境内未设立机构、场所或虽设立机构、场所但取得的与其所设机构、场所没有实际联系的所得。

三、税率的稽查

企业所得税的基本税率为 25%，但对非居民企业在我国境内未设立机构、场所或虽设立机构、场所但取得的所得与其所设机构、场所没有实际联系的，应就其来源于我国境内的所得按 20% 税率缴纳企业所得税，目前减按 10% 的税率征收。对企业所得税税率的稽查内容与方法，可从以下三个方面入手。

（一）审查小型微利企业适用税率是否正确

稽查时主要看居民企业是否属于小型微利企业，即从事国家非限制和禁止行业，并符合下列条件的企业：一是年度应纳税所得额不超过 300 万元，从业人数不超过 300 人，资产总额不超过 5 000 万元。

（二）审查高新技术企业适用税率是否正确

稽查时主要审查企业是否属于国家需要重点扶持的高新技术企业，即拥有核心自主知识产权并同时符合下列条件：一是拥有核心自主知识产权；二是产品（服务）属于《国家重点支持的高新技术领域》规定的范围；三是研究开发费用占销售收入的比例达标；四是高新技术产品（服务）收入占企业总收入的比例达标；五是科技人员占企业职工总数的比例达标；六是符合高新技术企业认定管理办法规定的其他条件。

第二节　材料成本的稽查

材料成本是正确计算产品成本的重要组成部分。对材料成本的稽查主要包括对外购材料成本、生产耗料成本和其他材料成本的稽查。

一、外购材料成本的稽查

对外购材料成本的稽查重点是购进材料的实际成本，注意应计入材料成本的，有无直接计入生产成本或管理费用；不属于材料成本的，有无列入材料成本等。稽查时主要侧重于从外购材料的管理范围、计价金额和入库数量等方面进行核实。

（一）外购材料管理范围的稽查

对外购材料管理的稽查，主要是核实入库材料所要办理的凭证、发票、收料单据是否齐全，收料凭证上应列的材料品名、规格、送库数量、实收数量和单价金额等记录是否真实、可靠，经办人和实物负责人签章手续是否完备，已入库的材料有无少收、多收或错收的情况，各类材料是否按规定的标准进行分类和储存，以确保材料成本核算的正确性。稽查时，可从两个方面进行。

1. 注意材料核算范围

注意有无将不属于生产用的材料物资纳入材料核算的范围。不属于核算范围的材料主要有固定资产及在建工程所需的专项物资等，有的企业往往把应记入固定资产价值的部分劳动材料，通过人为压低入账价格或化整为零等方法记入包装物及低值易耗品账户，或将一部分记入该账户、另一部分直接摊入生产成本；有的企业则将在建工程所需的专项物资在购入时直接作为生产用材料入库，并通过领用伺机转入生产成本。

稽查时，可从材料的入库环节入手，结合平时掌握的有关企业材料管理及内部控制制度执行情况，应深入实际，严格区分材料的核算范围，对不属于生产用的材料，从购入时即应查清是否分别进行管理和核算，若发现管理混乱则应结合其去向，查明是否已作为生产耗用计入生产成本；若发现配套设备整机的零部件频繁入账，并计入包装物及低值易耗品被成批领用，则应核实是否已构成固定资产；对专用材料物资的入库，应注意区分其用途，若发现非产品所需的材料，应了解在建工程项目情况，确定为在建工程所需的材料物资，应单独进行核算和管理，避免为产品生产所冒用。尤其对材料管理制度混乱的企业，要进行重点稽查。

2. 注意材料领发手续

注意有无将材料管理范围内的生产用料不办入库手续而直接计入生产成本的情况。生产用的材料不纳入材料管理，往往是采用"以购代耗"，即材料购入时不办理验收入库和领用手续，直接计入生产成本账户。这类问题主要出现在一些材料内部控制制度不健全的企业，对属于一般性消耗的材料如维修材料、水电零件、工具、生产辅料、零星材料及各种劳动保护用品未列入采购计划，由生产部门组织采购，购进时即作为生产耗用，直接计入生产成本或通过待摊费用账户分期摊入生产成本，造成大量账外物资，虚增当期生产成本。

稽查时，主要从制造费用明细账户审核有关子目（如材料消耗、包装物及低值易耗品摊销和劳动保护费用等）发生额，调阅有关凭证，查看是否以购入发票代替发料凭证报账列支。对此类列支数量、金额较大的项目，则应进一步核实其实际消耗情况，切实清查账外物资，重新计价入账并调整生产成本。

（二）外购材料计价金额的稽查

1. 稽查内容

外购材料的计价金额即采购成本，由买价、运杂费、运输途中的合理损耗、入库前的加工整理及挑选费用等组成。对外购材料计价金额的稽查，主要核实各组成项目内容核算是否正确，有无多计或少计采购成本，并注意以下几个方面。

（1）进货的原价是否真实。注意企业购进材料的发票是否合法，有无伪造供货发票搞假进料，有无涂改、挖补、刮擦发票等现象；对已取得的购货折扣或丧失的购货折扣，有无计入进货原价的情况。

（2）采购费用是否符合财务制度的规定。注意购进材料时有无将一些不合理支出或有控制列支标准的费用项目（如业务招待费）等，计入材料的采购费用；应由责任人赔偿的超定额损耗部分，是否从采购成本中作了扣除。

（3）外购材料的采购成本组成项目是否齐全。有无将应列入采购成本的开支项目直接计入当期损益，如有的企业外购的材料只核算进货的原价，而将采购材料的运杂费和其他费用计入管理费用账户列支，从而影响当期实现的利润总额。

（4）进口材料成本是否真实。在对进口材料及随同引进设备进口材料成本组成审查时，应注意核实其价格条件与进口成本组成是否相符，外币折算汇率是否正确，有无出现报关价与入账价不符的情况；随同引进设备进口的材料，如果进口发票账单未单独列示是否合理估价入账，有无将应计入引进设备价值的国外费用及设备安装、调试和技术培训费等支出，计入进口材料成本。

2. 稽查方法

对外购材料采购成本的稽查可从以下几个方面进行。

（1）审查购货凭证。主要包括：一是查阅材料购货发票是否属于税务机关统一印制的发票，凡以"收据""调拨单""白条"开具的证明单代替购货发票，均属于非法的购料凭证，应重点加以核实，必要时应追查至供货单位进行查证落实，违反发票管理规定的还应另行依法予以处理；二是查阅购货发票中有无列明以付款期限为折扣，若有条件的购货折扣，则应将这部分购货折扣的金额从进货原价扣除，因超过折扣期限付款而未取得的购货折扣即丧失的购货折扣也应计入财务费用，可从应付账款明细账查清购货折扣账务处理的对应关系，防止企业一方面将购货折扣计入材料进价成本而扩大材料的采购成本，另一方面将已取得的购货折扣挂留在应付账款账户而隐匿收益；三是在审查购货凭证时，对一些开支项目不明确或直接以"白条"列支的费用和伪造费用单据报支的采购费用应予剔除。

（2）审查材料采购或物资采购明细账。从供货单位栏和买价、运杂费、其他、合计4个实际成本栏记录，核实各栏记载是否真实、完整。如供货单位是外地，应审查采购成本是否有运杂费支出项目。从国外进口的材料，则应查明其采用何种结算价格，"买价"栏一般是反映到岸价（CIF）结算金额。如果采用离岸价（FOB）结算，支付的国外运杂费、保险费也可计入进货原价，保持以到岸价为核算基础，在"运杂费"栏中也仅反映国内运杂费，相应所缴纳进口材料的关税、银行手续费应在材料采购或物资采购明细账中的"其他"栏反映。稽查时发现上述有关开支项目没有在材料采购或物资采购明细账中反映，则可能转移开支渠道、直接计入当期损益，可结合审查管理费用、财务费用等有关账户发生额，并调阅相关的原始凭证加以查证落实。

（3）审查外购材料的实际入库数量。通过对仓库实物与购货发票、验收单、材料运输单据的核对，查明实物入库数量与会计账簿及购货单据所列数量是否相符。若发现购货发票与运输单据数量不符，属于供货单位少发的，应追究供货单位的责任，短缺金额不得计入材料采购成本；若购货发票与运输单据的数量相符，但验收时发生短缺，应分清原因区别处理，即短缺金额属于正常损耗计入材料采购成本，超定额损耗部分属于运输部门责任应赔偿损失，赔偿后的净损失列入材料采购成本；若发现验收数量与实际入库数量不符，一般属于挑选整理损耗，应以扣除回收残值后的净损失列入材料采购成本。稽查时对企业擅自处理各种不合理损耗或短缺，直接核减库存数量，形成多计的材料采购成本，应进行调整剔除。

此外，在上述稽查过程中，还可结合企业材料采购业务的账簿设置情况、账簿控制及业务流转程序等情况，审查材料采购账务的对应关系，分析比较各批材料入库的单位成本存在的差异程度，从疑点中发现问题。

（三）外购材料入库数量的稽查

1. 稽查内容

外购材料数量是材料单位成本的因素之一，必须查实外购材料数量是否真实，入库数量是否正确。稽查时应重点注意有无以下问题。

（1）将材料采购途中的超定额损耗不按规定查明原因、分清责任、区别不同情况进行处理，而擅自核减外购材料数量。

（2）对已付款而尚未验收入库的在途材料，在材料入库后实际验收数量大于购入数量时，不作财产盘盈处理，而长期挂在在途材料、材料采购或物资采购账户。

（3）计量或记账错误，造成多计或少计入库材料数量。材料的计量单位很多，有只、双、打、公斤、市斤、担、吨、尺、米、件等。登账时稍有疏忽，就会搞错计量单位，如公斤记为市斤、公尺记为市尺，就会成倍提高该材料的单位成本；反之，则成倍降低该材料的单位成本。

（4）估价入账材料，实际收到后未冲销原入账记录，而按实收数重新入账，使材料数量虚增，扩大了外购材料成本。

（5）审查外购的材料数量与实际入库的材料数量是否一致，如有不一致的，应进一步查明原因。

2. 稽查方法

将材料明细账的借方入库数量与购料发票、材料入库单相对照，看账面数量、采购数量与实际验收入库数量是否相等。如不一致，则材料数量可能存在多计或少计的问题。

对估价入账材料不及时冲销原入账记录的情况，主要审查材料明细账借方发生额的"摘要"栏，注意有无从同一地方购进数量相同、金额也相同或相近的材料，若有则应进一步审查记账凭证，找出多记的材料数量，并予以纠正。

（四）外购材料估价入账的稽查

对估价入账材料的稽查，主要应注意有无下列差错。

（1）次月初不按规定以红字冲销原暂估材料入账，付款时仍作收料入库处理，形成材料重复计价而虚增材料成本。

【例 8－1】某企业 9 月验收入库材料 B，因未收到供货方发票及账单未付款，月末暂按合同价 10 000 元暂估入账；10 月收到发票账单，实际支付货款 9 500 元。企业误作如下账务处理：

① 9 月会计处理为：

借：原材料——B   10 000

　　贷：应付账款——暂估应付款   10 000

② 10 月会计处理为：

借：原材料——B   9 500

　　贷：银行存款   9 500

上述账务反映，由于暂估入账材料未作冲销，重复记账，形成虚增材料入库成本 10 000 元。当该批材料被生产领用时，则将扩大生产成本，造成利润不实。

（2）以合同价暂估入账后，次月初未以红字冲销。付款时虽按实际成本冲减已挂暂估应付款，但合同价与实际成本的差额未相应调整材料的入库成本，同样也会造成库存材料成本不实。

【例 8－2】仍以上例，企业暂估入账材料误作如下会计处理：

① 9 月会计处理为：

借：原材料——B   10 000

　　贷：应付账款——暂估应付款   10 000

② 10 月会计处理为：

借：应付账款——暂估应付款   9 500

　　贷：银行存款   9 500

上述账务反映，因库存材料按合同价暂估入账，未调整入库的实际成本，形成虚增库存材料成本 500 元，也会造成生产成本和利润不实。

稽查时，对暂估入账的材料主要审查次月初是否及时作冲销处理。如果未冲销，则影响库存材料成本，最终反映在"应付账款"的暂估明细账户中。可从该账户的贷方余额进行审查，如出现长期悬账或转作其他用途，则应结合有关的会计凭证进行核实，并据以调整库存材料成本和生产成本。

二、生产耗料成本的稽查

在产品生产成本中，生产耗料成本占有很大的比重，对企业产品成本、利润和应税所得额有着重要的影响，所以生产耗料成本的稽查是核实企业所得税的重要内容之一。

（一）材料计量的稽查

发出材料计量准确与否，既影响产品生产成本和利润，又影响财产的真实性。稽查时应着重从以下方面进行核实：

1. 审查材料计量方法的科学性

对一般材料的发出，应按严格的计量规定确定发出材料的数量，但对大宗、笨重、露天存放的材料（如生铁、矿石、沙、煤炭等），投料时难以计量，有的采用按车估算，有的则按堆丈量估耗。对这类材料，应注意审查企业有无科学合理的计量方法，进而核实企业有无多计的材料成本。

2. 核对原始记录计量的准确性

一般来说，领退料制度比较健全并制订有材料消耗定额的企业，审查时按照领料单、限额领料单和耗用材料汇总表，查明超过限额、追加限额或变换材料品种的原因，是生产计划超额完成而同比例增加限额，还是单位产品消耗超过规定而追加的限额，注意生产用材料数量的准确性。

3. 审查计算耗料数量的真实性

企业计入产品生产成本的材料耗用数量，可用下列 3 种方法分析对比，测定企业耗料的准确程度。

（1）单耗料数量分析法。即以本期单位产品耗料数量与定额耗料数量或上期单位实际耗料进行对比，分析其实际耗料数量是否正常的一种方法。如果出入过大，则说明领用数量可能有问题，应进一步审查核实。其计算公式为：

$$\text{本期单位产品耗料数量} = \frac{\text{本期耗用材料数量总额}}{\text{本期完工产品数量} + \text{期末在产品约当量} - \text{期初在产品约当量}}$$

如果产品系一次投料，上述公式中的在产品实际数量即为约当量（下同）。

（2）应耗材料分析法。即按照产品产量测算应耗材料的数量，并分析计入产品生产成本的材料实际数量是否正常的一种方法。其计算公式为：

$$\begin{matrix}本期应耗材\\料数量总额\end{matrix} = \left(\begin{matrix}本期完工\\产品数量\end{matrix} + \begin{matrix}期末在产品\\约当量\end{matrix} - \begin{matrix}期初在产品\\约当量\end{matrix}\right) \times \begin{matrix}单位产品应\\耗材料定额\end{matrix}$$

按照公式计算的本期应耗材料数量总额与本期实际耗料数量总额对比，扣除废品耗料因素，两者应大体一致。如果出入过大，说明耗料不实，应进一步查明原因。

（3）应出产品分析法。即按耗用材料数量测算出应出产品数量的一种方法。以测算的应出产品数量，再与实出产品数量对比，两者如果差额较大，说明耗料不实或产品计量不实，应进一步核实。有关计算公式如下：

$$应出产品数量 = \frac{本期耗用材料总数量}{单位产品材料消耗定额}$$

$$\begin{matrix}实际产\\品数量\end{matrix} = \begin{matrix}本期完工\\产品数量\end{matrix} + \begin{matrix}期末在产品\\约当量\end{matrix} - \begin{matrix}期初在产品\\约当量\end{matrix}$$

如果两者验证结果差异较大，可用实地丈量计量盘点库存数量或其他方法深入审查核定。

（二）材料计价的稽查

1. 采用实际成本核算发出材料计价的稽查

制造业领用或发出材料按照实际成本核算的，可采用先进先出法、全月一次加权平均法、移动加权平均法、个别计价法和后进先出法等计价方法确定实际成本。在税务稽查时，首先注意企业对发出材料所选择的计价方法，是否被随意变更；然后采用各种不同的计价方法，根据其计算的特点进行必要的复算，核实企业发出材料成本是否正确。

（1）先进先出法核算发出材料成本的稽查。可采用期末结存数量来核实期末结存材料的实际成本，并与账面结存金额比较，倒求验算结转的发出材料成本是否正确。

【例8-3】某企业12月C材料收发、结存的数据资料如表8-1所示。

表 8 – 1 C 材料账面明细资料

日 期	摘 要	单位成本 （元/吨）	收入数量 （吨）	发出数量 （吨）	结存数量 （吨）
12 月 1 日	月初结存	100			250
12 月 3 日	购入	110	200		450
12 月 8 日	发出			300	150
12 月 12 日	购入	120	400		550
12 月 20 日	发出			400	150
12 月 30 日	购入	130	150		300

按先进先出法计价，该材料逐笔收发、结存的账面资料正确反映如表 8 – 2 所示。

表 8 – 2 C 材料明细账

日 期	收 入			发 出			结 存		
	数量 （吨）	单位成本 （元/吨）	金额 （元）	数量 （吨）	单位成本 （元/吨）	金额 （元）	数量 （吨）	单位成本 （元/吨）	金额 （元）
12 月 1 日							250	100	25 000
12 月 3 日	200	110	22 000				450		
12 月 8 日				250	100	25 000	150		
				50	110	5 500			
12 月 12 日	400	120	48 000				550		
12 月 20 日				150	110	16 500	150		
				250	120	30 000			
12 月 30 日	150	130	19 500				300		
合计	750		89 500	700		77 000	300		37 500

如果企业平时计算发出材料"错误"，必然表现为期末结存材料成本不实。假设上例企业账面结存材料数量仍为 300 吨（经核实无误，下同），期末结存材料总成本是 35 000 元，可按下列程序稽查本期多转或少转发出材料成本：

首先，确定期末结存的材料应保留的实际成本，当期末结存数量大于最后一批购入数量，将数量推算至次后一批购入的成本中，然后加计期末应结存的总成本。其计算结果为：

期末结存材料应保留的总成本 $= 150 \times 130 + 150 \times 120 = 37\,500$ （元）

其次，将核实的期末结存材料应保留的总成本与账面反映的结存总成本比较，差额则为多转或少转的发出材料成本。其计算结果如下：

多转发出材料成本 $= 37\,500 - 35\,000 = 2\,500$ （元）

（2）加权平均法核算发出材料成本的稽查。加权平均法的特点是本期发出材料的平均单位成本，与期末结存材料的平均单位成本应为一致。稽查时，若发现两者存在差异，则说明企业核算发出材料成本不实。通常如果结存材料的平均单位成本小于发出材料的平均单位成本，则属于多转发出材料成本；相反则为少转发出材料成本。

【例8-4】仍以上例企业的数据资料，采用加权平均法计价，该材料收发、结存的账面资料正确反映如表8-3所示。

表8-3 C材料账面明细资料

日 期	收 入			发 出			结 存		
	数量（吨）	单位成本（元/吨）	金额（元）	数量（吨）	单位成本（元/吨）	金额（元）	数量（吨）	单位成本（元/吨）	金额（元）
12月1日							250	100	25 000
12月3日	200	110	22 000						
12月8日				300					
12月12日	400	120	48 000						
12月20日				400					
12月30日	150	130	19 500						
合 计	750		89 500	700	114.5	80 150	300	114.5	34 350

假设上例企业该材料账面期末结存的金额是30 000元，账面结转发出材料成本为84 500元。通过比较，账面结存材料平均单位成本为100元，账面发出材料平均单位成本为114.5元，前者小于后者，则说明发料成本不实，可按下列公式核实多转（或少转）发出材料成本：

多转（或少转）发出材料成本=期末结存数量×核定的加权平均单位成本-账面结存材料成本（红字为少转）

本例系多转发出材料成本为4 350元（300×114.5-30 000）。

在进行上述稽查时，应注意如果期初结存材料的单位成本不实，则核定的加权平均单位成本应按本期收入数进行计算。假设上例期初结存的单位成本失实，则按本期收入各批材料确定的加权平均单位成本为 119.33 元 [（ $200 \times 110 + 400 \times 120 + 150 \times 130$ ）÷（ $200 + 400 + 150$ ）]，而本期多转发出材料成本为 5 799 元（ $300 \times 119.33 - 30 000$ ）。

发出材料除上述几种计价方法外，还可采用移动加权平均法和个别计价法等，可比照产品销售成本的稽查的有关内容，后进先出法通常不得使用。

2. 采用计划成本核算发出材料计价的稽查

采用计划成本核算发出材料计价的企业可在月末按当月的成本差异率或上月的成本差异率计算发出材料应分摊的差异额，据此将发出材料的计划成本调整为实际成本。分摊材料成本差异的计算方法一经确定，各月必须一致，不得随意改变或任意多摊、少摊或不摊。稽查时，可根据企业发料汇总表和材料成本差异账户的有关资料，着重核实材料成本差异的分摊和结转是否正确。注意有无任意变更分摊计算办法，故意调整材料成本差异率，多转、少转或不转材料成本差异额。其稽查方法如下：

（1）以规定的计算方法所确定的材料成本差异率，与账面结转的材料成本差异率进行比较，若两者差异较大，说明结转的材料成本差异额不实。同时按照直接顺算法和倒轧法，计算核实企业多摊或少摊发出材料成本的数额。

① 直接顺算法。主要适用于按上月差异率计算和分摊材料成本差异的企业。其计算公式为：

$$\text{多转（或少转）发出材料成本} = \text{本月账面结转的材料成本差异额} - \frac{\text{月初结存材料的成本差异额}}{\text{月初结存材料的计划成本}} \times \text{本月发出材料的计划成本}$$

② 倒轧法。它适用于按当月差异率计算和分摊材料成本差异的企业。其计算公式为：

$$\text{核实的材料成本差异率} = \frac{\text{月初结存材料成本差异} + \text{本月收入材料成本差异}}{\text{月初结存材料计划成本} + \text{本月收入材料计划成本}} \times 100\%$$

$$\substack{\text{多转（或少转）}\\\text{发出材料成本}} = \substack{\text{已核实的材料}\\\text{成本差异率}} \times \substack{\text{月末结存材料}\\\text{计划成本}} - \substack{\text{账面结存材料}\\\text{成本差异额}}$$

【例 8 - 5】某企业 D 材料有关核算以"丁"字形账户反映，如表 8 - 4 所示。

表 8 - 4　　　　　　　原材料和材料成本差异"丁"字形账户

原材料——D 材料		材料成本差异——D 材料	
期初　　　400 000	本期发出 2 000 000	期初　　　　3 200	本期结转　22 000
本期购入 2 600 000		本期发生　26 800	
余额　　1 000 000		余额　　　　8 000	

根据本例会计账户资料，经分析计算：

账面结转差异率 = 22 000 ÷ 2 000 000 × 100% = 1.1%

上期差异率 = 3 200 ÷ 400 000 × 100% = 0.8%

本期购入材料成本差异率 = 26 800 ÷ 2 600 000 × 100% = 1.03%

通过比较，该企业所结转的差异率明显高于上期结存材料和本期购入材料的差异率，说明结转的材料成本差异不实。若结转差异额为蓝字，则为多转发出材料成本；若结转差异额为红字，则属于少转发出材料成本。

按第一种方法计算多转的发料成本为：

多转发料成本 = 22 000 - 2 000 000 × 0.8% = 6 000 （元）

按第二种方法计算多转的发料成本为：

$$核实材料成本差异率 = \frac{3\ 200 + 26\ 800}{400\ 000 + 2\ 600\ 000} \times 100\% = 1\%$$

多转发料成本 = 1 000 000 × 1% - 8 000 = 2 000 （元）

（2）审查月末分配结转差异前材料成本差异账户发生额。注意企业有无将不应记入材料成本差异账户的项目计入该账户核算，如将经批准应列入营业外支出或管理费用账户核算的存货盘盈、盘亏，以及无主应付款项等记入材料成本差异账户，或将一些应经过核算的超支项目转作材料成本差异入账。这些问题，不仅造成分配材料成本差异不实，而且直接影响当期损溢的正确核算。稽查时，可结合平时收料核算，对照材料成本差异明细账户的记录，抽查相应的原始凭证加以审核。一旦发现有此类问题，应在确定和计算材料成本差异率之前，给予核实调整。

（3）审查分配和结转各类材料成本差异是否正确。如有的企业在材料分类核算的基础上，对生产用材料只分配材料成本的超支额，而将材料成本差异的节约额全部留下或有意摊给非生产用材料，以此调节生产成本水平。稽查时，可与材料成本差异分配表和发出材料汇总表核对，并从结转材料成本差异的会计分录的对应关系加以核实。

（三）材料用途的稽查

企业发出的材料除生产部门领用以外，还有本企业基建工程、职工福利设施及对外转让等非生产领用。因此，企业是否按发出材料用途正确计算和结转发料成本，不仅影响生产成本的真实性，还会掩盖企业其他业务的经营情况。稽查时，应注意是否将非生产用料计入生产成本，让售材料成本的结转是否正确，有无虚报耗料的情况等，并着重从以下方面进行审核落实。

（1）材料领用的稽查。有的企业平时发料在领料单上注明用途，但在编制"发出材料汇总表"时发生串位，混淆生产用与非生产用界限。因此，稽查时应根据领料单查明究竟是生产用、生活用或在建工程领用，可向领料部门或人员进行核查，也可向领料人了解情况，并从会计核算上核实是否按照用途进行汇总分配。若发现将生产用料与非生产用料混在一起，就需查定具体数量、调整账务。

（2）材料构成的稽查。从生产成本账户的材料构成情况，审查是否有大量领用与生产无关的材料。如生产服装领用大量的金属材料，生产机械产品大量领用棉织品，应深入生产部门实地查证其非生产用材料的真正用途。

（3）多用途材料的稽查。有些材料是多用途的，如机械行业的某些金属材料、化工企业的煤炭、家具生产企业的木材、食品企业的原辅料等，这类材料领用时若未严格划清用途，就会混淆生产成本开支界限。稽查时，可针对其耗用量情况，结合企业的投产规模，根据各种定额测定生产耗用材料的数量，核实有无将非生产用料计入生产成本的问题。测定方法可参照发出材料数量进行。

（4）让售材料的稽查。应注意让售材料有无直接按转让价格冲减材料成本，或将让售材料的收入不通过其他业务收入账户核算，并将让售材料的成本在月末结转到生产成本账户；对采用串换材料的，应注意有无将串换价差久悬往来账户。稽查时，对让售材料可从其他业务收入账户核实是否入账，并从其他业务支出账户核实其结转的材料成本是否正确。对采用计划成本核算的材料，还应审查是否正确分摊差异，有无故意不摊差异额以及压低其计价标准、提高生产成本的情况。

（四）期末结存材料成本的稽查

审查期末结存材料成本是核实产品直接材料成本的重要环节。稽查时，应在正确划分生产用料与非生产用料的基础上，核实期末结存材料的数量、金额和盘盈、盘亏的账务处理。

1. 期末结存材料数量的稽查

审查期末结存材料数量应以实地盘点数量为准，核实企业账实是否相符。对属于企业平时多转材料成本而形成结存材料不实的，必须相应调整成本和利润。形成账实不符有多方面的原因，稽查时应作具体分析：

（1）材料已实际验收入库，因发票账单未到，财会部门未作收料估计入账，却作相应的发料记账，造成账存小于实存。这种情况，一般不属于多转生产成本。

（2）仓库已办理发料，因领料凭证未送达财会部门尚未登记入账，或仓库已办理发料手续但车间实际未领用，财会部门已根据发料凭证登记入账。这类情况形成账实差异，均使当期生产成本计算不实。

（3）外单位寄库的材料误作本企业材料收入记账，而借用外单位的已由生产车间领耗的材料却未作材料收入记账。这类情况一般不影响生产成本。

（4）车间领用材料退库不办理退料手续，重新领用时再结转发料成本，形成账存小于实存，则属于多转材料成本。

（5）平时购料或发料计量不实，或发料时采用估耗或定额计耗等原因，形成账实不符，如期末未据实调整，则可能造成多转或少转生产成本。

（6）平时购料或计算耗料时，不同品种或规格的材料发生串户，造成一种材料账存大于实存，另一种材料账存小于实存。由于不同材料单位成本不同，计入生产成本也将造成不实。

（7）已发生的盘盈、盘亏或毁损和报废的材料，尚未办理调整账面记录处理，在查明原因上报处理之前，不列入调整生产成本的范围。

对上述问题的稽查，应结合账账核对与实地盘点法落实。采用账账核对就是以财会部门的材料明细账，核对仓库保管账。必要时应抽查有关的材料入库单或收料单、发料单或发料汇总表及有关辅助账簿（备查账簿）加以核实，查清各类情况进行处理。采用实地盘点法，可在企业定期盘点的基础上加以核实。一方面，对已有定期盘点结果汇总记录的企业，根据材料盘点的原始底表进行复核，注意有无错汇盘点底表发生漏盘材料的现象，或把盘盈、盘亏材料隐瞒下来，对采用实地盘存制的企业尤其注意这一方面的问题，以防止企业在材料盘点上打"埋伏"来调节生产成本和经营利润。另一方面，在审核企业盘点底表时，对某些数量较多、体积特别小或特别大的材料，可采用一定的方法进行盘点推算，简化盘点的工作量，如细小的金属件，计量单位是"件"或"个"，可按单位重量点算其个（件）数，然后全部测算总数量；又如，体积大而笨重的圆钢等金属材料，可用该金属比重与体积计算；成堆的矿砂、煤炭等可按体积进行测量，再换算成重量等。这类测算方法准确性高，又可节省盘点时间，保证抽盘的时效性。

2. 期末结存材料金额的稽查

审查期末结存材料金额，应在核实期末结存材料数量的基础上，对其单位成本计价及期末结存金额出现异常现象进行重点审查。

（1）期末结存材料单价的稽查。在采用实际成本核算材料的企业，平时发料成本计价不实都会表现为期末结存材料成本不实，这在前面关于材料计价方法的稽查中已做阐述。在此核实结存材料成本所用的材料结存数是实存数，而不是账存数。稽查时，可按下列公式进行测算：

$$某种材料实际结存金额 = 某种材料实存数量 \times 某种材料期末结存应保留的单位成本$$

$$多转材料发出成本 = 某种材料实际结存金额 - 某种材料账面结存金额$$

上述公式中"材料期末结存应保留的单位成本"，应根据企业材料成本的不同计价方法确定。如采用先进先出法，期末结存的单位成本按最后一批购进材料的单位成本计算，但如果最后一批购入量小于实存量，则应往前摊算到相等的实存数量批次为止；采用加权平均法，应按本期购入总成本与购入总数量来确定期末应保留的单位成本，对期初结存数则一般不参与计算，这样可将期初结存成本不实一起加以调整。但若本期购入的数量小于实存数量，则可摊算至前期购入数量达到或略高于实存数量为止进行测算。

在采用计划成本核算材料的企业，关键在于核实期末结存材料应保留的材料成本差异额是否正确。可用下列公式加以测算：

$$\begin{matrix}某种材料实际\\结存计划成本\end{matrix} = \begin{matrix}某种材料的\\实存数量\end{matrix} \times \begin{matrix}该种材料计划\\单位成本\end{matrix}$$

$$\begin{matrix}某种材料期末应\\保留材料成本差异\end{matrix} = \begin{matrix}某种材料实际\\结存计划成本\end{matrix} \times \begin{matrix}该种材料本期\\平均成本差异率\end{matrix}$$

将上述两个公式的计算结果与账面结存的金额进行对比，其差额应调整有关发料成本。该种材料本期平均成本差异率的确定，如果期末实存数量大于本期购入数量，可推至上期的购入数额进行计算，以确保计算的准确性。

（2）期末结存材料为红字（或蓝字）的稽查。材料期末余额为红字，原因是多方面的。稽查时，应根据账面余额的表现形式，分析其可能发生的问题，并分别处理：

① 账面余额数量和金额都是红字。这种情况，若不是货到单未到或借用材料未入账，则多数是发料的计量、计价偏高，多转了发料成本。计算多转发料成本数额时，还应注意是否有账外材料。若经过盘点，发现该材料有账外材料，在清查其数量后，可按下列公式计算出其多转发料成本：

$$\begin{matrix}多转发料\\成本\end{matrix} = \begin{matrix}库存材料\\实际数量\end{matrix} \times \begin{matrix}加权平\\均单价\end{matrix} + \begin{matrix}账面结存\\红字金额\end{matrix}$$

如果经过盘点，不存在账外材料，则账外红字金额即为多转的发料成本。

② 账面余额数量是蓝字，金额是红字。此情况同样属于发料计价偏高多转成本。多转发料成本的计算公式同上。

③ 账面余额数量是零，而金额是蓝字。这种情况多数属于发料计价偏低，少转发料成本。查实后，应将全部蓝字金额转入生产成本。

3. 材料盘盈、盘亏的稽查

清查财产时发现的材料盘盈、盘亏及毁损须编制材料盘盈、盘亏报告表，应按规定的权限报批处理，并记入待处理财产损溢账户。但有的企业对盘盈、盘亏的材料不通过待处理财产损溢账户核算，不报经批准自行摊销或调整账面库存材料数量，使库存材料成本计价不实，影响当期损益和下期成本计算；有的企业只就盘亏材料入账，盘盈材料不入账或长期作待处理财产损溢挂账；有的则以盘盈数抵盘亏数后，直接转销账户；有的对盘盈、盘亏材料不计入当期损溢，而是补做领料或发料计入生产成本。

稽查的方法主要包括：一是应对企业的期末材料盘点清查记录进行审核，并对照"材料盘盈、盘亏报告表"核实盘盈、盘亏数额；二是根据核实后的数额查阅"待处理财产损溢"账户发生额是否作正确记录，盘盈材料的成本金额有无压低单价、盘亏的有无提高单价入账；三是根据审批处理意见，审查待处理财产损溢账户的对应关系，属于盘亏和毁损部分，有无不扣除过失人或保险公司的赔偿款及残料价值而直接计入了当期损溢。

【例 8 - 6】

多转材料成本补税罚款

违章案情：某市矿区某劳保用品厂（私营企业）。某年 3 月矿区稽查局在对该企业上年企业所得税检查中，发现"原材料——猪黄手套革"科目年终余额数量及金额均为红字，数量为 2 813.20 平方米（红字），金额为 37 033.46 元（红字），企业原材料采取个别计价的核算办法，原材料单价为 13.16 元。稽查人员认为企业多转原材料成本为 74 055.17 元（37 033.46 + 2 813.20 × 13.16）。由于企业年末没有在产品，产成品也已全部销售，故应全额调增应纳税所得额。

稽查方法：经与企业会计核实得知，企业在接到外贸订单后根据订单数量采购原材料，原材料购进后一次性投入生产，加工后全部交外贸。原材料账面红字的金额和数量是同一笔原材料，故不应将红字金额及数量同时调增应纳税所得额。企业会计同时承认造成该笔原材料年终红字的原因有两个：一是部分原材料 1 371.23 平方米（金额 = 1 371.23 × 13.16 = 18 045.39 元）属货到票未到又未估价入账造成的；二是部分原材料 1 442 平方米（金额 = 1 442 × 13.16 = 18 976.72 元）并未投入生产，属多转原材料成本。

处理决定：根据税法有关规定，对企业应调增应纳税所得额 18 976.72 元，补缴企业所得税 18 976.72 × 25% = 4 744.18（元）；对该厂的偷税行为处以所偷税款 1 倍的罚款 4 744.18 元，同时加收滞纳金 1 033.28 元。以上查补税款、罚款、滞纳金共计 10 521.64 元，已全部缴纳入库。

稽查建议：从该案可以看出，税务稽查部门的稽查工作并不是单单地看看账本、停留在账面上发现表面问题那么简单，有一些更为深刻的东西还不能在账面上完全地体现出来。税务稽查人员在查账前只有了解企业的生产、经营和销售等情况，才能对发现的问题进行深层追究，否则只会给纳税人造成不必要的损失，税务部门在面对纳税人提出的税务行政复议等行为时会对自身工作也会产生不良的影响。

三、其他材料成本的稽查

对其他材料成本的稽查主要包括委托加工物资成本、自制材料成本和其他来源取得材料成本的稽查。

（一）委托加工物资成本的稽查

委托加工物资的实际成本包括拨付加工材料的实际成本、加工费用及为加工材料支付的往返运杂费等，通过设置"委托加工物资（或委托加工材料）"账户进行核算。稽查时主要侧重审查委托加工物资成本的构成内容及其结转是否正确。

1. 委托加工物资成本项目的稽查

（1）审查拨付加工材料成本的真实性。对采用实际成本核算材料的企业，应注意拨付加工材料的计价方法与日常发料的计价方法是否一致，有无人为地压低拨付加工材料的单位成本；对采用计划成本核算材料的企业，应注意拨付加工材料时，是否同时结转材料成本差异，有无将应分摊的材料成本差异转移给生产用料负担。

稽查时，可通过有关原材料、材料成本差异明细账，结合委托加工物资发料单进行核实，对多计或少计的加工材料成本（包括多摊或少摊的成本差异）应据实加以调整。

（2）审查支付费用核算的准确性。为简化核算手续，有的企业对委托加工物资只核算拨付加工材料的实际成本，将加工费及运杂费等直接计入期间费用，从而冲减当期利润；有的企业以加工后的剩料、下脚料或副产品等作价抵付加工费，或采用重复列支或扩大开支标准等增大加工成本。

稽查时，应在查阅委托加工合同规定的加工费支付标准、支付方式以及消耗定额的基础上，核实委托加工物资或委托加工材料明细账户借方发生额的有关记录，核实加工费及运杂费的列支是否合理，若发现"加工费"栏空白，应查询加工费是否支付，必要时从银行存款日记账进行查实；若发现加工费和运杂费超过标准列支，则应调阅有关的原始凭证，审查其支出内容的真实性和合法性。

2. 委托加工物资入库的稽查

稽查时注意有无故意抬高收回加工材料的成本，压低加工中材料的成本的行为；有无将成本开支范围以外的其他垫支款作为委托加工物资成本结转入库的行为；有无直接加大收回加工材料的成本，转移利润，造成委托加工物资或委托加工材料账户出现贷方余额的行为。此外，还应注意审查加工剩余材料是否如数收回并冲减加工成本，加工的下脚料收回时是否作价入账并冲减加工成本，有无将加工后的剩余料转让出售而隐匿收入的情况。其稽查方法包括以下几个方面：

（1）审查委托加工物资收回的数量。一般根据加工合同的耗料定额测算回收材料的数量情况，或尚在加工的材料数量是否正确，也可以采用应耗材料数量进行测算，具体方法参见本章第三节的有关内容。

（2）审查委托加工物资成本的计算。根据委托加工物资或委托加工物资明细账的贷方发生额和期末余额，核实已收回加工材料所结转的单位成本与账面结转单位成本或加工的实际成本是否差异较大，若出现长期挂账或借方余额，则应着重调查落实加工的实际成本。

（3）审查委托加工物资成本的结转。审查收回委托加工物资时结转成本的账务处理，若发现委托加工材料或委托加工物资贷方发生额除对应原材料或包装物及低值易耗品等账户外，还与其他应收（付）款、银行存款等账户对应，则属于异常现象，应进一步抽查原始凭证，查明其结转的用途。

（二）自制材料成本的稽查

制造业外购的材料不符合本企业生产需要时，可进一步加工改制或自己生产。自制材料成本核算是否正确，直接关系到企业产品制造成本的高低，所以对自制材料成本也应当进行稽查。

（1）自制材料成本组成的稽查。自制材料成本包括生产过程中发生的料、工、费等实际支出。稽查时，应注意耗用材料的成本是否正确，有无任意多转或少转成本，自制材料的成本组成是否符合规定。

（2）自制材料成本分配的稽查。自制材料成本的分配是否正确，可从费用分配表审查自制材料工费的分配标准是否合理、方法是否正确，与完工产品的定额是否一致。若相差过大，则应重点审查自制材料有无少分摊费用的情况。若发现问题，应按照产品成本分配计算程序进行复核调整。

（三）其他来源材料成本的稽查

1. 接受捐赠材料成本的稽查

审查是否从捐赠方取得了有关的凭据（如发票、报关单和有关协议等），接受捐赠材料的入账成本是否真实、准确。对从捐赠方取得有关凭据的，应注意入账时是否加上由企业负担的相关税费，有无将应计入材料成本的相关税费直接计入当期损益；对未取得有关凭据的，注意核实同类或类似材料的市场价格，若同类或类似材料市场价格不活跃的，则应核实该材料预计未来现金流量的现值。

2. 以应收债权换入材料成本的稽查

审查时应注意区分有无涉及补价的情况，对未涉及补价的，应注意有无将可抵扣的增值税进项税额计入材料成本，有无将应计入材料成本的相关税费计入了当期损益；对涉及补价的，应注意有无不调整收到的补价和支付的补价，造成入账材料成本不实。

3. 以非货币性交易换入材料成本的稽查

其内容与方法包括：一是在查实换出资产账面价值的基础上，核实可抵扣的增值税进项税额和应支付的相关税费，看其入账价值是否正确；二是对收到补价的，应注意有无加上应确认的收益和减去收到的补价；三是对支付补价的，应注意有无加上支付的补价等。

4. 其他取得材料成本的稽查

如审查投资者投入材料成本，应注意稽查投资合同或协议、评估报告书，核实其入账价值是否正确；对盘盈的材料成本，应在核实同类或类似材料的市场价格的基础上，审查其入账价值是否正确。

第三节　生产成本的稽查

企业产品成本通常包括材料、工资、费用三部分，其中材料成本占其比重较大，该部分内容已在本章第二节中阐述，工资及三项经费稽查将在第四节阐述。本节主要介绍制造费用及其分配、在产品和完工产品成本的稽查。

一、制造费用的稽查

制造费用包括企业为组织和管理生产所发生的生产单位管理人员工资、职工福利费、生产单位房屋建筑物与机器设备等固定资产的折旧费、原油储量有偿使用费、油田维护费、租赁费（不包括融资租赁费）、修理费、机物料消耗、低值易耗品、取暖费、水电费、差旅费、运输费、保险费、设计制图费、劳动保护费、季节性或修理期间的停工损失和其他制造费用。由于制造费用所包含的项目繁多，这里不一一列举，仅对一些主要项目的稽查方法加以阐述，其他项目的稽查方法可比照进行。

（一）固定资产折旧费的稽查

1. 直线法计提固定资产折旧的稽查

企业计算的折旧额是否正确，主要取决于计提折旧的固定资产原值、折旧率或单位折旧额及计算方法的确定是否正确。

（1）固定资产原值构成的稽查。计算提取固定资产折旧的基数是固定资产的账面原值。由于固定资产来源渠道不同，其入账原值的构成内容也有所差异。审查固定资产原值构成时，应注意有无将应计入固定资产原值的项目列入生产成本，以及虚列或擅自变更固定资产原值而扩大计提折旧的基数。稽查包括以下内容与方法。

① 审查在建工程账户中形成的固定资产的价值构成是否正确。企业不论是新建、改建、扩建还是进行技术改造、设备更新与安装等发生的与固定资产价值有关的支出，均应通过在建工程账户核算。稽查时，可结合企业材料的领发、工资的分配和生产费用的归集分配方面的审查，注意企业自营工程领用的物资、应负担的职工工资和应分摊的由生产车间提供的水、电、设备安装、修理、运输等劳务是否按实结转，有无多计或少计工程成本；结合审查长期借款、应付债券、长期应付款账户所发生的与固定资产有关的应计利息支出及外币折合差额，是否按规定划清应资本化和不应资本化的界限，有无多计在建工程成本或直接计入当期损益，必要时应结合财务费用账户的发生额加以分析核实；对在建工程发生的试运转收入是否冲减在建工程成本，有无只列支试运转过程发生的费用或支出，而不计试运转形成的产品销售收入；审查工程完工交付使用固定资产的工程成本结转是否正确，记入固定资产的价值与竣工决算书、财产移交清单所列价值是否相符，出包工程预付款发生的补交款或多付款是否进行结账并增减固定资产价款，单项工程报废及由于非常原因造成的报废或毁损的净损失有无不计入当期损益而转入已完工的固定资产的价值。上述问题，应从在建工程明细账户的发生额逐项加以审核，并通过现场观察，向有关工程人员了解情况，调阅有关凭证进行查证核实。对涉及生产成本及费用的，应结合有关章节的稽查内容加以核实。

② 审查通过企业生产车间自制设备的成本结转是否正确。注意有无只记自制设备的材料成本而不分配人工成本及制造费用，或将自制设备成本化整为零而全部计入产品成本。对这类问题应在审查生产费用分配时，加以查证落实；对由此形成的账外财产，则应通过财产清查加以核实。

③ 审查评估作价的固定资产原值是否合理、合法。对接受投资、接受

捐赠无附发票账单的以及盘盈的固定资产，需要评估确认其价值。稽查时，可根据固定资产明细账户借方发生额的入账价值，核对评估证书及有关部门确认书上所列价值是否相符；对自行估价入账固定资产，属于接受投资的，应核实其估价依据是否正确，有无虚估或高估入账价值；属于旧的固定资产，是否按新旧程度合理估计其净值，并将原值与净值的差异计入累计折旧账户；对按同类或类似固定资产的市场价格估价入账的，应核实其市场价格的真实性和可靠性，看有无高估或低估的现象，同时注意有无将支付的相关税费直接计入当期损益；对按预计的未来现金流量现值估价入账的，应注意其预计的未来现金流量现值的计算是否正确，有无高估或低估贴现率的现象。

④ 审查融资租赁固定资产的价值构成是否正确。应注意在租赁费中有无将支付租赁手续费计入固定资产价值，将经营性租赁当作融资性租赁计列固定资产原值，将利息支出及发生的汇兑损益全部计入财务费用，多列构成固定资产价值的设备价款及计入租赁过程的一些非正当开支，将融资租入固定资产发生的运输费、途中保险费和安装调试费直接计入成本费用等问题。稽查时，应根据租赁双方签订的合同或协议，判定是否属于融资租赁；属于融资租赁的，还应逐条核实应付租赁费的条款，并与"固定资产——融资租入固定资产"明细账户借方发生额进行核对，或通过长期应付款账户的贷方发生额核实提取的租赁费项目是否齐全，金额是否正确，其对应关系的账务处理是否正确；对应付的租赁费利息除审查提取数额是否正确外，还应注意其提取的时间，若属于租入设备尚未交付使用前发生的，未计入固定资产价值，则可从财务费用明细账户借方发生额进行追踪审查。

⑤ 审查以应收债权和非货币性交易换入的固定资产价值构成是否正确。对于以应收债权和非货币性交易换入的固定资产价值构成的稽查，可比照以应收债权和非货币性交易换入的存货入账价值的稽查来进行。

⑥ 审查已入账的固定资产原值是否任意变更。按规定只有下列情况才允许改变固定资产的账面价值：按规定对固定资产价值重新估价，增加补充设备或改良设备，将固定资产的一部分拆除，经主管税务机关审核同意调整固定资产永久性损耗，根据实际价值调整原来的暂估价值。稽查时，

通过查阅固定资产明细账户及固定资产卡片的记录，若发现已入账的价值有更改，则应调阅其会计凭证，澄清其变更的原因，对不符合规定或变更数额有错误的，应调整更正。

（2）固定资产减少核算的稽查。固定资产的减少包括固定资产的报废、出售和盘亏等。固定资产减少发生的费用支出和出售收入，均通过固定资产清理账户核算，其差额转入营业外收入和营业外支出账户。稽查重点是：审查固定资产清理费用，应注意企业列支的固定资产清理费是否真实，有无人为虚增清理费用；审查出售的固定资产，应注意企业出售固定资产的收入有无计入往来结算类账户，出售固定资产的净收益是否计入营业外收入；对已报废、出售固定资产不及时冲销原值的稽查，应将固定资产明细账的贷方发生额反映出的固定资产报废或售出日期，与原始凭证上报废或售出的日期相核对，看企业销账是否及时，同时到固定资产管理部门和使用部门进行审查，抄录年度内固定资产的报废和售出情况，与固定资产明细账的贷方发生额逐笔核对，查清实际已经报废和售出固定资产而未及时销账的情况，查实后应及时调整固定资产原值，对多提折旧额予以剔除，并调整计税所得额。

（3）计提固定资产折旧范围的稽查。税法规定，下列固定资产不得计提折旧：房屋、建筑物以外未投入使用的固定资产；以经营租赁方式租入的固定资产；以融资租赁方式租出的固定资产；已足额提取折旧仍继续使用的固定资产；与经营活动无关的固定资产；单独估价作为固定资产入账的土地；其他不得计算折旧扣除的固定资产。在核实固定资产入账价值的基础上，查实计提折旧的基数是否正确。稽查时，应注意不得计提折旧固定资产，有无被列入应计折旧的固定资产原值中；有无当月新增的固定资产当月就计提折旧，当月减少的固定资产下月依然计提折旧；有无将经营租赁方式租入的固定资产计提折旧；账面已提足折旧但继续使用的固定资产，有无照提折旧；提前报废的固定资产有无补提折旧；已对外投资转出的固定资产，有无不作转账处理而计提折旧。

稽查的方法：根据固定资产明细分类账户，结合查阅"固定资产卡片"，按月初的记录数额，划清哪些是应提折旧的，哪些是不应提折旧的，确定各类固定资产应计提折旧的总额，与"固定资产折旧计算表"表内项目进行逐项核对，如发现有错误，则应加以查证落实。

（4）固定资产折旧率因素的稽查。固定资产折旧率受固定资产原值、使用年限长短、净残值大小及总工作量的制约。稽查的内容与方法如下：

① 固定资产使用年限的稽查。注意企业是否人为地延长或缩短固定资产计提折旧的年限，核实企业确定的折旧年限是否科学、合理，有无随意变更折旧年限调节折旧费用和利润水平。稽查过程中，应着重注意企业确定的折旧年限有无低于税法规定的最低折旧年限，如房屋及建筑物不低于20年等。

② 固定资产净残值的稽查。应注意企业有无少留或不留残值，自行核定的残值率比例是否有可靠的测算依据，是否报经主管财税机关备案审查。对不符合规定的、未经主管财税机关备案而自行提高或降低净残值率的，应重新加以核定与调整。

③ 计算折旧额总工作量的稽查。对企业专业车队的客货运汽车和大型设备，预计的行驶里程或预计的总工作小时是否与该项固定资产出厂时确定的设计生产能力及相关的技术性能参数相一致，有无任意压低总工作量，提高单位折旧额的情况。

（5）固定资产折旧额计算的稽查。采用直线法计算固定资产折旧的方法主要有平均使用年限法（直线法）和工作量法。由于折旧方法的选用直接影响到企业成本费用的计算，也影响到企业的收入和纳税，因此稽查时主要侧重于稽查企业所选用的折旧方法是否符合规定条件，前后各期是否一致，并根据不同折旧方法的特点，对企业计提的折旧额加以复核。

① 平均使用年限法的稽查。稽查时，可从固定资产明细账户的借方发生额查看各个月份应提折旧固定资产的增减变化情况，与累计折旧账户贷方发生额的变化是否相适应。若各期固定资产增减变化不大，而折旧额突然偏高或偏低，则应注意是否多（或少）提固定资产折旧；若应提折旧固定资产在年度中增减频繁，可在核实按年初数计提全年折旧额的基数上，按增减变化的个别固定资产测算全年应增提或减提的折旧额，从而计算全年固定资产应计提数，再与累计折旧账户本年增加数进行比较，差额部分系多提或少提的折旧额。

对采用按季末或年末固定资产原值计提折旧的企业，因季末或年末固定资产原值往往大于以前月份，则形成多提折旧额，所以对这样的企业要分月计算、分月核对。稽查时，还应注意对固定资产评估增值部分折旧进行审查，划分可税前扣除和不可税前扣除的界限。

② 工作量法的稽查。稽查时，应注意审查完成的工作量是否符合实际，有无将计划工作量或定额工作量作为计提各期折旧额的依据。可按生产成本、产成品或库存商品等账户的记录及生产记录，核实各项固定资产所完成的实际产量，再采用反算法测定每单位工作量所含折旧额，即以累计折旧账户贷方发生额本期增加数除以实际工作量，计算结果与前述核定的每单位工作量折旧额进行核对，如差额过大即应进行逐项核对复算折旧总额。

2. 快速折旧法计提固定资产折旧的稽查

制造业可选择快速折旧的方法，主要是双倍余额递减法和年限总和法。

（1）双倍余额递减法的稽查。采用双倍余额递减法在计提折旧时不考虑固定资产的残值，但应在其固定资产折旧年限到期前两年内改按直线法计提折旧额，即将固定资产账面净值扣除预计残值后的净额在折旧年限的最后两年内平均摊销。稽查时，可在核实应计提折旧固定资产原值的基础上，掌握双倍余额递减法每期折旧额变化规律进行分析，发现异常再按规定的计算公式加以复算。

【例 8 - 7】 某企业机器设备原值 10 000 元，规定折旧年限为 10 年，预计净残值率为 5%。经过批准，允许采用双倍余额递减法计提折旧。其折旧额计算如下：

① 年折旧率的确定：年折旧率 $= 2 \div 10 \times 100\% = 20\%$。

② 各年折旧额计算如表 8 - 5 所示。

表 8 - 5　　　　　　　　各年折旧额（双倍余额递减法）

年限	年初固定资产账面净值（元）	折旧率（%）	年折旧额（元）	年末累计折旧（元）	年末固定资产账面净值（元）
1	10 000	20	2 000	2 000	8 000
2	8 000	20	1 600	3 600	6 400
3	6 400	20	1 280	4 880	5 120
4	5 120	20	1 024	5 904	4 096

年限	年初固定资产账面净值（元）	折旧率（%）	年折旧额（元）	年末累计折旧（元）	年末固定资产账面净值（元）
5	4 096	20	819.20	6 723.20	3 276.80
6	3 276.80	20	655.36	7 378.56	2 621.44
7	2 621.44	20	524.29	7 902.85	2 097.15
8	2 097.15	20	419.43	8 322.28	1 677.72
9	1 677.72		588.86	8 911.14	1 088.86
10	1 088.86		588.86	9 500	500
合计			9 500		500

从本例计算结果可以看出，在前8年所采用的双倍余额递减法计算的每年折旧额形成一个等比递减级数，其等比率为0.8（1－年折旧率），从计提折旧的次年起，每年折旧额应为上年计提数的80%。如果测算结果违背这一规律，则说明计提折旧数额不实，应重新复算。

（2）年限总和法的稽查。采用此法所确定的折旧率是一个变数，即以每年计提折旧时固定资产尚可使用的年数除以固定资产折旧年限年数总和。采用年限总和法计提折旧额的基数，应先扣除预计的残值，提满折旧年限后，固定资产的账面净值应不高于预计的残值。

【例8－8】仍按上例资料，该机器设备折旧额计算如下：

① 折旧年限的年数总和为：$10 \times (10 + 1) \div 2 = 55$。

② 各年应提折旧额的计算，如表8－6所示。

表8－6　　　　　　　　各年折旧额（年限总和法）

年限	折旧价值（元）	折旧率	年折旧额（元）	累计折旧（元）	账面净值（元）
1	9 500	10/55	1 727	1 727	8 273
2	9 500	9/55	1 555	3 282	6 718
3	9 500	8/55	1 382	4 664	5 336
4	9 500	7/55	1 209	5 873	4 127
5	9 500	6/55	1 036	6 909	3 091
6	9 500	5/55	864	7 773	2 227
7	9 500	4/55	691	8 464	1 536

续表

年限	折旧价值（元）	折旧率	年折旧额（元）	累计折旧（元）	账面净值（元）
8	9 500	3/55	518	8 982	1 018
9	9 500	2/55	345	9 327	673
10	9 500	1/55	173	9 500	500
合计			9 500	9 500	500

注：折旧价值 = 原值 - 残值 = 10 000 × (1 - 5%) = 9 500。

从本例计算结果可以看出，逐年计算的折旧额形成一个等差递减级数，每年级差额为（原值 - 残值）× 1/年数总和，即 9 500 × 1/55 = 172.73（元），因此从计提折旧的次年起，每年折旧额均比上年减少相同的差数。

稽查时，可通过对比各年折旧额差额是否正确，来判断其计提的折旧额是否正确。

对采用加速折旧法计提折旧的企业，稽查时还应注意：企业若不具备按加速折旧法税前列支折旧费的条件，则应将企业按加速折旧法计提的折旧费和按直线法应计提的折旧费之间的差额调整当期计税所得额。

（二）固定资产修理费用的稽查

企业发生的修理费用直接在成本费用中列支，若修理费用的数额较大可实行预提或待摊的办法。采用预提大修理费用的企业，实际发生的大修理支出冲减预提费用，实际支出大于预提费用的数额计入有关费用，小于预提费用的差额冲减有关费用。稽查时可从以下几方面进行：

1. 修理费用构成的稽查

审查固定资产修理费用的项目构成内容是否合理，注意有无将应构成固定资产原值的支出作为修理费用列支成本费用。如将固定资产的改良支出和增加附属设备支出，不计入固定资产原值列入修理费开支，甚至将购置的固定资产折整为零作为维修零件一次领用计入成本费用。稽查时，可根据制造费用明细账户的修理费子目进行分析，若发现修理费支出频繁、数额较大，应进一步抽查原始凭证，必要时通过实地查询进行查证。

2. 修理费用支出的稽查

审查固定资产修理费用支出的凭证是否合法，有无列支成本开支范围以外的其他支出。稽查时，通过抽查制造费用账户的修理费项目的列支单据，若发现以"白条"等非法单据列支均属这类问题。此外，有的企业在发生修理费支出时，往往附带将一些不正当的开支计入修理费项目，且这类支出都是通过内部自制支出凭证给予报销的，审查时应引起注意。

3. 大修理费用摊提的稽查

审查通过预提或待摊的大修理费用是否正确划分归属期，有无多提、多摊、重复列支的现象。稽查时，对采用待摊办法的企业，应在审查记入待摊费用账户的修理费支出是否合理合法的基础上，核实其各期摊销额是否均衡，有无人为调节成本，故意多摊或少摊的现象；对摊销期规定在1年以上的修理费项目，可通过长期待摊费用账户进行审查；对以经营租赁方式租入的固定资产进行改装、翻修和装饰的支出，应审查是否在租赁有效期限内分期摊销，有无缩短摊销期限或加大前期的摊销额。采用预提办法的企业，应注意审查其支出内容与预提内容是否相符，有无实际发生支出时不冲减预提费用账户而重复列支成本。

（三）其他各项费用的稽查

对制造费用的稽查，除上述列举有关项目的稽查，以及对工资、福利费、一般性物料消耗可比照材料成本、工资成本的稽查外，还有众多费用项目，这些项目所包括的内容复杂，开支零星分散，也容易产生差错。稽查时，应注意从账簿记录中分析线索，抓住重点，主要包括以下几个方面。

（1）审查费用的真实性。重点审查费用的发生是否属实，开支的项目和内容是否一致，凭证的报销、验收和审批等手续是否完备，有无弄虚作假、虚列费用的情况。

（2）审查费用的合法性。注意各项报销单据是否具有法律效力，开支的项目范围有无超越成本费用的开支范围，如将资本性支出、各种罚款、违约金、赔偿金和滞纳金等支出，列入其他制造费用项目中开支。

（3）审查费用的合理性。注意各项费用开支的额度是否超过生产的正常需要，费用开支标准有无超过国家规定，有无通过预提或摊销项目，虚提、多提或少提及多摊或少摊费用，人为调节成本费用的情况。

二、制造费用要素及其分配的稽查

(一) 摊提费用的稽查

1. 预提费用的稽查

预提数与实际支付数发生差异时，应及时调整提取标准，多提数一般应在年终冲减成本费用，年终财务决算时应当不留余额；需要保留余额的，应当在年度财务报告中予以说明。稽查时，应注意以下问题。

(1) 有无预提不属于产品成本开支范围或不应归属本期成本的费用。有的企业利用预提费用方式虚增生产成本，转移产品利润；有的企业巧立名目，乱提费用，如预提产品保修费、产品报损费、轮胎复置费等；有的企业对一些无须支付的项目，也通过预提费用列支成本，如实际未发生财产租赁业务而预提财产租金。

(2) 有无人为提高预提费用项目的预提标准。有的企业根据成本、利润指标的完成情况，故意提高或压低应预提的数额，调节各期成本；有的企业对多提数长期留在预提费用账户，不及时调整预提标准，形成多列支成本。

(3) 有无将实际支付的预提费用重复列支成本。有的企业在实际支付已预提的费用时不冲减预提费用账户，又重记有关成本费用账户，形成预提费用账户只提未付而长期保留余额。

稽查的方法：查阅预提费用明细账的户名，并与有关转账凭证相核对，看预提费用项目是否符合规定；审查贷方发生额并调阅预提费用的原始凭证，对各项费用的受益情况和真实性进行核实。对正常预提项目应查核其计提的依据、预提的标准是否合理并切合实际，若有异常还应追溯审查借方发生额，查看支付的内容与预提项目是否一致。稽查时，还可结合分析预提费用账务处理的连续性，把握预提费用的增减变动特征，即逐月发生多笔贷方金额，定期一次发生借方金额。如不符合这一特征，应查看有无反常的贷方余额，并从原始凭证及明细账的记录来推断是否有只提不付、重复列支或多提少支的现象。

2. 待摊费用的稽查

企业一次支付、分期摊销的待摊费用，应按照费用项目的受益期限确定分摊的数额，分摊期一般不超过 1 年。对待摊费用项目是否计入不属成本开支范围的费用稽查，在上述有关章节已有述及，这里仅就待摊费用项目摊销情况，说明稽查时应注意以下问题。

（1）有无将受益期长、摊销期超过 1 年的递延费用计入待摊费用账户，加大本期成本费用。如企业发生的开办费、租入固定资产改良及大修理支出，受益期限均在 1 年以上，应记入长期待摊费用账户，在规定的有效期内摊销。如果记入待摊费用账户，就缩短了摊销期限，加大了当期的成本费用。

（2）有无任意压低或扩大各期的摊销数额，人为调节各期的成本费用。有的企业对发生的待摊费用项目不按实际受益期均衡摊销，当预计成本利润指标完成较好时，就提高摊销额；当成本利润指标完成差时，就压低摊销额，使待摊费用账户成为成本利润的调节器。

（3）有无已摊销数额大于应摊销额而虚增成本。有的企业不按受益原则逐项规定摊销期限，也不按各待摊费用项目发生时间先后顺序确定摊销起止时间，而是每月按一个相对固定的总额进行摊销，造成有的待摊项目早已摊完，却仍然包含在总额内继续摊销，以致某些待摊费用项目出现贷方余额，或抵销后期汇入待摊项目，实际也属多计本期的成本费用。

稽查的方法：围绕待摊费用明细账户，审查记入的项目是否属于规定的范围。针对借方发生额，审查入账的原始凭证，查清费用支付额的真伪；从贷方发生额审查摊销的记录，注意各期摊销额是否有大幅度波动，有无中途改变摊销期限，并通过下列公式验证各期多摊或少摊的数额。

$$各期应摊销的数额 = \frac{待摊费用借方发生额}{应摊销的受益期限}$$

$$\begin{array}{c}各期多（少）\\摊销的数额\end{array} = \begin{array}{c}各期待摊费用\\的贷方已摊数\end{array} - \begin{array}{c}各期应摊\\销的数额\end{array}$$

通过审查待摊费用账户的余额，核实本期是否多计摊销额。如对采用综合各待摊项目并分类登记明细账的企业，可按逆算方法核实待摊费用明细账户应保留的余额，即以发生在后的项目按摊销期限计算期末余数逐项推算合计，如果大于账户余额，其差额即为本期多摊数。对采用分项目登记明细账的企业，则查看有无出现贷方余额的反常现象。

（二）辅助生产费用分配的稽查

制造业的辅助生产可分为制造产品的辅助生产和提供劳务的辅助生产两类。稽查时，应在核实辅助生产费用真实性的基础上，结合辅助生产费用分配的程序，审查是否按受益对象分配辅助生产成本。稽查包括以下内容与方法。

第一，审查辅助生产车间自制的工具、模具、包装物、修理用备件等所发生的生产费用是否真实可靠。注意有无将基本生产车间提供的劳务费用计入自制产品成本，将自制的工具、模具或包装物对外出售或为其他企业加工的成本计入基本生产车间领用的工具、模具等成本，将应由工程列支的费用计入生产成本等。稽查时，从辅助生产明细账户发生额和"辅助生产费用分配表"，以及记账凭证和原始凭证进行稽查核实。

第二，审查辅助生产车间对内、对外提供劳务（如水、电、汽、修理费用）的成本分配方法是否可行。辅助生产成本的分配可选用直接分配法、一次交互分配法、计划成本分配法和代数分配法等，稽查时应审查选用的分配方法是否符合企业的生产特点及财务管理要求。如各辅助车间相互提供产品或劳务数量较多的企业，是否也采用直接分配法；内部结算价格制度不完善的企业，是否也采用计划成本分配法。对计划成本资料健全而采用计划成本法的企业，应注意稽查分配的计划费用与实际费用的差额是否进行账务处理，有无利用"差额"任意调剂产品成本。

第三，审查辅助生产成本的分配依据是否合理、准确。稽查时，应注意核对企业各部门的劳务数量记录，审查各部门安装的受益量仪表和实际耗用的原始记录，如电表耗电、水表用水、汽车用油、机器用油、修理工时、汽车公里等结算凭证及原始资料是否有误等。稽查时还应注意其分配标准是否切合实际，如果与实际受益量相关性不大，则应予以纠正。

（三）废品损失分配的稽查

制造业的废品损失包括在生产过程中发现的和入库后发现的不可修复废品的生产成本，以及可修复废品的修复费用，扣除回收的废品残料价值和应由过失单位或个人赔款以后的损失。稽查时应注意以下问题。

（1）工废和料废划分的稽查。废品分工废和料废两类，企业应审核产生废品的原因，进而确定能否作为废品损失核算。稽查时，应注意企业有无不分原因，将废品全部作为废品损失核算分配计入产品的制造成本，影响成本的真实性。

（2）可修复废品修复费用的稽查。可修复废品发生的修复费用，通过废品损失账户核算，回收的残料价值和应收的赔款应冲减废品损失。稽查时，应根据废品损失科目和废品通知单，结合原材料和其他应收款账户，注意企业有无不扣除赔款和残料价值，虚增废品损失，影响产品制造成本的真实性；同时应注意发生的修复费用是否真实。

（3）不可修复废品损失的稽查。稽查时，应根据"不可修复废品损失计算表"，注意企业的废品成本计算是否正确，有无人为地提高废品成本的问题。此外，还应注意有无将废品的全部损失分配到不同的产品成本中，影响产品成本，进而影响企业的利润。

（4）废品损失分配的稽查。企业的废品净损失应分配计入不同的产品生产成本。稽查时，应根据企业采用的分配方法，结合"废品损失计算分配表"，核实废品损失的分配是否正确。

（四）制造费用分配的稽查

制造费用是按生产部门汇集，并在本部门所生产的产品之间分配。稽查时，应注意盈利产品与亏损产品、主产品与副产品、畅销产品与滞销产品，以及同一产品、不同等级间的分配是否正确，有无互相转嫁、调节产品销售利润的情况。

此外，应对照生产成本明细账或"产品成本计算单"，查阅"制造费用分配表"及制造费用明细账转出的分配数额是否一致，如不一致，应注意有无将应由非生产费用负担的，利用制造费用的分配转入生产成本负担而影响利润。

三、在产品成本的稽查

期末在产品成本直接影响产成品成本，是稽查产品成本的关键所在。

其重点是核实期末在产品的数量和在产品应分配的费用。

(一) 期末在产品结存数量的稽查

有在产品的企业，不论采用哪种分配方法，均需正确核定期末在产品的数量，以保证在产品成本计算的准确性。稽查时，应分别利用不同的盘存制进行稽查。

1. 实地盘存制下在产品数量的稽查

可通过审查企业的实地盘存记录，注意企业有无涂改盘存表、隐瞒在产品数量的现象；有无盘存表不齐，漏车间、漏工序或有意隐瞒不报、漏记存放在厂部仓库及露天库棚里的在产品；有无汇总资料与在产品盘存底表不一致，有意将底表中某页不予汇总或将盘存数字以小汇大、以大汇小或汇总时发生串户等情况。稽查时，应对"在产品盘点报告单"中的数量与车间在产品实存数量记录进一步核对，并查证"成本计算单"所列在产品数量，据以计算在产品成本。如果发现账实严重不符，还必须实施抽查法进行实地盘存，以准确核定在产品的实有数量。验证公式如下：

$$\begin{matrix}结算期末\\在产品\\应存数量\end{matrix} = \begin{matrix}检查时在\\产品实际\\盘存数量\end{matrix} + \begin{matrix}结算期末\\至检查时产品\\完工数量\end{matrix} - \begin{matrix}结算期末\\至检查时产品\\投产数量\end{matrix}$$

$$\begin{matrix}结算期末至检查\\时产品投产数量\end{matrix} = \frac{同时期投料总量}{单位产品投料定额}$$

$$\begin{matrix}结算期末在产品\\漏盘数量\end{matrix} = \begin{matrix}结算期末在产品\\应存数量\end{matrix} - \begin{matrix}结算期末在产品账面\\（或盘点表）数量\end{matrix}$$

2. 永续盘存制下在产品数量的稽查

可通过审查在产品账账、账实是否相符，核实在产品实存数量，或根据本期投入量和完工入库数量，推算期末在产品数量，并与账面数量核对，从中发现问题。

(二) 期末在产品成本的稽查

由于生产规模、生产工艺不同，企业计算在产品成本的方法多种多样，具体的稽查内容和方法也不尽相同。

1. 按固定成本计价法计算在产品成本的稽查

固定成本计价法适用于期末在产品数量不多或在产品数量虽大但各月份之间较为均衡的企业。稽查时，首先应注意各月份在产品的数量是否均衡，留存各工序的在产品数量是否稳定，如果各月份在产品数量变化较大，则必然影响当期完工产品成本；其次应注意年初在产品的估价是否合理，有无上年年末在产品的盘存记录和成本计算资料；最后应注意稽查年终是否对在产品进行实地盘点，相应调整年末在产品成本。

2. 按原材料费用计价法计算在产品成本的稽查

原材料费用计价法适用于各月末在产品数量较大，各月在产品数量变化也较大，原材料费用在成本中所占的比重较大的企业。稽查时，应注意查阅产品的加工费用是否在成本中所占份额较小，原材料费用的分配是否正确。

3. 按约当产量法计算在产品成本的稽查

约当产量法是将在产品的盘存量，按照完工程度折算为相当于完工产品的数量，再与完工产品按比例分配各项成本费用。稽查时，应首先核实各工序在产品结存的数量是否真实；其次应侧重稽查在产品的完工率是否正确；最后复核在产品的约当产量及费用分配是否真实。

（1）如果材料按不同工序逐步投料，则应按各工序的投料进度，确定在产品分配材料成本的约当产量（若为一次投料，则各工序投料进度均为100%）。其计算公式如下：

$$\text{某工序在产品投料进度} = \frac{\text{上道工序累计单耗定额成本} + \text{该工序单耗定额成本}}{\text{产品单耗定额成本}}$$

$$\text{期末在产品分配材料的约当产量} = \sum \left(\text{各工序在产品盘存量} \times \text{各工序投料进度} \right)$$

$$\text{期末在产品材料成本} = \frac{\text{材料费用总额}}{\text{完工产品数量} + \text{期末在产品约当产量}} \times \text{期末在产品约当产量}$$

（2）按完工率确定期末在产品分配工资及制造费用的约当产量，并据以确定应分配的成本项目。其计算公式如下：

$$\text{某一工序在产品完工率} = \frac{\text{上道工序累计单耗定额工时之和} + \text{本工序单耗定额工时} \times \frac{1}{2}}{\text{单位产品定额工时}}$$

$$\begin{matrix} 在产品的 \\ 约当产量 \end{matrix} = \sum \left(\begin{matrix} 各工序在产品 \\ 盘存量 \end{matrix} \times \begin{matrix} 各工序在产品 \\ 完工率 \end{matrix} \right)$$

【例8－9】某制造业采用约当产量法计算在产品成本，甲产品单位工时定额为800小时，经过两道工序制成，其中第一道工序工时定额为480小时，第二道工序工时定额为320小时。在产品月末在第一道工序结存40件，第二道工序结存50件。原材料在开始生产时一次投入，其他费用按约当产量分配。甲产品本月完工50件，其生产费用情况见表8－7。

表8－7　　　　　　　甲产品生产成本明细账（成本计算单）　　　　　单位：元

摘　　要	直接材料	直接人工	制造费用	合　　计
生产成本合计	91 000	22 000	38 240	151 240
结转完工产品成本	34 900	12 000	23 080	69 980
期末在产品成本	56 100	10 000	15 160	81 260

具体的稽查方法为：

第一步，确定各工序完工率：

$$第1道工序完工率 = \frac{480 \times \frac{1}{2}}{320 + 480} \times 100\% = 30\%$$

$$第2道工序完工率 = \frac{480 + 320 \times \frac{1}{2}}{320 + 480} \times 100\% = 80\%$$

第二步，计算在产品约当产量：

第1道工序在产品约当产量 = 40 × 30% = 12（件）

第2道工序在产品约当产量 = 50 × 80% = 40（件）

两道工序在产品约当产量合计 = 12 + 40 = 52（件）

第三步，按成本项目确定在产品应保留的成本：

$$\begin{matrix} 月末在产品应 \\ 分摊原材料费用 \end{matrix} = \frac{91\ 000}{50 + (40 + 50)} \times (40 + 50) = 58\ 500（元）$$

因为原材料在开始生产时一次投入，各生产阶段的每一单位产品均含有相等的原材料成本，即每一单位在产品的原材料费用与每一单位完工产品的材料费用是相同的，所以1件在产品的数量相当于1件完工产品的数量。

$$月末在产品应分摊的工资成本 = \frac{22\,000}{50+52} \times 52 = 11\,215.69 （元）$$

$$月末在产品应分摊的制造费用成本 = \frac{38\,240}{50+52} \times 52 = 19\,494.90 （元）$$

$$月末在产品应保留的成本 = 58\,500 + 11\,215.69 + 19\,494.90 = 89\,210.59 （元）$$

第四步，计算完工产品多摊（或少摊）的成本：

$$本期多摊（少摊）完工产品成本 = 核实数 - 账面数 = 89\,210.59 - 81\,260 = 7\,950.59 （元）$$

稽查时可按上述步骤，对企业的整个计算过程进行复核，查出多计或少计的在产品成本，据此调增或调减有关账户。

4. 按定额法计算在产品成本的稽查

定额法是以成本项目的单位产品消耗定额作为标准来计算在产品成本，实际消耗与定额消耗的差异由完工产品负担。稽查时，首先应注意企业的定额标准是否符合实际，可将产品定额成本与实际成本相核对，如果差额较大，则会影响完工产品成本的准确性，应督促企业重新修订定额资料；其次，根据期末"在产品盘存表"所核实的在产品数量，依照下列公式复核在产品成本的确定是否正确。

$$期末在产品的直接材料成本 = 在产品盘存量 \times 单位产品材料定额 \times 材料单位成本$$

$$期末在产品的直接工资成本 = 在产品盘存量 \times 在产品定额工时 \times 计划小时工资率$$

$$期末在产品的制造费用成本 = 在产品盘存量 \times 在产品定额工时 \times 计划小时费用率$$

上述公式中，材料的单位成本可采用加权平均单位成本，若采用计划成本的，应注意材料成本差异是否调整。对采用逐步投料的，还应根据投料进度，按不同工序计算消耗定额并加以汇总；对多步骤生产的企业，计算在产品的工、费成本时，也应按各工序的工时定额及在产品盘存量计算在产品定额工时总额，据以分配在产品成本。其计算公式为：

$$在产品定额工时总额 = \sum \left(各工序在产品盘存量 \times 各道工序累计单耗定额工时 \right)$$

$$各道工序累计\atop 单耗定额工时 = \frac{上道工序单耗}{工时定额之和} + \frac{本工序单耗定额工时}{2}$$

上述核实汇总在产品成本，如果大于生产成本明细账或成本计算单中的在产品成本，则说明企业多转了完工产品成本；反之，则为少转完工产品成本。

【例 8 – 10】某企业 A 产品本月完工产品为 800 件，月末实际盘存在产品 200 件。该产品分三道工序加工，每道工序的工时定额均为 4 小时，在产品实际盘存量三道工序分别为 40 件、100 件、60 件，原材料在开始生产时一次投入，单耗定额为 0.5 千克，材料加权平均单位成本为 760 元，计划小时工资率为 25 元，计划小时费用率为 22 元。企业结转的完工产品成本如表 8 – 8 所示。

表 8 – 8　　　　　　　　　完工产品生产成本明细账

完工产品：800 件　　　在产品：200 件　　　　　　　　　　单位：元

摘　要	直接材料	直接人工	制造费用	合　计
生产成本合计	380 000	272 000	243 200	895 200
结转完工产品成本	310 000	242 000	215 200	767 200
期末在产品成本	70 000	30 000	28 000	128 000

根据上述资料，依下列步骤进行核实：

第一步，计算确定在产品定额工时总额：

$$在产品定额工时总额 = 40 \times \frac{4}{2} + 100 \times \left(4 + \frac{4}{2}\right) + 60 \times \left(4 + 4 + \frac{4}{2}\right) =$$

1 280（工时）

第二步，确定期末应保留的在产品成本：

直接材料成本 = 200 × 0.5 × 760 = 76 000（元）

直接工资成本 = 1 280 × 25 = 32 000（元）

制造费用成本 = 1 280 × 22 = 28 160（元）

期末在产品应保留的成本 = 76 000 + 32 000 + 28 160 = 136 160（元）

第三步，计算本期多转或少转完工产品成本：

本期多转完工产品成本 = 136 160 – 128 000 = 8 160（元）

（若为负数，则为少转完工产品成本）

5. 按定额比例法计算在产品成本的稽查

定额比例法是以在产品消耗定额和完工产品消耗定额的比例分配生产成本。稽查时，应依下列步骤进行核定：

$$\text{在产品的直接材料成本} = \frac{\text{本期实际消耗材料的总成本}}{\text{完工产品数量} + \text{在产品盘存量}} \times \text{在产品盘存量}$$

（若采用逐步投料，则在产品盘存量应按投料进度分工序折算及汇总）。

$$\text{在产品直接工资或制造费用成本} = \frac{\text{各项目费用总额}}{\text{完工产品定额总工时} + \text{在产品定额总工时}} \times \text{在产品定额总工时}$$

【例 8 – 11】某企业 B 产品本月完工 800 件，月末在产品实际盘存 200 件。本月汇集应分配的生产成本 580 000 元，企业结转的产品生产成本如表 8 – 9 所示，该产品分三道工序加工，每道工序定额工时均为 4 小时，料为一次投入，在产品盘存量三道工序分别为 50 件、100 件、50 件。

表 8 – 9　　　　　　　　　　B 产品生产成本明细账

完工产品：800 件　　在产品：200 件　　　　　　　　　　　　　　　单位：元

摘　要	直接材料	直接人工	制造费用	合　计
生产成本合计	370 000	120 000	90 000	580 000
结转完工产品成本	300 000	110 000	82 000	492 000
期末在产品成本	70 000	10 000	8 000	88 000

第一步，核实在产品定额工时总额：

$$\text{在产品定额工时总额} = 50 \times \frac{4}{2} + 100 \times \left(4 + \frac{4}{2}\right) + 50 \times \left(4 + 4 + \frac{4}{2}\right) = 1\,200\,（\text{工时}）$$

第二步，核实在产品应保留的成本：

$$\text{在产品的直接材料成本} = \frac{370\,000}{800 + 200} \times 200 = 74\,000\,（\text{元}）$$

$$\text{在产品的直接工资成本} = \frac{120\,000}{800 \times 12 + 1\,200} \times 1\,200 = 13\,333.33\,（\text{元}）$$

$$\text{在产品的制造费用成本} = \frac{90\,000}{800 \times 12 + 1\,200} \times 1\,200 = 10\,000\,（\text{元}）$$

期末在产品成本合计 = 74 000 + 13 333. 33 + 10 000 = 97 333. 33（元）

第三步，计算企业多转的完工产品成本：

本期多转完工产品成本 = 97 333. 33 – 88 000 = 9 333. 33（元）

（负数则为少转完工产品成本）

四、完工产品成本的稽查

完工产品成本计算的基本方法有品种法、分批法和分步法，以及结合在三种基本方法中加以运用的分类法和定额法等。稽查时，应根据不同成本计算方法的特点，有针对性地进行稽查。

（一）品种法下完工产品成本的稽查

品种法是产品成本计算的最基本方法，其稽查的主要内容包括生产费用在各种产品之间的归集与分配、生产费用在完工产品和月末在产品之间的分配等，可结合前面介绍的稽查内容和方法进行。

（二）分批法下完工产品成本的稽查

分批法一般是按"工作单号"作为成本计算对象归集生产费用，并计算各批产品成本。在会计核算实务中，确定各批产品成本又有不同的核算形式，应分别进行稽查。

1. 直接费用成本按批别归集、间接费用按累计分配核算的稽查

采用这种方法计算分批产品成本，主要适用于投产批别繁多，各投产批次当月没有完工产品的企业。稽查时，由于产品批别多，每批产品均在完工时才分配制造费用和其他间接费用，因此应注意审查各项费用凭证是否按批别、号码注明并加以正确归集，有无将尚未完工的批别按已完工的批别分配费用，或将未完工批别应负担的间接费用全部摊入已完工批别的产品成本而压低在产品成本，提高完工批别产品成本。如果各批别均能在当月投产，而且各月间接费用变动较大，当月部分完工，则不宜采用间接费用累计分配法，而必须改按当月分配法分配间接费用，使各月完工批别的产品成本保持均衡。其计算公式如下：

（1）累计分配法的计算公式为：

$$\frac{间接费用}{累计分配率}=\frac{全部产品累计间接费用}{各批产品累计生产工时总额}$$

$$\frac{某完工批别产品}{应分配的间接费用}=\frac{该完工批别产品}{累计工时}\times\frac{间接费用}{累计分配率}$$

（2）当月分配法的计算公式为：

$$\frac{间接费用}{分配率}=\frac{当月发生的间接费用总额}{当月各批产品生产工时总数}$$

$$\frac{各批别产品}{应分配的间接费用}=\frac{该批产品}{生产工时数}\times\frac{间接费用}{分配率}$$

2. 按月结算当期批内陆续提前完工产品成本核算的稽查

有的企业当月按批别投产，当月批内便陆续完工，可以不按实际成本结转陆续完工的产品成本，而是采用估算法结转当月陆续完工产品成本。估算的方法一般采用计划单位成本、定额单位成本或近期相同产品的实际单位成本进行计算和结转，当该批产品全部完工时，应按计算的实际成本和单位成本进行调整。稽查时，注意有无不按规定任意提高跨月完工产品成本，或者全部完工后未按实际成本调整的情况。

稽查的方法：对上述两种核算形式进行稽查时，可以按生产计划部门下达的"工作单号"或"生产任务通知单"，结合会计台账和有关费用凭证、费用分配表，核实各生产成本的归集是否正确，并根据生产车间最后生产阶段产品完工入库凭证，与"工作单号"所列产品核对，确定哪些批号的产品已全部完工、部分完工，再分别各批次"成本计算单"核实其成本计算是否按规定程序进行，有无结转成本或费用。必要时，可抽查部分"工作单号"进行跟踪追查核实。

（三）分步法下完工产品成本的稽查

分步法有逐步结转分步法和平行结转分步法。稽查时，应重点对全厂的在产品、半成品实物转移和成本结转进行稽查。通过查阅半成品明细账，验证各步骤半成品的转入、转出量及结转的成本，是否与各步骤的"成本计算单"相符。

第一，对采用逐步结转分步法的企业，应对各步骤结转半成品成本的计算方法进行重新验证。可采用会计核算上的成本还原法，以最后生产步骤的"成本计算单"计算还原完工产品所耗各步骤的半成品成本，直到还原各成本项目，然后逐项核对各步骤的成本计算单中的成本项目，以确定有无多转完工产品成本。

第二，对采用平行结转分步法的企业，应注意其在产品数量是否真实。有无只计本步骤的实物产品，而不计已转入下一生产步骤加工但未最后完工的在产品。稽查时，应以各步骤"在产品或半成品盘存底表"为依据分析计算，各步骤在产品成本数量与成本计算单核对，发现问题进行计算调整。

（四）分类法下完工产品成本的稽查

分类法的特点是对同类不同品种规格的产品成本一般采用"系数法"进行分配。因此，应着重审查计算系数的标准定额是否与产品成本高低具有相关性，标准产品与一般产品系数是否正确，有无人为压低滞销、亏损品种规格的产品成本，通过调节系数比例而人为地调节各类产品的生产成本。

（五）定额法下完工产品成本的稽查

定额法是一些大中型企业为及时控制生产费用和成本脱离定额的差异，加强定额管理和成本控制而采用的一种成本计算方法。稽查时，可按下式核实产品的实际成本：

产品实际成本＝定额成本±脱离定额差异±材料成本差异±定额变动差异

稽查时，除按前述关于生产费用发生、分配、归集的稽查内容进行稽查外，还应对原始凭证上所列生产费用定额及脱离定额的差异，进行认真的审查。在此基础上，重点审查脱离定额差异和定额变动差异在完工产品和期末在产品的分配，有无利用脱离定额差异和定额变动差异的分配，压低期末在产品成本，提高完工产品成本的情况。若发现问题，可按规定成本计算程序和计算方法加以核实。

五、商业企业商品销售成本的稽查

商业企业通常采用进价核算和售价核算两种方法。采取进价核算的商品销售成本可参见制造业的一般稽查方法，在此重点介绍售价核算方法的稽查。

采用售价核算的商品，企业因购入、加工收回和销货退回等原因增加的库存商品应按售价记入库存商品账户，售价与实际进价的差额记入商品进销差价账户；平时结转销售成本也按售价转入商品销售成本或主营业务成本账户，月末再将发生的进销差价在库存商品与销售商品之间进行分摊，计算出已销售商品应分摊的进销差价，并据以调整商品销售成本或主营业务成本账户的金额。对采用售价核算的商品销售成本的稽查，关键在于核实平时在商品进销差价账户核算的进销差价是否真实，进销差价率的计算和进销差价的分摊与结转有无错误。如在税务稽查实践中，一般通过填制"商品进销差价审查明细表"，复算企业的商品销售成本结转是否正确，来判断是否需要调整。

【例 8 - 12】

百货商店少转进销差价偷逃所得税

滨海县第一百货商店是增值税一般纳税人，商品实行售价核算，按综合差价核算毛利，月末一次结转商品销售成本。税务人员在对该企业某年度所得税汇算时重点检查了第 4 季度进销差价的结转情况，相关账户资料如下（假定其他无问题）：

（1）库存商品账户。9 月末实际库存 100 万元；10 月购入商品 500 万元，销售 400 万元；11 月购入和销售均为 600 万元；12 月购入 400 万元，销售 300 万元。经年末进行盘点，账实相符。

（2）商品进销差价账户。9 月末贷方余额 100 万元；10 月购入商品实际差价 70 万元，当期结转 50 万元；11 月购入商品实际差价 110 万元，当期结转 90 万元；12 月购入商品实际差价 55 万元，当期结转 60 万元。经核实，企业已按账面资料结转商品销售成本，并申报企业所得税（见表 8 - 10）。

表 8 – 10   **商品进销差价审查明细**

单位名称：

经济性质：

税务代码：

微机编码：   检查期限自   年   月   日起至   年   月   日止   金额单位：万元

月份	库 存 商 品			进 销 差 价			应 转		已 转	差额
	期末金额	本期销售	合计	期末余额	本期转出	合计	差价率（%）	差价额	差价额	
10	200	400	600	120.00	50	170.00	28.33	113.32	50	– 63.32
11	200	600	800	76.68	90	166.68	20.84	125.04	90	– 35.04
12	300	300	600	36.68	60	96.68	16.11	48.33	60	+ 11.67
										– 86.69

                                    检查人：   年   月   日

经复算，企业第 4 季度少转进销差价 86.69 万元，导致增加商品销售成本 86.69 万元，从而少申报企业所得税。作调账为：

借：商品进销差价   866 900

  贷：商品销售成本   866 900

第四节 应纳税额的稽查

企业所得税以企业应纳税所得额为计税依据，即企业每一纳税年度的收入总额减除不征税收入、免税收入、各项扣除和允许弥补的以前年度亏损后的余额。因此，税务稽查的重点是收入总额和各项扣除。

一、收入总额的稽查

企业收入总额是指企业在中国境内和境外的生产经营活动及其他活动中取得的生产经营收入和其他收入。具体包括销售货物收入、提供劳务收入、转让财产收入、股息红利等权益性投资收益、利息收入、租金收入、特许权使用费收入、接受捐赠收入和其他收入。不征税收入包括财政拨款、依法收取并纳入财政管理的行政事业性收费、政府性基金和国务院规定的其他不征税收入。稽查收入总额的重点是看应税收入是否及时入账，是否正常转账，并如实申报。由于应税所得项目十分繁杂，在实际工作中，应注意以下项目的稽查。

1. 税收优惠和补贴收益的稽查

主要包括：纳税人按税法规定获得的直接减免或即征即退的流转税款，应并入企业当年利润总额；先征后返和先征后退的流转税额，应并入企业实际收到年度利润；纳税人取得的国家财政性补贴和其他补贴，应并入实际收到年度应纳税所得额；出口退回的增值税额不缴纳企业所得税。企业上述收益除国务院和财政部另有规定用途外，一律计入企业应纳税所得额计税。

2. 国债利息收入的稽查

纳税人购买国债的利息收入不计入应纳税所得额，但国家重点建设债券和金融债券应按规定纳税。对城市商业银行取得的国库券收入，计税规定为：城市商业银行直接向国家（一级市场）认购的国库券利息收入，可用于抵补以前年度的亏损，抵补以前年度亏损有结余的部分，不征企业所得税；城市商业银行在二级市场上买卖国库券所取得的收益，以及因办理国库券业务而取得的手续费收入，应计入当期损益；因办理此项业务而发生的支出，可在税前扣除，包括宣传、会议、奖励和人员培训费等支出。

3. 新股申购利息的稽查

对股份公司申购资金被冻结期间的存款利息收入，其计税规定为：取得的申购新股成功（中签）投资者的申购资金被冻结期间的存款利息，视为股票溢价发行收入处理，不并入公司利润总额计税；取得的申购新股无效（不中签）投资者的申购资金被冻结期间的存款利息，应并入公司的利润总额，如数额较大可在5年的期限内平均转入依法征收所得税；投资者申购新股资金被冻结期间的存款利息，如不能在申购成功和申购无效投资者之间准确划分，一律并入公司利润总额依法征收企业所得税。

【例 8 − 13】

某水泥厂利用往来账户隐匿收入偷税

某水泥厂是一家从事水泥生产的中型国有企业，下设四个非独立核算的分支机构，从事水泥生产、采矿、运输和旅店服务等业务。某年 2 月该地区主管稽查局经人工选案掌握的线索，发现该企业有偷税嫌疑。稽查局对该厂上年税款缴纳情况进行稽查。稽查人员在充分听取企业领导及有关管理人员介绍企业的生产经营情况及其下属分支机构的核算形式的基础上，了解掌握总厂与各分支机构在经济业务上的往来关系，运用会计报表和账簿进行综合分析，采用抽查法把稽查的重点放在审查往来款项和生产成本费用上。经稽查，发现以下主要问题。

（1）利用其他应付款账户隐匿收入。主要包括：

① 该厂在销售发票上随同水泥价款单独向用户收取的水泥装卸费收入不记入其他业务收入账户，而在其他应付款账户的贷方单独反映，实际支付给装卸工的装卸费用和应缴纳的税金及附加，从其他应付款账户借方冲出，收支相抵后余额保留在其他应付款账户的贷方下转收益。至上年末该账户收支相抵后，贷方余额为 992 781.08 元，其中当年收入 725 869.78 元，支出 502 289.23 元，全年结余 223 580.55 元。

② 以省扶持散装水泥办公室的名义单独向用户每吨袋装水泥收取 1 元的扶持散装水泥基金，每吨散装水泥收取 1 元的节约包装费，收入记入其他应付款账户，未上缴也未转收益。至上年末结余扶持散装水泥基金 66 088.03 元，节约包装费 125 573.38 元，两项合计 191 661.4l 元。

（2）扩大费用开支范围，乱提费用，减少应纳税所得额。主要包括：

① 企业住房周转金有结余，但该厂上年实际支付的住房公积金 194 673.5 元从管理费用账户中列支。

② 在管理费用账户中预提科技三项费用 326 714.60 元，实际企业并没有"新产品、新技术、新工艺"的科研开发项目，而是用新工艺对现有设备进行改造。

（3）计算企业所得税时不进行纳税调整。营业外支出账户列支审计部门收取的罚款 65 659.07 元，在计提企业所得税时未进行纳税调整。

（4）应税项目和计税金额申报不实。主要包括：

① 上年收取装卸费收入 725 869.78 元，应申报缴纳增值税 21 776.09 元，实际申报缴纳 14 949.62 元，少申报缴纳 6 826.47 元。

② 该厂所属独立核算的汽车队营业收入 4 384 585.28 元，应申报缴纳增值税 131 537.56 元，实际申报缴纳 127 336.47 元，少申报缴纳 4 201.09 元。

根据以上事实，该厂其他应付款账户核算的装卸费收入上年末结余 992 781.08 元和收取的扶持散装水泥基金和节约包装费 191 661.41 元，属应列未列收入；管理费用账户列支住房公积金 194 673.5 元和预提科技三项费用 393 373.67 元属多列支出，合计应调整应纳税所得额 1 771 489.66 元，补缴企业所得税 442 872.42 元，账面利润少计提企业所得税 5 707.67 元。以上行为已构成偷税。依据税法有关规定，决定对该厂除追补企业所得税 448 580.09 元和增值税外，依法处以罚款。根据《中华人民共和国行政处罚法》的有关规定，在处罚前向企业发出税务行政处罚告知书，应企业的听证要求，该地区税务机关按规定程序如期举行行政处罚听证会，决定对该厂偷税行为处 20 000 元罚款，并限期将税款及罚款缴纳入库。以上税款及罚款已在限期内入库。

二、扣除项目的稽查

（一）准予扣除项目金额的稽查

按照税法规定，在计算应纳税所得额时允许扣除的项目是指与纳税人取得收入有关的成本、费用、税金、损失和其他支出。主要包括工资薪金支出、三项经费支出、社会保障保险支出、借款费用、汇兑损失、业务招待费、广告费和业务宣传费、环保专项资金、固定资产的租赁费、企业之间支付的管理费、公益性捐赠支出、转让资产的净值和其他支出。重点审查以下几个方面。

1. 工资薪金支出的稽查

企业所得税法规定，对企业发生的合理的工资薪金支出准予扣除。工资薪金是指企业每一纳税年度支付给在本企业任职或受雇的员工的所有现金形式或非现金形式的劳动报酬，包括基本工资、奖金、津贴、补贴、年终加薪、加班工资及与员工任职或受雇有关的其他支出。目前我国的工资形式主要有计时工资、计件工资、岗位技能工资、分成工资和工效挂钩工资，稽查时主要是审查各类工资薪金核算的真实性和准确性。如对计时工资主要审查工资的内容是否合规，计算是否正确；对计件工资主要审查计件产量是否真实，计件单价是否准确，工资列支渠道是否合理；对工效挂钩形式直接人工成本主要审查核定基数的合规性，指标数据和新增效益工资计算的正确性等。

审查时应重点把握职工人数和薪酬总额。如上述任职及受雇的员工指在本企业任职或与其有雇佣关系的员工，包括固定职工、合同工、临时工。但下列情况除外：应从提取的职工薪酬中列支的医务室、职工浴室、理发室、幼儿园、托儿所人员；已领取养老保险金、失业救济金的离退休职工、下岗职工、待岗职工；已出售的住房或租金收入计入住房周转金的出租方的管理服务人员。企业根据劳动部《违反和解除劳动合同的经济补偿办法》规定支付给职工的经济补偿金，准予扣除；列入管理费的各项补助，在确定计税工资和挂钩工资时，应全部计入工资总额。

工资薪金支出不包括下列支出：雇员向纳税人投资而分配的股息性所得；根据国家或省级政府的规定为雇员支付的社会保障性缴款；从已提取职工福利基金中支付的各项福利支出（包括职工生活困难补助、探亲路费等）；各项劳动保护支出；雇员调动工作的路费和安家费；雇员离退休、退职待遇的各项支出；独生子女补贴；纳税人负担的住房公积金；国家税务总局认定的其他不属于工资薪金支出的项目。对企业职工冬季取暖补贴、职工防暑降温费、职工劳动保护费等支出，可在限额内据实扣除。其限额可由省级税务机关根据当地实际情况确定。

2. 三项经费的稽查

三项经费是指按规定根据工资总额的一定比例提取的计入有关成本费用的职工福利费、工会经费和职工教育经费。对职工三项经费的稽查，可从工资总额基数是否正确、提取的比例和计提金额的计算有无错误方面进行核实。

（1）工资总额基数的稽查。提取三项经费的工资总额基数是企业的工资总额扣除各种非工资性津贴后的差额。稽查时，应注意工资总额的组成内容，有无将不包括在工资总额的开支项目，在计提职工三项经费时计入工资总额而扩大计提基数。如发给职工的交通补贴、出差补贴、医疗补助、生活困难补助、独生子女津贴等计入工资总额基数中。对购买本企业股票和债券以及内部职工集资而支付的股息、股金分红、利息等，均不能列入工资总额的范围。此外，对实行计税工资办法的企业，还应注意其工资总额是否超过计税工资标准。

稽查的方法：对"工资结算汇总表"的应付工资项目，审查工资总额的组成内容是否超过规定范围，重点分析各种津贴项目有无计入不属于工资总额范围的内容，可按现行规定的各类津贴总额测算，超过部分应予以调整。

（2）提取比例与计提金额的稽查。按现行企业所得税法规定，职工福利费、工会经费、职工教育经费的计提比例分别为14%、2%、8%，其中职工教育经费超过部分准予在以后纳税年度结转扣除。

稽查的方法：先查阅"职工三项经费计算表"的计提比例有无擅自提高的情况，超过部分有无在当年扣除的问题；然后按照上述核定的工资基数及规定比例，计算应提取数，与应付职工薪酬账户贷方发生额、管理费用账户借方发生额的提取数相核对，并对多提或少提的数额予以调整。

（3）审查有无重复列支三项经费。在审查职工三项经费计提的同时，应注意企业有无重复列支三项经费的情况。对职工福利费主要从应付职工薪酬账户的借方发生额进行审查，如发现提而不用或使用较少，造成该账户余额较大，应查清是否有将应由该账户列支的福利费计入成本费用。稽查时，可结合生产成本和有关费用明细账户的借方发生额加以核实。

对工会经费应根据管理费用明细账的借方发生额和摘要栏说明，并结合原始凭证审查有无将应在工会经费列支的费用支出，重复计入管理费用账户；对职工教育经费应根据管理费用、营业外支出明细账借方发生额和摘要栏说明，并结合相关的原始凭证，审查企业有无将职工教育方面的支出重复列支的现象。

3. 社会保障保险支出的稽查

社会保障保险支出的稽查主要是对照税法规定进行审定。其准予扣除的范围包括：企业依照国务院有关主管部门或省级人民政府规定的范围和标准为职工缴纳的基本养老保险费、基本医疗保险费、失业保险费、工伤保险费、生育保险费等基本社会保险费和住房公积金；企业按规定为投资者或职工支付的补充养老保险费、补充医疗保险费，在国务院财政、税务主管部门规定的范围和标准内的部分。

除企业依照国家有关规定为特殊工种职工支付的人身安全保险费和国

务院财政、税务主管部门规定可以扣除的其他商业保险费外，企业为投资者或职工支付的商业保险费不得扣除。

4. 借款利息的稽查

借款利息的稽查主要是对照税法规定进行审定。企业所得税法规定，企业在生产经营活动中发生的合理的不需要资本化的借款费用准予扣除，但企业为购置、建造固定资产、无形资产和经过 12 个月以上的建造才能达到预定可销售状态的存货发生借款的，在有关资产购置、建造期间发生的合理的借款费用，应当作为资本性支出计入有关资产的成本。

企业在生产经营期向金融企业借款的利息支出、金融企业的各项存款利息支出和同业拆借利息支出、企业经批准发行债券的利息支出，准予据实扣除。向非金融企业借款的利息支出，不超过按照金融企业同期同类贷款利率计算的数额的部分，实际发生的利息支出低于此标准的，可据实扣除；超过此标准的利息支出和纳税人在固定资产竣工决算投产前发生的利息支出，不得扣除。对特殊情形，如对于税务机关依照税法规定作出纳税调整，需要补征税款而加收的利息则不能扣除。对企业从其关联方接受的债权性投资与权益性投资的比例超过规定标准而发生的利息支出，也不得在计算应纳税所得额时扣除。

还应注意的是：从事房地产开发业务的纳税人为开发房地产而借入资金所发生的借款费用，在房地产完工之前发生的，应计入有关房地产的开发成本；纳税人从关联方取得的借款金额超过其注册资本 50% 的，超过部分的利息支出不得在税前扣除；纳税人为对外投资而借入资金发生的借款费用，符合税法有关规定的，可直接扣除，不需要计入有关投资的成本；电信企业经国务院和国家发改委批准发行的企业债券，属于企业正常的借款费用，所支付的利息允许企业在计算当期应纳税所得额时据实扣除。

5. 公益性捐赠的稽查

纳税人通过公益性社会团体或县级以上人民政府及其部门用于《中华人民共和国公益事业捐赠法》规定的公益事业的捐赠，不超过年度利润总额 12% 的部分准予扣除。纳税人直接向受赠人的捐赠，不允许在企业所得税前扣除。

稽查时，应注意是否满足扣除的基本条件。如年度利润总额是指企业依照国家统一会计制度的规定计算的年度会计利润。公益性社会团体是指同时符合相关条件的基金会、慈善组织等社会团体，并符合以下条件：一是依法登记，具有法人资格；二是以发展公益事业为宗旨，且不以营利为目的；三是全部资产及其增值为该法人所有；四是收益和营运结余主要用于符合该法人设立目的的事业；五是终止后的剩余财产不归属任何个人或营利组织；六是不经营与其设立目的无关的业务；七是有健全的财务会计制度；八是捐赠者不以任何形式参与社会团体财产的分配；九是国务院财政、税务主管部门会同国务院民政部门等登记管理部门规定的其他条件。

6. 业务招待费的稽查

企业发生的与生产经营活动有关的业务招待费支出，由企业提供确实单据和记录，按照发生额的 60% 扣除，但最高不得超过当年销售（营业）收入的 5‰。

稽查时，应注意企业发生的业务招待费支出是否与其生产经营活动有关；审查当年销售（营业）收入是否真实、准确，有无超比例列支业务招待费的问题。

7. 广告费和业务宣传费的稽查

企业发生符合规定条件的广告费和业务宣传费支出，除国务院财政、税务主管部门另有规定外，不超过当年销售（营业）收入 15% 的部分准予扣除；超过部分，准予在以后纳税年度结转扣除。

稽查时应注意所适用的条件，如广告费扣除必须符合三个条件：一是广告是通过经工商部门批准的专门机构制作；二是已经实际支付费用；三是通过一定的媒体传播。业务宣传费与广告费应严格区分开，凡不符合广告费条件的，应视同业务宣传费处理。

8. 研究开发费用的稽查

研究开发费用是指企业为开发新技术、新产品、新工艺发生的研究开发费用。研究开发费用实行加计扣除办法，在 2018 年 1 月 1 日至 2023 年 12 月 31 日期间，企业发生的研究开发费用未形成无形资产计入当期损益的，在按照规定据实扣除的基础上，按照研究开发费用的 75% 加计扣除；形成无形资产的，按照无形资产成本的 175% 摊销。制造业企业和科技型中小企业分别自 2021 年 1 月 1 日和 2022 年 1 月 1 日起按 100% 加计扣除或

200%摊销。

稽查时，应注意一些特殊规定。如纳税人发生的研发支出，凡由国家财政和上级部门拨付的部分，不得在税前扣除，也不得计入技术开发费实际增长幅度的基数，计算抵扣应纳税所得额。对集团公司及所属企业跨省、市、自治区的，集团公司应集中提取研发支出，由国家税务总局或总局授权集团公司所在地省级税务机关审批后进行扣除，但不作为计算增长比例的数额。年终如有结余，应计入公司应纳税所得额；经批准结转下年使用的，应相应核减下一年度研发支出提取数额；以后年度不再提取研发支出的，其结余应计入集团公司应纳税所得额。

9. 合并纳税有关费用的稽查

对国家税务总局批准实行合并（汇总）缴纳企业所得税的，在稽查时可按税法有关规定进行审定。税法规定的费用税前扣除标准为：总机构集中支付的广告费，在其集中支付的广告费扣除限额内据实扣除，超过部分应在总机构当年计征所得税时进行纳税调整，并可按规定无限期向以后年度结转。

广告费限额的计算方法为：已经批准合并（汇总）纳税成员企业汇总的销售（营业）收入按规定标准计算出的广告费扣除限额，减除各合并（汇总）纳税成员企业已按照规定标准实际扣除的广告费，其余额为总机构集中支付的广告费扣除限额。总机构集中支付的宣传费和公益救济性捐赠，可参照上述条款执行，但超过标准部分不得向以后年度结转扣除。

10. 支付管理费及相关费用的稽查

对支付管理费及相关费用的稽查，可按税法有关规定进行审定。税法规定，企业之间支付的管理费、企业内营业机构之间支付的租金和特许权使用费，以及非银行企业内营业机构之间支付的利息不得扣除。对非居民企业在中国境内设立的机构、场所，就其中国境外总机构发生的与该机构、场所生产经营有关的费用，能提供总机构出具的费用汇集范围、定额、分配依据和方法等证明文件，并合理分摊的，准予扣除。

对企业支付给总机构或主管部门与本企业生产经营有关的管理费，应在递交申请并提供有关资料后，按税务机关规定的标准在税前扣除。纳税人低于标准上交的管理费按当年实际上交额据实扣除，其差额不得在以后年度补扣。不能完整提供有关资料的，税务机关不予受理。

（二）不准扣除项目金额的稽查

稽查应纳税所得额时不得扣除的支出项目，主要包括以下几个方面。

（1）向投资者支付的股息、红利等权益性投资收益款项。

（2）纳税人缴纳的企业所得税税款和税收滞纳金。

（3）无形资产受让、开发支出。即纳税人购买或自行开发无形资产发生的费用不得直接扣除，但无形资产开发支出未形成资产的部分准予扣除。

（4）各项罚金、罚款和被没收财物的损失。即纳税人因违法经营被有关部门处以罚款和被没收财物的损失，因违反税法规定应缴纳的滞纳金、罚金，不得扣除。但纳税人因逾期归还银行贷款，而被银行加收的罚息，不属行政性罚款，允许税前扣除。

（5）自然灾害或意外事故损失有赔偿的部分。即纳税人在参加财产保险后，遭受自然灾害或意外事故发生的损失，其中由保险公司给予赔偿的部分不得扣除。

（6）非公益性捐赠和超标准的公益性捐赠。即不具有公益、救济性的捐赠支出，以及超过税法规定的范围和限额的公益、救济性支出。

（7）赞助支出。即企业发生的与生产经营活动无关的各种非广告性质支出。

（8）回扣支出。即纳税人销售货物给予购货方的回扣支出。

（9）不准扣除的其他有关支出。主要包括：企业粮食白酒和薯类白酒的广告宣传费支出；企业已出售给职工个人的住房的折旧和维修管理费；纳税人为其他独立纳税人提供与本身应纳税收入无关的贷款担保等；不符合国务院财政、税务主管部门规定的各项资产减值准备、风险准备等准备金支出；企业对外投资期间投资资产的成本；与纳税人取得收入无关的其他各项支出。

三、查获额及其分摊

（一）查获额的界定

在企业所得税稽查工作中，将查出的涉税项目差错金额，统称为"查获额"。有些查获额不需分摊，因为直接对应本年利润账户，可直接在利润基础上加回。但有些查获额却要分摊处理，如在企业存在大量存货且生产产品销售较少或没有销售的情况下，由于与生产存货有关并应由存货负担的查获额尚未全部"走出"企业，因此只能将已销出厂产品分摊的查获额调增利润，其余部分作冲账处理。这样，既不会造成虚增利润而征过头税，又体现了权责发生制和所得税按能负担原则，且符合实际。由此可见，查获额的分摊是企业所得税稽查结束后的一项重要工作。

（二）查获额的分摊

查获额如果全部作为应纳税所得额补缴税款，当期就产生多计所得额、多征税款情况，但以后分期摊入成本时，会产生各期成本上升、利润减少情况，实质是自动抵扣了企业上期缴纳的企业所得税，表明查获额存在着一定的"暂时性差额"。本着简便合理的原则，针对查获额的特点予以区别处理：一是查获额较大、影响当期利润也较大的，以及虽然查获额不算大，但涉及法律核算要求，这类情况可适用逐步分配法，按生产步骤较细致地进行计算分配；二是差错一般、影响当期利润也一般，这种情况则可适用比例分配法从简计算分配；三是查获额较小、影响当期利润也较小的，可不再分配，全部作为当期查增应纳税所得额。具体分配方法主要有逐步分配法和比例分配法两种。

1. 逐步分配法

即将查获额按照材料、生产成本、库存商品和销售等核算程序，将查获额分配摊入各环节中，求出影响当期利润和应纳税所得额的一种方法。它适用于原材料、生产成本、库存商品等账户中的有关问题，在没有全部实现产品销售、不完全影响当期利润和应纳税所得额的情况下采用。基本方法：按材料采购、库存材料、生产成本、库存商品和销售的核算程度，依次按月逐步进行分配。体现在销售环节的查获额作为所得税的补税依据，体现在其他环节的查获额作为调整账户的数额。其计算公式为：

分配下一环节的查获额＝本环节当月转出数/（本环节当月转出数＋本环节当月结算数）×需分配的查获额

分配本环节调账的查获额＝本环节当月结存数/（本环节当月转出数＋本环节当月结存数）×需分配的查获额

【例8－14】税务稽查局在审查一工业企业某年所得税时，发现11月制造费用账户中列有企业在建工程费用84 000元，此费用不应列入制造费用。该企业11月、12月账表资料见表8－11。

表8－11　　　　　　　生产成本和产成品账户有关情况　　　　　　　单位：万元

月份	生产成本—基本生产账户		库存商品账户	
	转产成品数	月末结存数	转销售成本数	月末结存数
11	35	15	30	10
12	25	15	15	15

（1）11月需分配的查获额为：

① 生产成本转库存商品应分配查获额 = 35 ÷ (35 + 15) × 84 000 = 58 800（元）

② 生产成本月末结存应分配的查获额 = 84 000 - 58 800 = 25 200（元）

③ 库存商品转销售成本应分配的查获额 = 30 ÷ (30 + 10) × 58 800 = 44 100（元）

④ 库存商品月末结存应分配查获额 = 58 800 - 44 100 = 14 700（元）

（2）12月需分配的查获额是生产成本上月结存内应分摊的查获额25 200元；库存商品上月结存内应分摊的查获额14 700元加上本月转入库存商品所应计入的查获额。

① 生产成本转库存商品应分配查获额 = 25 ÷ (25 + 15) × 25 200 = 15 750（元）

② 生产成本月末结存应分配的查获额 = 25 200 - 15 750 = 9 450（元）

③ 库存商品转销售成本应分配的查获额 = 15 ÷ (15 + 15) × 30 450 = 15 225（元）

④ 库存商品月末结存应分配查获额 = 30 450 - 15 225 = 15 225（元）

通过上述分配计算过程可看出，凡各月产成品结算转销售成本与应分配查获额之和即为所得税查增数额，应据以计算补税。生产成本最终月份结存应分配差错额与产成品最终月份结存应分配差错额均为相对查获额，即需调整账户数。即：

① 查增应纳税所得额 = 44 100 + 15 225 = 59 325（元）

② 生产成本账户应调减额 = 9 450 元

③ 库存商品账户应调减额 = 15 225 元

审查后应作账务调整分录如下：

当年：

① 借：在建工程   84 000

    贷：生产成本   9 450

       本年利润   59 325

       库存商品   15 225

② 借：所得税   14 831.25

    贷：应交税费——应交所得税   14 831.25

③ 借：应交税费——应交所得税   14 831.25

    贷：银行存款   14 831.25

跨年：

① 借：在建工程   84 000

    贷：生产成本   9 450

       以前年度损益调整   59 325

       库存商品   15 225

② 借：以前年度损益调整   14 831.25

    贷：应交税费——应交所得税   14 831.25

③ 借：应交税费——应交所得税   14 831.25

    贷：银行存款   14 831.25

④ 借：以前年度损益调整   35 001.75

    贷：利润分配——未分配利润   35 001.75

2. 比例分配法

比例分配法即将材料采购、原材料、生产成本、产成品等账户所发现的差错金额，按综合分摊率进行分摊计算，以确定从材料到产品销售成本等核算环节应分摊的错误数额，分别调整相关账户及利润账户。此方法的计算原理及步骤如下：

（1）计算分摊率。其基本计算公式为：

分摊率 = 查获额 ÷（期末材料结存成本 + 期末在产品成本 + 期末产成品成本 + 本期销售成本）×100%

在运用上述计算公式时，应根据错误发生的环节，相应地选择某几个项目进行计算分摊，不涉及的项目则不参加分摊。具体步骤：在生产成本账户贷方，产成品账户借方查出的差错数额，只需在期末产成品、本期产品销售成本之间进行分配；在材料账户贷方和"生产成本——基本生产成本"账户借方查出的差错数额，即属于多转或少转成本问题，应在公式分母中后三个项目之间分摊；在材料账户借方查出的问题，即属于多记或少记材料成本，应在公式分母中的三个项目之间进行分摊。

（2）计算分摊额。其具体计算过程如下：

期末材料应分摊的查获额 = 期末材料账户的余额 × 分摊率

期末在产品应分摊的查获额 = 期末生产成本账户的余额 × 分摊率

期末产成品应分摊的查获额 = 期末产成品账户的余额 × 分摊率

本期销售产品应分摊的查获额 = 查获额 − 期末材料应分摊的查获额 − 期末在产品应分摊的查获额 − 期末产成品应分摊的查获额

（3）调整相关账户。将计算出的各环节应分摊的差错金额分别调整有关账户，在期末结账后，当期销售产品应分摊的差错金额应直接调整利润数额。

应注意的是：这种方法计算的分摊率只有一个，计算简便，但有时会是整数，如分子小于分母，此时可称为分摊系数或分摊额。如果将查获额作为乘数，将每一环节的成本作为分子，就会得出每一环节的分摊率，这样使计算变得烦琐了。此外，在材料采购环节发现的查获额，分摊时，分母一般要涉及材料库存、在产品、产成品和已销产品成本 4 个账户，以后环节以此类推，如果某一环节数额为 0，即可越过此环节。

【例 8 −15】某税务稽查局对某工业企业进行纳税稽查，发现某月份基建工程领用生产用原材料 5 万元记入生产成本，账务处理为：

借：生产成本   50 000

  贷：原材料   50 000

由于当期期末既有期末在产品，也有生产完工产品，完工产品当月对外销售一部分，因此多记入生产成本的 5 万元，已随企业的生产经营过程分别进入了生产成本、库存商品、主营业务成本之中，经查实，期末在产品成本为 25 万元、库存商品成本为 25 万元、主营业务成本为 50 万元。企业为增值税一般纳税人，适用税率13%。对所稽查出的查获额，按比例分摊法分配如下：

（1）计算分摊率：$5 \div (25 + 25 + 50) \times 100\% = 5\%$

（2）计算各环节应分摊的查获额：

① 在产品应分摊的查获额 $= 250\ 000 \times 5\% = 12\ 500$（元）

② 库存商品应分摊的查获额 $= 250\ 000 \times 5\% = 12\ 500$（元）

③ 本期主营业务成本应分摊金额 $= 50\ 000 - 12\ 500 - 12\ 500 = 25\ 000$（元）

（3）调整相关账户：

① 若审查期在当年：

借：在建工程	56 500
贷：生产成本	12 500
库存商品	12 500
本年利润	25 000
应交税费——增值税稽查调整	6 500

② 若审查期在以后年度，则应作如下调账：

借：在建工程	56 500
贷：生产成本	12 500
库存商品	12 500
以前年度损益调整	25 000
应交税费——增值税稽查调整	6 500

对"以前年度损益调整""应交税费——增值税稽查调整"账户余额的处理从略。

【例 8 – 16】

海鲜经营部收入不入账偷税案

（1）纳税人基本情况。滨海县某海鲜经营部于2021年1月成立，经济性质为集体所有制，经济形式为联营企业。而事实上整个经营部的进货、销售及资金来源、使用、分配均由个人负责，实质为个人承包经营。

2022年3月初，县第一稽查局接到一个匿名举报电话，反映该海鲜经营部在申报纳税过程中未按实际情况申报，有偷税嫌疑。

（2）稽查情况。接到举报后，县第一稽查局认真分析案情，制定调查方案，并立即进行外围调查。为摸清情况，稽查人员装扮成客户来到该经营部，发现其经营规模不大，注册资金只有 3 万元；同时又到其开户银行调查了进账情况，未发现可疑之处。但稽查人员突然想起该经营部工作人员提到过他们的进货都要存放在某肉联厂，于是便立即到肉联厂进行调查。稽查人员认真仔细地对肉联厂进出单进行审查时，发现某人的进货量较大，经过调查证实，此人就是海鲜经营部的法人代表何某。为进一步核实情况，稽查人员在肉联厂工作人员协助下，进入冷库进行实地盘查，查实了海鲜经营部 2021 年 1 月至 2021 年 6 月共计进货 388 349.20 千克。

为进一步掌握其偷税事实，稽查人员运用微机查得该海鲜经营部 2021 年 1 月 14 日成立，2021 年 2 月至 2021 年 6 月共计申报销售收入 1 028.88 元，其实际进货情况与申报纳税情况严重不符，该经营部偷税事实已初步得到证实。

稽查人员对已掌握的情况进行认真分析，认为其所做的财务账必定是假账，但一定会设置流水账，于是稽查分局决定进户稽查。稽查人员以检查税务登记证的名义进入该海鲜经营部，一边检查税务登记证，一边与其销售人员进行交谈，试图使其放松对稽查人员的戒心。但销售人员对经营部经营情况避而不谈，只是说他们的账是由某学校代做，并非常"热情"地提出陪稽查人员去学校查账，这引起了稽查人员的警惕，觉得这其中必定有问题。于是，稽查人员耐心地与其周旋，这时在一个销售人员的桌子上发现了一本记录销售情况的账本，账本上的金额明显大于申报的销售收入，并且详细地记录着每一天的销售收入和每一个品种的销售单价，这就肯定了该账本就是该海鲜经营部的销售流水账。

（3）处理结果及法律依据。通过当事人的调查询问和大量物证，该海鲜经营部的偷税事实全部查清。该经营部在 2021 年 2 月至 2021 年 6 月，采取收入不入账、做假账、进行虚报纳税的手法，隐瞒销售收入 2 450 857.67 元，造成少缴税款及附加 93 433.32 元，其中：个人所得税 51 941.68 元，企业所得税 25 970.84 元，城市维护建设税 10 864.56 元，教育费附加 4 656.24 元，其行为已构成偷税。为防止纳税人转移货物，造成税款流失，税务机关依法采取了税收保全措施，查封了该海鲜经营部在肉联厂存放的货物 3 万千克。税务机关根据《税收征管法》规定，责令其补缴所偷税款及附加 93 433.32 元，并对其偷税行为处以 8 万元的罚款。

四、企业所得税稽查模拟操作

（一）制造企业所得税稽查的模拟

滨海县建材机械厂为增值税一般纳税人，2021 年平均职工人数 380 人。固定资产按车间和部门核算，采取分类计提折旧的方法，预计残值率 5%，坏账准备金提取比例 3‰；产品批量生产，原材料、产成品按实际成本核算，低值易耗品采用五五摊销法，以全月一次加权平均法计算结转耗料和销售产品成本，按月申报缴纳增值税，按季预缴所得税。有关账面资料：

全年实现产品销售收入 591 000 元，利润 181 200 元，已预缴所得税 45 000 元，申报补缴企业所得税 12 890 元；原材料账户余额 624 230 元，生产成本账户余额 501 575 元，库存商品账户余额 134 075 元，主营业务成本账户发生额 276 560 元。

稽查人员在进行所得税汇算稽查过程中，发现以下涉税项目需要调整。

1. 有关账簿资料

（1）制造费用账户多提折旧费 50 000 元。

此项费用属于间接调整项目，应作分摊处理：

分摊率 = 50 000 ÷（501 575 + 134 075 + 276 560）× 100% ≈ 5.5%

在产品成本应分摊的查获额 = 501 575 × 5.5% ≈ 27 586.63（元）

库存产品成本应分摊的查获额 = 134 075 × 5.5% ≈ 7 374.13（元）

主营业务成本应分摊的查获额 = 50 000 − 27 586.63 − 7 374.13 ≈ 15 039.24（元）

采用综合调账法调整为：

借：生产成本　　　　　　　　　　　　　27 586.63

　　库存商品　　　　　　　　　　　　　　7 374.13

贷：以前年度损益调整   15 039.24

                  累计折旧   50 000.00

（2）管理费用账户无业务招待费记录，经询问，系企业将采购环节发生的业务招待费 15 674.54 元计入采购费用，将销售环节发生的业务招待费 24 576.46 元计入销售费用。

应提业务招待费 =（15 674.54 + 24 576.46）×60% = 24 150.6（元）

应提业务招待费最高限额 = 7 191 000 × 5‰ = 35 955（元）

应列业务招待费 = 40 251 - 24 150.6 = 16 100.4（元）

（3）营业外支出账户中有一笔借方发生额 5 000 元，经询问，系市政局摊派收取的绿化费。

绿化费属于直接调整项目。

（4）3 月产品销售税金及附加账户借方有一笔发生额为 400 元，月末转入本年利润账户。抽查凭证为：

借：税金及附加   400

       贷：银行存款   400

后附税收滞纳金缴款收据，金额 400 元。

税收滞纳金属于直接调整项目。

2. 有关凭证资料

（1）9 月 25 日第 40 号记账凭证，摘要为"付银行逾期贷款利息"，账务处理为：

借：财务费用——利息   1 896.35

       贷：银行存款   1 896.35

后附银行特种转账传票，转账原因：收第三季度逾期贷款罚息 1 896.35 元。收款单位：滨海县工商银行，付款单位：滨海县建材机械厂；滨海县工商银行计息凭单，收滨海县建材机械厂第三季度贷款罚息 1 896.35 元。

罚息可以在税前扣除，不涉及调整。

（2）12 月 30 日第 82 号记账凭证，摘要为"计提房屋维修费"，账务处理为：

借：管理费用——维修费   50 000

       贷：预提费用——维修费   50 000

后附预提费用计提单，内容：预提宏发装修公司维修费 50 000 元。

修理费用不得税前预提，应用红字冲销法予以调整。调整为：

借：以前年度损益调整 $\boxed{50\,000}$

贷：预提费用——维修费 $\boxed{50\,000}$

3. 其他有关资料

（1）年初进口一台机床，安装完毕后固定资产原值 16 万元，当时企业认为该生产线技术先进，应采用双倍余额递减法，按使用年限 5 年计提折旧，当年计提折旧额 64 000 元，而税务部门认为该项设备可以加速计提折旧，但年限应不低于 8 年。

此项费用可视为暂时性差异，通过所得税会计调整。

按税法计提的折旧额 = 160 000 × 25% = 40 000（元）

暂时性差异 = 64 000 − 40 000 = 24 000（元）

借：递延所得税资产 6 000

贷：应交税费——应交所得税 6 000

（2）已核销的前欠应收账款 4 500 元已收回，但尚未入账。

已核销的前欠应收账款已收回，应及时入账，并冲销当年管理费用。

将上述审查结果汇总后，企业应纳所得税为：

应税所得 = 181 200 + 16 100.4 + 15 039.24 + 5 000 + 400 + 50 000 + 4 500
= 272 239.64（元）

应纳税额 = 272 239.64 × 25% + 6 000 = 74 059.91（元）

应补税额 = 74 059.91 − 45 000 = 29 059.91（元）

若暂不考虑违纪、违法处罚等情况，在企业正常申报基础上，查增企业所得税 16 169.91 元（29 059.91 − 12 890）。通过所得税会计作调整分录为：

借：以前年度损益调整——查补企业所得税 16 169.91

贷：应交税费——查补企业所得税 16 169.91

同时，按《征收管理法》予以处罚。

（二）建筑施工企业所得税稽查的模拟

滨海县道桥公司企业下设三个工程处，由企业统一管理和核算。2021

年末有关账户资料为：物资采购账户余额 2.3 万元，贷方发生额 7.7 万元；库存材料账户余额 78.9 万元，贷方发生额 21.1 万元；工程施工账户余额 78.5 万元，转入工程结算成本账户 21.5 万元。

（1）查"物资采购——板材"明细账，发现企业将不合理的采购保管费 1 万元计入"库存材料——板材"成本，所购材料已入库并投入使用。此项不合理费用应作分摊处理：

① 物资采购账户的留存率 = 2.3 ÷ (2.3 + 7.7) × 100% = 23%

物资采购账户应冲销的不合理费用 = 10 000 × 23% = 2 300（元）

② 库存材料账户的留存率 = 78.9 ÷ (78.9 + 21.1) × 100% = 78.9%

库存材料账户应冲销的不合理费用 = (10 000 − 2 300) × 78.9% = 6 075（元）

③ 工程施工账户的留存率 = 78.5 / (78.5 + 21.5) × 100% = 78.5%

工程施工账户应冲销的不合理费用 = (10 000 − 2 300 − 6 075) × 78.5% = 1 276（元）

应调增本年利润为 349 元（1 625 − 1 276）。

采用综合调账法调整为：

借：其他应收款——××采购员   10 000

    贷：物资采购   2 300

        库存材料——板材   6 075

        工程施工   1 276

        本年利润   349

（2）发现该企业 7 月领用库存旧的周转材料模板一批，实际成本 4 万元，模板预计使用两次，残值占实际成本 25%，已提摊销额 4 万元，年终企业将上述费用摊入工程成本。1 号工程的账务处理为：

借：工程施工   40 000

    贷：周转材料——在用模板   40 000

后附领料单。

借：工程结算成本   40 000

    贷：工程施工   40 000

后附已完工程结算单。

模板应采用分期摊销法分摊，工程多提摊销额 2.5 万元（4 - 1.5），调账分录为：

借：工程施工　　　　　　　　　　　　　　　25 000

　　贷：周转材料——在用模板　　　　　　　　　　　25 000

借：本年利润　　　　　　　　　　　　　　　25 000

　　贷：工程施工　　　　　　　　　　　　　　　　25 000

（3）年初施工领用生产工具计划成本 42 万元，按计划 12 个月摊完，使用 11 个月报废，残值 2 万元作价入库。报废时，低值易耗品成本差异率为借差 2%。企业原账务处理为：

① 领用时记：

借：低值易耗品——在用　　　　　　　　　　420 000

　　贷：低值易耗品——在库　　　　　　　　　　　420 000

② 生产工具累计摊销额为 41 万元，记：

借：工程施工　　　　　　　　　　　　　　　410 000

　　贷：低值易耗品——低值易耗品摊销　　　　　　410 000

③ 收回残料入库 2 万元记：

借：库存材料——其他材料　　　　　　　　　20 000

　　低值易耗品——低值易耗品摊销　　　　　400 000

　　贷：低值易耗品——在用　　　　　　　　　　　420 000

④ 结转报废低值易耗品应分摊的差异额 0.84 万元（42×2%），记：

借：工程施工　　　　　　　　　　　　　　　8 400

　　贷：材料成本差异　　　　　　　　　　　　　　8 400

低值易耗品多摊成本 = 应保留低值易耗品残值 -（在用低值易耗品账户借方余额 - 低值易耗品摊销账户的贷方余额）= 2 -（42 - 41）= 1（万元）

检查后，应调增应税所得 10 000 元。

（4）企业年度采购保管费实行计划分配率，采购材料计划成本总额 800 万元，计划分配率为 2%，全年计划采购保管费为 16 万元。全年实际发生采购保管费 19.2 万元，年末借方余额为 3.2 万元。在审查时，发现企业将借方余额直接转入已完工程成本。企业原账务处理为：

借：工程施工　　　　　　　　　　　　　　　32 000

　　贷：采购保管费　　　　　　　　　　　　　　　32 000

经查，该企业年末库存材料账户库存总额为 32 万元，其中主要材料 17.8 万元，结构件 5.6 万元，机械配件 6.9 万元，其他材料 1.7 万元。

$$费用分配率 = \frac{保管费用期末余额}{全部库存材料计划成本总额} \times 100\% = 3.2/32 \times 100\%$$

$$= 10\%$$

主要材料应分配的采购保管费 = 17.8 × 10 000 × 10% = 17 800（元）

结构件应分配的采购保管费 = 5.6 × 10 000 × 10% = 5 600（元）

机械配件应分配的采购保管费 = 6.9 × 10 000 × 10% = 6 900（元）

其他材料应分配的采购保管费 = 1.7 × 10 000 × 10% = 1 700（元）

审查后，应增加应税所得 32 000 元。

（5）全年施工领料没有退料现象。通过审查"领料单""发料凭证汇总表"及施工处各种库存材料明细账发现：承包工程领用主要材料 120 万元，结构件 90 万元，其他材料 40 万元，总计 250 万元。公司原账务处理为：

借：工程施工　　　　　　　　　　　　　　　2 500 000

　　贷：主要材料——材料　　　　　　　　　　1 200 000

　　　　结构件　　　　　　　　　　　　　　　900 000

　　　　其他材料　　　　　　　　　　　　　　400 000

后附"领料单"和"发料凭证汇总表"，列示领用材料、结构件的数量、金额相符。工程竣工后记：

借：工程结算成本　　　　　　　　　　　　　2 500 000

　　贷：工程施工　　　　　　　　　　　　　　2 500 000

经询问，该公司年末点库资料尚未入账。经查年末"库存材料盘点表"列示主要材料 8.06 万元，结构件 0.85 万元，其他材料 0.59 万元，总计 9.5 万元。

属于以领代耗，多转成本 95 000 元。

汇总上述各项检查结果，应调增应纳税所得额 162 362 元，应补企业所得税 40 590.50 元。作所得税会计处理为：

借：以前年度损益调整（所得税）　　　　　　40 590.50

　　贷：应交税费——应交所得税　　　　　　　40 590.50

本章小结

本章主要阐述和研究了企业所得税基本要素的稽查、材料成本的稽查、生产成本的稽查和应纳税额的稽查。基本要素的稽查包括纳税人、征税对象和税率的稽查，征税对象稽查包括基本内涵和征免界限；税率稽查包括小型微利企业和高新技术企业。材料成本的稽查包括外购材料成本、生产耗料成本和其他材料成本的稽查，外购材料成本稽查包括管辖范围、计税金额、入库数量和估价入账；生产耗料成本稽查包括计量、计价和用途等。生产成本的稽查包括制造费用、制造费用要素及其分配、在产品成本、完工产品成本和销售成本的稽查，制造费用的稽查包括折旧费、修理费和其他各项费用等。应纳税额的稽查包括收入总额、扣除项目和查获额及其分摊的稽查等。

第九章

个人所得税税务稽查

个人所得税税务稽查主要阐述和分析基本要素的稽查、计税依据的稽查和应纳税额的稽查三个问题。基本要素的稽查包括纳税人、征税范围和适用税率的稽查；计税依据的稽查包括工资薪金、承包承租经营、生产经营、财产转让、劳务报酬、利息股息红利和偶然所得等计税额的稽查；应纳税额的稽查包括综合所得、生产经营所得、承包承租经营、财产租赁、财产转让和利息等所得税额的稽查。

第一节　基本要素的稽查

一、纳税人的稽查

（一）纳税人稽查的内容

个人所得税的纳税人分为居民个人和非居民个人两类。由于居民个人负有无限纳税义务，非居民个人负有有限纳税义务，因此对个人所得税纳税人的稽查重点是有无居民纳税人按非居民纳税人身份申报纳税的问题。

稽查时，首先应掌握居民个人与非居民个人纳税义务的具体规定，划清两类纳税人的纳税义务；其次，稽查纳税人提供的有关证明文件或其复印件，包括户籍、身份证、护照、港澳同胞还乡证、台湾同胞提供的往来大陆通行证等,依法判定其是居民个人还是非居民个人,负有何种纳税义务;最后,审查其有关纳税资料,依法判定其是否正确履行了纳税义务。

【例9-1】张燕在中国境内有住所,2019年被派往英国工作并在该国取得所得,但在中国境内无任何所得。2022年1月张燕回国后,以2019年1月至2022年1月在中国境内不居住也未取得所得为由,未申报缴纳个人所得税。经查证,张燕虽未在中国境内居住,但户籍及家庭关系仍在中国境内,因此根据税法规定,可判定张燕为中国的居民个人,应按规定计算补缴税款。

(二)扣缴义务人的稽查

根据税法规定,除特殊规定外,凡支付个人应税所得的企业、事业、机关、社团组织、军队等单位和个人,均为个人所得税的扣缴义务人。其所得支付形式包括现金、汇款、转账、有价证券和实物等。

对个人所得税扣缴义务人的稽查内容和方法,主要包括:一是审查扣缴义务人《个人收入支付明细表》,看是否依法预扣缴了税款,如果发现应预扣未扣、应预收未收税款的,应由扣缴义务人缴纳应预扣未扣、应预收未收的税款;二是审查其应付工资、管理费用、财务费用、产品销售费用及相关存货等账户,看扣缴义务人是否有以现金和非现金形式支付了个人应税所得;三是了解扣缴义务人是否与纳税人签订了协议,确定个人所得税是由纳税人负担,还是由扣缴义务人负担,如有由扣缴义务人负担的,应看是全部负担,还是部分负担;四是审查扣缴义务人填写、报送的《扣缴个人所得税报告表》和所设立的"应交税费——应交个人所得税"账户,看扣缴义务人是否按规定履行了预扣预缴义务。

二、征税范围的稽查

(一)税种范围的稽查

个人所得税属按收益征税的税种,但不是所有个人取得的收益类项目都属于个人所得税的征税范围,这就需要在个人所得税稽查时,应首先划清该税种与其他税种、不征税的界限。

例如，个人专项从事种植业、养殖业、饲养业和捕捞业的，其经营项目收入属农业收入，不再征收个人所得税；乡镇企业职工和农民取得的青苗补偿费，属于种植业的收益，也不征收个人所得税。稽查时，应按课税对象性质、核算状况，划清个人所得税应税项目的界限。注意个体工商户或个人兼营有上述四业的，应单独核算；不能单独核算的，应就其全部所得计征个人所得税。

（二）税目范围的稽查

稽查时，应依据各项所得的界定标准和要素，采用分析与调查方法加以确定。注意划清工资薪金所得与劳务报酬所得、承包承租经营所得，个体工商户生产经营所得与其他所得，稿酬所得与特许权使用费所得，财产租赁所得与财产转让所得的界限等。

1. 工资薪金所得和劳务报酬所得征税范围的稽查

纳税人常见的偷逃税行为是将两项所得相混淆，稽查时要依法区分两个所得项目。

判定一项所得是工资薪金所得还是劳务报酬所得，关键在于确定纳税人与其提供劳务的单位是否存在雇用与被雇用关系，如果存在雇用与被雇用关系，则该项所得应为工资薪金所得的征税范围；否则为独立提供劳务，应属于劳务报酬所得的征税范围。

2. 企事业单位承包承租经营所得征税范围的稽查

稽查时应注意以下两个方面：

（1）审查被承包（租）企业的工商登记执照，确认企业发包或出租前后的性质。如仍为企业，则应审查其是否按规定申报缴纳企业所得税；如为个人所有或变为个体工商户，则应审查是否按规定申报缴纳个人所得税。

（2）审查承包（租）人与发包（租）方签订的合同，根据承包（租）人对所承包（租）的企业经营成果所有权的拥有情况和发包（租）方之间的分配关系，确定承包（租）人的所得是属于工资薪金所得，还是属于企事业单位承包（租）经营所得的征税范围。

3. 个体工商户的生产经营所得征税范围的稽查

稽查时应注意以下两个方面：

（1）稽查个体工商户有无将属于其生产经营所得项目纳入了其他应税项目的征税范围，或将应属于其他应税项目纳入了个体工商户生产经营所得项目的征税范围。

（2）深入实际调查了解，全面掌握个体工商户的生产经营情况，看其是否有与生产经营无关的其他应税项目，特别是兼营项目是否分别进行核算、分别纳税，有无偷逃税等问题。

4. 稿酬所得和特许权使用费所得征税范围的稽查

稽查时应注意以下两个方面：

（1）注意个人有无提供、转让其作品使用权，如果个人以图书、报刊形式出版、发表而取得的所得，该项所得属于稿酬所得；作者将自己的文字作品原件或复印件公开拍卖，则该项所得属于特许权使用费所得。

（2）注意以图书、报刊形式出版、发表的翻译、审稿所得应归入劳务报酬所得，防止纳税人误将其按稿酬所得申报缴纳个人所得税。

5. 财产租赁所得和财产转让所得征税范围的稽查

稽查时除应注意区分两者之间的不同外，还应注意它们与特许权使用费所得的区别。

具体原则是：除土地使用权外，财产租赁所得是个人提供有形资产使用权取得的所得；特许权使用费所得是个人提供无形资产使用权取得的所得；财产转让所得是个人转让有形资产和无形资产所有权而取得的所得。

6. 利息股息红利所得征税范围的稽查

进行稽查时，应注意有无把不属于免税范围的利息、红利所得作免税处理，扩大免税范围的问题等。

7. 偶然所得征税范围的稽查

稽查的重点是划清偶然性质的奖金和工资性质的奖金的界限。前者是个人因参加各种比赛获得名次得到的奖励，或某一方面做出突出贡献得到的非工资薪金性质的奖励；而后者是指包含在工资薪金所得中的奖金，属于经常性的奖金，即按月计算的工资薪金性质的奖金，如季度奖、年度奖等。对在某一方面做出突出贡献给予的一次性奖金，或参加比赛活动获得名次取得的奖金与任职、受雇无关，所以不属于工资薪金所得的征税范围，而属于偶然所得的征税范围。

（三） 所得来源地的稽查

稽查所得来源地的目的是划清纳税人境内和境外所得的界限，进而确定其个人所得税的征税范围。所得来源地应根据纳税人经济活动的实质进行审定，其确定标准是：工资薪金所得是任职、受雇单位的所在地；个体工商户生产经营所得是生产经营所得的实现地；劳务报酬所得是劳务的提供地；财产转让所得是不动产的坐落地和动产的转让实现地；财产租赁所得是被租赁财产的使用地；特许权使用费所得是其使用地；利息股息红利所得是其支付单位的所在地。

所得的来源地和支付地并不是同一概念，两者有时一致，有时却不同，因此税法规定，对有些所得不论支付地点是否在中国境内，均视为来源于中国境内的所得。稽查时应明确税法规定的界限，依据纳税人提供的证明等资料来判定其所得来源地以及是否要纳税。

三、适用税率的稽查

我国个人所得税税率依据计税项目和计税依据的不同确定为超额累进税率和比例税率两种类型，前者适用于综合所得、个体工商户生产经营所得、企事业单位承包承租经营所得及个人独资企业与合伙企业所得；后者适用于利息股息红利所得、财产租赁所得、财产转让所得和偶然所得，其中劳务报酬所得还规定了加成、加倍征收。稽查时，可从以下两方面入手。

（一） 以所得项目为依据审定其适用税率

个人所得税的所得项目不同，其适用的税目税率也就不同，从而导致不同税目下税负的不同。实际工作中，纳税人常将高税率所得项目按低税率所得项目申报纳税，以达到降低税负的目的。如纳税人将月应纳税所得额5 000元从以下的集资利息所得、股息所得、特许权使用费所得、劳务报酬所得等变换成工资薪金所得进行计税。在稽查时，可通过审查应付职工薪酬、其他应付款等账户和工资发放清单，并调查、询问当事人，确定其实际所得的性质。

（二）以计税依据为基础审定其适用税率

由于个人所得税适用超额累进税率的应税项目，其适用税率的高低与计税依据的大小成正比，稽查时应在确定税率类别的基础上，将计税依据与具体适用税率结合起来一并进行核查。对适用单一比例税率的应税项目，其适用税率的稽查可与应税项目的稽查一并完成，稽查时可结合不同应税项目及其计税依据进行。

1. 适用于超额累进税率的稽查

个人所得税中按超额累进税率征收的，有综合所得和生产经营所得两种。

（1）综合所得中的工资薪金所得适用税率的稽查。审查工资薪金所得的适用税率，主要是查看有无将全年或某月累计的工资薪金所得直接查找税率而降低应纳所得税额的问题，正确的方法是：首先把全年或某月累计的工资薪金所得换算为每月工资薪金应纳税所得额，然后再从税率表中查找适用税率。审查是否有用不含税工资薪金所得直接查找税率，并据以计算应纳所得税额的问题，正确的方法是：确定不含税工资薪金所得额，并查找出正确的适用税率，按规定扣除费用后计算应纳税所得额，然后与纳税申报表或扣缴个人所得税报告表相核对，看其使用的税率是否正确。

（2）生产经营所得适用税率的稽查。个体工商户、企事业单位的承包承租者，以及个人独资与合伙企业除实行核定征收的情况外，均按其应纳税所得额适用5级超额累进税率计税。这里以个体工商户为例说明生产经营所得适用税率的稽查。实际工作中，个体工商户在申报各月预缴税款时，常见的错误是直接以某个月的应纳税所得额查找税率表确定税率计算应纳税额，稽查时可采用复核方法将已核实的某月累计所得换算为全年所得额，即全年应纳税所得额 = 月累计应纳税所得额 ×（全年月数/当月月数），再查找到适用税率，与其实际申报适用税率相核对。在年终汇算清缴税款时，常见的错误是纳税人以12月的应纳税所得额为全年的应纳税所得额来确定适用税率，稽查时应先对个体工商户的生产经营会计利润按税法规定进行调整，再根据调整后的全年应纳税所得额查找到适用税率，并与实际申报的适用税率相核对。

2. 适用于比例税率的稽查

个人所得税中按比例税率征收的有财产租赁所得、财产转让所得、偶然所得、利息股息红利所得等，税率为20%。其中劳务报酬所得规定有加成、加倍预征。

稽查时，主要是依据纳税申报资料及实际所得项目，看其是否属于此税率征收的范围，以免误将劳务报酬所得或其他项目所得按工资薪金所得适用税率预征。

第二节　计税依据的稽查

对个人所得税计税依据的稽查，应在稽查其征税范围的基础上，对纳税人取得的各项应税收入和扣除项目进行稽查，以确定纳税人申报的应税所得是否正确。

一、工资薪金所得计税额的稽查

稽查工资薪金所得的计税依据，主要是审查纳税人取得的工资薪金收入总额扣除按规定免税项目所得、专项扣除、专项附加扣除等后的余额，其计算是否正确。

（一）应税工资薪金收入总额的稽查

对个人所得税应税工资薪金收入总额的稽查，主要是审查纳税人或扣缴义务人申报纳税的工资薪金收入总额是否真实，有无少报或漏报工资薪金收入的问题。大体上可按下列步骤与方法进行稽查：

1. 单位支付工资薪金所得的稽查

纳税人的工资薪金所得一般是由单位支付的，这里的"单位"是指企事业单位、政府机关、社会团体、军队、外国驻华机构等不同性质的单位，重点是对企业的稽查。其稽查的内容和方法如下。

（1）审查单位的工资结算表。审查单位《扣缴个人所得税报告表》中的申报数与工资结算表中的应付工资总额是否一致，查看单位有无按代扣水电费、房租、托儿费等费用后的实发工资申报应税所得总额的情况。稽查时，可结合应付职工薪酬明细账、其他应收（交）款明细账和有关费用账户进行审核，以确定有无少报漏报应税工资薪金收入总额的问题。

（2）审查任职或受雇人员数量。企业主要是通过虚列、多报任职或者受雇人员的数量，进而虚减实有人员工资薪金收入。稽查时，可先将工资薪金支付单位财会部门月份《工资计算单》与劳资部门的工资卡片、职工名册、所属科室的考勤记录、生产部门的工时台账或实行计件工资的产量记录等资料相核对，再与报送给税务部门的《扣缴个人所得税报告表》和《支付个人收入明细表》中的姓名、人员合计指标相核对，看与上述资料反映的内容是否一致，进而判定申报的人员数量是否真实。

（3）审查应税工资薪金收入。由于应税工资薪金收入项目种类繁多、形式多样，所以应注意审查不通过应付职工薪酬账户核算的工资薪金性质的应税收入项目。其稽查的内容和方法如下：

① 审查应付职工薪酬以外的其他账户确定应税收入。可结合产（商）品销售收入的稽查，核实产成品、自制半成品或库存商品等账户的贷方发生额及其对应账户，看有无将产（商）品无偿或低价转让给职工，形成的个人实物性应税工资薪金收入项目等。

② 调查账外个人应税收入项目。注意企业有无将一些账外的现金性收入、实物性收入或有价证券收入不入账，直接抵偿职工工资薪金的问题。稽查时，可通过审查企业的往来账项、债务偿还和账外资金情况加以确认。

③ 审查有关奖金是否计入应税收入项目。企业发放奖金有多种形式，稽查时可结合生产成本账户，看是否列支了原材料和燃料动力节约奖等；结合管理费用账户，看是否列支了劳动竞赛奖和合理化建议奖等；结合销售费用账户，看是否列支了推销奖和提成奖等奖金。

2. 个人支付工资薪金所得的稽查

对查账征收的个体工商户支付工资薪金所得的稽查，可比照上述单位支付工资薪金所得的稽查内容与方法进行。

对其他个人支付他人工资薪金所得，主要是采用分析与调查方法进行稽查。重点是核实那些经营状况好、技术性较强的个体经营者支付雇员（如饭店所雇厨师，电器、摩托车、汽车修理行聘用技术员、熟练工人等）的应税工资薪金收入。

3. 取得工资薪金所得个人的稽查

重点是稽查从两个或两个以上单位（含个人）取得工资薪金的纳税人。稽查时可区分以下两种情况：

（1）依法进行纳税申报的，应审核纳税人提供的工资薪金收入的证明材料是否齐全、有效，并将证明材料与纳税申报表相核对，看纳税人申报的从中国境内境外雇主取得的应税收入是否真实，计税是否正确。

（2）未按规定提供纳税申报的，可采用询问与调查方法来确定工资薪金收入。其中对居民个人境外收入的审定，应注意核对避免双重征税协定的外方缔约国向我方提供的税收情报资料。

（二）特殊情形下工资薪金应税所得额的稽查

（1）个人取得奖金或年终加薪、劳动分红的稽查。稽查时，可对照税法的规定注意纳税人有无将取得的奖金或年终加薪、劳动分红，按所属月份进行分摊计算应税所得而导致少纳税款的问题。

（2）特殊行业职工工资薪金收入的稽查。个人所得税中的特殊行业指采掘业、远洋运输业、远洋捕捞业。稽查时，对照税法规定确定特殊行业的界限，防止非上述特定行业的职工利用特殊方法分摊工资薪金所得计税而少缴税款。

（3）单位低价向职工售房的税务处理。单位按低于购置或建造成本价格出售住房给职工，职工因此而少支出的差价部分，符合规定的，不并入当年综合所得，以差价收入除以 12 个月得到的数额，按照按月换算后的综合所得税率表确定适用税率和速算扣除数，单独计算纳税。计算公式为：

应纳税额＝职工实际支付的购房价款低于该房屋的购置或建造成本价格的差额×适用税率－速算扣除数

二、承包承租经营所得计税额的稽查

企事业单位承包承租经营所得的计税依据为纳税人在每一纳税年度按承包承租经营合同规定分得的经营利润和工资薪金性质的所得总额，减除每个月的必要费用（5 000 元）、专项附加扣除等后的余额。稽查时，主要应注意有无采取转移、隐瞒、分解等手段减少应纳税所得额的情况。其稽查包括以下内容与方法。

第一，审查承包、承租经营合同（协议），了解和掌握承包（租）经营的期限、承包（租）人对企业经营成果的所有权、分配权及分配比例、分配方式。此外，还应注意承包（租）人除了取得承包（租）所得外，是否还有按月或定期分次取得工资薪金性质的所得，如额外劳务费、管理费等。

第二，审查企业银行存款、现金账户的支付凭证，有无支付给承包（租）人承包（租）所得，注意审查承包（租）人从中提取大笔现款的用途，如长期挂在应收账款账户未结清的，应进一步追查其来龙去脉。

第三，审查企业应付职工薪酬账户和工资结算表（单），掌握承包（租）人按月领取的工资薪金。稽查管理费用账户的工资费用项目，并从原始凭证（支出凭证）中看有无支付给承包（租）人劳务费、管理费等属于工资薪金性质的报酬。

第四，审查个人所得税纳税申报表，看减除的必要费用（5 000 元）是否符合税法及其有关规定，有无超标准的问题。

第五，采用询问、调查等方法到其主管部门了解核实实际上交费用或利润情况，以及主管部门有无直接给承包（租）人发放奖金、奖品的问题。

第六，纳税人承包（租）期不足 1 年的，审查其申报经营月份是否真实，有无虚报或多计扣除项目金额的问题。

三、生产经营所得计税额的稽查

生产经营所得是指个体工商户、个人独资企业和合伙企业从事工业、手工业、建筑业、交通运输业、商业、饮食服务业、修理业以及其他行业的生产经营所得。

（一）个体工商户生产经营所得计税额的稽查

个体工商户生产经营所得的计税依据为应纳税所得额，即纳税人每一纳税年度的收入总额减除成本、费用及损失后的余额。实际工作中，个体工商户常采用转移或隐匿销售收入、虚增成本费用、夸大损失等不正当手段减少应纳税所得额。

1. 账册健全的个体工商户应纳税所得额的稽查

通常可参照企业所得税的稽查方法进行审查。

（1）生产经营收入的稽查。个体工商户的生产经营收入具有项目较多、现金结算较多、收入不稳定的特点，易造成收入不入账或少入账，转移、隐瞒、分解经营收入等问题。稽查时，应深入了解和掌握其生产经营情况，结合审查主营业务收入等收入总账和明细账、销售发票和收据等收入原始凭证及现金明细账，核实有无隐瞒销售收入的问题。稽查时，通过审核会计资料，对纳税人申报的各项应税收入正确与否做出判断：一是稽查商品销售收入或营业收入账户贷方发生额及会计凭证，核实已列销售（营业）收入账户的应税收入；二是稽查库存商品、生产成本等账户贷方发生额及对应账户、会计凭证，核实有无实现的应税收入未记入主营业务收入而记入其他账户的问题；三是通过账外调查，核实已实现的应税收入没有记账方面的问题；四是将核实的应税收入总额与纳税申报表相对照，核实纳税申报数是否正确。

（2）生产经营成本的稽查。对从事工业个体户的生产经营成本稽查时，主要审核材料采购、原材料、生产成本、制造费用、应付工资等账户及其记账凭证和原始凭证，可从生产成本账户借方入手，核实其从事生产经营所发生的各项直接支出和分配计入成本的间接费用是否正确，然后以生产成本、产成品、产品销售成本账户间的对应关系为主线进行稽查；对从事商品流通的个体户，可从库存商品账户借方入手，核实采购成本是否正确，然后以库存商品、商品销售成本账户的对应关系为主线进行稽查；对从事其他经营项目的个体户，一般以主营业务成本账户为中心进行稽查。无论个体户从事何种行业，稽查时均应注意期末存货数量的真实性和计价的正确性。

（3）生产经营费用和损失的稽查。主要审查纳税人有无不按规定扩大生产经营费用和损失扣除范围的问题。如有无超标准列支银行借款利息、工资费用，有无扩大修理费、租赁费及新产品、新技术、新工艺所发生的开发费用、业务招待费、捐赠扣除范围和标准等问题。可通过审查管理费用、销售费用、财务费用、应交税费——应交增值税、税金及附加、营业外支出等账户及其记账凭证和原始凭证，看列支的各项费用是否合理、合法。

2. 账册不健全的个体工商户应纳税所得额的稽查

对账册不健全的个体工商户应纳税所得额进行稽查，是较难从其账册、凭证中查找问题和错误的，有些个体工商户甚至无账无证可查。按税法规定，对从事生产经营的纳税人，不能提供完整、准确的纳税资料和正确计算应纳税所得额的，由主管税务机关核实其应纳税额。稽查时，应在了解主管税务机关核定的定额基础上，重点审查实际经营额高于税务机关核定定额规定的幅度时，是否申报调整了定额。稽查的方法如下：

（1）比照同行业、同地段和景气状况相类似的个体工商户营业额，确定应纳税所得额。

（2）运用调查法、控制计算法等直接确定应纳税所得额。如对从事生产加工、原材料采购（或消耗）比较均衡或生产的产品品种比较单一的生产业户，可采用材料消耗法、电力耗用法、单机生产法等控制计算法直接确定应纳税所得额。

① 材料消耗法。其计算公式为：

$$产品销售收入 = \frac{原材料购进（或耗用）数量}{单位产品耗用量} \times 单位产品销售价格$$

$$应纳税所得额 = 产品销售收入额 \times 产品销售利润率$$

② 电力耗用法。其计算公式为：

$$产品销售收入 = \frac{生产耗电量}{生产单位产品耗电量} \times 单位产品销售价格$$

$$应纳税所得额 = 产品销售收入额 \times 产品销售利润率$$

③ 单机生产法。其计算公式为：

$$产品销售收入 = 单位时间设备生产能力 \times 生产时间 \times 单位产品销售价格$$

$$应纳税所得额 = 产品销售收入额 \times 产品销售利润率$$

（3）按收支凭证粘贴簿、进销货登记簿、期末存货盘点表等资料确定成本费用金额后，按照社会平均的销售利润（成本）率倒算应纳税所得额。具体操作时可采用销售利润率法。

$$产品销售收入 = \frac{产品销售成本}{1 - 销售利润率}$$

$$应纳税所得额 = 产品销售收入额 \times 销售利润率$$

（二）个人独资、合伙企业生产经营所得计税额的稽查

根据税法规定，个人独资企业和合伙企业的生产经营所得比照个体工商户征收个人所得税。可参照个体工商户生产经营所得计税额的稽查方法，结合《关于个人独资企业和合伙企业投资者征收个人所得税的规定》进行稽查。主要注意以下几个方面：

第一，审查有无隐瞒收入总额的问题。

第二，审查有无扩大税前扣除范围，提高税前扣除标准的问题。

第三，审查有无个人独资企业和合伙企业对外投资分回的利息或股息、红利，并入企业的收入总额计税，未按利息股息红利所得项目计算缴纳个人所得税的问题。

第四，审查有无投资者兴办两个或两个以上的个人独资企业，年度终了未按规定办理汇算清缴的问题。

第五，审查实行核定征收从事多业经营的企业，有无按附营项目的低应税所得税率计算应纳税所得额的问题。

四、财产转让所得计税额的稽查

（一）财产转让所得计税额的稽查内容

财产转让所得计税依据为转让财产的收入额减去财产原值和合理费用后的余额。稽查时，应注意有无隐瞒不报或少报财产转让收入额，有无对

不属于免税范围的财产转让所得作免税处理，有无扩大财产的原值、转让财产时发生的费用等问题。

（二）财产转让所得计税额的稽查方法

（1）深入实地了解和掌握个人财产的转让情况。对个人转让建筑物、机器设备、车船等有形不动产，可向其所在地居民委、街道、村委、群众和管理部门了解财产的转让情况；对个人转让的有价证券，可向证券交易所了解情况。

（2）审查纳税人提供的财产原值凭证有无差错。纳税人提供的财产原值凭证，如债券、股票等有价证券，购买财产的发票、凭据，资产评估部门对财产估价的评估文件等，可按不同财产原值的构成内容，审查其纳税申报的财产原值是否正确。

（3）审查纳税申报的应税收入是否准确。对支付单位代扣代缴税款的，一般可通过固定资产、在建工程、短期投资、长期投资等账户，并调阅会计凭证，结合《扣缴个人所得税报告表》予以核实。对个人申报的，应核实其有无隐瞒收入，如以抵债后的余额申报纳税，将出售债券价款应税利息收入或其他收入并入财产转让收入申报纳税。对取得财产转让收入未依法申报的，可采用调查法进行核实。

（4）审查财产转让扣除费用有无问题。财产转让扣除费用包括财产转让过程中按规定支付的合理费用。可通过扣缴义务人或纳税人提供的凭证确认，如果未能提供完整、准确的凭证，则由税务机关予以核定。

五、劳务报酬、稿酬、特许权使用费和财产租赁所得计税额的稽查

劳务报酬所得、稿酬所得、特许权使用费所得和财产租赁所得（以下简称四项所得）的应纳税所得额为每次收入额减除一定费用后的余额。稽查的内容与方法如下。

（一）四项所得计税额的稽查内容

由于四项所得是按次计算纳税的，因此稽查时应注意有无下列问题：

本属一次性的收入分解为多次收入，骗取多次扣除费用而少缴税或不缴税；本属一个人单独取得的收入虚报为两个或两个以上个人共同取得的收入，多扣除费用而少缴纳税款；隐瞒、虚报或少报应税收入额；不按税法规定的费用扣除标准减除费用而随意扩大费用减除额。

（二）四项所得计税额的稽查方法

1. 实地调查掌握纳税人取得四项所得的情况

四项所得多数是个人取得一次性或临时性现金所得，稽查时应深入各行各业，广泛调查了解和掌握个人取得收入的情况。如到电视台、广告公司等了解支付给个人的广告收入，向文化宣传单位、体育场馆、剧场等了解演员、运动员的表演、比赛收入，向出版社、报社、杂志社等单位了解个人稿酬收入情况等。

2. 依法审查核实四项所得的每次收入额

在掌握纳税人取得上述四项所得后，向支付所得的单位调查了解所得的内容、支付方式、时间和数额等，再根据个人所得税有关规定确定每次收入额。

（1）劳务报酬所得的稽查。可参照前述个人工资薪金收入的稽查思路进行。劳务报酬一般是支付给非本单位职工的，应核对应付职工薪酬以外的其他有关账户，看有无劳务报酬的支付及其数额。如支付给非本单位职工在广告设计、制作、发布过程中提供名义、形象的广告类报酬，可通过销售费用账户的借方及其会计凭证进行核实。

（2）稿酬所得的稽查。审查稿酬所得应取得支付稿酬的单位（如出版社、报社、杂志社及其协作单位）的支持。稽查时，可核对费用账户记录的稿酬支出及其有关的原始凭证，来确定稿酬的应税收入。其中，对出版社应注意审查其出版物的种类、作者、字数、幅数、印数、酬金标准及其支付方式，并与账面记录的稿酬支出相对照，以核实扣缴税款计税金额的真实性和准确性。

（3）特许权使用费所得的稽查。稽查时，可通过国家专利局、出版局、商标局等单位，了解个人的特许权拥有及变化情况。如果有发生转让的，应调阅其收入凭证确认其应税收入。对支付特许权使用费的单位，可审查无形资产账户的借方及其会计凭证确认应税收入。特许权购进后费用直接列支的，如出版企业有偿取得的专有版权支出等，一般可通过成本费用账户借方及其会计凭证核实。

（4）财产租赁所得的稽查。主要对租赁费支出单位进行稽查，一般可通过制造费用或经营费用、管理费用等账户，了解是否有租赁费支出，并调阅会计凭证予以核实，如果是支付给个人的，应代扣代缴个人所得税。财产租赁收入稽查的难点是个人之间确立的财产租赁关系形成的应税收入，一般没有文字协议、账簿记录、结算票据，租赁费用多用现金支付，应税收入具有隐蔽性。稽查时，可与街道、居民委员会、村政府和有关财产管理主管部门等机构协作，运用调查、分析的方法，确定纳税人及其应税收入。

3. 依法核实每次收入额中减除费用额的准确性

对照税法的规定，审查纳税人的申报资料，以纳税人提供的有效、准确的凭证为依据，核实劳务报酬所得、稿酬所得、特许权使用费所得、财产租赁所得的扣除费用额是否准确无误，有无扩大扣除项目、超标准扣除费用等问题。

六、利息股息红利和偶然所得计税额的稽查

利息股息红利和偶然所得的计税依据，是以每次收入额为应纳税所得额，且不得从收入额中扣除任何费用。

（一）利息股息红利所得计税额的稽查

1. 利息股息红利所得计税额的稽查内容

目前，对银行储蓄利息等所得征收个人所得税，在稽查时主要审查有无扩大免税额、隐瞒应税所得不报的情况。由于纳税人取得此项收入的范围和渠道较多，对此应注意审查以下几个方面。

（1）企业向职工或其他个人集资，或向参股的职工或其他个人支付利息、股息、红利收入，是否按规定代扣代缴了个人所得税。

（2）对改组改制企业的职工个人，以股份形式取得的企业量化资产参与

企业分配而获得的股息、红利，是否按利息股息红利项目征收了个人所得税。

（3）计算利息股息红利所得应纳税额时，有无扣除了公益、救济性捐赠外的其他费用。对单位为个人负担税款的，计算应纳税额时，是否将支付额作为不含税收入换算成含税收入后再进行计算。

2. 利息股息红利所得计税额的稽查方法

主要是向对个人支付上述所得的单位了解情况，从相关账户入手进行审查。目前，银行或金融机构代扣代缴个人的利息所得税（2008 年 10 月 9 日起暂免征收）较为规范，这里主要从易出问题的企业角度阐述其稽查方法。

（1）企业向个人支付利息的稽查。稽查时，应审查其他应付款、短期借款明细账的贷方余额，结合财务费用、预提费用明细账借方发生额和有关凭证，了解企业有无职工个人集资，对于支付的集资利息是否按规定代扣代缴了税款。企业对职工个人出资缴纳的风险抵押金利息收入，是否按利息所得处理等。

（2）企业向个人支付股息红利的稽查。稽查时，应根据企业应付股利明细账和有关原始凭证，审查支付对象有无问题。对单位职工或其他个人，应按规定扣缴个人所得税；对外国投资者从企业取得的股息（利润）、红利，暂免征收个人所得税。

（二）偶然所得计税额的稽查

偶然所得因属于得奖、中奖、中彩性质的收入，且有相当一部分是实物所得，这类所得在计税方式上由发奖单位代扣代缴。稽查时应重点注意以下两个方面。

（1）所取得的偶然所得是否为实物所得。如是实物所得，应审查计税时所折合的人民币是否正确，有无故意压价、偷逃税款的问题。

（2）取得的偶然所得是否为不含税所得，代扣代缴单位是否正确履行了代扣代缴义务，计算上有无差错。

稽查时，通过了解企业经营活动审查其库存商品成本结转情况和《代扣个人所得税报告表》，查看企业是否有少扣或未扣赠给或奖给顾客商品个人所得税的问题。

第三节　应纳税额的稽查

审查个人所得税应纳税额的计算，应在分别核实各应税所得项目的计税依据、适用税率的基础上，依据不同所得项目的计算要求，运用其应纳税额的计算公式，经复算后即可以判定其申报缴纳的应纳税额是否正确。

一、综合所得个人所得税的稽查

（一）居民个人综合所得税额的稽查

居民个人的综合所得，以每一纳税年度的收入额减除法定费用扣除额以及专项扣除、专项附加扣除和依法确定的其他扣除后的余额，为应纳税所得额，适用 7 级超额累进税率计算。其计算公式为：

应纳税额 = 应纳税所得额 × 适用税率 - 速算扣除数

应纳税所得额 = 年度收入额 - 法定费用扣除额 - 专项扣除 - 专项附加扣除 - 其他

年度收入额包括工资薪金、劳务报酬、稿酬和特许权使用费 4 项所得，其中劳务报酬所得、稿酬所得、特许权使用费所得以收入减除 20% 的费用后的余额为收入额。稿酬所得的收入额减按 70% 计算；法定费用扣除额是指税法规定有关个人生计费等费用的扣除，按照税法的规定，综合所得的费用扣除额为每年 60 000 元（每月 5 000 元）；专项扣除包括居民个人按照国家规定的范围和标准缴纳的基本养老保险、基本医疗保险、失业保险等社会保险费和住房公积金等；专项附加扣除包括婴幼儿照护费、子女教育、继续教育、大病医疗、住房贷款利息或者住房租金、赡养老人等支出；其他包括个人缴付符合国家规定的企业年金、职业年金，个人购买符合国家规定的商业健康保险、税收递延型商业养老保险的支出，以及国务院规定可以扣除的其他项目。

（二）居民个人预扣预缴税额的稽查

1. 工资薪金所得预扣预缴税额的稽查

居民个人取得的工资薪金所得应由扣缴义务人按照累计预扣法计算预扣税款，并按月办理扣缴申报。其计算公式为：

本期应预扣预缴税额＝（累计预扣预缴应纳税所得额×预扣率－速算扣除数）－累计减免税额－累计已预扣预缴税额

累计预扣预缴应纳税所得额＝累计收入－累计免税收入－累计减除费用－累计专项扣除－累计专项附加扣除－累计其他扣除

2. 劳务报酬等所得预扣预缴税额的稽查

居民个人取得的劳务报酬所得、稿酬所得和特许权使用费所得应由扣缴义务人按次或按月预扣预缴个人所得税，其预扣预缴税额的计算方法基本相同。按照税法的规定，劳务报酬等3项所得以纳税人每次取得的收入减除费用扣除额后的余额为预扣预缴应纳税所得额，稿酬所得的收入额减按70%计算。其计算公式为：

预扣预缴应纳税所得额＝每次收入额－费用扣除额

3. 非居民个人扣缴税额的计算

非居民个人取得的工资薪金所得、劳务报酬所得、稿酬所得和特许权使用费所得，扣缴义务人应按月或次代扣代缴个人所得税。其计算公式为：

应纳税额＝应纳税所得额×税率－速算扣除数

其中工资薪金所得以每月收入额减除费用5 000元后的余额为应纳税所得额；劳务报酬所得、稿酬所得、特许权使用费所得，以每次收入额为应纳税所得额。劳务报酬所得、稿酬所得、特许权使用费所得以收入减除20%的费用后的余额为收入额。稿酬所得的收入额减按70%计算。

二、生产经营所得个人所得税的稽查

从事生产经营的个体工商户、个人独资企业和合伙企业的投资者（简称纳税人），根据业务规模、经营性质和会计核算情况，分别按查账征收法和核定征收法两种方法计算征收个人所得税。实行查账征收的纳税人，以每一纳税年度的收入总额减除成本、费用及损失后的余额为应纳税所得额，计算缴纳个人所得税。其计算公式为：

$$应纳税额 = 应纳税所得额 \times 适用税率 - 速算扣除数$$
$$应纳税所得额 = 收入总额 - 成本、费用及损失$$

取得经营所得的个人，计算其每一纳税年度的应纳税所得额时，可减除费用 6 万元、专项扣除、专项附加扣除以及依法确定的其他扣除。专项附加扣除在办理汇算清缴时减除。

（一）查账征收法

1. 收入总额的稽查

收入总额的稽查是指纳税人从事生产经营及有关活动取得的各项收入，应按权责发生制原则确定，包括商品（产品）销售收入、营运收入、劳务服务收入、工程价款收入、财产出租或转让收入、利息收入、其他业务收入和营业外收入。

2. 列支项目的稽查

准予税前列支项目是指纳税人发生的与取得生产经营收入有关的各项支出，即成本费用及损失。成本费用是指纳税人从事生产经营所发生的各项直接支出，分配计入成本的间接费用及销售费用、管理费用和财务费用，包括纳税人支付给生产经营从业人员的工资；损失是指纳税人在生产经营过程中发生的营业外支出，包括固定资产盘亏、报废、毁损和出售的净损失，自然灾害或意外事故损失，公益救济性捐赠、赔偿金和违约金等。

3. 扣除标准的稽查

主要包括：业主费用扣除标准统一确定为 60 000 元/年（5 000 元/月），但个体工商户、个人独资企业和合伙企业业主的工资，不得扣除；纳税人发生的向从业人员实际支付的合理的工资薪金支出，允许在税前据实扣除等。

4. 税额计算的稽查

纳税人应按其应纳税所得额和 5 级超额累进税率计算应纳的个人所得税，实行按年计算、分月预缴、年终汇算清缴、多退少补的办法。其基本计算公式为：

$$应纳税额 = 应纳税所得额 \times 适用税率 - 速算扣除数$$

（二）核定征收法

核定征收法包括定额征收、核定应税所得率征收和其他合理征收等方式。实行核定应税所得率征收方式的计算方法如下：

$$应纳所得税税额 = 应纳税所得额 \times 适用税率$$
$$应纳税所得额 = 收入总额 \times 应税所得率$$

或

$$应纳税所得额 = 成本费用支出额 \div （1 - 应税所得率）\times 应税所得率$$

三、承包承租经营个人所得税的稽查

（一）应纳税所得额的稽查

承包承租经营所得按期纳税，纳税人取得的对企事业单位承包承租经营所得，以每一纳税年度的收入总额，减除必要费用后的余额为应纳税所得额。其计算公式为：

$$应纳税所得额 = 个人承包承租经营收入总额 - 必要费用$$
$$= 个人承包承租经营收入总额 - （5\,000 \times 12）$$

（二）应纳税额的稽查

承包承租经营所得应纳的个人所得税税额，按纳税人取得的应纳税所得额性质，分别适用7级超额累进税率和5级超额累进税率。对纳税人在一年内分次取得承包承租经营所得的，应在每次取得所得后预缴税额、年终汇算清缴、多退少补。即：

$$应纳税额 = 应纳税所得额 \times 适用税率 - 速算扣除数$$

四、财产租赁个人所得税的稽查

财产租赁所得以纳税人每次取得的收入减除费用扣除额后的余额为应

纳税所得额。其计算公式为：

$$应纳税所得额 = 每次收入额 - 费用扣除额$$

财产租赁所得每次收入以纳税人每月租金收入为一次。对个人按市场价格出租的居民住房取得的所得，暂减按 10% 的税率征税。与劳务报酬等所得预扣预缴相同，财产租赁所得也是按定额扣除法或定率扣除法进行基础扣除。每次收入不超过 4 000 元的，定额扣除费用扣除 800 元；每次收入超过 4 000 元的，定率扣除费用扣除 20%。财产租赁所得应纳税所得额，除规定进行定额扣除或定率扣除外，还可增加准予扣除项目。其计算公式为：

$$应纳税所得额 = 每次收入总额 - 准予扣除项目金额 - 800$$

或

$$应纳税所得额 = (每次收入总额 - 准予扣除项目金额) \times (1 - 20\%)$$

$$应纳税额 = 应纳税所得额 \times 适用税率 （20\% 或 10\%）$$

上述公式中的准予扣除项目金额包括：纳税人在出租财产过程中缴纳的税金和教育费附加；由纳税人负担的该出租财产实际开支的修缮费用，允许扣除的修缮费用以每次 800 元为限，一次扣除不完的，准予在下一次继续扣除，直到扣完为止。

五、财产转让个人所得税的稽查

财产转让所得按次纳税，以纳税人每次转让财产取得的收入额减除财产原值和合理费用后的余额为应纳税所得额。其计算公式为：

$$应纳税额 = 应纳税所得额 \times 适用税率(20\%)$$

$$应纳税所得额 = 每次收入 - 财产原值 - 合理费用$$

每次收入是指一项财产的所有权一次转让取得的收入。财产原值主要规定包括：有价证券的买入价及买入时按照规定缴纳的有关费用；建筑物的建造费或购进价格和其他有关费用；土地使用权，为取得土地使用权所支付的金额、开发土地的费用及其他有关费用；机器设备、车船的购进价格、运输费、安装费和其他有关费用；纳税人未提供完整、准确的财产原值凭证，不能正确计算财产原值的，由主管税务机关核定其财产原值；科研人员个人在科研机构、高等学校转化职务科技成果，以股份或出资比例等股权形式获得奖励后，获奖人又将其转让的，其财产原值为零。合理费用指卖出财产时按规定支付的有关税费。

六、利息等所得个人所得税的稽查

利息等所得包括利息、股息、红利所得和偶然所得，其应纳税额的计算方法基本相同。按照税法的规定，利息等所得除减免税规定以外，其应纳税所得额为纳税人每次取得的收入额，不得从收入中扣除任何费用，并适用20%的比例税率计算应纳的个人所得税。其计算公式为：

$$应纳税额 = 应纳税所得额 \times 适用税率（20\%）$$

本章小结

本章主要阐述和研究了个人所得税基本要素的稽查、计税依据的稽查和应纳税额的稽查。基本要素的稽查包括纳税人、征税范围和适用税率的稽查，纳税人的稽查包括纳税人和扣缴义务人；征税范围的稽查包括税种范围、税务范围和所得来源的稽查。计税依据的稽查包括工资薪金、承包承租经营、生产经营、财产转让、劳务报酬、稿酬、特许权使用费、财产租赁、利息股息红利和偶然所得等计税依据的稽查；应纳税额的稽查包括综合所得、生产经营所得、承包承租经营、财产租赁、财产转让和利息等所得个人所得税的稽查，综合所得个人所得税的稽查包括居民个人综合所得的稽查和居民个人预扣预缴税额的稽查；生产经营所得的稽查包括税额计算、查账征收、核定征收的稽查等。

第十章

其他税种税务稽查

　　其他税种税务稽查主要阐述和分析资源类税的稽查、财产类税的稽查和行为类税的稽查三个问题。资源类税的稽查包括资源税的稽查、城镇土地使用税的稽查和土地增值税的稽查；财产类税的稽查包括房产税的稽查和车船税的稽查；行为类税的稽查包括印花税的稽查和车辆购置税的稽查。这些小税种分别从征税范围、纳税人、适用税率、计税依据和应纳税额等方面进行稽查。

第一节　资源类税的稽查

一、资源税的稽查

（一）征税范围的稽查

　　资源税的征税范围包括一切可以开发和利用的国有资源。稽查时，应根据《资源税税目税率表》和省级人民政府结合本地区资源状况依法制定的资源税征税范围的补充规定，对照纳税人、扣缴义务人的资源税纳税申报表和有关账簿，从产品性能等自然属性来审定资源税的征税范围。稽查时应注意以下三个方面。

　　第一，是否属于应税产品，注意有无扩大或缩小征税范围的情况。资源税征税范围包括能源矿产、金属矿产、非金属矿产、水气矿产和盐五大类，但不包括以母页岩等炼制的原油，伴选矿、煤矿生产的天然气，以及洗煤、选煤和其他煤炭制品。稽查时，应注意是否存在将上述不包括的内容列入应税产品范围的情况，同时也应注意是否存在按洗煤、选煤或煤炭制品数量直接缴纳了资源税而缩小征税范围的情况。

第二，是否存在漏征漏纳应税产品的情况。稽查时，应结合纳税人矿产品的开采和盐的生产情况，审查其生产成本等账户、实际产量记录和原始统计资料，核实应税产品是否全部缴税，有无漏缴，尤其注意纳税人多地点开采或生产应税产品是否存在未申报问题。另外，还应注意纳税人在开采主矿产品过程中伴采的其他应税矿产品，是否也按规定缴纳了资源税。

第三，审查纳税人外购的应税产品是否存在重复计税的情况。企业、单位外购的应税产品，可通过审阅购进发票种类、抬头、单价和数量等项目，结合调查法来确定其征税范围。如进口的矿产品和盐，就不属于资源税的征税范围；外购已税液体盐加工成固体盐销售的扣除问题等。

（二）税目税率的稽查

根据《中华人民共和国资源税法》的规定，资源税共有能源矿产等5个税目及若干个子目。其适用税额分为两个层次：一是原则性的幅度税率；二是具体的明细税率。资源税大部分实行差别比例税率，有个别实行定额税率，其税率由于按开采条件、质量等级而设置，因此不但不同产地的税率不同，而且同一地点、同一矿山的应税产品，因等级不同其税率也不尽相同。稽查时应根据《资源税税目税率表》和省级人民政府依法做出的有关规定，审查企业的生产成本、产成品、产品销售收入、"应交税费——应交资源税"明细账和资源税税金计算表，并与纳税申报表所列应纳税额相核对。主要应注意审查纳税人是否存在以下问题。

第一，审查有无混淆应税产品的等级，故意将高等级的产品记入低等级产品明细账而少纳资源税的情况。

第二，审查有无将稀油记入稠油、高凝油中降低单位税额的情况。

第三，开采或生产适用两种以上税率的应税产品，审查是否分别设置明细账进行核算，如未分别核算，税率应一律从高确定。

第四，审查有无存在业务不熟或税目混用而导致错用税率的问题。

（三）应纳税额的稽查

资源税的应纳税额按照从价定率法或从量定额法，分别以应税产品的销售额乘以适用的比例税率或以应税产品的销售数量乘以适用的定额税率计算。其计算公式为：

从价定率法的应纳税额 = 应税产品的销售额 × 适用比例税率

从量定额法的应纳税额 = 应税产品的销售数量 × 适用定额税率

1. 从价定率法的销售额

（1）销售额的一般规定。按照资源税法的规定，销售额为纳税人销售应税产品向购买方收取的全部价款和价外费用，但不包括收取的增值税销项税额。价外费用包括价外向购买方收取的手续费、补贴、基金、集资费、返还利润、奖励费、违约金、滞纳金、延期付款利息、赔偿金、代收款项、代垫款项、包装费、包装物租金、储备费、优质费、运输装卸费以及其他各种性质的价外收费。

（2）销售额的特殊规定。主要内容包括：纳税人以人民币以外的货币结算销售额，应折合成人民币计算。其销售额的人民币折合率可选择销售额发生的当天或当月 1 日的人民币汇率中间价。纳税人应事先确定采用何种折合率计算方法，确定后 1 年内不得变更。纳税人开采或生产不同税目应税产品的，应当分别核算不同税目应税产品的销售额；未分别核算或不能准确提供不同税目应税产品销售额的，从高适用税率。

（3）核定销售额的方法。纳税人申报的应税产品销售额明显偏低并且无正当理由的，有视同销售应税产品行为而无销售额的，除财政部、国家税务总局另有规定外，按下列顺序确定销售额：

第一，按纳税人最近时期同类产品的平均销售价格确定。

第二，按其他纳税人最近时期同类产品的平均销售价格确定。

第三，按组成计税价格确定。其组成计税价格为：

组成计税价格 = 成本 × （1 + 成本利润率）÷ （1 − 税率）

上述中的成本是指应税产品的实际生产成本；成本利润率由省、自治区、直辖市税务机关确定。

2. 从量定额法的销售数量

按照税法的规定，销售数量包括纳税人开采或生产应税产品的实际销售数量和视同销售的自用数量。纳税人不能准确提供应税产品销售数量的，以应税产品的产量或主管税务机关确定的折算比换算成的数量为计税的销售数量。扣缴义务人代扣代缴资源税，以收购数量为计税的销售数量。

3. 外购扣减的计算

纳税人以外购原矿与自采原矿混合为原矿销售，或以外购选矿产品与自产选矿产品混合为选矿产品销售的，在计算应税产品销售额或销售数量时，直接扣减外购原矿或选矿产品的购进金额或购进数量。

纳税人以外购原矿与自采原矿混合洗选加工为选矿产品销售的，在计算应税产品销售额或销售数量时，扣减方法的计算公式为：

准予扣减的外购应税产品购进金额（数量）＝外购原矿购进金额（数量）×（本地区原矿适用税率÷本地区选矿产品适用税率）

二、城镇土地使用税的稽查

（一）征税范围的稽查

城镇土地使用税的应税土地范围包括城市、县城、建制镇、工矿区以内的国家和集体所有的土地。稽查时，参照房产税地域范围界定标准，凡在区域范围内的土地，无论是国家所有还是集体所有，均属应当征收土地使用税的范围；凡不在区域范围内的土地，无论是工厂还是商业用地，均不征收土地使用税。

（二）纳税人的稽查

城镇土地使用税的纳税人包括土地使用权的拥有人、土地的实际使用人和代管人。稽查时，应注意土地使用权未确定或权属纠纷未解决的，以及拥有土地使用权的纳税人不在本地的，其实际使用人或代管人是否申报纳税；土地使用权共有的，共有各方是否分别纳税，有无漏缴情况。可依据土地管理部门核发的土地使用证、土地出租合同，并结合应税土地的使用情况确定。

（三）适用税率的稽查

城镇土地使用税采用差别幅度定额税率，具体税额由各省、自治区、直辖市人民政府根据当地实际情况，在规定的幅度内确定。稽查时，应依据纳税人占用土地的位置和用途，按当地政府对本地区划分的等级和规定的年税额确定具体适用税额，然后对照《土地使用税纳税申报表》中所列数额，核实有无混淆等级、错用税额的情况。

对纳税人实际占用的应税土地，如果分别属于两个或两个以上等级时，则应按实际占用土地的等级分别确定税率。

（四）计税依据的稽查

城镇土地使用税以纳税人实际占用的土地面积为计税依据。凡已由省、自治区、直辖市人民政府指定的单位组织测定土地面积的，以实际测定的土地面积为计税依据；凡未经省、自治区、直辖市人民政府指定的单位组织测定的，以政府部门核发的土地使用证书确认的土地面积为计税依据；对尚未核发土地使用证书的，暂以纳税人据实申报的土地面积为计税依据。

稽查时，应将《土地使用税纳税申报表》中填报的应税土地面积，与实际测定的土地面积或土地使用证书确认的土地面积，以及固定资产、无形资产等有关明细账借方记录相核对，审查申报的应税土地面积是否正确，有无只按房屋占地而不按全部占地面积计税的情况。与基期相比，若数据变化较大，则应进一步查明原因。

个人和免税单位用地还应注意：采用不定期方式审查有无用于出租或营业用地而未申报的情况；纳税单位无偿使用免税单位用地，是否已照章纳税；纳税单位与免税单位共同使用、共有使用权土地上的多层建筑，是否按其占用比例缴纳税款。

（五）应纳税额的稽查

可根据城镇土地使用税法的有关规定，结合纳税人的实际情况进行稽查。审查的内容与方法如下：

（1）对兼有征税和免税土地的纳税人，可通过查阅减免税批文或实地调查土地用途的办法，严格审查征税和免税面积的划分情况。

（2）对新征用的土地应严格审查其性质，区分耕地与非耕地的纳税起始时间。

（3）对开山填海整治的土地和改造的废弃土地，可依据土地管理机关出具的证明文件来确定其面积，并可通过固定资产、无形资产等账户，注意审查其已免税的时间，核实有无已超期未恢复纳税的情况。

在核实上述问题的基础上，对照审查纳税人的纳税申报表、"应交税费——应交土地使用税"明细账和有关完税凭证，核实其应税税额的计算与缴纳情况，审查纳税人是否按税务机关规定的期限及时足额缴纳税款。

【例 10-1】税务稽查人员审查某运输公司 2021 年土地使用税的纳税情况为：该公司有两个车站，一个在市区，占地 34 000 平方米，按市政府规定该地段每平方米年应纳税额 3.6 元；另一个在市郊，占地 93 000 平方米，按市政府规定该地段每平方米年应纳税额 2.4 元，但该公司申报纳税时全按每平方米年应纳税额 2.4 元计算。税务稽查人员经查实后，要求该公司纠正、补缴 2008 年土地使用税 40 800 元 [34 000 × (3.6 - 2.4)]，并作相关的调账分录：

　　借：管理费用——土地使用税　　　　　　　　　　40 800
　　　　贷：应交税费——应交土地使用税　　　　　　　　　40 800

若属跨年度审查，则调账分录为：

　　借：以前年度损益调整——土地使用税　　　　　　　40 800
　　　　贷：应交税费——应交土地使用税　　　　　　　　　40 800

三、土地增值税的稽查

（一）征税范围的稽查

土地增值税的征税范围，包括转让国有土地使用权、地上建筑物及其附着物连同国有土地使用权（简称房地产）一并转让的行为。稽查的内容与方法如下：

（1）观察房地产的坐落位置。根据《宪法》和《土地管理法》的规定确定房地产的归属，必要时可调阅土地权属的证明文件确认房地产的所有权。注意集体土地的转让行为应确认为违法行为，并及时向土地管理部门通报，在有关部门处理和补办土地征用、出让手续后，将其纳入土地增值税的征税范围。

（2）审查房地产权属转让行为。可审查房地产开发企业的经营收入明细账、其他企业的无形资产、"固定资产清理——转让房地产"等账户贷方的对应账户及会计凭证，查实是否发生了应税房地产的有偿转让行为。

（3）审查房地产特殊转让行为。注意纳税人有无房地产抵押、交换、投资联营、兼并转让等特殊业务，对应税行为是否已申报纳税，有无遗漏。可查阅相关合同、评估报告和开发产品、固定资产等账户，查看减少房地产的去向。

（二）纳税人的稽查

只要发生房地产权属转让行为的单位和个人，不分其经济性质和国籍，不分内资外资，不分专营兼营，一律属于土地增值税的纳税人。

稽查时，通过查阅纳税单位固定资产明细账户，注意纳税人有无发生有偿转让房地产的应税行为；向土地、房产等部门调查房地产的变动情况，核实是否已申报纳税，尤其对登记与使用不一致的用户应重点稽查。

（三）计税依据的稽查

土地增值税的计税依据是纳税人转让房地产取得的应税收入减除法定扣除项目金额后的余额。稽查时可从两方面进行：

1. 应税收入的稽查

纳税人转让房地产取得的应税收入，包括转让房地产取得的全部价款及相关的经济利益。由于房地产开发企业和其他企业土地增值税的会计核算存在差异，因此稽查方法有所不同：

（1）房地产开发企业的稽查。专营房地产开发的纳税单位通过经营收入账户反映房地产的转让收入。稽查时可按以下程序与方法进行：

① 审查已列入经营收入账户的收入。可将房地产开发企业的土地使用权转让收入、商品房销售收入、配套设施销售收入等明细账贷方发生额、

记账时间，分别与发票结算账单和房地产转让合同相对照，审查有无分解、转移收入和提前、推迟登记收入的情况。尤其注意采用分期收款方式销售商品房的业务，如果"经营业务——商品房销售收入"明细账贷方的登记时间、金额与合同所载不一致，则应以合同为准进行调整。

②审查未列经营收入账户的收入。纳税人以产品偿还债务、以物易物或赠送自用时，通常直接冲减开发成本而不作销售处理。稽查时应以开发产品账户为中心，着重以下两个方面进行审查：

第一，将开发产品账户的贷方与经营成本账户借方相核对，若稽查期内出现贷方转出数大于借方转入数，则应逐项查清开发产品账户转出去向，核实是否存在应列未列经营收入问题。如与开发产品账户贷方相对应的是银行存款、应付账款、库存材料和库存设备等账户的借方，说明该企业存在用开发产品偿还债务、兑换材料、设备，或出售后未入账直接冲减开发产品账户，对应列未列经营收入账户的收入，应予以调整。另外，开发产品账户对应的借方如果是出租开发产品、周转房和分期收款开发产品等账户，则应追踪稽查，核实有无改变房屋用途，应作销售而未记经营收入账户等问题。

第二，审查开发产品账户借方所对应的开发成本账户，如果其账户包括土地开发、房屋开发、配套设施开发等账户贷方转出金额之和，大于开发产品所属明细账户的借方转入数，则应逐项查清其转出方向，核实有无已开发完成并验收合格的土地、房屋、配套设施未按实际成本借记开发产品账户，而直接将其出售收入冲减了开发成本的问题。

③将已列、未列房地产经营收入进行相加，与纳税申报表相核对，即可审定所报收入是否正确，不一致应及时调整。

（2）其他企业的稽查。这里的其他企业指除房地产开发企业以外的企业、事业和行政单位。稽查的主要内容是作为固定资产（房屋）、无形资产（土地使用权）核算的房地产的转让收入是否正确。其审查的内容与方法如下：

①审查固定资产和固定资产清理账户。看总分类账，了解固定资产账户有无贷方发生额，是否发生房产减少的业务，对应科目是如何反映的。如对应是银行存款、应付账款等账户，则说明房地产有偿转让行为是直接

通过固定资产账户反映的，其转让收入自然可以直接确定；如果有偿转让的房地产转入清理，则应进一步查看固定资产清理账户贷方发生额及其凭证，进而确定房地产转让收入。

② 审查无形资产账户。单独转让国有土地使用权的收入，可通过无形资产账户的贷方及其有关凭证核实。

③ 审查其他账户。审查在建工程账户，核实有无自建完工房产直接出售未计收入的；审查应收账款、预收账款、应付账款或其他应付款明细账及有关凭证，看有无将房地产转让收入长期挂往来账不计收入的情况。对纳税人预售房地产所取得的收入，重点审查预收账款、应收账款明细账及有关凭证，核实其收入金额是否正确。

2. 扣除项目金额的稽查

（1）取得土地使用权支付金额的稽查。按照房地产开发企业的会计制度规定，实行国有土地使用权有偿使用后，企业为新建办公楼等而获得的土地使用权所支付的土地出让金在无形资产账户核算，企业为房地产开发而获得的土地使用权所支付的土地出让金在开发成本账户中核算。

稽查时，首先应区分不同情况审查无形资产、开发成本明细账及有关会计凭证，并与土地受让合同相对照，看其是否真实；然后，审查费用的分配与结转是否正确，如纳税人受让土地使用权后，分期分批开发、分块转让，这就需要将其取得土地使用权所支付的金额在已开发转让和未开发转让的项目中进行分配，仅就对外转让所分摊的部分计入扣除，具体审查时可根据开发产品、分期收款开发产品和经营成本等明细账进行核实。

（2）房地产开发成本的稽查。稽查时，应着重从以下几个方面进行。

① 审查开发成本明细账及有关会计凭证，核实其成本核算是否真实、准确。主要应注意：有无将不属于开发房地产的成本，如代建工程结算成本、出租产品经营成本计入房地产开发成本；有关成本费用在各成本核算对象之间的分配与结转是否正确、合理；已完成开发产品与未完成开发产品之间成本费用的分配和结转有无差错，有无多转开发产品成本的情况。

② 审查开发间接费用明细账及有关会计凭证，注意下列问题：有无将不属于开发产品的费用支出计入了开发间接费用之中；已发生的开发间接费用在各成本核算对象之间的分配与结转是否合理、正确，有无多计应税

项目费用而少计非税项目或免税项目费用的情况。

③ 审查开发产品、分期收款开发产品、经营成本等明细账及有关会计凭证，看其成本结转是否正确，有无多列或虚列房地产销售成本的情况。

（3）房地产开发费用的稽查。房地产开发费用是指与房地产开发项目有关的销售费用、管理费用和财务费用，但在计税时并不按照财务会计账面上反映的实际发生额扣除，而应按照《土地增值税暂行条例实施细则》中规定的标准进行扣除。

稽查时，首先审查企业的借款来源及其使用情况，看其借款利息支出有无金融机构的证明，能否按转让房地产的项目计算分摊；然后区分不同情况，按规定的计算办法重新复核可计入扣除的房地产开发费用。对能够按转让房地产项目计算分摊并提供金融机构证明的借款利息支出，在复核时还应注意两点：一是利息的上浮幅度应按国家的有关规定执行，超过上浮幅度的部分不允许扣除；二是对超过贷款期限的利息部分和加罚的利息不允许扣除。

（4）旧房及建筑物的评估价格的稽查。纳税人转让已使用的房屋及建筑物时，应由政府批准设立的房地产评估机构评定其重置成本价和成新度折扣率，以确定评估价格计入扣除。

稽查时，应根据房地产评估机构出具的评估报告进行核实，看其申报纳税情况是否真实、准确。

（5）与转让房地产有关税金的稽查。与转让房地产有关的税金是指在转让房地产时缴纳城市维护建设税、印花税和教育费附加。

稽查时，应根据房地产转让收入和规定的税率或附征率计算应纳的城市维护建设税和教育费附加，与经营税金及附加等账户核实并调整相符。对房地产开发企业在转让房地产时缴纳的印花税，因其已列入管理费用，在房地产开发费用项目中计入扣除，故在此不允许扣除，审查时应注意有无重复扣除印花税的问题。

（6）财政部规定的其他扣除项目的稽查。按照税法规定，从事房地产开发的纳税人可按照取得土地使用权所支付的金额与房地产开发成本之和加计扣除20%。这项规定只适用于从事房地产开发的纳税人，不适用其他纳税人。稽查时，应按上述办法重新复核加计扣除项目金额。

（四）应纳税额的稽查

审查土地增值税适用税率，先复核增值额、增值额占扣除项目金额的比率，以此确定适用税率和速算扣除系数；然后将核实后的各项数据与《土地增值税纳税申报表》中有关栏目对照审查，看其适用税率和速算扣除系数的确定有无差错。实地查验有偿转让的普通标准住房，审核是否符合省级政府规定的标准，是否存在将高级公寓、别墅、度假村等错列为普通标准住宅的情况；然后审查其增值额，注意有无隐瞒收入、虚列成本费用、隐匿增值额的情况，再与扣除项目金额的比率（20%）进行比较，以确定其征免税问题。对国家征用收回房产审查时，可查阅政府部门下达的有关文件或批件，对照房地产转让项目判定是否符合免税规定。

土地增值税应纳税额的计算，有分级计算法和速算扣除法两种，实际应用中一般采用后者。稽查时，将上述审定的结果代入土地增值税应纳税额的计算公式，即可确定正确的应纳税额和应补（退）税额，然后再与其纳税申报表核对有无差错。

【例 10 - 2】 税务稽查人员对某房地产开发公司土地增值税纳税情况进行审查，了解到该房地产开发公司本期转让土地取得销售收入 1 200 万元，申报缴纳土地增值税有关资料为：取得土地使用权及开发投资为 400 万元；缴纳城市维护建设税及教育费附加等为 66 万元；开发费按购地款和开发成本的 10% 扣除 40 万元，加计扣除 20% 即 80 万元，合计扣除项目金额 586 万元；增值额为 614 万元（1 200 - 586）；土地增值率为 105%（614 ÷ 586）；应纳土地增值税为 219.1 万元（614 × 50% - 586 × 15%）；已缴 150 万元、欠缴 69.10 万元。税务稽查人员经过认真审查，发现该房地产开发公司存在如下问题：

（1）取得 13 000 平方米土地使用权，支付金额 500 万元，未曾进行任何开发，便将其中的 7 000 平方米转让，取得收入 1 200 万元。

（2）因为转让的土地没有开发，计征土地增值税时不能享受 20% 加计扣除。根据以上两点，税务稽查人员重新核实其扣除项目金额：

① 取得土地使用权支付金额 = 500 ÷ 13 000 × 7 000 = 269.2308（万元）

② 其开发费按购地款和开发成本 10% 予以扣除 26.9231 万元

③ 核实扣除项目金额 = 269. 2308 + 66 + 26. 9231 = 362. 1539（万元）

④ 增值额 = 1 200 - 362. 1539 = 837. 8461（万元）

⑤ 增值额占扣除项目金额的比例 = 837. 8461 ÷ 362. 1539 = 231%

⑥ 应缴纳土地增值税 = 837. 8461 × 60% - 362. 1539 × 35% = 375. 954（万元）

⑦ 企业已缴纳土地增值税 = 150（万元）

⑧ 应补缴土地增值税 = 375. 954 - 150 = 225. 954（万元）

⑨ 企业少计提土地增值税 = 375. 954 - 219. 1 = 156. 854（万元）

要求企业作相关的调账分录为：

借：税金及附加　　　　　　　　　　　　　1 568 540

　　贷：应交税费——应交土地增值税　　　　1 568 540

第二节　财产类税的稽查

一、房产税的稽查

（一）征税范围的稽查

1. 房产税地域范围的稽查

现行税法规定，房产税仅在城市、县城、建制镇和工矿区范围内征收。稽查时，应以上述区域划分为界限标准，凡属于边界内的房产均征收房产税，边界以外的房产则不征收房产税。

2. 房产税房产范围的稽查

房产界定是指以房屋形态表现的财产。稽查时，应严格界定房产的构成。独立于房屋之外的建筑物，如围墙、烟囱、水塔、室外游泳池等不是房产的构成范围；与房屋不可分割的附属设备和配套设施（如暖气、卫生、通信、照明、煤气等设备及各种管线，电力、电信、电缆导线及电梯、升降机、过道、晒台等），则属于房产的组成部分。根据上述划分标准，房产税房产审查的内容与方法为：

第一，从固定资产账户入手，结合在建工程账户、财产清查报告等资料核实应税房产的构成，审查有无将属于房产构成的电梯、暖气、煤气等设施列入非房产类固定资产核算，造成缩小房产税征税范围的情况；有无将围墙、烟囱等建筑物误列房产类固定资产核算，造成扩大房产税征税范围的情况。

第二，审查纳税人在建工程、固定资产清理等账户及有关凭证，注意查看纳税人新建、改建、扩建、拆除、毁损、调入和调出房产的核算情况，查实有无匿报、漏报或不报新、改、扩建等房产的偷逃税问题。

第三，实地调查纳税人有无账外房屋未申报纳税，有无使用免税单位出租的房屋作营业用房而未申报纳税，以及有无谎报关停并转或房屋大修而偷逃税款的问题。

（二）纳税人的稽查

在中国境内拥有房屋的产权所有人为房产税的纳税人，具体包括产权所有人、经营管理单位、承典人、房产代管人或使用人。稽查时，应注意以下两个方面的问题：

（1）审查辖区内有无漏征的纳税人，尤其注意个人所有的房产用于出租或生产经营使用的是否申报纳税。

（2）审查房屋产权未定或纠纷不清时是否按规定缴纳房产税，有无未缴或少缴房产税的问题。

稽查方法：一是要加强与有关部门（如房产管理部门、街道办事处、居民委员会等单位）的联系，调查、核实有无偷逃房产税的纳税人；二是搞好税务机关的内部分工与协作，了解管辖区内房产产权及其使用情况，防止房产税漏缴等问题。

（三）计税依据的稽查

1. 按房产余值计税的稽查

（1）审查房产的原值是否真实，有无少报、瞒报的问题。稽查时，从反映房产的固定资产明细账入手，结合在建工程明细账，查看有无将房产原值分解记账的，有无将对原有房屋的改建、扩建支出列作大修而未计房产原值的，以及有无将已完工交付使用的房屋继续挂账而少记房产原值的情况。

对新增房产原值的审查主要包括：新购置房产可通过银行存款账户贷方及会计凭证核实；自建包括改扩建房产，可通过在建工程账户及会计凭证核实；其他单位投资转入房产，可通过实收资本账户及会计凭证核实；接受捐赠房产，可通过资本公积账户及会计凭证核实；盘盈房产，可通过"待处理财产损溢——待处理固定资产损溢"账户及其会计凭证、财产清查报告核实。对个人及无账个体业户的应税房产，可与房产管理、资产评估等部门协作，核实其应税房产的原值。

（2）审查纳税人中央空调设备是否构成房产原值。可查阅在建工程明细账，审查新建房屋交付使用时，中央空调设备的价值处理情况，若单独作为一项固定资产记账，则不缴纳房产税；如果其价值计入房产原值，则应计征房产税。

（3）审查纳税人融资租赁房屋的情况。查阅融资租赁合同和"固定资产——融资租入固定资产"账户及相关会计凭证，根据主管税务机关对纳税人的确定情况，审查核实纳税人是否已按房产余值计税。

（4）审查纳税人以自用房产对外投资联营的业务。以房产投资联营，投资者参与投资利润分红、共担风险的，则按房产余值计算缴纳房产税；若不承担联营风险，只收取固定收入，则由出租方按租金收入计税。稽查时，可审查长期股权投资和投资收益账户及有关会计凭证，根据投资联营期间企业投资收益分配情况，纳入房产余值或房产租金计征房产税。在查实房产原值的基础上，审查减除比例是否符合法定标准和省级人民政府的具体规定。

2. 按房产租金计税的稽查

审查纳税人有无出租房产不申报缴纳房产税（可对承租方进行调查）的问题，有无将房屋租金收入作营业收入或以物抵扣而少报租金收入，以及签订"联营"合同隐瞒租金收入的问题。稽查时，首先通过"固定资产——出租固定资产"账户借方和固定资产卡片，核实房屋出租情况；其次核实租金收入，调阅出租合同，确定稽查期间应收租金，核对其他业务收入等有关明细账户贷方记录，以确定实收租金。对于应收未收租金未作收入处理的，稽查时应依据权责发生制原则进行调整。

【例10-3】税务稽查人员审查某企业房产税缴纳情况，从固定资产明细账查实该企业有房屋11幢，合计原值为34 202 200元，再核对"应交税费——应交房产税"账户的应缴税费无误，税款也已入库。但审查其他业务收入账户，发现有一笔固定资产出租收入62 400元，核查原始凭证，这笔收入是出租长安街一幢房产给某公司经营的租金收入没有计缴房产税。税务稽查人员认为，企业应补缴房产税7 488元（62 400×12%），并作相关的调账分录：

借：管理费用　　　　　　　　　　　　　　　　　7 488
　　贷：应交税费——应交房产税　　　　　　　　　　7 488

（四）应纳税额的稽查

根据《房产税暂行条例》的减免税规定，主要审查以下内容。

（1）纳税人有无任意扩大减免税范围，弄虚作假骗取减免税款的行为。

（2）微利、亏损企业房产税的减免税，是否符合省级人民政府所规定的标准。

（3）免税单位的出租房产和非自身业务使用的生产经营用房是否申报纳税。

（4）纳税单位租用免税单位房屋或与免税单位共同使用房屋是否缴纳了房产税。

（5）纳税人使用损坏不堪的房屋和危险房屋，是否经过有关部门鉴定；房屋大修停用的，有无超过免税期限减免的情况。

（6）实行自收自支的事业单位免税期限是否已满，注意其附属工厂、商店、招待所等是否已按期申报纳税。

房产税采用从价定率和从租定率两种计税办法，年税率分别为1.2%和12%，对个人按市场价格出租居民住房可暂减按4%的税率计税。稽查时，按审定的计税依据与适用税率相乘积，计算出正确的应纳税额，然后与"应交税费——应交房产税"明细账的贷方数额相核对，审查纳税人的税额计算是否正确，核实该账户的借方转出数，即可看出是否及时足额将房产税结缴入库。

二、车船税的稽查

(一) 征税范围的稽查

车船税是以依法应当在车船管理部门登记的车船为征税对象，其征税范围包括机动车船和非机动车船两类。

稽查时，重点注意审核纳税人的车船的种类和性质，哪些属于应税车船，哪些属于免税车船。在机场、港口和其他企业内部场所行驶或作业，并在车船管理部门登记的车船是否依法缴纳了车船税。

对纳税单位的车船应通过审查固定资产账户及有关凭证，或通过询问有关人员或实地察看等方式，查实其拥有的车船数量和完税情况，并对照税法规定核实应税车船的数量，再与纳税人的纳税申报表或取得的保险单相核对，查看有无未缴车船税的情况，同时注意查验已办理退税的被盗抢车船失而复得的，纳税人是否从公安机关出具相关证明的当月起计算缴纳车船税。对个人拥有的车船，采用调查法核实车船的种类和数量，一般可通过公安、交通、航运等部门了解掌握情况，稽查有无未缴车船税的情况。

(二) 纳税人的稽查

车船税以在中国境内的车船所有人或管理人为纳税人，也包括外商投资企业和外国企业。

稽查时，应注意管理人是指对车船具有管理使用权，而不是具有所有权的单位；车船的所有人或管理人未缴纳车船税的，由使用人代为缴纳。对跨省、自治区、直辖市车船的纳税人，其纳税地点应为车船的登记地，注意在车船登记地是否缴纳了车船税的情况。

(三) 适用税率的稽查

车船税实行单位固定税额，其中应税车辆实行幅度固定税额，具体标准由省级人民政府自行规定；应税船舶实行分类分级、全国统一的固定税额。稽查时，应根据省级政府制定的应税车辆单位税额和全国统一规定的应税船舶单位税额，对照已审定的车船类别和计税依据，核实纳税人的适用税额是否正确。

尤其注意专项作业车和轮式专用机械车的计税单位为自重每吨，每年税额为 16 元至 120 元。具体适用税额由省、自治区、直辖市人民政府参照载货汽车的计税标准在规定的幅度内确定。

（四）计税依据的稽查

车船税采取从量定额征收，其计税单位按车船的种类和性能规定为辆、净吨位和自重吨位 3 种。稽查时注意以下问题。

（1）审查应税车船的分类与计税单位种类是否相对应。按照车船税法规定，载客汽车和摩托车以"辆"为计税依据；载货汽车、三轮汽车、低速货车、专项作业车和轮式专用机械车以"自重吨位"为计税依据；船舶以"净吨位"为计税依据。稽查时，应注意查阅计税车船的分类是否正确，有无错用、混用的情况。

（2）审查应税车船的数量有无差错。稽查时，车辆数量比较容易确定，因而审查的重点是载货汽车、三轮汽车、低速货车等的"自重吨位"和船舶的"净吨位"数。可通过审查固定资产账簿及有关会计凭证或固定资产卡片，对照产品说明书等相关技术资料并察看实物，核实载货汽车及挂车（包括半牵引车）、从事运输业务的拖拉机所挂拖车的自重吨位数和船舶的净吨位数，并与纳税申报表或保险单相核对，查看是否相符、有无未报的情况。

（五）应纳税额的稽查

审查减免税的车船应注意征税与免税、营业与非营业的界限，着重查看单位和个人拥有或使用的车船是否符合税法及当地政府规定的减免税条件。注意有无将应税车船申报为免税车船的情况，尤其是纳税单位与免税单位合并办公所用的车辆划分不清时是否已照章申报纳税，以及中国远洋轮船在国外缴纳了吨税是否按规定缴纳了车船税。

稽查方法：一是了解被查单位的性质，核定其是否符合减免税条件；二是调查车船用途，是否有联合办公的情况；三是划清渔船征免税的载重量界限；四是通过审定船舶吨税完税凭证，划清在中国境内征收的船舶吨税与车船税的界限。

将已核实的应税车船数量与审定的适用税率相乘，即可确定正确的应纳税额，然后与纳税人的应纳税额核对是否正确。稽查时，重点核实以下问题。

1. 纳税义务起始时间是否正确

即新购置的车船，是否按规定从购置使用的当月起按月开始计算税款。

2. 税款的计算是否准确

主要核实以下问题。

（1）载货汽车等车辆，自重吨位尾数在半吨以下者（含半吨）是否按规定的半吨计算纳税；尾数超过半吨者，是否按规定的1吨计算纳税。

（2）载货汽车的挂车、半挂牵引车是否正常、足额纳税。

（3）客货两用汽车是否按照载货汽车的计税单位和税额标准计税。

（4）拖船和非机动驳船是否计税，有无计算上的差错。

（5）船舶净吨位尾数在半吨以下者，是否免征税款；尾数超过半吨者，是否按1吨计算税款；对不足1吨的小型车船，是否依照规定按1吨计算纳税。

3. 审查纳税期限是否符合规定

车船税实行按年申报缴纳的办法。纳税义务发生时间为车船管理部门核发的车船登记证书或行驶证书记载日期的当月。

稽查时，可根据省级人民政府确定的具体纳税期限，注意查看纳税人是否按照规定的期限申报纳税，有无拖延纳税的情况。机动车扣缴义务人（办理交通事故责任强制保险的保险机构）是否依法履行了代收代缴车船税义务。

第三节　行为类税的稽查

一、印花税的稽查

（一）征税范围的稽查

印花税的征税范围包括应税合同、产权转移书据、营业账簿和证券交易。对不同的应税凭证，稽查的方法也不尽相同。

1. 应税合同的稽查

印花税应税合同的范围广泛，内容繁杂，极易出现问题，是审查的重点内容。

（1）买卖合同的稽查。查阅产（商）品销售收入账户贷方及其凭证、材料采购及原材料账户借方及其凭证，同时注意审查纳税人的应收（预收）账款、应付（预付）账款账户等往来款项，核实购货、销货时所签订的合同，包括作为合同使用的订购单、订数单等凭证，查明是否贴花。

（2）承揽合同的稽查。查阅委托加工材料、加工商品账户借方及其凭证，并到企业生产和供销部门调查承揽业务的数量，核实合同数量和订单数量，查实是否贴花。

（3）建设工程合同的稽查。查阅企业的在建工程、递延资产和银行存款等账户借方及其凭证，并可到基建、房产、设备等部门实地查询合同签订情况，注意承包合同中的总承包合同和分包、转包合同，查明合同是否贴花。

（4）运输合同和保管合同的稽查。查验民用航空、铁路、海上、内河、公路运输、联运的单据及仓储保管的仓单和栈单，查明有无相应的合同，若单据和仓单、栈单作为合同使用的，应按合同贴花处理。

（5）财产保险合同、租赁合同和借款合同的稽查。查阅其管理费用、制造费用、长期借款和短期借款账户及其凭证，核实有无相应的合同，查明是否贴花。融资租赁合同属于借款合同，注意是否贴花。

（6）技术合同的稽查。查阅无形资产账户贷方及其凭证，到科研单位实地调查，对发生的技术开发、转让、咨询和服务等业务，核实有何凭据、是否贴花。

2. 产权转移书据的稽查

了解和掌握纳税人在经济活动和经济交往中书立、领受的产权转移书据，审查纳税人的固定资产、实收资本、银行存款和本年利润等账户，核实其财产所有权、版权、商标专用权、专利权、专有技术使用权等产权转移书据的书立情况，查看是否贴花。

审阅产权转移书据的内容，并与固定资产和无形资产等账户发生额核对，核实其实际发生的计税金额；同时按规定的税率验算其应纳税额，并与产权转移书据上粘贴的印花税票核对，看是否存在错算或少缴印花税的问题。需要说明的是：企业股权转让书据虽属此项范畴，但却单独计税，适用税率和计税依据不相同，稽查时须注意区分。

3. 营业账簿的稽查

营业账簿包括记载资金账簿和其他账簿，稽查时应注意区分不同的账簿的规定贴花。对金融系统的营业账簿的稽查要结合具体情况分析是否纳税：采用分级核算的纳税人不仅一级核算的会计账簿应按规定贴花，同时对设置在其他部门和车间的明细账也要审查是否计税贴花。

审查记载资金账簿计税情况是否正确。如企业"实收资本"和"资本公积"两项合计金额大于已贴花资金的，是否按规定就增加部分补贴印花税票。

4. 证券交易

证券交易是指转让在依法设立的证券交易所、国务院批准的其他全国性证券交易场所交易的股票和以股票为基础的存托凭证。证券交易印花税对证券交易的出让方征收，不对受让方征收。

（二）纳税人的稽查

凡在我国境内书立应税凭证、进行证券交易的单位和个人，为印花税的纳税人。包括各类企业和非企业性单位，不分内资企业和外资企业，同时还包括在国外书立、领受但在中国境内使用应税凭证、进行证券交易的纳税人。

稽查时，除按上述标准审查外，还应注意：凡由两方或两方以上当事人共同书立的应税凭证，其当事人各方都是印花税的纳税人，应各自就其所持凭证的计税金额履行纳税义务。

（三）计税依据的稽查

从价计税时，应根据每一应税凭证的内容、性质等情况，对照印花税税目税率表逐项审定，稽查时应注意以下问题。

（1）有无缩小计税金额少缴税款的情况。如承揽合同的计税依据是报酬。

（2）有无扩大计税金额多缴税款的情况。如运输合同的计税依据为运输费用，不包括装卸费用等。

（3）审查记载资金账簿的计税金额是否正确。其计税金额应为"实收资本"与"资本公积"账户贷方余额合计数。

（4）审查未载明金额凭证的计税金额是否正确。对未载明金额的凭证，如以物易物合同，应按凭证所载数量和国家牌价计算计税金额；若没有国家牌价，则按市场价格计算计税金额。对在签订时无法确定计税金额的合同，可先按定额5元贴花，待以后结算时再按实际金额计税，补贴印花税。

（5）审查借款合同的计税金额是否正确。一项借款合同又一次或分次填开借据的，只以借款合同所载金额计税贴花；只填开借据并作为合同使用的，应以借据所载金额计税贴花。

（四）应纳税额的稽查

（1）应税凭证较少或贴花次数较少的纳税人，一般采用自行贴花办法。稽查时，应注意其计算有无差错，是否足额贴花并加以注销或画销。

（2）应纳税额较大或贴花次数频繁的纳税人，一般采用汇贴汇缴办法。稽查时，应注意一份凭证应纳税额是否超过500元，或同一种类应税凭证需要频繁贴花的，是否加注税务机关指定的汇缴戳记、编号并装订成册且盖章注销。

（3）通过税务机关委托，由发放或办理应税凭证的单位实行代征办法。稽查时，应审查凭证的当事人应纳的印花税是否予以代扣，并按期汇总缴纳。

【例10-4】税务稽查人员对某银行进行纳税审查，实地观察该银行办公地点设在某大厦1~3层，并在审查其有关费用账目时发现有租金支出。询问财务人员了解到，该银行办公地系租用某大厦的财产，即要求该企业出示租赁协议文书，并以该租赁协议进行审查，发现协议未贴印花税票。租赁协议规定：办公楼1~2层年租金536.67万元，租金每年递增5%，第10年不递增，第3层年租金250万元，从第7年起年租金262.5万元，并规定 1~3 层租期 10 年，租赁协议总金额 8 217.22 万元。

税务稽查人员认为银行租赁协议未贴印花税票，违反了《印花税税法》的规定，其行为属未按规定缴纳税款。"按租赁金额的 1‰缴纳印花税"的规定，要求企业补贴印花税 82 172.20 元（82 172 200×1‰），并作相关的调账分录：

借：待摊费用——待摊印花税　　　　　　　82 172.20
　　贷：银行存款　　　　　　　　　　　　　　82 172.20

二、车辆购置税的稽查

（一）征收范围的稽查

车辆购置税征收范围包括汽车、有轨电车、汽车挂车和摩托车，不包括地铁、轻轨等城市轨道交通车辆，装载机、平地机、挖掘机、推土机等轮式专用机械车，以及起重机（吊车）、叉车、电动摩托车。其内涵及规定如下：

（1）汽车，包括各类汽车。

（2）有轨电车，是指以电能为动力、在轨道上行驶的公共车辆。

（3）汽车挂车，包括全挂车和半挂车两种。全挂车是指无动力设备、独立承载、由牵引车牵引行驶的车辆；半挂车是指无动力设备、与牵引车共同承载、由牵引车牵引行驶的车辆。

（4）摩托车，只要是排气量超过 150 毫升的摩托车均为车辆购置税的征税范围。

（二）纳税人的稽查

车辆购置税以在中国境内购买应税车辆的单位或个人为纳税人。其中，单位包括国有企业、集体企业、私营企业、股份制企业、外商投资企业、外国企业及其他企业，以及事业单位、社会团体、国家机关、部队和其他单位；个人包括个体工商户和其他个人。已经办理免减税手续的车辆因转让、改变用途等原因不再属于免减税范围，发生转让行为的，纳税人为受让人；未发生转让行为的，纳税人为车辆所有人。

（三）　计税依据的稽查

（1）纳税人购买自用应税车辆的计税价格，为纳税人实际支付给销售者的全部价款，此价款依据纳税人购买应税车辆时相关凭证载明的价格确定，但不包括增值税税款。

（2）纳税人进口自用的应税车辆，以组成计税价格为计税依据。其计算公式为：

$$计税价格 = 关税完税价格 + 关税 + 消费税$$
$$= [关税完税价格 \times (1 + 关税税率)] \div (1 - 消费税税率)$$

（3）纳税人自产自用应税车辆的计税价格，按照同类应税车辆（即车辆配置序列号相同的车辆）的销售价格确定，不包括增值税税款；没有同类应税车辆销售价格的，按照组成计税价格确定。其计算公式为：

$$组成计税价格 = 成本 \times (1 + 成本利润率) \div (1 - 消费税税率)$$

（4）纳税人受赠、获奖和以其他方式取得并自用的应税车辆的计税价格，按购置应税车辆时相关凭证载明的价格确定，但不包括增值税税款。

（5）已经办理免减税手续的车辆因转让、改变用途等原因不再属于免减税范围的，计税价格为初次办理纳税申报时确定的价格。

纳税人申报的应税车辆计税价格明显偏低，且无正当理由的，由主管税务机关按照规定核定其应纳税额。

（四）　应纳税额的稽查

车辆购置税的减免优惠主要包括：外国驻华使馆、领事馆和国际组织驻华机构及其有关人员自用的车辆免税；中国人民解放军和中国人民武装警察部队列入装备订货计划的车辆免税；悬挂应急救援专用号牌的国家综合性消防救援车辆免税；设有固定装置的非运输专用作业车辆免税；城市公交企业购置的公共汽电车辆免税。

减免税车辆因转让、改变用途等原因不再属于减免税范围的，纳税人应在免税条件消失之日起60日内到主管税务机关重新申报纳税。

税务机关每年在3月、6月、9月和12月，将减免税申请表及附列资料报送至国家税务总局。国家税务总局分别于申请当期的4月、7月、

10月及次年1月将符合减免税条件的车辆，列入减免税图册。

车辆购置税实行从价定率法计算应纳税额。其计算公式为：

应纳税额 = 计税价格 × 税率

本章小结

本章主要阐述和研究了资源类税的稽查、财产类税的稽查和行为类税的稽查三个问题。资源类税的稽查包括资源税、城镇土地使用税和土地增值税的稽查，资源税稽查包括征税范围、税目税率和应纳税额的稽查；城镇土地使用税稽查包括征税范围、纳税人、适用税率、计税依据和应纳税额的稽查；土地增值税稽查包括征税范围、纳税人、计税依据和应纳税额的稽查。财产类税的稽查包括房产税和车船税的稽查，房产税的稽查包括征税范围、纳税人、计税依据和应纳税额的稽查；车船税的稽查包括征税范围、纳税人、适用税率、计税依据和应纳税额的稽查。行为类税的稽查包括印花税和车辆购置税的稽查，分别包括征税范围、纳税人、计税依据和应纳税额的稽查。

参 考 文 献

［1］安履承．《税务稽查案件办理程序规定》理解适用与实务指南［M］．北京：金城出版社，2022．

［2］国家税务总局教材编写组．税务稽查［M］．北京：中国税务出版社，2016．

［3］黄德荣．税务稽查实操［M］．2版．北京：中国铁道出版社，2021．

［4］李传喜，吴俊龙．税务稽查［M］．北京：经济科学出版社，2013．

［5］刘慧平．税务稽查专业知识与技能学习宝典［M］．北京：中国经济出版社，2021．

［6］潘洪新．税务稽查［M］．北京：中国财政经济出版社，2020．

［7］王曙光，张小锋，李兰．税法学［M］．9版．大连：东北财经大学出版社，2021．

［8］王曙光．财政税收理论与政策研究（修订版）［M］．北京：经济科学出版社，2018．

［9］王曙光．财政学［M］．3版．北京：科学出版社，2018．

［10］王曙光．税法［M］．9版．大连：东北财经大学出版社，2021．

图书在版编目（CIP）数据

税务稽查理论与实践／张小锋著. —北京：经济
科学出版社，2022.12
ISBN 978 – 7 – 5218 – 4409 – 2

Ⅰ.①税… Ⅱ.①张… Ⅲ.①税务稽查 – 中国 –
高等学校 – 教材 Ⅳ.①F812.423

中国版本图书馆 CIP 数据核字（2022）第 241507 号

责任编辑：初少磊 尹雪晶
责任校对：刘 娅
责任印制：范 艳

税务稽查理论与实践

张小锋 著

经济科学出版社出版、发行 新华书店经销

社址：北京市海淀区阜成路甲 28 号 邮编：100142

总编部电话：010 – 88191217 发行部电话：010 – 88191522

网址：www. esp. com. cn

电子邮箱：esp@ esp. com. cn

天猫网店：经济科学出版社旗舰店

网址：http://jjkxcbs. tmall. com

北京季蜂印刷有限公司印装

710×1000 16 开 25 印张 380000 字

2022 年 12 月第 1 版 2022 年 12 月第 1 次印刷

ISBN 978 – 7 – 5218 – 4409 – 2 定价：98.00 元

（图书出现印装问题，本社负责调换。电话：010 – 88191545）

（版权所有 侵权必究 打击盗版 举报热线：010 – 88191661

QQ：2242791300 营销中心电话：010 – 88191537

电子邮箱：dbts@ esp. com. cn）